千古一人王阳明

方志远 著

江西人民出版社
Jiangxi People's Publishing House
全国百佳出版社

图书在版编目（CIP）数据

千古一人王阳明 / 方志远著 . —南昌：江西人民出版社，2017.12（2018.5 重印）

ISBN 978-7-210-09911-6

Ⅰ . ①千… Ⅱ . ①方… Ⅲ . ①王守仁（1472—1529）—传记 Ⅳ . ① B248.2

中国版本图书馆 CIP 数据核字（2017）第 270966 号

千古一人王阳明

方志远　著

策划组稿：游道勤

责任编辑：王一木　杨　帆

出　　版：江西人民出版社

发　　行：各地新华书店

地　　址：江西省南昌市三经路 47 号附 1 号

编辑部电话：0791-88612505

发行部电话：0791-86898815

邮　　编：330006

网　　址：www.jxpph.com

E-mail：942867919@qq.com web@jxpph.com

2017 年 12 月第 1 版　2018 年 5 月第 2 次印刷

开　　本：787 毫米 ×1092 毫米　1/16

印　　张：25.5

字　　数：400 千

ISBN 978-7-210-09911-6

赣版权登字—01—2017—888

定　　价：58.00 元

承 印 厂：南昌市红星印刷有限公司

题记

王阳明（1472 年 10 月 31 日—1529 年 1 月 9 日），姓王名守仁，字伯安，自号“阳明子”，人称“阳明先生”，明代浙江余姚人。本书以“王阳明”为名，是因为在“阳明”的盛名之下，不少朋友不知“王守仁”为何人。但王守仁以“阳明”为号，却是在三十一岁以后。为了叙述上的方便和合理，取号“阳明”之前仍称“王守仁”，取号之后则按习惯称“王阳明”。

和中外历史上许多伟大人物一样，王阳明从闻名于世开始，就一直毁誉参半。时人斥其“事不师古，言不称师，欲立异以为高”，却不能不承认其事功卓著；后人言其承朱学之微而鼓吹心学，为统治者另谋思想统治出路，却不能不承认王学的积极因素。

王阳明是中国历史上唯一一位从小立志要为“圣人”而真正成为“圣人”的人，也是唯一一位混迹于“三教九流”而最终从祀孔庙的人，其间，有一个由“异端”入为“主流”、“舆论”倒逼“庙堂”的过程。

不是什么时候都可能出现王阳明，也不是什么人都可以成为王阳明。王阳明及其学说的出现，是明朝建立一百年后社会多元化的表现，同时又推动了明代社会多元化的进程。

斯人已去。唯以我心鉴日月，不与时俗较短长；心中有良知、行为有担当；时时有困惑，初心终不改。这是王阳明留给我们的永恒的精神财富。从这个角度说，王阳明就在当下，人人可以成为王阳明。

但是，王阳明自己和他的弟子们，是比较善于制造“神话”的。我们今天讨论王阳明，却不能陷入这种神话的陷阱。

王阳明及其学说确实在日本产生过一定的影响，但盛传所谓的日本“战神”东乡平八郎腰间常悬一块铜牌或木牌，牌上镌刻着几个字：“此生俯首拜阳明”，则完全是以讹传讹的无根之说，属鲁迅所批评的国人劣根性中的“阿 Q”精神。

目　录

第五章 南赣汀漳巡抚 / 130

第六章 处危应变 / 187

楔 子

洞庭湖烟波浩渺，三湘水幽怨叹息。

纪元前三世纪，是中国的“战国”时代。在一个风雨交加的夏日，从郢都流放到洞庭湖畔的楚国大夫屈原，带着悲愤与绝望，拥身投入日夜不息奔向洞庭湖的汨罗江中。在那“举世混浊我独清，众人皆醉我独醒”的时代，实现了自己宁可葬身鱼腹、也不和世俗小人同流合污的誓言。

一百多年后，在“文景之治”的太平盛世，洛阳才子贾谊以其冠绝一世的才华和通晓百家的见识，为汉文帝所器重，却因权臣忌恨，由都城长安外放为长沙王太傅。北望浩瀚无边、连接天际的洞庭湖，贾谊既悲自己的怀才不遇，又感屈原的洁身自好，不胜伤悼，乃作《吊屈原赋》，既吊人，也吊己：

……

侧闻屈原兮，自沉汨罗。

造讬湘流兮，敬吊先生。

遭世罔极兮，乃殒厥身。

呜呼哀哉！逢时不祥。

鸾凤伏窜兮，鸱枭翱翔。

阘茸尊显兮，谗谀得志。

贤圣逆曳兮，方正倒植。

……

几年之后，贾谊因忧郁而死，时年三十三岁。

屈原投江一千八百年后，时值明武宗正德年间。年号虽是“正德”，但武宗正德皇帝朱厚照却尽做荒唐不经之事。曾经以博大的胸怀接纳过屈原、迎送过贾谊的洞庭湖，这时又慨然却不无忧虑地迎来了另一位胸怀大志而遭受贬谪的伟人，他便是本书传主王阳明。

王阳明也来自京师，但此时的京师既非郢都，也非长安，而是比郢都和长安更为遥远的北京。

一千多年过去了，三湘之水却一刻不停地向所有他乡游子叙述着屈原的故事，重复着屈原呼号：

人生禀命兮，各有所错兮。
定心广志，余何畏惧兮。
……
知死不可让兮，愿勿爱兮。
明以告君子兮，吾将以为类兮。

一踏上这块土地，王阳明便似乎听到了屈原的召唤，似乎见到了正向楚怀王进献谗言的上官大夫和令尹子兰，不禁为自己的命运而悲哀：

山黯惨兮江夜波，
风飕飕兮木落森柯，
泛中流兮焉泊？
……
日西夕兮沅湘流，
楚山嵯峨兮无冬秋。
累不见兮涕泗，
世愈隘兮孰知我忧！

但是，历经千山万水来到洞庭湖的王阳明，比屈原晚了一千八百年，千年的岁月足以磨洗去前人的愚昧。举世混浊，汨罗江的水就那么清？众人皆醉，难道不可以唤醒？这时的王阳明，也比当年贬谪长沙时的贾谊整整大了十岁，十年的光阴足以使人成熟、使人刚毅。谗谀得志，哪朝哪代没有谗谀？方正倒植，难道不可以将其扶正？

王阳明既不是屈原，也不是贾谊：天生我材必有用，不是为着帝王的一家一姓，而是为着普天下的百姓；天之将降大任于斯人，岂能不苦其心志、劳其筋骨、饿其体肤？区区磨难，能奈我何？

沅江流水可曾感到身上的沉重？在这逆水而行的扁舟之上，正载着一位肩负千年嘱托、八方呼唤的伟人，他将要开创震今烁古的学问、建立名扬天下的功业！

第一章　豪迈不羁　出自天性

一、儿从天上云中来

两晋之际，天下大乱，中原“衣冠之族”纷纷举家南迁。山东大族琅琊王氏也在此时来到江南，为东晋王、谢、桓、庾四大侨姓家族之首。王氏家族的代表人物王导，更是东晋王朝建立的决策人物。晋元帝司马睿在登极大典时，竟恳请他一道接受群臣的朝贺，留下“王与马，共天下”的千古笑柄。直到南朝，梁武帝萧衍仍然对前来求婚的东魏大将侯景说：王、谢二姓门第太高，不可攀亲，只能在朱、张二姓以下选择配偶。

这个由山东琅琊迁来的王氏家族中的一支，来到了昔日越国都城的所在地绍兴（战国时称会稽，东晋时称山阴），开始在浙东定居，“书圣”王羲之正出自这个家族。两宋之际，王羲之的一位第二十三代孙王寿，又东迁到了杭州湾南岸的余姚。余姚虽然没有绍兴的名气大，却是中国源远流长历史的又一个见证地，举世闻名的“河姆渡”新石器文化遗址，就在这里被发现。

从王寿开始，王氏在余姚繁衍生息了十代，虽然并未出过十分显赫的人物，却也以诗书治家，亦耕亦读，保持着中原大族的传统风范。相传在元代，有位精通星命卜筮的术士曾经预言，王氏家族自从东晋以来曾经盛极一时，虽然中间消沉了几百年，但日后必然还会出名扬四海的名臣大儒。①

转眼已是明朝的成化年间（1465—1487 年），这个家族的户主名叫王伦。王伦字天叙，生性爱竹，居室之外遍种翠竹。只要见到有人伐竹造屋，王伦总是心痛不已，并且加以劝阻：“此吾直谅多闻之友，何可一日相舍耶？”

---

① 此据《王阳明全集·世德纪·槐里先生传》。另据同书《世德纪·海日先生行状》，王华曾祖即王阳明的高祖王与准，号石翁，伟貌修髯，精究《礼》《易》，著《易微》数千言，居秘湖阴，尝筮得“大有之震”，谓其子曰：“吾先世盛极而衰，今衰极当复矣。然必吾后再世而始兴乎？兴必盛且久，尔虽不及显身，没亦与有焉。”则所谓王氏当兴之语，或为其家自传，相士云云，乃为托言。

由于爱竹成癖，所以得了一个雅号，叫“竹轩先生”。[①]

王伦生得修长魁伟，细目美髯，是一位具两晋名士风骨的豁达之士，见书必读，读到高兴处，独自走出居室，在竹林中放声咏诵。也时时在风清月朗之夜，焚香操琴，抚弦而歌，并命子弟们按节而和。一家人在他的熏陶和带领下，以读书为乐，其趣盎然。

王伦襟怀坦荡，为人洒脱，人世间的势利纷华，都视如过眼云烟，所以当地人又将他比作弃官而归、采菊东篱的陶渊明。王伦还有一副好心肠，就是极富同情心，亲戚邻里中，如有贫寒者，常常解衣推食，唯恐不及。做乡间教师，教人子弟，总是尽心尽责，唯恐有失。

因此，王家虽然无权无势，却在当地有着很高的声誉。

成化八年（1472 年）立秋之后，一向豁达洒脱的王伦却一天比一天感到烦躁和紧张，儿子王华在外教书，儿媳郑氏怀孕已过产期，但腹内胎儿却就是不肯出来。眼看秋去冬来，儿媳的孕期已至十四个月了。王伦熟读经史，古书上写，当年秦始皇就是在母腹中过了十二个月才降生的，秦始皇虽是暴君，毕竟却是真命天子，凡人哪里可比？人们又传说，当年托塔天王李靖的夫人怀胎三年才生下哪吒，哪吒出生后不久便大闹龙宫，可那是说书人的胡诌，不能当真。王伦急，妻子岑氏更急。她天天求神灵保佑，盼着儿媳母子平安，但愿不要出事才好。

有道是日有所思，夜有所梦。这年九月的最后一天夜里，岑氏睡得模模糊糊，却见天门大开，彩云缭绕。仙乐声中，一位绯衣女子从彩云深处飘然而下，将一个白白胖胖的婴儿送到自己手中。岑氏猛然惊醒，却听得儿媳房内传来一阵婴儿的啼哭声，是在做梦？侧身一看，丈夫王伦睡得正香，不是做梦。接着又是一阵啼哭。[②]

王伦这时也被啼声惊醒，凝神一听，不禁喜出望外，是孙子！这一夜再也无法睡了。岑氏将梦中所见述说了一遍。王伦听罢大喜，连声说道：孙儿是从天上来的，是从彩云中来的！王伦替孙子取好了名字：王云。王

---

① 王阳明日后爱竹，并说竹子有君子之风，当与此有关，祖父对他的影响甚至比父亲更大。

② 《王阳明全集·年谱一》：称：“（成化八年）九月三十日。太夫人郑娠十四月。祖母岑梦神人衣绯玉云中鼓吹，送儿授岑，岑警寤，已闻啼声。”完全可以认为是王阳明祖父王伦编造出来的“神话”。根据当代医学成果，怀胎十二月必是死胎，何况十四个月。王阳明早年多为自己制造神话，也应该是受到祖父的影响。

家媳妇生儿子的那座小楼，以往没留心，如今却怎么看怎么觉得不同一般，天长日久，便称它为“瑞云楼”。

媳妇生孙子本是好事，王伦也确实高兴了好一阵子。但眼看着孙子一天天长大，王伦不禁又忧心忡忡起来。孙子满周岁了，两岁，三岁，四岁，眨眼工夫已是五岁，聪明伶俐，人见人爱，可就是不说话。无论祖父祖母怎么教、父亲母亲怎么训，不是点头就是摇头，有时小脸急得通红，却硬是说不出一句话来。郎中找了一个又一个，但谁也说不清道不明其中的缘故。

这一天，云儿正和一群小孩玩耍，只见迎面来了一位和尚，貌相古怪，衲衣破旧，不禁感到好奇。僧人见了云儿，也打量了半天，最后摸摸他的头，长长叹了一声：“好个孩儿，可惜道破！”说罢扬长而去。但就是这八个字，点醒了王伦这个梦中人。王伦猛然醒悟：难道云儿不说话，是因为名字的原因？一念既起，王伦当即给孙子另取一名，叫“守仁”。

说来奇怪，名字一改，孙子便开口说话了，而且朗诵了祖父平日经常吟诵的一篇文章。王伦一听大惊，连忙问道：这文章你何时学得？孙子应声答道：这是祖父前日读过的，孙儿已默记在心。王伦听了，又惊又喜，这孩子神了！从此更是另眼相看：早就听得有相士说，我家当出大儒、当出名臣，莫非应在这孩儿身上？[①]

二、父亲的轶事

相士所言不假，王家在浙东消沉了几百年，该出大人物了。

成化十七年（1481 年），王伦的次子、王守仁的父亲王华一举成名，在京师殿试中名列第一，中了状元。这是自有科举以来，浙东王氏家族的第一个状元。不仅如此，王华还是以“儒士”的身份而非“秀才”的身份，也就是说，是以自学成才的“同等学力”而不是通过官学教育高中状元的。王伦既高兴又纳闷：难道王家出大儒是应在儿子身上？那孙子呢？也罢！这大儒只要是出在我王家，管他是儿子还是孙子。

王守仁是幸运的，他不仅有一位豁达大度、胸怀坦荡的祖父，还有一位品德高尚、学问精深的父亲。

---

① 此据《王阳明全集·年谱一》，同书《世德纪·阳明先生行状》则说改名是王阳明之父王华所为。这段故事的“神奇”，一如“娠十四月”。

王家的世交魏瀚在王伦死后为他作传时写道：“（王伦）与人交际，和乐之气蔼然可掬，而对门人弟子则矩范严肃，凛乎不可犯。”在这种家风熏陶之下，王华自小便显示出不同寻常的品性。

六岁时，王华与群童在河边玩耍，见一醉汉晃晃悠悠走来，在水中洗了一会脚，然后又晃晃悠悠地离去，并没有在意。天已近午，同伴们纷纷回家，王华却陡然发现，醉汉洗脚处有一提囊，打开一看，里面有几十两银子。毫无疑问，这提囊是醉汉遗失的。

王华想将提囊送还醉汉，却哪里寻得到踪影？转念一想，醉汉酒醒后可能会来寻找，于是将提囊沉入水中，以免他人取去。然后坐在河边，等待失主。不多时，那醉汉果然号哭而来。

王华迎了上去，问道：你可是来寻找提囊？那人闻言，赶忙止住哭声，问道:你可曾见到？王华笑着指指河边:你的提囊现在水中。那人急奔河边，从水中取出提囊，打开一看，囊内银两丝毫不少，不禁破泣为喜，连忙取出一两银子，打发小孩。王华笑道：我连几十两银子也不要，怎会收你一两银子？那人既惭愧又感激，随着王华来到王家，不管年老年少，见人就拜。待问清情由，王伦喜不自禁，连夸儿子有出息。

十四岁时，王华与几个同伴一起在余姚近郊的龙泉山寺院中读书。这些人都是富家子弟，平日素以豪侠自负，又知这龙泉寺就是靠着他们父辈的施舍才香火繁盛，所以屡屡欺负寺院中的和尚。

龙泉寺中据说曾经闹过鬼，和尚们便装神弄鬼，张皇其事，进行报复，几个恶少果然吓得离庙而去。唯独王华不为所动，继续留在寺内读书。和尚们暗暗称奇，却又不肯就此罢休，于是每当风雨交加、雷鸣电闪之夜，便敲门击窗，鬼哭狼嚎，同时在门窗缝隙观看王华的动静。但每次王华都是正襟危坐，诵读不止。

和尚们无计可施，试探问道：同伴们都离寺而去，你一人独留寺中，也不害怕？王华反问道：何怕之有？和尚们又问：近日可有所见？王华又反问：我何所见？一个小和尚忍耐不住，问道：近日寺内又在闹鬼，你难道不知道？王华笑道：吾见数沙弥为祟耳！和尚们不禁叹服：小小年纪，就有如此见识，日后前途不可限量。

成化初，张时敏为浙江学政，考校余姚士子，列王华和谢迁居首，并且宣称："二子皆当状元及第，福德不可量也。"[①] 浙江布政使宁良为子弟挑选老师，请学政推荐。张时敏颇为得意地说：浙江的士子当中，学业优秀的大有人在。如只是为子弟的举业择师，可以推荐不少；但论品学兼优，那还是王华最佳。

王华受聘来到祁阳（今属湖南）宁家，住进为他安排的梅庄别墅，不禁大喜过望。原来，宁良出仕之前，就在这别墅读书，别墅中至今仍有藏书数千卷。王华白天授课，晚上则借着灯光诵读，在祁阳三年，足迹不入城市，学问大进，对《四书》《五经》的"微言大义"有了更深的感悟，被人称为"五经司令"。[②]

祁阳士子之中，嫖妓酗酒之风盛行，王华全然不为所动。回浙江时，当地士人在江边亭楼设宴饯行。饮至夜深，酒酣人散，独留王华宿于亭中。王华推门入室，刚想就寝，谁知帐内竟然坐着两个美貌女子。王华已经有了几分醉意，见状大惊，返身退出，想要出亭，岂知亭门已经落锁。情急之中，王华奋力推开窗户，卸下亭内一扇门板，投入江中，然后拥身跳上门板，连夜渡江而去。几个惯于恶作剧的祁阳士子正在就近窥视，看着王华的身影渐渐消失在夜色朦胧之中，不禁相顾赞叹。

虽然父亲长年在外谋生，但守仁自打懂事起，便不断听祖父和乡人传说有关父亲的这些轶事，他钦佩父亲的胆识和为人。如今父亲中了状元，守仁和全家人一样高兴，但总觉得还是没有在龙泉寺答僧人问和祁阳夜渡更具有刺激性，更富有传奇色彩。

三、"打破维扬水底天"

按明朝制度，每届科举的前三名也就是一甲进士，都留在翰林院做史官，状元授修撰，榜眼和探花授编修。虽然修撰只是从六品官，编修仅正七品，在当时却是极为清要的职务。

---

① 此据《王阳明全集·世德纪·海日先生行状（陆深）》。按：后来谢迁为成化十一年状元，王华为成化十七年状元，均如张时敏所言。

② 杨一清《海日先生墓志铭》云："浙江方伯祁阳宁君良择师与张公。张公曰：'必欲学行兼优，无如王某者。'宁亲造其馆，宾礼之，请为子师，延至祁阳，湖湘之士闻而来从者踵相接。"但据《山东通志》，宁良为景泰元年庚午科举人、山东腾县人，不知何时举家到了湖南衡阳府的祁阳，又如何让"湖湘之士闻而来从"？

自英宗皇帝正统时开始，“经筵”及“日讲”成为制度。每月的初二、十二、二十二，这三天是经筵日，每逢单日则是日讲。经筵及日讲时，皇帝在文华殿听大学士和翰林官讲论经史。这样，翰林官经常有机会接触皇帝，这是日后升迁的保证。王华于宪宗成化十七年中状元、为修撰，不久就为日讲官；六年之后，孝宗即位，成了经筵官。

自宣宗宣德元年（1426 年）开始，在内府设有内书堂，专门培训小宦官的文化知识和参政能力。正统以后，内府中最有权势的衙门司礼监的掌印、秉笔太监多由内书堂出身的宦官担任。而在内书堂任教官的，多是翰林官，这些翰林官在日后的仕途中常常得到学生也就是出身内书堂的宦官们的关照。虽然没有资料证明王华也出任过内书堂教职，但王华的同乡和同僚方正却教过正德朝的著名宦官刘瑾，并经常向刘瑾介绍王华的为人和学问。

明太祖朱元璋废除了宰相制度，但从成祖永乐时开始，从翰林院中派生出内阁，其后内阁地位上升，被视为明朝实际上的宰相府。内阁大学士则必由翰林出身。故此，新进士一入翰林，便被时人视为“储相”。①

由于以上原因，一甲进士尤其是状元，在明代特别是成化以后，是令人刮目相看的。

虽说是淡泊名利，但生活在充满名利的社会之中，又有谁真正能超凡脱俗？儿子中了状元，入了翰林，住在北京，王伦自是极为高兴。几百年的积淀，十代人的愿望，就要由儿子来实现了。但王伦表面上仍然与平日无异，有乡人亲友前来道喜，也是尽量保持矜持，在孙子守仁面前，更是不动声色。

祖父的态度，对十岁的守仁来说，无疑是个触动。他也开始学会故作镇静，状元三年一个，有明自洪武四年开科以来，已有三十多科，状元也就有了三十多个，何足道哉！但内心的喜悦和自豪，已溢于言表。

王华任职翰林的第二年，成化十八年（1482 年），派人到余姚接取父亲和儿子。这时守仁刚满十周岁，按当时的算法，是十一岁，听说要上京师，自然喜出望外。

明朝自永乐时疏浚运河之后，可乘船由余姚经杭州、嘉兴、苏州、无锡、

---

① 关于明代内书堂及内阁的情况，参见方志远《论明代宦官的知识化问题》（《江西师范大学学报》1990 年第 3 期）、《论明代内阁制度的形成》（《文史》第 33 辑，中华书局 1990 年版）。

常州、镇江、扬州、淮安、徐州、临清、德州、天津，直抵北京近郊的通县（今通州区），沿途多有通都大邑，为当日中国南北最繁华之地。

一路之上，守仁跟着祖父，或伫立船头，或弃舟登陆，直看得眼花缭乱，喜不自禁。这一天，祖孙二人来到了镇江。

镇江北临长江，是南京的下游门户。东吴孙权定都南京，称建业，镇江遂为“京口”，东晋南朝及隋唐时也沿称京口。隋炀帝时修大运河，沟通南北水道，京口与长江北岸的扬州遥遥相望，是运河江南段的起点，为运河上的大港口。从此，镇江更成江南的大去处，南来北往的客商、官宦都要经过此地，故而极为繁荣。

镇江西郊有金山，紧靠长江有北固山，在长江的江心有焦山，三山遥相呼应。

金山上有始建于东晋的金山寺，传说中的青、白二蛇就在这里调动水族和多管闲事的法海和尚苦斗了三天三夜；苏轼的好友佛印在此做过住持，留下了不少有关苏轼和佛印的奇闻轶事；山上又有白龙洞、慈寿塔、第一泉等，每一处都是久享盛誉。焦山为东汉名士焦光的隐居处，建有定慧寺、吸江楼。北固山有始建于东吴的甘露寺，相传三国时吴国太就在这里招刘备为婿。

这些都是镇江的千古名胜。王伦饱读经史，对各地风物人情多所留意，只是时运未济，久处浙东一隅。这次携孙北上，正可一览天下风情。

黄昏时分，祖孙二人来到金山寺，登高而望，远山近水，尽收眼底，不禁心旷神怡。入夜之后，近处北固山的甘露寺，远处焦山的吸江楼，灯火齐明，与空中的繁星连成一片；一轮明月从水天连接之处冉冉而起，在大江之上洒下一片金辉。金山寺中，有人吹起了玉箫，声幽而远，意深而长，游客齐声喝彩。

王伦一时兴起，豪情勃发，与寺中游客行令斗酒。守仁也在一旁呼喝凑趣。酒过数巡，一位游客提议以诗劝酒，众人哄然响应。正要思索，守仁却早已应声而诵：

金山一点大如拳，打破维扬水底天。
醉倚妙高台上月，玉箫吹彻洞龙眠。

众人闻声，不觉都是一惊。诗中虽然都是童子语，也并不甚合格律，却气势磅礴,要“打”即“打破”,要“吹”便“吹彻”。游客中有人叫起好来。王伦心中得意，口中却不言语。

一位游客乘着酒兴，看了看已经升上天际的明月，又看了看远处隐约可见的群山，说道：小小年纪，却能作诗，实在难得。我以山、月为题，你能否再作一首？守仁抬头看看祖父。王伦笑道：小孩子瞎胡闹，哪里懂得作诗。别难为他了！守仁却明明从这话的背后得到了鼓励。他也看了看明月，又看了看群山，灵机一动，有了：

山近月远觉月小，便道此山大于月。
若有人眼大如天，还见山小月更阔。

好一个人眼大如天！众人又是一阵欢噪。

夜阑时分，祖孙二人回到停泊在镇江码头的船上。王伦在游客们的捧场声中，多喝了几杯，回船之后，倒头就睡，不久便鼾声如雷。守仁在舱中辗转反复，西斜的圆月穿过船舱窗口，越看越大。

四、科举并非第一等要紧事

守仁随着祖父，一路游山玩水，到了通县，然后弃舟登车，来到北京。

对于当时的大多数汉人来说，北京还是个非常新鲜而神秘的地方。

本来早在黄帝时期，这里已是华夏族的活动区域。西周分封后，武王的弟弟召公在北京附近的蓟县建立都城，融合当地的各土著居民，建立了幅员广阔的燕国。隋炀帝将运河修到涿郡，北京更成了中国北方重要的政治经济中心。但是，经过“五胡乱华”的民族冲突与融合后，生活在包括北京在内的“燕赵”一带的民众，已经很难分别出到底是原来的汉族还是匈奴、鲜卑了。

自唐朝中期安史之乱后，北京一带更成为汉族和北方少数民族如奚、契丹、沙陀等的杂居地。公元十世纪，契丹首领耶律阿保机建立辽国，其子耶律德光（即辽太宗）乘着中原发生战乱，率兵南下，占领了包括北京在内的燕云十六州，并以北京为南京，称“析津府”。从此，北京成了北方少数民族政权的所在地。女真族建立的金、蒙古族建立的元，均以北京为都，营造宫殿、修筑城墙，奠定了今日的北京。

明太祖洪武元年（1368年），元顺帝北逃，徐达领着明军进了北京。当时的人们都说，北京四百年来这才算是重见天日。这话虽然表现出狭隘的大汉族主义，却也反映了当时的汉人心情。

明朝建立后，以南京为京师。但人们心里都在犯嘀咕，南京虽说是“龙盘虎踞”，为帝王之都，从三国时孙吴开始，此后东晋及南朝的宋、齐、梁、陈，均在此建都，故有“六朝故都”之称，[①]但这些全是偏安政权，凡大一统的鼎盛王朝，如秦、汉，隋、唐，乃至北宋及元，都不在南京定都。因此，明太祖朱元璋曾多次与群臣讨论定都问题。但除刘基之外，人们的思路不是在长安就是在洛阳或开封，因为这些地方才是汉政权的都城所在地。

明太祖朱元璋死后，因皇太子朱标早亡，由太孙朱允炆继位。不到四年，分封在北京（当时叫北平）的燕王朱棣（即后来的明成祖），便以“靖难”为名，起兵夺了侄子的皇位，并将都城迁到自己的“龙兴”之地北京。三年一度的科举考试自然也就换在北京举行。从此，北京成了明朝人特别是有志于功名的读书人最向往的地方。

守仁满怀好奇之心，随着祖父踏上北京宽阔但尽是尘土的街道。北京之大，令他吃惊。宏伟壮观的城楼、神奇莫测的祭坛、装束奇异的胡人番僧、来来往往的驼马牛羊，不要说是家乡余姚，就是北上时沿途所到之处，也从未见过，把个十一岁的孩子直乐得手舞足蹈。

但是，还不等守仁从兴奋中安静下来，父亲王华已经为他安排好了在京的生活。

王华这次将父亲和儿子接来京城居住，嘴上说是为了赡养父亲，其实主要的还是为了儿子。不然，既然接来了父亲，也应该同时将母亲接来，难道只赡养父亲不赡养母亲？

王华长年在外，守仁在家乡跟着母亲和祖父、祖母长大，受祖父的影响极大。王华知道父亲对子女要求非常严厉，但更知道父亲对守仁这个孙子却近于溺爱，加上长期以来养成的淡泊名利、豪爽豁达的个性，很难说对守仁的影响是好是坏。而实际上，守仁身上的野性已是不少。但这些又不能明着对父亲说，还是接到京城由自己亲自管教更好。但父亲离不开孙子。

---

① 除了三国时的吴、东晋，以及南北朝时的宋、齐、梁、陈之外，在南京建都的还有五代时期的南唐，在明朝之前已有七个政权在此定都，如加上明朝洪武、建文时期，以及后来的太平天国、中华民国，南京已是十朝故都。

于是，只好把两人一并接来。[1]

王华将儿子安排在附近的一处私塾，和另外几个官员的儿子们一道读书。对于父亲的这一安排，守仁开始很不满意。私塾中教的那些内容，如《百家姓》《千字文》《三字经》之类，在余姚老家早跟祖父学过，再翻来覆去地读，有何意思？

但不久守仁又高兴了。原来，上学或回家得经过几条街道和胡同，街上人来人往，热闹非凡；僧道卜筮、三教九流，无奇不有。守仁每天散学之后，都和几个同伴在街上闲逛，哪里热闹往哪里凑，时常玩得昏天黑地。这些事情后来让父亲知道了，多次进行斥责，但每次祖父都护着他。守仁有祖父为靠山，更是为所欲为，但这种顽性却因一个相士的点拨而发生变化。

守仁后来回忆说，他在北京上私塾时，有一天和往常一样，在街上闲逛，时时还弄点恶作剧。眼见天色将晚，正准备回家，却被一位相士拦住。守仁平日专爱听相士瞎诌，故此不但不害怕，反倒觉得有趣。

相士上上下下将守仁打量了几遍，说道：我见你相貌奇特，故赠你几句话，日后自有应验。守仁及其伙伴没事也想找事，何况有人自己找来。当下便将相士围住，看他说些什么。

相士点着守仁，一字一顿说道：须拂颈，其时入圣境；须至上丹台，其时结圣胎；须至下丹田，其时圣果圆。说罢，转身而去。

同伴们谁也没听清这相士胡说了些什么，哄然散去。守仁却一字一句听得明白，暗自琢磨：入圣境、结圣胎、圣果圆，这是何意？须拂颈、须至上丹台、须至下丹田，这又是何意？从此，祖父和父母以及私塾中的教师和同学发现，守仁有些异样，虽然也和以前一样爱说爱笑，爱凑热闹，有时却独自静坐凝思，或突然提出一两个谁也回答不了的怪问题。

一次，私塾教师正领着大家念书，守仁又提问说：请问先生，世上之事有千有万，不知哪件事是第一等事？

先生猝不及防，顿时瞠目结舌，随即笑道：此事还不明白？世上第一等事自然是好好读书，将来应科举。不料守仁却摇了摇头，自言自语地说："科举未必是第一等事。"先生开导说：我朝太祖高皇帝曾立下规矩，天下文官

---

[1] 《王阳明全书·年谱一》说："先生豪迈不羁，龙山公（即王华）常怀忧，惟竹轩公（即王伦）知之。"可见王伦、王华父子在对王阳明的教育问题上存在着分歧。

都要由科举，第一等事自是读书科举。守仁仍然摇摇头：恐怕未必。

先生问道：既然科举不是第一等事，那么何事为第一等事？守仁稍稍犹豫，但还是说了出来："登第恐未为第一等事，或读书学圣贤耳。"

学为圣贤？先生年轻时曾多次参加科举，连举人也没考上，故一心一意授徒养家。在他看来，读书应科举当然是第一等事，没想到这个十几岁的学生竟想做圣贤，好笑之余，又不禁自觉惭愧。

这件事不胫而走，传到了守仁家里。本来就为儿子犯愁的王华更多了一层忧虑，他苦笑着问儿子：你小小年纪，就想做圣贤？但祖父王伦却是连声叫好：做圣贤，有出息！王家是该出圣贤了！王华看着这一老一少，只得无可奈何地摇摇头。

当然，无论是老师、同学，还是祖父、父亲，都不知道这是一个相士引起的风波。而守仁自己，其实也并不知"圣贤"为何物，更不用说圣贤该如何去做。但这要做圣贤的意识，却从此在守仁心中扎下了根。

人们的理想或愿望往往产生于看似不经意的偶然事件之中，而且最初多是极其混沌而朦胧，但是，对于那些具有超常想象力和意志力的人，却往往是一种极为强大的原动力。诸如"做圣贤"之类的相士胡诌，当时几乎人人碰得到，但并没有几个人像守仁那样当真，并且深深地埋藏在心中，成为一种动力。

五、试马居庸关

抱着要做圣贤的朦朦胧胧的念头，守仁那颗不安分的心跳动得比以往更剧烈。特别是十三岁时母亲郑氏去世之后，对守仁进行管教的只有父亲和祖父。两人用各自的价值观对守仁施加影响。父亲王华希望儿子约束自己的行为，增加对官场的认识，以后也和自己一样考状元、入翰林。所以当自己作为会试的考官时，也将儿子带去看卷，并让他试着品评高下。祖父王伦固然也希望孙子将来金榜高中，但即使是中了状元，也不过是步儿子的后尘。他更希望孙子应了那位相士之言，成为圣贤，那才真正是光宗耀祖的事情，故而他更主张让孙子按自己的个性去发展。

守仁在父亲和祖父的双重影响下，而潜在意识中，也是在相士的影响下，日渐长大，也懂得了一些事情，既看"圣贤"书，也学着做"圣贤"事，家事国事天下事，事事关心，慨然以天下为己任。

当时明朝的主要边患来自于北方的蒙古。三十多年前，蒙古瓦剌部内犯，当今成化皇帝的父亲正统皇帝统领京军主力五十万人，前往迎敌，结果兵溃土木堡，皇帝做了蒙古人的俘虏，至今仍是国耻。后来瓦剌衰败，却又兴起了鞑靼。成化初，鞑靼的几个部落南下，深入到了黄河以南的河套地区，被明政府称为“套虏”。“套虏”的活动区西起甘肃、宁夏，东至山西、河北，对明朝的北部边疆造成极大的危害。

边患既炽，内患也盛。成化元年（1465 年），广西发生大藤峡瑶民起事。瑶民们攻城略地，杀官劫库，广东、广西、江西、湖广四省都受到波及，明政府调动了京军及地方部队十多万人，费资巨万，才将瑶民镇压下去。也就在当年，湖北、河南、陕西交界地区爆发了声势浩大的荆襄流民闹事，卷入人数达几十万，时断时续闹了二十年，直到明政府在这一地区设府（郧阳府）增县，改变过去禁止流民居住的政策之后，事情才逐渐平息。

这些事情发生时，特别是“套虏”内侵和荆襄流民第三次闹事时，守仁正住在北京，因而特别留心。十五岁那年，他带着仆人，出了北京，往居庸关一带了解边情，考察边备，一个月后才回到北京，把父亲王华急得坐立不安。而守仁自己，却是得意非常。特别是这次边塞之行遇到的两件事，更使守仁兴奋不已，后来时时向人提起。

一件是他出居庸关后，在蒙古人经常出没的地区驱马奔驰，正遇上一个“胡儿”骑着马在草原上溜达。守仁拍马，向“胡儿”飞驰而去，那“胡儿”见了，竟仓皇而逃。这令守仁非常得意：人人都是谈“虏”色变，不久前的一年冬天，两个蒙古骑士驱赶着几百名汉族老幼和上千头牛羊，从容渡过结冰的黄河，附近的几千明军站在城头上观看，竟然没有人敢于出击。我一人一马，不仅敢在塞外驰骋，还敢追逐“胡儿”，这胆量何人及得？看来不是胡人可怕，是我汉人中有胆量的太少了。

另一件是从居庸关回北京途中的一天夜里，守仁梦见自己拜谒汉伏波将军马援的庙。马援是东汉著名将领，南征北战，屡建战功。特别是他那“马革裹尸”的名言，成为后世军人的最高信条，激励着无数英雄豪杰前仆后继，献身疆场。守仁从小就对马援极为敬慕，也曾梦想立功疆场。这次出居庸关，就是想效法古代英雄。日前马逐“胡儿”，已经自觉有了一些英雄气概，回来时竟能和马援在梦中相见，更使守仁激动不已。

守仁后来告诉别人，他那天晚上不仅梦见自己来到马援庙拜谒，而且还赋诗一首：

卷甲归来马伏波，早年兵法鬓毛皤。
云埋铜柱轰雷折，六字题文尚不磨。
（《梦中绝句》）

与“打破维扬水底天”一样，这首诗写得也很幼稚，只是增加了用典而已，却反映了一个十五岁少年对事功的向往。

回到京城，守仁边塞之行的激动尚未消失，又传来了荆襄战事再起的消息。他摩拳擦掌，要上书朝廷，为平乱安民出谋划策。父亲王华哭笑不得，厉声斥责，守仁这才不得已而作罢，但心中却是愤愤不平。这时祖父已经回余姚老家，守仁没有了靠山，只得忍气吞声。

如果守仁的这些作为和想法放在汉唐，自然是不足为奇。那时民风尚武，统治者对于开拓疆土也极为热衷，投笔从戎为一切有志青年的必然选择。霍去病两次出征匈奴，动辄深入漠北数千里、斩首数万级，死的时候也才二十四岁，并留下了“匈奴未灭，何以家为”的豪言壮语。班超带着三十六人，在西域力挫匈奴，开疆辟土，何等威风。唐太宗李世民力劝父亲李渊起兵的时候，也不到二十岁。

但自北宋以来，尚武精神为崇文观念所取代。到明代，虽然永乐时有郑和下西洋的壮举，有亦失哈率军巡视黑龙江流域的功业，但不久就成了清一色的文人政治，武将被藐视为“武吏”。文官又都由科举而进，所以上自官宦世家，下至贫民佃户，只要有可能，便一心一意鼓励子弟好好读书，以便科举成名。年轻人经史背得越熟、文章写得越漂亮，就越有出息。在这种风气之下，守仁的塾师将读书科举视为“第一等事”，父亲王华视儿子的举动为胡作非为，是可以理解的。

守仁从小钦佩马援，钦佩霍去病、班超，这就决定了他日后所走的道路、所行进的轨迹和从小对“礼”感兴趣的孔子、和勤于笔耕的朱子不同。盼望建功立业、盼望成为圣贤，可以说是造就日后“王阳明”“王文成公”的两个最重要的原动力，也是他区别于中国历史上其他的“大儒”的根本所在。以后他在教育学生时，从不摒弃任何职业、从不隐讳谈论建功立业，也可以从这里找到根源。而实际上，中国历代的真正“大儒”，没有一个是不管世事而空谈学问的，所不同的只是有无机遇以及对世事投入的程度而已。

六、新婚之夜无踪迹

在京师一住就是五六年，父亲让守仁仍回浙江余姚老家。一是因为祖父、祖母年事均高，希望这个善解人意的孙子在身边；二是守仁也到了科举应考的年龄，按朝廷的规定得回原籍入官学、参加乡试，而在这之前，还要接受资格考试；三是早年曾为守仁订了一门亲事，该完婚了。带着如此多的使命，守仁回到了余姚。

这时，成化皇帝已经去世，太子祐樘继位，改元“弘治”，这就是后来庙号被尊为“孝宗”的弘治皇帝。朱祐樘在明朝是一位难得的温文尔雅的皇帝，虽然在位期间也并未做过什么惊天动地的大事，但由于尊重大臣、听文官们的摆布，加上他父亲成化皇帝长年不接见大臣，又重用宦官汪直，宠爱比自己大十八岁的万贵妃，名声不好，而他儿子正德皇帝更是荒唐至极，不仅重用宦官刘瑾、打击外廷文官，而且变着法子离开京师，或去宣府、大同，或往淮扬、江南，所到之处人心惶惶、鸡犬不宁。比较而言，夹在二者之间，虽无雄才大略，却也不胡作非为的弘治皇帝就是好皇帝了。因此，文官们将这一时期称作“弘治中兴”。虽说是比附失伦，却也情有可原。

守仁的未婚妻姓诸，诸氏的父亲诸养和当时任江西布政司参议。弘治元年（1488 年）七月，守仁遵父命，从浙江余姚前往江西南昌完婚。

从北宋到明代，江西是全国主要的文化经济发达地区之一。明朝人说到小范围的经济繁荣区，是苏、松、杭、嘉、湖并称；说到大范围的经济繁荣区，则是苏、松、江、浙并称。“苏松”指的是苏州、松江二府，苏州府的范围大抵为现在江苏省的苏州市，松江府的范围则大抵上为现在的上海市；“浙”为浙江，杭、嘉、湖均属浙江；“江”则为江西。①

在明代，每三年一次的科举考试，各省的举人是有名额限定的，江西在十三个布政司中，举人的名额位列第一；从明太祖洪武四年（1371 年）开科取士起，到王守仁的父亲王华中状元的成化十七年（1481 年）止，三十三科的状元，江西吉安一府就占去九位；而在明朝前期，先为皇帝的

① 关于明代“江”指江西而非江苏，参见方志远《“江浙”辨》(《争鸣》1988 年第 5 期)、《说江：千年辉煌》(《江西师范大学学报》2015 年第 1 期)。

秘书处、后为宰相府的替代衙门的内阁，也几乎为江西籍官员垄断。

还有一宗，那就是江西的僧、道、术士尤多。曾经辅佐过明太祖夺取天下的术士周颠（周颠仙）、张中（铁冠道人）等都是江西人。佛、道二教在江西也极盛：道教天师道（明代称正一教）的祖庭在江西贵溪龙虎山，佛教净土宗的发祥地在江西庐山东林寺，禅宗南系两大法系之一的青原系祖庭在江西吉安青原山净居寺，曹洞宗和沩仰宗的发祥地则在江西宜丰洞山、宜黄曹山和宜春仰山。

对于从小爱发奇想，又对江湖术士极感兴趣的守仁来说，江西是个神秘而又令人向往的地方。因此，他是带着一种喜悦而激动的心情到江西迎亲的。

来到南昌，守仁住在岳父的官署之中。未来女婿聪明绝伦、胸怀大志的名声，以及他五岁改名才说话、十一岁诵诗惊四座、十五岁单骑逐胡儿的种种轶闻传说，早为诸府上下熟知。况且，亲家翁今在北京翰林院任职，而且是经筵讲官，陪皇帝读书，将来入阁拜相，也是预料之中的事情。因此，诸府以非同一般的礼遇迎接守仁。

一到诸府，守仁就以他的聪明好学赢得了诸府上下人等的尊敬。岳父也是读书人出身，官署中笔墨纸砚，俱为上品。守仁住下之后，闲得无事，开始练习书法。但他练字和别人不同，看得多，想得多，写得反而少。并未见他整日临池，几天下来，却书法大进。有想讨好新姑爷的清客便来请教书法之道，守仁也不客气，侃侃而谈：我开始学书法时，对着古帖临摹，止学得字形，所以效果极微。近日偶有所得，凝思静虑，拟形于心而尽得其法，然后提笔落纸，若有神助。岳父听得女婿论书法，更是刮目相看。

婚期到了，诸府张灯结彩，宾客盈门，笙歌悠悠，喜气洋洋。但到新郎新娘拜堂之时，新郎却踪迹全无，急得岳父诸养和连连跺脚，派人四下寻找。却哪里找得着？天已经全黑了，眼看到了定更，二更、三更也过了，派去寻找的家人都先先后后回府，该找的地方全找过了，就剩下没把南昌城翻个遍，仍是不见新郎的影子。新娘垂着泪，等了整整一夜。

第二天早上，新郎终于回来了。听完他的叙述，众人由焦虑转为愤怒。

昨日合府上下忙着操办婚礼，守仁闲着无事，甚感无聊，只身出了府门，来到翠花街、瓦子角。这是当年南昌最繁华的去处，犹如苏州的阊门外、南京的夫子庙。守仁信步而行，猛一抬头，却见一座大殿巍然矗立，正是当年南昌的大去处——万寿宫，又称铁柱万寿宫。

万寿宫是为奉祀许逊而建。许逊字敬之，祖籍河南，家族为中原望族。东汉末年黄巾起义，许逊之父许肃避乱迁徙南昌，遂定居于此，许逊便出生在南昌。许逊初习儒学，博通经史，于天文、地理、律历、阴阳、五行及神仙术士之学，无不涉及，这也是当时读书人在迷茫中的探索。西晋武帝太康年间，许逊举孝廉，为蜀旌阳县（今四川德阳）令。任内“去贪鄙，除烦细”，将旌阳治理得井井有条，人安物阜。时逢天灾，瘟疫流行，许逊施符给药，救活数千人。后见官场腐败、晋室动荡，许逊弃官而归。相传许逊回南昌后，领导人民与洪水做斗争，力斩兴风作浪的孽龙，消除了水患。为了不使孽龙复出为害，许逊在孽龙的出入口，即南昌城内广润门左、翠花街西的一口深井处，铸铁为柱，用以镇压。许逊自己则背倚西山，结庐而居，专心修道，不知所终。当地民众为了纪念这位为民生做出了伟大贡献的人物，流传出许逊活到一百三十六岁时，全家四十二口，连同鸡犬，举宅升天的故事。所谓“鸡犬升天”的传说，因此而起。传说中的许逊铸铁为柱之地也建了万寿宫，因宫前有镇压孽龙的铁柱，故称“铁柱宫”，又称“铁柱万寿宫”，两宋以来香火极盛。

守仁信步走入宫内，四下观看。其时天已近晚，香客陆续散去，宫内空空荡荡、寂静肃穆。守仁来到后殿，但见烛光摇曳之中，一位道士独坐一榻，闭目静思，不便惊扰。等到道士睁开双目，方才上前行礼问安。

道士抬起头，见是一位十七八岁的少年，举止文雅，脸上却透出一股豪气，起身让座。一经交谈，守仁发现道士学识渊博，谈锋机敏，不由得肃然起敬。二人由人生谈到世事，又由世事谈到养生，不知不觉，已至夜深。二人兴犹未尽，直谈到次日天明，守仁才起身告辞。

出了铁柱宫，守仁猛然想起府中还在等他成亲，不禁出了一身冷汗，急忙奔回诸府。当他气喘吁吁回到府中，见岳父正坐在堂中摇头叹息，一阵歉意涌上心头。岳父看了看他，也不便深责。这个女婿十五岁就敢到居庸关外去玩命，这世上还有什么事情他不敢做的？只怕女儿这一辈子不会有开心之日。守仁因为欠妻子这一夜之情，也得偿还一辈子。

七年之后，弘治八年（1495年）四月，诸养和因病去世。守仁在祭文中说：“我实负公，生有余愧；天长地久，其恨曷既。”（《祭外舅介庵先生文》）可以看出他的情感。明人沈德符在《万历野获编》中说，王守仁开宗立派、平叛定乱，何等英雄，但听人说他竟然“惧内”，实在令人百思不得其解。如果联系到他在新婚之夜所欠之情，恐怕也就并非难解了。[①]

七、“世以不得第为耻，吾以不得第动心为耻”

在南昌一住就是一年半。成婚后的第二年，即弘治二年（1489年）十二月，守仁告别了岳父，与妻子同回浙江。途中，他在广信（今江西上饶）拜访了当时的著名学者娄谅。有关这次会面的详情已不得而知，但娄谅的一番言语，却使守仁由以前的想做圣人而领悟到“圣人必可学而至”，朦朦胧胧知道该如何去学了。从此，他开始认真阅读历代典籍，并逐渐注意规范自己的行为。

回到余姚不久，祖父王伦去世了。在整个家族中，守仁与祖父的感情之深，甚至超过父母。他既继承了父亲的沉稳和富于主见，而又更多地是继承了祖父的豪放和富于创见。在守仁日后的生活经历中，可以看出这两方面的结合。

在帮助父亲料理完祖父的丧事之后，守仁按父亲的嘱咐，开始准备三年一度的科举考试。余姚王门是个大家庭，与守仁一起准备应考的还有他三个堂叔和一个姑父。

中国的科举制度从隋唐就已开始，但考试的内容和方式则代有变化。大致上说，隋唐及北宋以考诗赋为主，南宋至清以考经义为主。这是由隋唐及北宋崇文章、南宋及元明尚理学的风气造成的，反过来，科举内容的变化又加重了这些时代的崇文与尚理之风。

明朝科举以永乐时编修的《四书大全》《五经大全》《性理大全》为教材，以朱熹等宋儒对《四书》《五经》的解释为依据，所以应试者主要是对经义进行理解和阐述。

守仁以及和他年纪差不了多少的四位长辈准备应试，也是以解析经义为主。但一段时间之后长辈们开始诧异了，这位侄子的学问和写文章的本领进展神速，远非他们可比。后来他们终于发现，守仁白天和他们一起解析经义，准备考试，晚上则将祖父和父亲留下的经史子集各类书籍遍加检索，读至夜分才就寝，不禁相顾叹息，这个侄儿“已游心举业之外”，我们还哪

① 沈德符《万历野获编》卷5《勋戚·惧内》：“吾浙王文成之立功仗节，九死不回，而得严事夫人，唯诺恐后。”

里比得上！守仁听后笑道:人贵在立志,有志者事竟成,哪里有做不到的事！四人听了摇摇头：说时容易，做时便难了。守仁又笑道：我再做一件事给叔叔们看。众人追问何事，守仁笑了笑，并不回答。

第二天，几位长辈发现，一向嬉笑怒骂、爱开玩笑的侄子变了，端坐终日，除了讲解经书，发表己见外，竟是一句闲话也没有。长辈们忍耐不住，询问原因。守仁正色答道:我过去放任太过，如今深感后悔。从今日起，当改弦易辙，望众位叔叔助我。四人见他一本正经的样子，更觉滑稽，都忍俊不禁。但从此以后,守仁果然说到做到,变得不苟言笑。四人方才信服，也深自收敛。

功夫不负有心人。弘治五年（1492 年）秋天，二十一岁的守仁在浙江乡试中中了举人，和他一起读书的堂叔、姑父们则全部落榜。嘉靖时，官至刑部尚书的郑晓曾得意地历数他的故乡浙江“国朝名臣辈出”：明太祖开创天下时，有筹划军务的刘基、兴制礼乐的宋濂；靖难之役后，有忠于建文帝、效夷齐之节的方孝孺；土木之变后，有临危不乱、砥柱中流的于谦。正德时宁王宸濠谋反，最早进行揭露的是胡世宁，誓死不与宁王合作而被害的品级最高的官员是孙燧，最终平定叛乱的是王守仁。而胡世宁、孙燧恰恰和守仁一样，都是弘治五年（1492 年）浙江乡试中式的举人，一时传为美谈。①

但是，科举的成功与否并不完全取于天赋与用功，运气的成分极大。所以江西的风水师说了五大因素：一命、二运、三风水、四阴德、五读书。

明朝的科举每三年举行一科，分为乡试、会试、殿试，每科全国大约录取举人一千至一千五百名，录取进士三百人左右。“乡试”在子、午、卯、酉年的秋八月进行，故称“秋闱”。届时，全省取得科举资格的士人在各布政司所在地即各省省会参加考试，故又称“省试”。乡试被录取称“中举”，士子中举后便是举人，算是取得了“功名”，即有了做官的资格，同时，也取得了参加会试的资格。乡试中的第一名则称“解元”。“会试”在乡试的第二年即辰、戌、丑、未年的春二月进行，故称“春闱”。届时，全国的举人齐集京师北京，参加考试。会试由礼部主持，故又称“部试”，第一名称“会元”。所有在会试中被录取者实际上已是进士，但三月初一日（成化时

① 郑晓：《今言》卷 6。

改为十五日）还得在紫禁城内奉天殿（今故宫太和殿）前的场地上进行“殿试”。殿试名义上由皇帝亲自命题并进行录取，但后来实际上都由内阁代办。举行殿试的目的有两个，一是排定进士的名次，二是表示所有的进士都由皇帝钦赐，都是天子门生。

守仁中举后，来到北京，参加了弘治六年即癸丑年（1493年）举行的会试，竟然落了榜。这时，守仁父亲王华二十七个月的守制期已满，由翰林院修撰升迁为右春坊右谕德。会试的主考、同考官都是他的同僚，对守仁的落榜，大家都表示遗憾，登府慰问。当时的文坛领袖、礼部侍郎李东阳笑着对守仁说：你此科落第，下科定和你父亲一样，中个状元。同僚们也跟着起哄说：对了，就作一篇来科的状元赋！守仁听了，一时兴起，也不推辞，展纸提笔，一挥而就。李东阳众人一看，连声叫好。但中国人有个习惯，在别人叫好时，即使不以为然，也不当面说出，而是背后嘀咕。一出王家，果然就有人提出不同看法：此子目中无人，若果取上第，恐怕连我辈也不在他眼中了。

三年时间转眼就到了，由于守仁已有举人的功名，故在下科科举时可直接参加会试。没想到，又落榜了。于是有抱不平者联想到上次有人说过守仁目中无人，故而认为，这次守仁落榜，肯定是有当道者忌才所致，其实并无根据。

对于会试的接连失败，守仁自己倒是淡然处之。同行的一位举子也是两科未中，不禁灰心丧气，觉得无颜见江东父老，又对守仁的无动于衷感到不解。守仁笑道：“世以不得第为耻，吾以不得第动心为耻。”世上之事，哪有处处顺心的？何况，科举之外，该想该做的事情还很多，岂能对区区下第之事耿耿于怀？

第二章　吾当上下而求索

一、才受威宁剑，便将边务忧

弘治十二年（1499 年），守仁第三次参加会试，不但顺利过关，而且名列第二，差点就是“会元”了。接着，又在殿试中名列第十，赐二甲第七名进士。这个名次虽然不及父亲的第一名显赫，却也不致辱没家门。这第十名进士是以全国几十万生员、数万名考生、一两千名举子为基数的。何况，有明一代还没有过父子二人都是状元的先例。

后来的事实说明，弘治十二年即己未年的这场科举具有重大的意义。因为有两位在中国历史上产生深远影响的人物参与了这一次的科举会试，一位是王守仁王阳明，一位是唐寅唐伯虎。王阳明因为登第，所以在“体制内”活动，做出了极大的功业。唐伯虎却因为被人检举私下拜见考官，有事先得题之嫌，被革除功名，终身不得再行科举，从此在“体制外”活动，也闯下了极大的名头。但是，王阳明虽然在体制内“立功”，却在体制外“立言”，成为有明一代立德、立功、立言的“真三不朽”的人物；唐伯虎虽然在体制外“放浪形骸”，却是“平生不挣作孽钱”，恪守着体制内的底线。

在守仁考进士的时代，新科进士有四个去向：一是留翰林院为史官，这是对一甲进士的安排；二是在二、三甲进士中选出二三十名年纪较轻、较有才学者为庶吉士，在翰林院继续读书，三年后根据学业的优劣，当然，更重要的是看人事关系的情况，或留翰林为史官（二甲进士为编修、三甲为检讨），或分到科道为言官，或分到六部为主事；三是分到六部“观政”，为“观政进士”，一年后再授实职；四是分到地方出任知县、州同知、府推官等。

守仁被列入第三类，分在六部的最后一部工部观政。这个分配对他来说才真正是不公正的。以他的会试、殿试名次，还有二十八岁的年纪，即使观政，也应该是在更为重要的吏、户、兵三部。从这一点看，有人抱不平，认为当政者有意对守仁进行压抑，似乎又并非全是无中生有。

当然，观政进士并非只是“观”政，而是要承担具体的公务，以锻炼处理行政事务的能力，也为一年后的正式授职提供依据。

守仁做观政进士的第一桩差事，是督造威宁伯王越的坟墓。

王越在明代是位富有传奇色彩的人物。他是景泰二年(1451年)的进士。殿试的那天，忽然平地刮起一股旋风，将王越的试卷卷上云间，眼看着就在天际消失了。管卷官只得给他重发试卷。王越奋笔疾书，在收卷前写完了第二份对策。

本来事情已经了结，没想到这年秋天，朝鲜国使者前来进贡，竟然带来了王越的那份试卷。说是朝鲜国王正在视朝的时候，一物从天而降，却原来是一份文卷。侍者将文卷拾起呈上给国王，国王一看，才知道是天朝进士的策试试卷，不敢私藏，让使者进贡时顺便带回北京。一份试卷竟然漂洋过海，被风从明朝的京师北京卷到朝鲜的王京汉城，也真是不可思议。

成化时，王越以都御史提督军务，两次领兵深入河套、袭击“套虏”，创造了自永乐以来明军对蒙古最为成功的战例，被封为威宁伯，成为明朝自开国以来第二位以军功封爵的文臣。①

守仁的少年时代，正是王越建立边功的时代，故从小对王越充满着崇敬和向往。守仁曾对人说，他少年时曾做过一梦，梦见王越将自己指挥奇袭威宁海子时所用的宝剑赠给他。看来，他十五岁时独出居庸关，不仅是受古代英雄的驱动，也是受当代英雄的激励。更难想象的是，入仕之后的第一件差事，竟然就是去督造王越的坟墓。是巧合，还是上天的安排？不管是什么，当不负威宁伯。

守仁在京师备考的期间，正值“套虏”频频深入境内劫掠。朝廷每次调兵遣将，总是遑急被动，既无解决边患的谋划，又无优秀的将才可供派遣。守仁心中焦虑，而自己的身份又不能措一词、出一策。焦虑之余，便千方百计寻求兵书、钻研阵法。每次宴客，则将杯盘碗盏、橘皮果核排成阵势。理解的认为他胸怀大志，不理解的便以为他是痴狂疯癫。对于这些，守仁全不在意。

---

① 参见《明史》卷171《王越传》。又，明代以军功封伯爵的文臣只有三人：正统时的王骥，以平麓川封靖远伯；成化时的王越，以袭威宁海子封威宁伯；以及本书传主王阳明，以正德时平宁王朱宸濠之乱，封新建伯。

这次督造威宁伯墓，正是演练阵法的极好机会。守仁将民夫按人数及身体状况编成什伍，分配劳役，起居饮食都有定时，工程质量皆经检收。工余的时候，又指挥民夫演练据说是由诸葛亮传下的八阵图。待到工期结束时，不仅坟墓造得雄伟气派，守仁自己也得到了一次排兵布阵的实践锻炼。这就叫“有志者事竟成”，只有立志，只有时时不忘初心、时时有所准备，机会到来之时，才能够把握得住。

明朝到弘治、正德时期，官场的腐败已经成为公认的事实。大大小小的工程，都是主管官员中饱私囊的机会，至于修坟造墓之类，更是以死人要挟活人、向死者家属敲诈勒索。但是，守仁不仅于家属秋毫无犯，而且将朝廷有限的经费精打细算，一分一毫均投入工程之中。他认为这样做既可问心无愧，也是对慕仪已久的英雄献上自己的一份心意。

守仁返回北京的时候，王越的家属前来送行，并且带来了不少金银珠宝，作为酬谢，守仁执意不收。家属们又取出一个布囊，交给守仁。守仁打开布囊，一柄佩剑赫然映入眼中，是王越生前的佩剑——威宁剑！守仁心中一阵激动，果然是天意！否则，怎会如此巧合？

他更加相信，上天是要他担当大任的。

回到京师复命之后，守仁仍然沉浸在激动之中。每晚公务之余，他总要将威宁剑取出把摩，期望有一天能和王越一样，领军杀敌，立功疆场。

正当此时，又传来了“套虏猖獗”的警报，守仁再也按捺不住了，他挥毫疾书，呈上了自己有生以来第一份也是自认为早就该上的奏疏。在这份《陈言边务疏》中，守仁对国家的边务政策及当政者提出了尖锐的批评：

> 臣愚以为今之大患在于：为大臣者外托慎重老成之名，而内为固禄希宠之计；为左右者内挟交蟠蔽壅之资，而外肆招权纳贿之恶。习以成俗，互相为奸。忧世者谓之迂狂，进言者目以浮躁，沮抑正大刚直之气，而养成怯懦因循之风。故其衰耗颓塌，将至于不可支持而不自觉。

这些批评，既表示了守仁对当政者缺乏远见卓识的不满，也反映了守仁自身的个性与当政者治国方针之间的矛盾。这种不满和矛盾，将使守仁在日后的仕途中步履维艰，也迫使守仁在坚持自己的基本个性和认识的同时，对当政者做出某些让步并采取更为灵活的斗争手段。

在这个《陈言边务疏》中，守仁对边务提出了八项建议：一、蓄材以备急；二、舍短以用长；三、简师以省费；四、屯田以足食；五、行法以振威；六、敷恩以激怒；七、捐小以全大；八、严守以乘弊。

每一项都是先陈旧弊，然后提出解决办法，可以看出，他长期以来一直在思考这些问题。如第一条蓄材以备急，守仁认为，本朝继承元朝旧制，军官世袭，但汉人和蒙古人的习性不同，蒙古人以尚武为荣，汉人却以崇文为高。所以军官世袭，在元朝可以，本朝沿用，却导致军官素质极差。虽然辅之以武举，所选也不过是骑射搏击之士，而将才极为缺乏。筹划边务、负责决策的大学士们，都是些由进士到翰林、由翰林到内阁的秀才，并不懂军务，甚至边境也没去过；负责调兵遣将的兵部尚书、侍郎等，也都是进士出身，经过长期的升迁除授，来到兵部，对军务未必内行。针对这种情况，守仁提出，对世袭军官必须加强军事教育和实践训练，选拔武举必须加试兵法韬略，并让二者进行竞争，培养选拔出既懂兵法又有实践经验，既有武技又能指挥千军万马的将帅之才。他建议，兵部官员自尚书以下，必须更迭巡边，以熟悉边务敌情，一旦有事，方可从容应付。

然而，当时的明朝缺乏的并不是主意，守仁提出的这些问题和解决办法，在他之前和之后，都不断有人提出，关键在于践行。明朝并不是没有关于对军官严加考核的条例，也并不是没有全面考核武举的制度，问题是敷衍成习、积弊已深，除非军官世袭制度完全废除，才能从根本上予以解决，但谁又敢冒天下之大不韪，去革除祖宗成法，去打破数以万计的军官及数以十万计等着世袭的军官子弟的饭碗？

这个社会需要的是实践家而非空谈家，需要的是所有的人从自身做起，但所有的人又都只会指责他人，指责社会，偏偏不愿从自身做起。要脚踏实地干出一番事业，守仁还有很长的路要走。

二、刑部云南司的新任主事

弘治十三年（1500年），守仁“观政”期满，实授刑部云南清吏司主事。

明朝自太祖废除中书省后，六部为中央最高一级行政机关，各部均设尚书一人、左右侍郎各一人，下有清吏司，各设郎中、员外郎、主事，分管该部事务。吏、礼、兵、工四部均为四个清吏司，而户部和刑部因事务繁重，与地方十三布政司即十三个省相对应，各设十三个清吏司，同时带管南北两直隶事务。

刑部主管全国的司法行政，是当时最能了解民情的衙门。守仁来到这个衙门，更感觉到时政的腐败。

当时的刑部有提牢厅，设狱吏若干名，专管刑部大牢中的囚犯。刑部各司主事每月一轮“提牢”，也就是督理牢务。守仁分到刑部后不久，正好轮着云南司提牢。他带着从人，在狱吏的陪同下，逐牢查看。关在刑部大牢中的全是重囚，来自全国各地，或是已定死罪，等着秋后执行；或是已定死罪，但犯者不服，提出上诉，等待再审。

守仁第一次巡狱，时值傍晚，囚徒们正在用餐。守仁走了一段，停下脚步细看，不禁心中狐疑。但见囚徒碗中，半稠半稀，黄中带黑，竟不知是何物。回头问随行狱吏，说是狱中缺粮，只能以米糠为食。守仁点点头，继续前行。忽听得有猪叫之声，守仁心中一动，循声而去，却见几个大猪圈中，几十头肥猪正在争食，食槽中尽是细粮白面。守仁猛一转身，见到狱吏那张尴尬的胖脸，他明白了。早就听说狱吏将朝廷给囚犯的口粮用来养猪，猪养大了，则众人共分，并孝敬相关官员。当时并不相信，今日一见，果然如此。

守仁回到提牢厅大堂，召集全狱狱吏训话：朝廷有好生之德，即便是囚徒，也拨给米粮布被，使其不致受冻挨饿。囚犯也是人，你们却待其不如猪犬，夺食以喂猪，率兽以吃人，为朝廷招怨，你们是猪犬不如！说罢，喝令用刑。狱吏们一面跪下求饶，一面七嘴八舌地诉说，说这件事早已相沿成例，连刑部堂上官也知道。守仁听罢，不再理睬跪在地上的狱吏，当即赶至刑部堂官家中，询问此事。

正如狱吏们所说，这种事情在当时已是司空见惯，刑部上上下下都知道，只是守仁刚到刑部，少见多怪而已。但不管怎样司空见惯，却是违犯了国家的条令，不能放到桌面上。刑部主管官员见守仁认真，也不便多说，让他自行处理。

第二天，守仁来到提牢厅，传令狱吏将牢中所养的猪统统宰杀，分给囚徒食用，又通告全狱，以后若再发生这类事情，严惩不贷。

办完这件事后，守仁又向狱吏索取以往提牢主事的名单，却百不存一。狱中管理混乱，其实与此有关。说是提牢，又有几人真的会到狱中来走走？

守仁眉头一皱，计上心来，命狱吏取来笔砚，提笔在提牢厅的墙壁上写下了自己的姓名及提牢的时间。经刑部主管官员认可,以后凡当值的提牢主事，都要在壁上题上自己的姓名和提牢时间，一旦狱中发生问题，提牢者无法推卸责任。

说来也怪，通过守仁的这次整治，刑部大牢竟然三十年没有发生明显的“猪吃人”事件。到守仁晚年，有位刑部官员还当面向他提起此事，说是刑部一直传诵，脍炙人口。没想到守仁听了却连连皱眉：往事休提，那是我年轻时干的荒唐事。当时只顾自己痛快，全然没有替堂上官着想。自己做君子，让别人做小人，实在不应该。一番话，说得那位刑部官目瞪口呆。后来，王门再传后学耿定向解释此事说，阳明的意思并非不该处理那件事，而是应该委婉向刑部主管官员提出，由主管官员自己去处理，那样就不至于使人难堪了。[1] 但是，既然是相沿成习，主管官员也就见怪不怪，而官场陋习正由此而成。所以，革除积弊，恰恰是需要王阳明的这种“不懂事”，但中国的官场，恰恰是“懂事”的太多。

大牢杀猪一事发生后，刑部官员们对这位新任云南司主事有了几分认识。这是一位不怕事的主,有什么棘手的事,都让他去做。守仁也当仁不让，该他管的他要管，不该他管的他也想插手管；别人敢管的事他管，别人不敢管的事他也管。

弘治十四年（1501 年），守仁奉命去江北录囚。录囚也是刑部十三司的例行公事，主事们每年都要会同都察院的巡按监察御史到所带管的布政司或中央各部门清理案件、平反冤狱。这是明代司法的重要环节，虽然后来多流于形式，却也给受冤屈的人们一些平反的希望，给想逃脱制裁的真罪犯造成一定的震慑。南直隶江北的扬州、庐州（今安徽合肥）等府和滁州等州由云南司带管，所以这些地方的录囚由云南司负责。

守仁来江北遇到的第一桩难理的案子，是陈指挥杀人案。

这位姓陈的指挥脾气暴躁、生性好斗，动辄杀伤人命，下狱之前，被他无辜杀害的有十八人。这些人的家属年年告状,但因陈指挥一家三代服役，父亲死于疆场，儿子又因失机被杀，博得人们的同情，而有关官员又接受了他的贿赂，所以虽然定了死罪，却关在狱中十多年，迟迟没有执行死刑。

---

① 参见耿定向《先进遗风》卷上。

守仁看完案卷后，立即下令将陈指挥处决。一同录囚的巡按御史仍然以陈指挥的父亲殉国为理由进行阻挠，陈指挥的家属也不断托人求情。但录囚的事情是由刑部主事主管，守仁一坚持，御史和其他官员也没有办法，除非他们立即向朝廷汇报，由朝廷对守仁进行干预。但这种事情一旦让朝廷知道，不但救不了陈指挥，说情的官员们也要受到牵连。

临刑之时，陈指挥冲着守仁大声呼叫：王守仁，我死而有知，一定不会放过你的！声音嘶哑而凶狠，在场的官员和百姓，以至行刑的刽子手都感到一阵寒战。守仁反倒迎上前去，笑道：我如果不杀你，十八人的冤魂就放不过我。为了这十八条人命，我定要杀你。倒要看看你能奈我何否？言罢，喝令用刑。[①]

陈指挥的案子一办，其余难案迎刃而解。等录囚事毕，守仁回京复命，江北各府州竟是一片赞扬。守仁对自己这次江北录囚的所作所为也颇为自得，带着随行人员忙里偷闲去了一次号称佛教四大名山之一的九华山，并写下了一篇颇为自得的《九华山赋》：

循长江而南下，指青阳以幽讨。
启鸿蒙之神秀，发九华之天巧。
非效灵于坤轴，孰构奇于玄造。
涉五溪而径入，宿无相之窈窕。
访王生于邃谷，淘金沙之清潦。
凌风雨乎半霄，登望江而远眺。
步千仞之苍壁，俯龙池于深窅。
吊谪仙之遗迹，跻化城之缥缈。
…………

但也有人暗暗纳闷：他人办不了、不敢办的事情，为何这位王主事不仅敢办，而且还办得了？人们由此想起他的父亲王华。这位成化十七年（1481年）的状元，此时正官运亨通。守仁录囚江北的弘治十四年（1501年）秋，他父亲正在南京主持应天府的乡试；明年，升为翰林院学士；十六年，升詹事府少詹事兼翰林院学士，接着升礼部右侍郎；十七年，为礼部左侍郎。

① 参见都穆：《都公谭纂》。

而且，一直兼经筵讲官。如果当时内阁不是已结成刘健、谢迁、李东阳的三位一体，王华在弘治年间恐怕已入阁为大学士了。

守仁在刑部办案没有遇上大的阻力，自然与他父亲的职位有关，但更主要的还是守仁自己天不怕地不怕的个性。无论在什么时代，正义总是令邪恶畏惧的。王阳明去世三十年后，浙江淳安知县海瑞无任何政治背景，一纸大义凛然的公文，同样使八面威风的巡抚都御史鄢懋卿不敢入淳安县境。所以，在一般的情况下，所有的“黑幕”只能是暗中操作，一旦公开于光天化日之下，黑幕中隐藏的人物一般是不会露面的。有人借口官场的水深而不作为，但遇上王阳明以及海瑞、于成龙，不管水深水浅，趟了再说，官场上的水就变得浅了。

三、为圣为文两彷徨

守仁对于公务一丝不苟，“学为贤圣”的愿望也越来越强烈。但是，“学为圣贤”之路又是如此的漫长而不着边际。

自从在广信拜谒娄谅之后，守仁开始对宋儒的格物理论产生了兴趣，并自以为得到了学为圣贤的途径。弘治五年中举后，守仁北上京师，既准备第二年参加会试，也陪伴父亲小住。既然会试也是考经义，守仁想干脆乘此机会钻研宋儒主要是朱子的格物即体验事物的功夫，于是将朱子的著作统统找来，认真阅读。但不读还罢，越读越感到困惑。掩卷静思，竟一无所获。

这是怎么回事？守仁暗自纳闷：娄先生谈格物之理何等透彻，他的学问也是从宋儒中来，特别是从朱子中来，为何我竟然参解不透？想来想去，他突然觉得想通了，既是格物，当然应该从物中去求。朱子说得好，凡事都有其表里精髓，一草一木，皆含至理。我一天到晚在书中求，哪能悟透？

正好父亲官署中种了许多竹子。种竹是从祖父开始的，后来成为王家的传统。守仁步出书房，来到院中竹林，微风阵阵，翠竹摇曳，顿感心中空灵，万物皆具神气。但一用朱子格物之论，沉思竹子之理，却又百思不得其解。想得久了，竟头晕目眩，大病了一场。连第二年的会试也落了榜。

经受了这次打击，守仁对自己能否做得成圣贤开始有些怀疑。这贤圣大概要有缘分，不是人人都可以做得。自己或受缘分所限，故想不通格物之理。做不了圣贤就不做吧，世上毕竟凡夫俗子更多。

一旦打消了做圣贤的念头，守仁觉得轻松了许多。他的悟性本来就很好，又有作文赋诗的天分，遂沉溺于辞赋之中。

守仁祖父竹轩翁王伦在世时，曾和好友结成诗社，每日吟诗喝酒，说天道地，好不痛快。这情景在守仁记忆之中定格，就像是昨天发生的事情一样。有祖父做榜样，守仁在第二次会试下第后回到余姚，也会同好友，在父亲曾经读过书的龙泉山寺组织了一个诗社，也是每日登高望远，吟诗作赋，竟不知世间还有“忧愁”二字。

余姚有位名叫魏瀚的退休布政使，既与守仁父亲王华为莫逆之交，又是守仁祖父王伦诗社中的文友，他儿子魏朝端又和守仁同一年中举人，故而两家关系十分密切。魏瀚性格开朗，热心助人，更以才学自负。听说守仁一班年轻人也结成诗社，不禁技痒，每次聚会，必定参加，而且和年轻人一样好胜。但每次对句联诗，总是比不过守仁。魏瀚心悦诚服了：后生可畏，老夫当退避数舍。

每当此时，守仁也觉得高兴。但一段时间下来，又觉得心里空虚，总不能以弄诗作文了此一生吧？原来，在他的内心深处，仍然放不下“学为圣贤”的念头。但这圣贤该如何做，却还是找不到门径。想找师友一起议论，又苦于没有知音，心中彷徨，不得安宁。

这一天，偶然读到朱熹的《上光宗皇帝疏》，疏中有这样一段话：“居敬持志，为读书之本；循序致精，为读书之法。”① 守仁心中一亮：原来如此！这个奏疏以前也读过不止一遍，为何没有领悟？十年前娄谅先生所说，也是这个道理。以往觉得为圣无门，大概是因为探讨虽博却没有循序渐进，如今门径找到了，守仁放下辞章诗赋，又钻研起了朱子的格物致知学问。

但不久，守仁又迷惑了。虽然确实在循序渐进地读书，但事物的“理”和自己的“心”总是沟通不了，物理归物理，我心归我心，判若两途。越是心急，越是感到毫无头绪。每当此时，守仁便觉得自己是“天下之至拙”之人，是天底下第一傻瓜。由于心中烦躁，接着又是一场大病。于是更觉圣贤自有天命，不是人人做得，回过头来，仍旧舞弄辞章。

---

① 此据《王阳明全集·年谱二》，此语见于朱熹《行宫便殿奏札二》，《晦庵集》卷 14《奏札》，原文为“……此循序致精，所以为读书之法也……此居敬持志，所以为读书之本。”

其实，守仁虽然自以为理解了朱熹所说“读书之法”，却并没有理解朱熹所说的“读书之本”;看上去是在“循序渐进”,实际上却并没有“居敬持志”。他那不同于常人的思维方式，以及汲汲于建功立业、以天下之事为己任的个性，决定了他不可能持之以恒地走朱门弟子们所走过的道路。他的志向，其实并不是做学问家,而是做政治家;他的追求,并不是朱熹那样的“作者”,而是孔子那样的“述者”。

弘治十二年（1499 年）考中进士时，守仁已颇具才名。当时的文坛领袖虽然仍是茶陵诗派的首领大学士李东阳，但随着明初严峻政治气氛的舒缓和成化、弘治以来市民意识、市民文学的重新兴起，年轻一代文人对几十年如一日的台阁体诗文早已厌烦。在北京,以李梦阳、何景明等人为代表,在江南，以唐寅、祝允明等人为代表，对旧的文风发起了猛烈的冲击。

守仁和李梦阳、何景明、徐祯明、乔宇、边贡、汪俊等是前后科的进士，又都负才名，共同提倡读古诗、学古文，通过学古倡古，刮起了明中期文学革新的飓风。但当时在文学创作的实践中进行革新的人物，在科举时往往遭到压制。守仁自己有两科失利的经历，苏州的唐寅唐伯虎更因莫名其妙的科场舞弊案被终身剥夺了参加科举的机会。[①] 这些看似偶然的事件，实质上却反映了新旧文学思想的冲突和斗争。正是这个偶然，明朝从此出了一位在“体制内”把事功做到极致的王阳明，又出了一位在“体制外”把文化做到极致的唐伯虎。但是，王阳明的事功在体制内，学术却在体制外，所以事功受到各方面的肯定，学术却引起极大的争议；唐伯虎的文化在体制外，但其道德底线却不失于体制内。

暂时抛开了做圣人的守仁，在这一时期倒确有不少清新不俗的作品问世。

弘治九年（1496 年），守仁第二次会试失败，在发表了一番“世以不得第为耻，吾以不得第动心为耻”的高谈阔论之后，离京南下。

这一天，顺着运河来到山东任城（县名，后废，在今山东济宁境内），但见一楼临江而立，很是气派。此楼名太白楼，本是当年李白客游饮酒处，

---

① 弘治十二年会试，大学士李东阳与翰林学士程敏政主考。户科给事中华昶捕风捉影，上疏指责程敏政事前将试题透露给了江阴举人徐经和苏州举人唐寅，从而引发了著名的“程敏政科场案”。结果是两败俱伤：程敏政被勒令致仕，华昶降调南京太仆寺任主簿，徐经、唐寅则在赎免徒刑后，黜充吏役，永远不许参加科举考试。《明孝宗实录》详载了这一事件的始末。

现已成为山东境内的一大名胜。守仁在运河上往返几次，却一直无暇登临太白楼。这一次会试下第回乡,反正无事,正可去看看当年太白饮酒的去处。

守仁弃舟登陆，来到太白楼上，留下了今日我们能够见到的他的第一篇长赋——《太白楼赋》：

岁丙辰之孟冬兮，泛扁舟予南征。
凌济川之惊涛兮，览层构乎任城。
曰太白之故居兮，俨高风之犹在。
蔡侯导余以从陟兮，将放观乎四海。

木萧萧而乱下兮，江浩浩而无穷。
鲸敖敖而涌海兮，鹏翼翼而承风。
月生辉于采石兮，日留景于岳峰。
蔽长烟乎天姥兮，渺匡庐之云松。

慨昔人之安在兮，吾将上下求索而不可。
蹇予虽非白之俦兮，遇季真之知我。
羌后人之视今兮，又乌知其不果。
吁嗟太白公奚为其居此兮？余奚为其复来？
倚穹霄以流盼兮，固千载之一哀。
…………

这篇六百字的赋既不像屈原的《离骚》那样充满浪漫色彩和神奇想象，也不像苏轼的《前赤壁赋》那样富有哲理，加上明代已不是作赋的年代，故这首赋在中国文学史上并没有什么地位。但赋中所流露出来的名曰“非（李）白之俦”而实欲步（李）白之后尘的自信，却显示出年轻一代文化人的气势。同时也可以看出两次会试失败的打击，并未对守仁的情绪产生太大的影响。可以相信,守仁所说的“世以不得第为耻,吾以不得第动心为耻”并不完全是掩饰。

不仅欲效李白，而且想学苏轼。

宋神宗熙宁十年（1077 年），苏轼知徐州，正值黄河决堤，徐州被大水困了一个多月。苏轼领导军民筑堤护城，终于化险为夷。洪水退后，苏轼命人在徐州城外黄河边上用黄泥建了一座高台，因为黄色，故名“黄楼”。既为抗洪纪念，也为压制水患。黄楼建成之时，苏轼作《黄楼诗》以纪念，一座极为普通的黄泥台，成了徐州的一大名胜。但到明代，黄楼早已化为乌有。

弘治十七年（1504 年），守仁主试山东乡试，枉道游徐州，友人朱朝章说要重修黄楼，引起守仁对苏轼的怀念，遂有《黄楼夜涛赋》。赋前有一小序：“朱君朝章将复黄楼，为予言其故。夜泊彭城之下，子瞻呼予曰：吾将与子听黄楼之夜涛乎。觉则梦也。感子瞻之事，作《黄楼夜涛赋》。”这是一篇极富想象力的作品，读来既似苏轼醉卧黄泥楼，又似东坡夜探石钟山，更似子瞻初诵赤壁赋：

> 子瞻与客宴于黄楼之上。已而客散日夕，暝色横楼，明月未出。乃隐几而坐，嗒焉以息。忽有大声起于穹窿。徐而察之，乃在西山之麓。倏焉改听，又似夹河之曲。或隐或隆，若断若逢。若揖让而乐进，歙掀舞以相雄。触孤愤于崖石，驾逸气于长风。尔乃乍阖复辟，既横且纵，摐摐沨沨，汹汹瀜瀜，若风雨骤至，林壑崩奔，振长平之屋瓦，舞泰山之乔松。咽悲吟于下浦，激高响于遥空。恍不知其所止，而忽已过于吕梁之东矣。
>
> 子瞻曰：“噫嘻，异哉！是何声之壮且悲也？其乌江之兵，散而东下，感帐中之悲歌，慷慨激烈。吞声饮泣，怒战未已。愤气决臆，倒戈曳戟，纷纷籍籍，狂奔疾走，呼号相及，而复会于彭城之侧者乎？其赤帝之子，威加海内，思归故乡，千乘万骑，雾奔云从，车辙轰霆，旌旗蔽空，击万夫之鼓，撞千石之钟。唱大风之歌，按节翱翔而将返于沛宫者乎？”于是慨然长噫，欠伸起立，使童子启户凭栏而望之。则烟光已散，河影垂虹，帆樯泊于洲渚，夜气起于郊垌，而明月固已出于芒砀之峰矣。
>
> 子瞻曰：“噫嘻，予固疑其为涛声也。夫风水之遭于澒洞之滨而为是也，兹非南郭子綦之所谓天籁者乎？而其谁倡之乎？其谁和之乎？其谁听之乎？当其滔天浴日、湮谷崩山、横奔四溃，茫然东翻，以与吾城之争于尺寸间也。吾方计穷力屈，气索神惫，懔孤城之岌岌，觊须臾之未坏，山颓于目懵，霆击于耳聩，而岂复知所谓天籁者乎？及其水退城完，河流就道，脱鱼腹而出涂泥，乃与二三子徘徊兹楼之上

而听之也。然后见其汪洋涵浴、潏潏汩汩，澎湃掀簸、震荡泽渤，吁者为竽，喷者为篪，作止疾徐，钟磬柷敔，奏文以始，乱武以居，呶者嗃者嚣者嗷者、翕而同者、绎而从者，而啁啁者、而嘐嘐者，盖吾俯而听之，则若奏箫咸于洞庭。仰而闻焉，又若张钧天于广野。是盖有无之相激，其殆造物者将以写千古之不平，而用以荡吾胸中之壹郁者乎？而吾亦胡为而不乐也？”

客曰：“子瞻之言过矣！方其奔腾漂荡而以厄子之孤城也，固有莫之为而为者，而岂水之能为之乎？及其安流顺道、风水相激而为是天籁也，亦有莫之为而为者，而岂水之能为之乎？夫水亦何心之有哉？而子乃欲据其所有者以为欢，而追其既往者以为戚，是岂达人之大观，将不得为上士之妙识矣。”

子瞻展然而笑曰：“客之言是也。”乃作歌曰：涛之兴兮吾闻其声兮，涛之息兮吾泯其迹兮，吾将乘一气以游于鸿蒙兮，夫孰知其所极兮！

只此一赋，足以使守仁跻身于李（梦阳）何（景明）之间。但也只需看这一赋用如此多的生字僻语，便决定他永远也进入不了李、杜、白、苏的行列。而为圣为贤的愿望在守仁意识中又是如此根深蒂固，即使一时放下，也是迫不得已。一旦身体稍事恢复，他的心又不自在了，仍想远遵朱子之遗旨，近守娄谅的教诲，格物而致知，学做圣人。

弘治十五年（1502 年）五月，守仁江北录囚事毕，返回京师，又做起了他的圣人梦。白天在刑部云南司查看案卷，晚上掌灯读五经及先秦两汉文章尤其是宋儒的发明。已是翰林院掌院学士的王华深知儿子读书不要命又极为自负的脾气，加上守仁因读书过于刻苦而大病过几次，便命仆人定时将房中灯烛熄灭。可等父亲一睡，守仁又将灯烛点亮，继续读书。

但是，守仁的个性和已经养成的对事物的认识方法，决定了他与程颐、朱熹学问的格格不入，越是想理解朱子，就越是无法理解，疾火攻心，竟然得了肺病，只得告病，回余姚老家静养。

但守仁自已也不曾想到，这一次告病，竟从此和朱子学说分道扬镳。

四、九华山的奇遇

守仁从小就和佛道两家结上了缘。祖母梦见仙人送子，守仁才降生人世；

余姚里巷僧人的提醒，守仁才开口说话；北京街头术士的点化，守仁开始有了做圣人的念头；南昌铁柱宫与道士议论通宵，守仁开始学习养生之法。

此后，守仁每当遇上不顺心的事，总要寻佛问道，乃至从不放过与佛道两家人物打交道的机会。人生在世，不顺心事常多，向宗教寻求解脱、向方术求得破解，也是中外古今的通理。

在科学不发达的时期,所谓的“迷信”乃是普遍现象。即使在今日中国，一些“气功大师”不同样以气功为名、以巫术糊弄大众？在科学技术领导世界的美国，不也有人相信星象？在某种意义上说，“迷信”正是那些不为主流思想承认、不为当代科学证实的现象。但是，当代科学又能解释多少现象？疑者自疑，信者自信。在守仁生活的时代，本来就是神秘主义盛行的时代。夏、商、周三代及春秋时的诸侯国凡事必祭、遇事必卜且不必说，从先圣孔子、亚圣孟子，到秦皇、汉武、唐宗、宋祖，以及所有被人们视作英雄豪杰者，无不为自己制造神话。

北宋在与少数民族的战争中，大概只有一位将领没有吃过败仗，这位将领名叫狄青，也惯于搞神秘主义。

仁宗时，广源州（今越南高平省内）侬智高叛乱，勾结安南军侵扰广西。狄青奉命平叛，不料竟被敌军团团围在一群小山上，水道被切断，军心涣散。狄青召集众军，当众向上天祷告，然后下令在他祷告的地方掘井，说是上天示意此地有水。军士们半信半疑，挥镢挖土，才挖几尺，竟然水如泉涌，全军一片欢呼。

狄青又让人取来一百个铜钱，当众宣布：挖井得水，可见上天是保佑我军的，我再祈求上天示意，今夜突袭敌营，如能成功，这一百枚铜钱的正面皆朝上天。众军听了，更是纳闷：有这等奇事？狄青当即命亲军将铜钱抛向空中，钱落地后，众军一看，果然全是正面朝上，顿时欢声雷动，士气大振。狄青传令，留下数人守护铜钱，全军分数路出击，攻破敌军大营，并连夜经昆仑关直袭广源州，一战平叛。侬智高兵败而亡。

这一仗，宋军大获全胜，安南再也不敢侵犯边境。班师时，又经过这座小山，狄青让守护的军士取来铜钱，众人一看，全都傻了：一百枚铜钱，两面全是正面图案，竟然没有反面，难怪随手一抛，全是正面。而所谓祈祷求雨，不过是在事前已经勘测好的地方玩把戏。

宋军在对外战争中屡战屡败，非此不足以提高士气，狄青如此，也是迫不得已。

朱元璋是明朝开国皇帝，同时也是明代搞神秘主义的第一人。据他自己回忆，年幼时父母双亡，一床破席，裹着亲人，但因家里贫穷，找不到一块安葬之地，突然一阵急风暴雨，霎时间天昏地暗。等风雨过后，父母的尸体已全无踪迹，但对面山坡上却多了一个土包，原来父母已为上天所葬。又有人传说，曾有一位相士路过此地，他告诉当地百姓，朱家夫妇所葬之地正居龙首，后代子孙将有帝王之份。后来朱元璋果然做了皇帝。

朱元璋的第四个儿子朱棣，通过“靖难之役”做了皇帝。但起兵的时间，却一次又一次被推迟，部下将领都感到不解，朱棣则胸有成竹，说是他的老师道衍和尚即姚广孝已去请真武帝前来助战。一直等到天色已黑，风雨大作，众军突然在闪电中看到一队天兵天将急速而过，果然是真武大帝派来助战的神兵到了！朱棣这才传令发兵，军士们以为有神兵助战，人人奋勇，早将这次起兵实为叛乱、一旦失败将祸灭九族置于脑后。①

看来，在神秘主义盛行的时代，大凡想成大事者，都得搞些神秘主义，非守仁独然。而搞神秘主义者，也并非只是像人们所说的那样在于欺人，很多时候是在自欺，否则，便无法解释术士们不但给他人服丹药，而且自己也服丹药。

守仁搞神秘主义，也先是自己相信。而且也不能不相信：难道祖母会故意编造仙人送子的梦来糊弄祖父？难道自己五岁时一改名字就说话是一种偶然？难道全家都会编造一个母亲怀孕十四个月才生下自己的神话？特别是弘治十一年（1498 年），自己被宋儒的学说弄得头晕目眩，一按道士尹继先所授的养生法进行修炼，不久便耳聪目明。如果不是尹继先的劝阻，守仁或许已经抛弃世俗、入山修炼了。

这位名叫尹继先的道士是陕西临洮府（今属甘肃省）人，自称生于南宋高宗绍兴年间（1131—1162 年），明弘治时游历南京，按他自己的说法已三百多岁了，却颜如孩童，到处替人排忧解难。守仁久闻其名，便去拜谒，和他同住了上百天。尹继先对守仁很是器重，教他修炼养生术，但并不正式收他为徒，并告诉他：你聪明绝顶，但是贵介公子，筋骨脆弱，没法学我。

① 狄青、朱元璋、朱棣这几件事分别参见潘永因《宋稗类钞》卷 1、署名解缙的《天潢玉牒》、傅维麟《明书·姚广孝传》。

我之所以能够入道，全因吃苦耐劳，一般人是受不了的。但是，你虽然没有长生的缘分，却能够以勋业显于当世。守仁听了，既怅然，又振奋，尽管没能随尹继先入山，对道士们却更多了一层敬重。[①]

弘治十五年（1502 年），守仁录囚江北事竣之后，专程去了一趟九华山。九华山在今安徽省长江南岸的青阳县，是地藏菩萨的道场，为佛教四大名山之一。虽然守仁在游九华山时作了一篇极尽描绘之事的《九华山赋》，但他去九华山，却显然不是为着游山玩水看风景，而是为了寻访江湖异士，特别是为了寻找一位外号叫“蔡蓬头”的道士。他先后到无相、化城等寺进行探访，终于找到了这位异人。

守仁先在前厅接待“蔡蓬头”，请他传授养生长寿之道。蔡蓬头却只是顾左右而言他，只字不谈养生。守仁见状，屏退左右，并将蔡蓬头引至后亭。蔡见左右无人，欲言又止，经守仁再三催促，方才开口：你千里来访，诚意可见。但我只有一言相告:长寿养生之道、立地成仙之术，都是闲云野鹤、与世无争之人所为。你胸怀大志，欲济众生，便不该心有旁骛。应当力求为圣之道，何必汲汲于小技，而耽误远大前程?

只此一番话,说得守仁出了一身冷汗。想要再问,蔡道士笑着拱了拱手,扬长而去，全不像道家人物，倒显露出江湖怪杰的本色。

但守仁仍不甘心，听说地藏洞中还有一位异人，足不出洞，坐不设榻，卧不铺席，食不举火。于是翻山越岭，找到了地藏洞。进得洞去，果见一人熟睡于石板之上。守仁站立许久，那人仍自酣睡。守仁见天色不早，只得将那人推醒。那人翻身而起，问道：山路崎岖，你如何到得此地?守仁也不多作解释，径问养生之道。那人却答非所问，大谈为圣为贤之道。守仁觉得奇怪，便以宋儒格物致知之说相问。那人对程颐、朱熹不措一辞，问到周敦颐和程颢,则大加赞扬:“周濂溪、程明道是儒家两个好秀才。”（《年谱一》）守仁还要再问，此人却早已倒头熟睡。

和尹继先的交往，以及在九华山的奇遇，看来带有偶然性，其实正表现出守仁自身认识上的某些变化。蓬头道士和地藏洞人虽然都是江湖散人，却都对守仁的养生话题不感兴趣，一个劝他一心一意走仕途、学为圣之道，一个劝他学濂溪、明道,做儒家好秀才。尹继先虽然教他养生,却不收他为徒。

① 参见陆粲《庚巳编》卷 6《尹山人》、查继佐《罪惟录·列传》卷 25《方外列传》。

为何以前的和尚、道士及其他江湖术士总是和他谈养生，而这次却都谈为圣为学？是僧道影响了守仁，还是僧道附会着守仁？

当然，这时守仁的思绪仍是矛盾的。若说迷恋佛老，便不应有蓬头道士和地藏洞人的出现；若说进取之心正盛，在九华山所作的《题四老围棋图》却又显露出对神仙生活的向往：

世外烟霞亦许时，至今风致后人思。
却怀刘项当年事，不及山中一着棋。

五、阳明名世

从九华山下来，守仁于弘治十五年（1502 年）五月回京师复命。对于京中生活，他似乎感到有些厌恶了。仍然是原来那些朋友，仍然是原来那些事务，他觉得应该静下心来认真进行思考。但是他没有时间思考，没有时间抉择，只得挑灯夜战。不想疲劳过度，又病倒了。他想起了故乡余姚，那是一块多好的天地、多自由的空间，应该回去住一些时间，或许还会有别的收获。

于是，守仁递交了他出仕以后的第一份告假书，理由是身体一向有病，这次江北录囚，劳累过度，致使旧病复发，加上自己和父亲都在京师任职，祖母岑氏年逾八十，所以请求回余姚老家，一面养病，一面也在祖母身边尽孝。历代统治者都提倡孝道，家有孝子，国才有忠臣。守仁既然提出养病、侍亲，告假书不久就批了下来。

守仁告别父亲，回到余姚。祖母虽然已是八十四岁高龄，仍然身体硬朗，见到守仁回家，更是精神焕发。

守仁这次回余姚，一是要养病，二是想认真对自己的思想进行一番清理。从小到大，一直爱发奇想。既想出入佛老、养生长寿，又想追迹李苏，酣畅辞章，更想效法孔孟，超凡入圣。如今已年过三十，该当而立了，却终日彷徨，一事无成。来到余姚，确实摆脱了庶务和应酬，但仍感到人多耳杂，心境难平。古人说，养病须先养心，得找一个安静的地方。

在余姚郊外，有一个僻静去处，风景秀丽，人迹罕至。尤使守仁惊异的是，向阳山坡有一石洞，深邃幽静，极似在九华山见到的地藏洞。守仁命人将石洞整理一番，搬来书籍铺盖，一主一仆当晚就要在此住下。

收拾停当，守仁站在洞口，远眺群山，翠绿浓郁，山风徐徐，沁人心肺。几缕夕阳直透洞中，将石洞映得通明，宛如仙境。守仁心中喜悦，即将此洞命名为“阳明洞”。除本名外，守仁还只有表字“伯安”，尚未取号。当年苏轼躬耕于黄州东坡，以“东坡”为号，如今守仁得了阳明洞，即以洞为号，自号“阳明”，又称“阳明子”。虽然学为圣贤，时刻在心，但守仁自己也没有想到，“阳明”之号一出，遂成千古。

王阳明自幼身体单薄，后来又因读书过于辛苦，染上肺病，加上屡有奇遇，不是相士，便是僧道，故此对道家养生术甚感兴趣。在阳明洞中住下之后，饮食起居，自有仆人料理，王阳明则开始精研佛道秘籍经典，又自练导引术，希望通过养心，达到养生去病的目的。

古人说的导引术也是一种养生术，即通过自身有规律的呼吸和躯体运动进行体育治疗，与今天人们所说的气功与自我按摩非常相似，或者说，就是一种气功与按摩疗法。道家有一个派别叫“吐纳派”，便是因呼吸炼气而得名。中国古代帝王及士大夫与道士交往，多是为了学习养生和长寿之法。著名文人李白、苏轼对养生术都极感兴趣。一生之中从孟子一直批评到苏轼的朱熹，到晚年也热衷此术，持斋茹素，以致疽发于背而死。[①]可见风尚所致，贤者难免。

与李白、苏轼、朱熹或中年或晚年才开始练习养生不同，王阳明从年轻时起就接触养生术，故而有较多的心得，并且也多少喜欢故弄玄虚。在阳明洞静修了一段时间之后，王阳明的病情有了好转，而且自称能够未卜先知，颇有一些仙风道骨之意。

一天，王阳明正在阳明洞中静坐，突然告诉仆人，说是心血来潮，有王思裕等四位友人来访，让仆人去路上迎候。仆人半信半疑，又不敢违拗，只得一路磨蹭而去。没想到在路上果然遇上四人，上前一问，正是去阳明洞拜访王阳明的。再问姓名来历，与王阳明所说无异，是王思裕等人。仆人大惊，连忙说明来意。四位客人听罢，也惊得目瞪口呆，认定王阳明已修炼成仙，否则绝对不可能预知他们会来，更不可能知道他们的来意。王思裕等随着仆人来见王阳明，一见面便问起为何能够预知，王阳明避而不答。

---

① 参见昭梿《啸亭杂录》卷4《朱文正》。

四人回去后到处宣讲王阳明得道之事。但王阳明却在暗自发笑，若非事前已知四人来访，哪里真的能掐会算？

这件后来被王门弟子大肆宣扬的事情，大概是王阳明在思想上真正认识佛道的开始。既然自己可以用这套把戏轻而易举地糊弄人，别人也同样可以用这套把戏来糊弄自己。尹继先、蔡道士和地藏洞中的异人才是真正可以相信的。回想起来，北京街头遇上的相士、南昌铁柱宫中的道士，也从来没有引他学佛入道的意思，一位让他做圣人，一位教他学养生，前者为立志，后者为健身。人未误我，我自误耳。若因一念之差，隐入深山，为僧为道，或者蔡道士答应自己的请求，收自己为徒，那将置祖母和父亲于何地，又将置国家万民于何地？

第二年，从佛道中解脱出来的王阳明离开阳明洞，往杭州西湖散心。和阳明洞几乎与世隔绝不同，西湖却是人世间最美好的去处。一首《西湖醉中漫书》可以看出他当时的心境：

湖光潋滟晴偏好，此语相传信不诬。
景中况有佳宾主，世上更无真画图。
溪风欲雨吟堤树，春水新添没渚蒲。
南北双峰引高兴，醉携青竹不须扶。

如果说王阳明住进阳明洞是为了出世，而来到杭州西湖，却是准备重新入世了。流连于南屏山、虎跑泉，信步于苏公堤、白公堤，对人生的热爱完全压倒了对人生的厌恶，对世事的参与完全压倒了对世事的逃避。王阳明那颗圣人可学而得、慷慨有志于天下的心又重新燃烧起来，再也没有什么力量可以将其压制下去了。

一天正游灵隐寺，听说有位僧人已坐关三年，不语不视。若是一年前，王阳明定会肃然起敬，但此时却甚觉可笑。他想起了八十五岁高龄却仍然对自己关心备至的祖母，想起了年近六十却每天为自己熄灯灭火的父亲。他来到禅房，对着闭目垂首的和尚喝问：你这和尚，终日口巴巴说什么，终日眼睁睁看什么？和尚大惊，当即睁开双眼。

王阳明问道：你在此出家，家中可有亲人？

和尚回答说：有老母在。

王阳明又问：可曾想念老母？

和尚又答：不能不想。

王阳明听罢，不禁感慨：人非草木，岂能无情？即便草木蝼蚁，在佛祖眼中，也都是一命。既是一命，便皆有情。佛说“四大皆空”，但人在世上，又哪里真能皆空？你在此不视不语，倒也自在；你母亲每日想儿念儿，可也自在？

再看和尚，早已是泪流满面。

第二天，王阳明又来到灵隐。寺中住持说，那和尚昨晚已经离寺，恐怕此刻已和家人团聚。王阳明听罢，若有所思：居庙堂之高则忧其民，处江湖之远则忧其君。江湖不可久居，该入庙堂了。

六、主考山东

弘治十七年（1504年），王阳明告别祖母、离开阳明洞，在阔别两年之后，回到了北京。朱子不可学，佛老不可为，辞章不可溺，该走自己的路了。

这年正值每三年一次的乡试年。八月，山东巡按御史陆偁将王阳明请至济南，聘为山东乡试主考官。

从王阳明为山东乡试所出的策试题，可以看出他已和佛道分道扬镳，并在认真思考如何经世致用了：“议国朝礼乐之制”、“老佛害道，由于圣学不明”、“纲纪不振，由于名器太滥、用人太急、求效太速”，以及分封、清军、御夷、息讼，等等，全与当时的社会问题息息相关。而一篇《山东乡试录序》，既可以看出他的为国求贤之心，也可以看出他那经过锻炼的文采：

> 山东，古齐鲁宋卫之地，而吾夫子之乡也。……守仁得以部属来典试事于兹土，虽非其人，宁不自庆其遭际？又况夫子之乡，固其平日所愿一至焉者。而乃得以尽观其所谓贤士者之文而考校之，岂非平生之大幸欤！虽然，亦窃有大惧焉。夫委重于考校，将以求才也。求才而心有不尽，是不忠也；心之尽矣，而真才之弗得，是弗明也。不忠之责，吾知尽吾心尔矣；不明之罪，吾终且奈何哉！
>
> 盖昔者夫子之时，及门之士尝三千矣，身通六艺者七十余人，其尤卓然而显者，德行言语则有颜、闵、予、赐之徒，政事文学则有由、求、游、夏之属。今所取士，其始拔自提学副使陈某者，盖三千有奇，而得千有四百，既而试之，得七十有五人焉。呜呼，是三千有奇者，其

皆夫子乡人之后进而获游于门墙者乎？是七十有五人者，其皆身通六艺者乎？

夫今之山东，犹古之山东也，虽今之不逮于古，顾亦宁无一二人如昔贤者？而今之所取苟不与焉，岂非司考校者不明之罪欤？虽然，某于诸士亦愿有言者，夫有其人而弗取，是诚司考校者不明之罪矣。司考校者以是求之、以是取之，而诸士之中苟无其人焉以应其求、以不负其所取，是亦诸士者之耻也。

…………

然则，司考校者之与诸士亦均有责焉耳矣。嗟夫！司考校者之责，自今不能以无惧，而不可以有为矣；若夫诸士之责，其不能者，犹可以自勉，而又惧其或以自画也。诸士无亦曰吾其勖哉，无使司考校者终不免于不明也。其无愧于是举，无愧于夫子之乡人也矣。

既责己，也责人，盛赞山东古代人文之昌大，微责当日山东人文之凋敝，言出肺腑，勉励有加，可以说是一篇无可挑剔的文告，也为自己日后经营四方做好了文治上的准备。

主试山东乡试的成功，给了王阳明以更大的自信。返回北京的时候，朝廷的诏令已经下达，王阳明由刑部云南司主事改兵部武选司主事。兵部主事和刑部主事，都是正六品，但地位却不可同日而语。

明代以吏、户、兵三部为上三部，刑部尚书和兵部尚书虽然都是正二品，刑部尚书转兵部尚书却是升迁；刑部有十三司，兵部只有四司。武选司为兵部四司之首，掌天下卫所军官及土官的选授、升调、袭替、功赏之事，凡任命武官有出自“中旨”者，即未经兵部而直接由内官宣称出自皇帝亲自委任者，该司均得复奏请旨而后行，故在兵部四司中地位特重。王阳明由刑部转兵部，并为武选司主事，他的价值应该说是已开始被当政者特别是兵部主官重视。而在兵部的这段经历，对他以后巡抚南赣、总督江南四省军务，平灭宁王叛乱、镇压各处民变，无疑具有重要意义。

七、“守仁从宦三十年，未见此人”

王阳明既为兵部主事，便日夜留意各地军情，以及军官的素质及能力。与此同时，他的兴趣也开始由注重辞章转向讲学。大丈夫立于天地之间，应当以天下为己任。生逢乱世，当平乱达治，救民于水火；生逢治世，当移风易俗，使人人知礼守法。平乱达治，靠的是武力；移风易俗，靠的则是教化。

明代到成化、弘治之时，社会风气已由“淳厚”转向“奢靡”。成化六年（1470 年），也就是王阳明出生的前两年，有位名叫丘弘的给事中向朝廷上了一道奏疏，说到当时京师的风气：

> 近来京城内外，风俗尚侈。不拘贵贱，概用织金宝石服饰；僭拟无度，一切酒席，皆用簇盘糖缠等物。上下仿效，习以成风，民之穷困，殆由于此。①

这种情况不仅发生在北京及其他大都市，远离城市的山区，社会风气也在变化。有人对当时江西广信府永丰县（今江西广丰县）的风气作了这样的描述：以往男子只穿土布衣服，有钱人才偶尔穿穿绸缎。读书人的妻子，如果没有受朝封，不得长衫束带；燕会时的水果菜肴也只有四五种。到了弘治、正德时，这一切都变了。男人不管有钱无钱，都要弄身好衣服风光风光；妇女不管有无身份，都是长衫束带、珠宝镶缀；一次宴会往往要花几十两银子，菜肴多至几十种。如果跟不上这种时行的风俗，便会被人瞧不起，亲戚也不相往来。②

作为教化阵地的学校，这时也发生了不利于教化的变化。

各类学校本以培养人才为目的，但此时都以科举为旨归，科举考什么，学校就教什么、学什么。特别是从成化二十三年（1487 年）开始，不但考试只考一经并以程朱传注为标准答案，还要求考生答卷按破题、承题、起讲、入手、起股、中股、后股、束股的顺序进行，而起股、中股、后股、束股四段又规定各有两组排比对偶的文字，故称“八股”。

本来，考卷从无定式到有定式，单纯从阅卷角度看应是一个进步。但明太祖在洪武二十五年（1392 年）就曾规定，学校、科举一应文字只用散文，不许作四六骈文，而八股文却强求考生用八组排比对偶文字答题，从文风来说却是倒退。加上明朝以科举取士，科举重在经义，经义又以八股文为

① 《明宪宗实录》卷 86，成化六年十二月庚午。

② 嘉靖《永丰县志》卷二《风俗》。

考试格式，从而导致人人习八股，称为“时文”。后来更发展到有人专门以卖八股时文为业，称“十八房之刻”，考生只需熟记若干篇时文，或许就可混得功名。本来是“十年寒窗苦”，结果有人背一年时文就金榜题名，但对于本经原史，却茫然不知。所以明末清初大学者顾炎武认为：“八股之害，等于焚书；而败坏人才，有甚于咸阳之郊所坑者但四百六十余人也。”①

王阳明十一岁时随祖父到北京后，曾上过里塾，但没有确实的材料说明他也上过顺天府学或余姚县学。《阳明先生年谱》说他在弘治五年（1492年）中举之前，和三位从叔一位姑父一道读书应考，但并无有关他在府州县学的读书情况，是他受不了学校的纪律约束及课程局限而不上学，还是祖父认为学校的教学对这位天才孙子毫无作用而没有让他上学，现在已经无法考索。但有一点是可以肯定的，即他对学校的教育极为不满且不屑一顾。

主考山东乡试时，王阳明所出的试题全部与国计民生相关，所以当时的许多人都认为他是在推动经世致用的学问。但回到京师之后，王阳明又开始创建修身正心的学问，宣扬人人都应该“先立必为圣人之志”。由经世而转入修身，从表面上看似在倒退，特别是至明末，王学末流日趋空疏，王学又被称为“心学”，于是有人误认为王阳明不讲经世致用，甚至认为经世致用之学是对王学的反动，这种看法实属误解。

当社会发生问题、出现弊端时，有识之士总是根据自己对问题、对弊端的认识，提出解决的办法。而由于认识的不同，提出的办法也各异。有些重于治本，有些则重于治标，而标与本之间，又互为因果。

与王阳明同年在浙江乡试中中举的胡世宁，后来也成为一代名臣，但两人对于授徒讲学却有不同的看法。王阳明曾经对人说：胡世宁的才能学问，天下罕见，只可惜不讲学。胡世宁听人转述王阳明的这番话后，笑着说：王阳明天下奇才，只恨他太喜欢讲学了。② 可见，人们对许多事情的认识，从来就是见仁见智。

王阳明显然认为，社会问题层出不穷，治不胜治，主要在于人心的不古，在于没有真正的好学问教育人们，致使人们想学好却无从学起。

从某种意义来说，王阳明探求修身正心的学问，正是在寻找一条社会

---

① 顾炎武《日知录》卷16《拟题》。

② 参见赵善政《宾退录》，原文是：“胡（世宁）通晓兵法，阳明极重之，尝语人曰：‘永清才自不可一世，但恨不讲学耳。’胡闻之，笑曰：‘吾正恨阳明多此一讲学耳。’”“永清”为胡世宁的字。

改良的道路。当年孔子谈仁，说“仁者爱人”；孟子说性，说“人性本善”；程朱说理，说“去人欲存天理”。归根到底，都是在寻找解决社会问题的办法。

王阳明少年时代在北京街头遇见相士，相士以圣人相期。即使确有其事，王阳明当时也未必知道为圣人的含义，所以父亲王华嘲笑他。真正的相士其实至少都是心理学家，王阳明遇见的那位相士所说的“须拂颈”“须至上丹田”“须至下丹田”，指的都是年龄，可与孔子所说的“三十而立”“四十而不惑”“五十而知天命”相对应。王阳明此时三十三岁，既已“须拂颈”，也是“而立”的年龄，自立门户、探讨自己关于解决社会问题的理论也是应该的。

一旦有了新的认识或新的主张，总有拥护者和反对者。王阳明一谈论立圣人之志，马上就有人表示拥护，并愿意执弟子礼。王阳明当仁不让，开始授徒讲学。至于反对者，那不管他。除非什么事情也不做，只要做事情，总是会有人反对的。

当时，讲学之风正在各地兴起。吴与弼讲学于江西崇仁，罗伦讲学于江西永丰，章懋讲学于浙江慈溪，陈献章讲学于广东新会，均闻名天下，从学者甚多。王阳明在弘治二年（1489 年）由江西完婚返余姚时，也在广信拜谒过正在讲学的娄谅。只是京师在天子脚下，既有全国的最高学府国子监，还有地方官学，如顺天府学及大兴、宛平县学，无论教师还是学生，都可说是人才济济。成化二年（1466 年），吴与弼的弟子陈献章在国子监作了一篇《和杨龟山此日不再得》诗，大得国子监祭酒邢让的赞赏，称其为真儒复出，即使杨时（号龟山，北宋著名学者）再出，也未必比得上。故而陈献章名气大振。当时号称为“翰林四谏”的成化二年（1466 年）殿试第一名罗伦、会试第一名章懋，以及新进士黄仲昭、庄昶也都对陈献章充满敬佩之意。但陈献章讲学，仍在家乡新会。

因此，王阳明在北京一公开讲学，立时引起各方面的非议，“立异好名”的责难之声顿起。但王阳明我行我素，全然不以为意。好在当时是个没有权威的时代，纪纲松弛，讲学之类的事情也无人以祖宗法度进行打击。至于圣贤道理，王阳明是理直气壮的，当年孔、孟、程、朱都聚众讲学。

令王阳明振奋的是，就在他开始讲学之后不久，知音出现了。在弘治十八年即乙丑年的新科进士中，有一位陈献章的弟子，名叫湛若水，年已四十，比王阳明大六岁，登科却晚了六年。

陈献章在成化、弘治年间是名噪一时的大学者，黄宗羲《明儒学案》说，明代人做学问，前期虽然有方孝孺、曹端、薛瑄等人名扬天下，但都是转述程朱旧说。真正有独立见解、“始入精微”的，却是从吴与弼、陈献章开始。尤其令时人钦佩的是，陈献章在第一次会试下第之后，拜吴与弼为师，从此绝意仕途，不问科举，一心一意授徒讲学，在“体制外”保持着相对独立的人格，故在士大夫中享有极高的声誉。

湛若水是陈献章的高足，本来也无心于科举，只因母命难违，勉强入南京国子监读书。明代有两个国子监，明太祖初设于南京的称“南监”，永乐时成祖在北京所设的称“北监”。由于当时的江南地区是经济文化最为发达地区，南京国子监的生源远比北京国子监为优，故声誉也更高，出任南京国子监祭酒的多是众望所归的大学者。湛若水一入南监，立即受到祭酒章懋的器重和赏识。当年就在应天乡试中一鸣惊人，第二年即弘治十八年（1505 年）中进士，并选为庶吉士。

湛若水到北京参加会试时，王阳明已在授徒讲学。二月会试，三月殿试，考试一完，湛若水便去拜访王阳明。二人第一次见面，第一次交谈，竟然都觉相见恨晚，遂一言定交。王阳明曾一心一意要寻找志同道合的师友，竟然不得其人，没想到天上掉下一个湛若水，大为惊讶，连称："守仁从宦三十年，未见此人。"湛若水也是欣喜异常，逢人便说："若水泛观于四方，未见此人。"（湛若水《阳明先生墓志铭》）从此相互唱和，共以“倡明圣学”为标榜，在当时的学术界和思想界掀起了轩然大波。

第三章　龙场“悟道”

一、言事下狱

经过将近二十年的苦苦求索，王阳明在弘治十七年（1504 年）主考山东乡试返京,并开始和湛若水切磋学术后,开始感觉到正在接近“学为贤圣”之门。而一次突发事件,改变了他的人生道路,也使他大大提前寻找到了“学为圣贤”之门。

弘治十八年（1505 年）五月，年仅三十六岁的孝宗皇帝朱祐樘因服用丹药过量而死，他十五岁的独生儿子朱厚照继承了皇位，改年号为“正德”。这位正德皇帝便是以办事荒唐著称的明武宗。与父亲孝宗自幼体弱多病、听任文官们摆布不同，武宗生性好动，既爱嬉戏游乐，又爱舞刀弄枪，十分讨厌文官们唠唠叨叨的说教。故此，新皇帝一反乃父的作风，不但对外廷文官敬而远之，连内书堂出身因而读了一些书的司礼监宦官也被讨厌。与他关系密切的，是一帮也爱舞刀弄枪、也爱寻欢作乐的宦官。

新君即位不过也就是一年多，文官们在伺候两代皇帝的过程中感到反差实在太大。他们已经习惯于用祖宗法度来约束皇帝，习惯于用他们认为合适的模式来要求皇帝，但新皇帝偏偏不吃这一套。当文官们要求皇帝疏远宦官、接近文官时，皇帝竟然振振有词地公开发表意见：“天下事岂皆内官所坏？朝臣坏事者,十常六七,先生辈亦自知之。”[①] 皇帝的话其实并不错，哪朝哪代干坏事少得了文官？但文官们听了，却大为愤怒，以内阁大学士刘健、谢迁和户部尚书韩文为首，掀起了声势浩大的反对宦官参政其实是反对皇帝疏远文官的活动。他们联络宦官中的同情者，将皇帝亲近的刘瑾、张永、谷大用等八位宦官称之为“八虎”，要求皇帝除去“八虎”。

但是，在君主制度下的政治斗争，哪一派力量能够控制皇帝，便能掌

---

① 《明史》卷 181《刘健传》。

握斗争的主动权。由于将皇帝作为对立面，所以这场斗争以文官集团的惨重失败而告终。刘健、谢迁、韩文等人被迫致仕，和文官们结盟的司礼监宦官也受到严惩，以刘瑾为首的宦官“八虎”取得了胜利。

明朝的政治体制有一个不同于其他朝代的重要特点，它在京师北京之外还有一个留都南京，即实行南北两京制；而且，作为留都的南京设置了包括六部、九卿、六科十三道在内的几乎全套中央机关。南北两京的吏、户、礼、兵、刑、工六科给事中和都察院的十三道监察御史，构成明代的言官系统，每当国家发生重大事件，言官总要出来发表意见。如果事关北京的事情，由北京科道先发表意见；事关南京的事情，由南京科道先发表意见；如果最高统治者对所论之事置之不理，或被纠劾者进行争辩，或有关事情没有得到合理解决，两京科道便相互声援。一时之间，科道争言，南北呼应，造成极大的舆论声势，以迫使最高统治者或当政者就范。

这次北京发生了宦官集团与文官集团的斗争，南京的言官们也开始动作。正德元年（1506 年）十一月，南京户科给事中戴铣等人上疏，对皇帝疏远文官、亲近“八虎”进行猛烈的抨击，要求皇帝收回让刘健等人致仕的成命。刘瑾等“八虎”大怒，鼓动皇帝命锦衣卫校尉前往南京，将戴铣等人拿解北京，实施廷杖。

王阳明以倡明“圣学”自励，又以天下为己任，自然不能对这类事情漠然处之。拿解戴铣等人的诏旨一下，王阳明就上疏营救。但他并不正面进攻，而是采取了迂回作战的办法，上了一份《乞宥言官去权奸以彰圣德疏》：

> 臣闻君仁则臣直。大舜之所以圣，以能隐恶而扬善也。
>
> 臣迩者窃见陛下以南京户科给事中戴铣等上言时事，特敕锦衣卫差官校拿解赴京。臣不知所言之当理与否，意其间必有触冒忌讳、上干雷霆之怒者。但铣等职居谏司，以言为责，其言而善，自宜嘉纳施行；如其未善，亦宜包容隐覆，以开忠谠之路。乃今赫然下令，远事拘囚。在陛下之心，不过少示惩创，使其后日不敢轻率，妄有论列，非果有意怒绝之也。下民无知，妄生疑惧。臣切惜之。
>
> 今在廷之臣莫不以此举为非，然而莫敢为陛下言者，岂其无忧国爱君之心哉，惧陛下复以罪铣等者罪之，则非惟无补于国事，而徒足以增陛下之过举耳。然则自是而后，虽有上关宗社危疑不制之事，陛

下孰从而闻之？陛下聪明超绝，苟念及此，宁不寒心？况今天时冻冱，万一差去官校督束过严，铣等在道或致失所，遂填沟壑，使陛下有杀谏臣之名，兴群臣纷纷之议，其时陛下必将追咎左右莫有言者，则既晚矣。

伏愿陛下追收前旨，使铣等仍旧供职，扩大公无我之仁，明改过不吝之勇，圣德昭布远迩，人民胥悦，岂不休哉。

臣又惟君者元首也，臣者耳目手足也。陛下思耳目之不可使壅塞、手足之不可使痿痹，必将恻然而有所不忍。臣承乏下僚，僭言实罪。伏睹陛下明旨，有“政事得失，许诸人直言无隐”之条，故敢昧死为陛下一言。伏惟俯垂宥察，不胜干冒战栗之至。

这份奏疏为救戴铣等人而上，收在《王阳明全集》的第九卷。但全文决不论及戴铣等人上疏的内容，也未见有一词抨击刘瑾，甚至连“宦官”、“权奸”之类的字眼也未见。显然，疏名“去权奸”三字是后来加上去的。对照戴铣等人的上疏，王阳明的这份奏疏应该说是非常谨慎的，但其中的锋芒却是咄咄逼人。上疏言事是言官的责任，作为兵部主事的王阳明上疏论此事，却属“出格”。

在当时的政治气候下，刘瑾及其同党对一切反对力量均予以打击，以期彻底摧毁外廷士大夫们的斗志。戴铣等人尚未“拿解”至京，王阳明便被锦衣卫校尉捕入诏狱拷讯。

王阳明自弘治十二年（1499 年）三月二十八岁时中进士，先是观政工部，然后授刑部主事，弘治十五年八月告病而归，弘治十七年返京，正德元年（1506 年）十二月下狱，在官场的时间总共不过六年，却因为一次并不很激烈的上疏而下狱。思来想去，也实在寒心。这位一心要做圣人、要对国家对万民做奉献的初涉官场者，遂在狱中自省自叹：

幽室不知年，夜长昼苦短。
但见屋罅月，清光自亏满。
佳人宴清夜，繁丝激哀管。
朱阁出浮云，高歌正凄婉。
宁知幽室妇，中夜独愁叹。

良人事游侠，经岁去不返。
来归在何时，年华忽将晚。
萧条念宗祀，泪下长如霰。
（《屋罅月》）

人生在世，大概很难事事如意。尤其是那些立志有所作为者，不可能没有失足或翻船的时候。而大凡有权势者，又总是想以暴力使人屈服，却从来没有想过，暴力固然可以摧毁一些人的躯体和意志，却不可能摧毁整个社会的意志，恰恰相反，被迫害者只要一口气在，便往往是施暴者的掘墓人。

在暗无天日的锦衣卫狱关了一个月后，一道“上谕”下来了。王阳明被推至午门外，廷杖三十，革除兵部主事的职务，谪远方为杂职。

“廷杖”起于明太祖洪武年间，至宪宗成化时，已经形成为一种特殊的刑罚制度。它不需任何法律程序，只要皇帝一道谕旨，即由司礼监监刑、锦衣卫校尉行刑。

有人记载了施廷杖时的场面：受刑者被绳索绑住双腕，身穿囚服，押至午门外，趴在石板之上。司礼监监刑太监手捧诏旨端坐，喝声“用刑”，侍立在两旁的锦衣卫校尉便轮流上前，用大棍猛击受刑者的臀部。每五杖即换一人行刑，左右站立的校尉喝声雷动。①

王阳明熟读先秦诸子、史汉三国，《太史公自序》中的一段话此时大概正在脑中萦绕：太史公遭李陵之祸，幽于缧绁。乃喟然而叹曰：“是余之罪也夫！是余之罪也夫！身毁而不用矣！”退而深惟曰：“夫《诗》《书》隐约者，欲遂其志之思也。昔西伯拘羑里，演《周易》；孔子厄陈蔡，作《春秋》；屈原放逐，著《离骚》；左丘失明，厥有《国语》；孙子膑脚，而论兵法；不韦迁蜀，世传《吕览》；韩非囚秦，《说难》《孤愤》。《诗》三百篇，大抵贤圣发愤之所为作也。”正是有这些贤圣为榜样，司马迁在遭经奇耻大辱之后，写下《史记》一百三十篇。

---

①《王阳明全集·年谱一》载：“武宗正德元年丙寅，先生三十五岁，在京师。二月，上封事，下诏狱，……。而已廷杖四十，既绝复苏。寻谪贵州龙场驿驿丞。”此处“二月”，为“十二月”之误。《明武宗实录》卷20载：“正德元年十二月乙丑，降兵部主事王守仁为贵州龙场驿驿丞。时南京科道戴铣等以谏忤旨，方命锦衣卫官校拿解。未至，守仁具奏救之，下镇抚司考讯，狱具，命于午门前杖三十，仍降远方杂职。”而且，戴铣等人上疏在当年十一月，王阳明不可能在九个月之前上疏救他们。

都是因为替他人抱不平，都是为了伸张正义，却惨遭酷刑。但比起司马迁来，王阳明应该是幸运的。三十廷杖下来，虽然人已昏死过去，却没有造成终身残疾。而且在正德、嘉靖时期，士大夫们为伸张正义而挨板子，普遍都受到舆论的赞扬，施刑者是一时的胜利者，受刑者却是精神上和道义上的永久胜利者。如果见到王阳明下面的这首诗，刘瑾应该为只是打了他三十板子而后悔：

囚居亦何事，省愆惧安饱。
瞑坐玩羲易，洗心见微奥。
乃知先天翁，画画有至教。
包蒙戒为寇，童牿事宜早。
蹇蹇匪为节，虩虩未违道。
遁四获我心，蛊上庸自保。
俯仰天地间，触目俱浩浩。
箪瓢有余乐，此意良匪矫。
幽哉阳明麓，可以忘吾老。
（《读易》）

二、前路可曾有知己

狱中的生活既漫长而又短暂，王阳明在锦衣卫狱中度过了正德元年、二年之交北京最为寒冷的日子。在遭受廷杖的同时，贬谪的文书也下来了，将其贬到贵州龙场驿去做驿丞。

龙场驿位于现在贵州省修文县，是当时贵州通往川东官道上九个驿站中的一个。也亏了吏部有关官员的细心，竟然留意到了这样一个不起眼的地方。当然，比起当年苏轼被政敌贬到海南岛的儋耳，王阳明又还算是幸运的。

人们常因为明太祖时期政治的恐怖，便以为整个明代都为恐怖所笼罩；又因为谈厂卫而色变，便以为整个明代都是特务横行。这其实是一种误解。比起熙宁、元丰以后的北宋和雍正、乾隆之际的清代，成化、弘治以后包括正德时期在内的明代，政治气氛应该说是够为宽松的了。

王阳明这次离京，虽然比不得前番往江北录囚和往山东主考乡试时同僚、亲友结队送行，但最要好的朋友湛若水、崔铣、汪俊等人还是来了，而且都作诗相赠。

崔铣字子钟，河南安阳人。崔铣与湛若水是同科进士，又同选庶吉士，在翰林院读书。崔铣少年时也是豪迈不羁，特别喜欢喝酒，数斗不醉。后立志于学，对自己的言行举止也严加检点。在翰林院读书期间，与同事们一起见刘瑾，别人都行跪拜礼，唯独崔铣长揖不拜。他的这种脾性，恰恰与王阳明情投意合。

汪俊字抑之，号石潭，江西弋阳人。弘治六年（1493年），第一次参加会试的王阳明落榜了，汪俊却是第一名、会元；弘治十二年（1499年），王阳明考中进士时，汪俊已经翰林院为编修多年了，也是一位不依附权贵的铮铮铁汉。

今日，大家都来为王阳明饯行，自有一番感叹。湛若水不愧是陈献章的弟子，连作了九首诗，言辞和易而情意深长，既以重望相期又不失豁达洒脱，其中两首说：

皇天常无私，日月常盈亏。
圣人常无为，万物常往来。
何名为无为，自然无安排。
勿忘与勿助，此中有天机。

天地我一体，宇宙本同家。
与君心已通，别离何怨嗟。
浮云去有停，游子路转赊。
愿言崇明德，浩浩同无涯。

“皇天常无私，日月常盈亏”，正是王阳明时常说的话。而“勿忘”、“勿助”，则是孟子宣扬的功夫，后来成了王阳明教导学生的基本法则。王阳明感慨之余，也作八咏以答，其中第三首说：

洙泗流浸微，伊洛仅如线。
后来三四公，瑕瑜未相掩。

嗟予不量力，跛鳖期致远。
屡兴还屡仆，惴息几不免。
道逢同心人，秉节倡予敢。
力争毫厘间，万里或可勉。
风波忽相失，言之泪徒泫。

辞别亲友，王阳明踏上了通往贬所的漫漫之路。

前路茫茫，独卧孤舟，王阳明陷入了对故人的无限思念之中。

在送行的亲友中，王阳明对汪俊似乎有着特别深厚的感情。北京离别时，汪俊以诗相赠，王阳明也以诗相答。离开京师后，王阳明常常夜不成寐，披衣而起，但见一片月色洒在运河之上，清冷冰寒，禁不住又想起了汪俊：

一日复一日，去子日以远。
惠我金石言，沉郁未能展。
人生各有际，道谊尤所眷。
尝嗤儿女悲，忧来仍不免。
缅怀沧洲期，聊以慰迟晚。
（《一日怀抑之之赠既尝答以三诗意若有歉焉是以为赋也》其一）

几天之后，又在梦中见到汪俊及其弟翰林院检讨汪伟，湛若水和崔铣也来赴会。正欢快间，突然醒来，又是一片清月，无限夜色：

梦与故人语，语我以相思。
才为旬日别，宛若三秋期。
令弟坐我侧，屈指如有为。
须臾湛君至，崔子行相随。
肴醑旋罗列，语笑如平时。
纵言及微奥，会意忘其辞。
觉来复何有，起坐空嗟咨。
（《梦与抑之昆季语湛崔皆在焉觉而有感因记以诗三首》其一）

离京时，王阳明在给湛若水和崔铣的八首和诗中，有两首以“忆与美人别”开篇，似乎除了湛若水、崔铣等好友外，前往送行的还有女子，不知是否王阳明的妻子诸氏。第七首是：

忆与美人别，赠我青琅函。
受之不敢发，焚香始开缄。
讽诵意弥远，期我濂洛间。
道远恐莫致，庶几终不惭。

其八又云：

忆与美人别，惠我云锦裳。
锦裳不足贵，遗我冰雪肠。
寸肠亦何遗，誓言终不渝。
珍重美人意，深秋以为期。

高适《别董大》诗说：“莫愁前路无知己，天下谁人不识君。”可在王阳明的前路，是否也有知己？

三、鼓山奇遇

王阳明去贵州选择的第一段路程是当年祖父带他走过、也是他曾多次往返过的。他沿着运河南下，经临清、徐州、淮安、扬州、镇江、苏州，来到了运河的南端杭州。王阳明的本意，显然是想经杭州回余姚，看望祖母岑氏。自弘治十七年（1504 年）返京，转眼又是三年，祖母该是八十八岁了。

离开北京不久，消息传来，太监刘瑾对反对派文官仍是耿耿于怀，以武宗的名义开列了一个五十三人的“奸党”名单,榜示天下。在这个“奸党”名单上，首列前任大学士刘健、谢迁，尚书韩文、杨守随、林瀚，都御史张敷华，郎中李梦阳，接下来的第八人便是兵部主事王守仁，然后是另外几个主事及四十多个御史和给事中。

对于这件事，王阳明并不太过介意。古往今来，有多少仁人志士因伸张正义而受到打击，单是在东汉的党祸中被害致死的就不下数百人。北宋时期，范仲淹、欧阳修、司马光、范纯仁、苏轼等众望所归的著名人物也先后被列入“奸党”名单。自己刚刚步入仕途，就能名列顾命元老刘健、谢迁之后，被邪恶势力榜示天下，倒是太受抬举了。

但到杭州后，王阳明发现有人一直在跟踪自己，当时不明就里，认定是刘瑾所遣的刺客。[①] 乘着人们不注意，王阳明做出失足落水的假象，却悄然上了一艘商船。商船驶出杭州湾，在舟山停泊。本来由舟山回余姚和由杭州回余姚路程相当，没想到当夜一场飓风，竟将商船刮到了福建沿海。

商船在福州东郊鼓山附近停泊。王阳明弃舟登陆，也不知到了何处，只是循着山间小路，往西狂奔而去。天色渐晚时，王阳明来到一座寺院前，心中稍稍安定，上前拍打山门，请求在寺中过夜。没想到寺中和尚并不像佛祖教诲的那样愿意解人危厄，竟将王阳明拒于门外。

无奈之下，王阳明继续前行。也不知走了多久，夜色朦胧中，却见一座墙塌壁残的古庙。王阳明心中一喜，想推门而入，那知庙门早已被人卸去。经过大半天的奔跑，王阳明又困又饿，进到庙中，双腿一软，倒头便睡。

这一觉睡得并不安稳，噩梦一个接一个。好像是在北京永人巷的锦衣卫大狱之中，却不知为何狱中除自己外一个囚犯也没有，狱卒狱吏们也不知去向，难道又在私分猪肉？自己好像下过禁令，他们怎么还敢养猪？对了，自己因上疏下狱，成了犯人，早已不是刑部主事。

突然间，他听到一阵吼叫，是猪叫？不对，是虎吼！一只斑斓猛虎，正向自己扑来。王阳明一阵惊惧，从梦中惊醒，猛然起身，哪里有虎？原来是昨夜将他拒于寺门之外的和尚在叫唤自己。

这时天已大亮。和尚满脸愧疚，说是近日常有歹徒在山中抢劫，所以寺中夜里不敢收留陌生客人。接着又惊异问道：山中时有猛虎出没，这破庙早已成了虎穴，你昨夜可曾见到老虎？

王阳明心中明白了：你明明知道山中有虎，又知附近除了这座已经成为虎穴的破庙，别无安身之处，却硬是不让我进寺。今日你并非来向我道歉，而是来看我是否被猛虎吃掉，是来取我遗下的包裹。好个歹毒的和尚！

王阳明想到刚刚确实梦见了老虎，干脆吓吓这秃驴，遂故作惊讶：原来这里真是虎穴！昨夜我刚睡下，便听得有虎吼之声，一只斑斓猛虎绕廊

---

① 《王阳明全集·年谱一》说："先生至钱塘，(刘)瑾遣人随侦，先生度不免。"后黄宗羲《明儒学案·姚江学案》采用了这一说法，并加强了情节："瑾遣人迹而加害。"但黄绾所作《阳明先生行状》却比较谨慎："瑾怒未释，公行到钱塘，度或不免。"又，当时反对刘瑾最激烈的刘健、谢迁、韩文等人也未见被谋杀，可见刘瑾加害云云，实为臆测。

咆哮，但并不进庙。我心下纳闷，惧意顿生。可转念一想，怕也无用，只好听天由命,竟然睡着。和尚你道行高深,可为我测测,这是主吉还是主凶?

和尚听罢,大为惊异,盯着王阳明看了半天,口中嘟囔:你一定不是常人，一定不是。你定是贵人，不然，猛虎怎会怕你？说罢，背起王阳明的包裹，连拉带扯，将其拉出破庙，来到寺中。

王阳明进得寺中，左右观看。但见寺庙襟江临海，建筑古朴。四周林木参天，山秀泉清，不禁猛然醒悟，这里竟是古刹涌泉寺！

五代时期，据有福建的闽王王审知下令运石填潭，建了这座寺院，请名僧来寺中讲经。宋真宗时,赐额“涌泉禅院”,明朝永乐时改名“涌泉寺”,为福州五大禅寺之一。

王阳明一回首，见到眼前这和尚，不禁叹息，没想到名寺之中，也有如此卑劣的僧人，可见世风之变，僧道不免。

王阳明在僧人的引导下，来到后殿，但见一位道士盘腿坐于一榻，闭目静思。王阳明不禁一愣，这道士、这光景，似乎在何处见过？对了，南昌铁柱宫的道士！已经过去二十年了，除了胡子已全部变白，道士的面容几乎没有变化。他乡遇故知，王阳明心中一阵狂喜。

当年辞别铁柱宫时，道士曾经相约二十年后海上相见，难道他是未卜先知的神人？

道士听到动静,微微睁开双目,一见王阳明,眼中露出惊喜,但立即收敛,只是淡淡一笑，起身下榻，口中吟道:“二十年前曾见君，今来消息我先闻。”僧人看看道士，又看看王阳明，莫名其妙，自去张罗饭菜。

僧人一去，王阳明便将自己的遭遇原原本本告诉道士。道士听了，不住点头，问道：伯安今后有何打算？王阳明长叹一声：孔子说，危邦不居，乱邦不入。前人又说，人臣事主，合则留不合则去。我准备从此隐姓埋名，浪迹江湖，道长以为如何？

道士听了，连连摇头，笑道：此一时，彼一时。孔子所说，乃是春秋之时，王室衰微、诸侯林立。如今大明一统，普天之下，莫非王土，率土之滨，莫非王臣，不知伯安能往何处栖身？此其一。其二，即使伯安能独善其身，能否保得全家老幼平安无事？一旦刘瑾动怒，诬你北投蒙古、南走海夷，将你父亲下狱，严加拷问，你将如何？是弃父于不顾，还是挺身而自首？

道士一席话，说得王阳明不寒而栗。不等他回答，道士接着说：还有其三，伯安胸怀大志，立誓倡明圣学，我想决不会因为区区微祸而自暴自弃、因小失大。只这番见识，使得王阳明对这位铁柱宫故人更是刮目相看，江湖之上藏龙卧虎，不知还有多少旷世奇才隐姓埋名、流落草莽。

王阳明感激地看了看道士，问道：那还是该去龙场？道士也不多言，当即取出蓍草，为王阳明占了一卦。王阳明一看，卦为“明夷”。《周易·明夷》说：“明夷，得艰贞。”《汉书·艺文志》引京房《易传》说：“贤者居明夷之世，知时而伤，或众在位，厥妖鸡生角。”这一卦的意思是说，昏君在上，贤人遭受艰难或不得志。后人加以引申，指那些暂时遭受挫折的贤达之士。

王阳明曾经出入于佛老，对占卜、先知之类戏法也颇有兴趣，而且还用来捉弄过朋友，知道道士是用此卦鼓励自己，更加心怀感激。本来他说浪迹江湖就是赌气，经道士反复陈述，不由得雄心勃起，见殿内案头有现成笔墨，满腔豪气汹涌而出。当下提笔濡墨，向着大殿白壁便书：

险夷原不滞胸中，何异浮云过太空。
夜静海涛三万里，月明飞锡下天风。
（《泛海》）

“风”字刚落，道士不禁喝起彩来。

关于鼓山一事，比较一下黄绾的《阳明先生行状》和湛若水的《阳明先生墓志铭》是很有意思的。

《行状》说：

……公行至钱塘，度或不免，乃托为投江，潜入武夷山中。决意远遁。夜至一山庵投宿，不纳。行半里许，见一古庙，遂据香案卧。黎明，道士特往视之，方熟睡。乃推醒曰：“此虎狼穴也，何得无恙？”因诘公出处，公乃吐实。道士曰：“如公所志，将来必有赤族之祸。”公问何以至此。道士曰：“公既有名朝野，若果由此匿迹，将来之徒假名以鼓舞人心，朝廷寻究汝家，岂不致赤族之祸？”公深然其言。尝有诗云：“海上曾为沧水使，山中又拜武夷君。”遂由武夷至广信。

《行状》写就之后，送湛若水，作为写《墓志铭》的参考。湛若水却在

《墓志铭》中专论此事之不可信：

> 人或告曰:“阳明公至浙,沉于江矣。至福建始起矣。登鼓山之诗曰:‘海上曾为沧水使，山中又拜武夷君。’有征矣。”甘泉子闻之笑曰:“此佯狂避世也。”故为之作诗有云：“佯狂欲浮海，说梦痴人前。”及后数年，会于滁，乃吐实。彼夸虚执有、以为神奇者，乌足以知公者哉!

湛若水这段文字可以说是点着黄绾的鼻子，说他“夸虚执有、以为神奇”，但《行状》仍一字不改。而钱德洪作《阳明先生年谱》，不仅沿用《行状》的说法，更将湛若水听到的传说加了上去，并说王阳明在鼓山遇上的道士就是原来在南昌铁柱宫曾经见过的道士。是王阳明对钱德洪等弟子有亲传，还是钱德洪以讹传讹？但钱德洪素以厚道见称，故黄宗羲《明儒学案》采用了他的说法。是老实人说谎更容易使人上当，还是王阳明后来与湛若水意见相左，将狂就狂，不愿证实，却不得而知。

其实，无论是湛若水还是黄绾或钱德洪，都是将几件事情搅在一起。王阳明《赴谪诗》中有三首诗与上述一事有关。

其一为《泛海》：

> 险夷原不滞胸中，何异浮云过太空。
> 夜静海涛三万里，月明飞锡下天风。

其二为《武夷次壁间韵》：

> 肩舆飞度万峰云，回首沧波月下闻。
> 海上真为沧水使，山中又遇武夷君。
> 溪流九曲初谙路，精舍千年始及门。
> 归去高堂慰垂白，细探更拟在春分。

其三为《玉山东岳庙遇旧识严星士》：

> 忆昨东归亭下路，数峰箫管隔秋云。
> 肩舆欲到妨多事，鼓枻重来会有云。
> 春夜绝怜灯节近，溪声最好月中闻。
> 行藏无用君平卜，请看沙边鸥鹭群。

三首诗作于三个地方：海上、武夷山寺、玉山东岳庙。上文写作的根据是《年谱》，为便于叙述，也是为了增加传记的故事性，将三件事情放在一处。

又，朱承爵《存余堂诗话》云：王阳明正德间言事谪闽中，过溪覆舟，几厄，时有渔人泛溪中，拯其上山。又说王阳明在武夷山遇一道者，自称旧识，邀至中和堂主人处盘桓数日，主人乃是仙翁，临行作诗相送：

十五年前始识荆，此来消息最先闻。
君将性命轻毫发，谁把纲常重一分。
寰海已知夸命德，皇天终不丧斯文。
武夷山下经行处，好对清樽醉夕曛。

可见有关传说甚多，不一而足。这些传说，有的是王阳明为自己编造的神话，有的是弟子们为他编造的神话，还有的则是以讹传讹堆积起来的神话。

四、第一批门人

仍然根据《阳明年谱》。王阳明告别道士，取道武夷山，进入江西，然后乘船由信江入鄱阳湖，进长江，顺江而下，来到南京，看望这时已是南京吏部尚书的父亲。见过父亲之后，再回余姚，看望祖母。王阳明在正德二年（1507 年）春末离开京师，初夏到浙江，经过一番周折后重返浙江，回到老家余姚，已是这年的十二月了。

这大半年时间的经历，其实只有王阳明自己知道。

该见的亲人都已经见过，王阳明觉得此番前去龙场，心无牵挂。

但越是心无牵挂，越给人以慷慨赴义的感觉。有几位年轻人为他的气概所感动，认为应该让他更无牵挂，他们是徐爱、蔡宗兖、朱节。

徐爱字曰仁，号横山，余姚人，是王阳明的妹夫，一向对内兄十分崇拜。蔡宗兖字希渊，号我斋；朱节字守中，号白浦，都是浙江山阴（今绍兴）人。徐爱等三人这年秋天同在浙江乡试中了举人，又都是二十刚过的年纪，血气方刚，以天下事为己任，却又苦于不知从何做起。山阴为绍兴府的所在地，余姚为绍兴属县，蔡、朱二人虽然以前没有见过王阳明，但王阳明的事迹和传说却知道不少。与徐爱结识之后，想通过徐爱见见王阳明。如今王阳明因为与权贵抗争、为正义直言而贬谪为驿臣，回到家乡告别父老，三人对他又多了一层敬意，一商议，决定拜王阳明为师，并坚持要在他离开余姚赴龙场前行拜师礼。

听完徐爱三人的诉说，王阳明不禁感慨万千。这是王阳明有生以来正式接受的第一批弟子，而他们投师，又是在自己遭受厄运、前途叵测之时，实在是难能可贵。欣喜之余，王阳明作《别三子序》，以资纪念：

> 自程朱诸大儒没而师友之道遂亡。六经分裂于训诂，支离芜蔓于辞章、业举之习，圣学几于息矣。有志之士思起而兴之，然卒徘徊嗟咨，逡巡而不振。因弛然自废者，亦志之弗立、弗讲于师友之道也。
>
> 夫一人为之，二人从而翼之，已而翼之者益众焉，虽有难为之事，其弗成者鲜矣。一人为之，二人从而危之，已而危之者益众焉，虽有易成之功，其克济者亦鲜矣。故凡有志之士，必求助于师友。无师友之助者，志之弗立弗求者也。
>
> 自予始知学，即求师于天下而莫予诲也，求友于天下而与予者寡矣。又求同志之士，二三子之外，邈乎其寥寥也。殆予之志有未立邪？盖自近年而又得蔡希颜、朱守中于山阴之白洋，得徐曰仁于余姚之马堰，曰仁予妹婿也。希颜之深潜、守中之明敏、曰仁之温恭，皆予所不逮。三子者，徒以一日之长，视予以先辈。予亦居之而弗辞。非能有加也，姑欲假三子者而为之证，遂忘其非有也。而三子者亦姑欲假予而存师友之饩羊，不谓其不可也。……
>
> 天将降大任于是人，必先违其所乐而投之于其所不欲，所以衡心拂虑而增其所不能，是玉之成也。其在兹行欤？三子则焉往而非学矣，而予终寡于同志之助也。三子行矣。“深潜刚克，高明柔克”，非箕子之言乎？温恭亦沉潜也，三子识之。焉往而非学矣。苟三子之学成，虽不吾迩，其为同志之助也不多乎哉！
>
> 增城湛原明宦于京师，吾之同道友也。三子往见焉，犹吾见也已。

这篇序文，既阐明了自己接收弟子的始末和宗旨，又是给弟子们的临别赠言，还是给他们的一份推荐书。三人后来都中了进士。

如今更是无牵无挂了。王阳明告辞亲友，西向龙场而去。

五、西行龙场路漫漫

这一路真是千山万水。

王阳明领着三个仆人，东辞余姚，经绍兴、处州、衢州，进了江西地面。

王阳明这是第三次到江西。第一次是在二十年前，王阳明奉父命往南昌成亲，在江西住了一年多的时间。第二次就在不久前，由武夷山间道经江西赴南京见父亲。但三次的境况却大不一样。第一次是欣喜中带着几分无奈，第二次是情急中带着几分惶恐，这一次虽说有几分凄惨，心中却是平静而坦然。

在中国古代，官员上任或升迁往往有一定的期限，因为前任官员要等着办交接手续。但遭受贬谪的官员反倒有较为充分的自由，只要离开京城，就如鱼入江河、鸟上蓝天，若非政敌有意为难，无人会去追究他何时到达贬所。因此，只要心胸开阔，贬谪之路倒成了游山玩水之旅。

当年韩愈因上《论佛骨表》，被唐宪宗贬至潮州，那是一路行程一路文章；苏轼先贬惠州、再贬儋州，则是一路行程一路诗词。王阳明虽说不以文章名世，却也曾经热衷于辞章，与李梦阳、何景明等“前七子”一样，蜚声文坛。这一次西行，已经将生死置之度外，一路上晓行夜宿，观风览景，倒也悠然而自得，竟然留下了不少佳篇。

令王阳明兴奋不已的是，一进江西，便在玉山东岳庙遇上了故人严星士。关于这位“严星士”的生平事迹，现在已无从知道。但从王阳明所写的《玉山东岳庙遇旧识严星士》一诗，可以肯定这严星士是他当年完婚后回浙江途中结交的。但与上次见面不同的是，王阳明此时已不再沉溺于佛老，所以，他的“行藏”也用不着严星士占卜了。

辞别严星士，王阳明顺信江而下，于正德三年元宵之日来到了娄谅先生的家乡广信（今江西上饶）。广信府的蒋知府早已见到刘瑾以朝廷名义发布的“奸党”名单，但听说王阳明路过，仍不避嫌疑，亲自来到船上探望，令王阳明感叹不已：

楼台灯火水西东，箫鼓星桥渡碧空。
何处忽谈尘世外，百年唯此月明中。
客途孤寂浑常事，远地相求见古风。

别后新诗如不惜，衡南今亦有飞鸿。

（《广信元夕蒋太守舟中夜话》）

二十年前，王阳明十八岁，从南昌娶亲返回余姚，途经上饶，探访了比自己整整年长五十岁的娄谅先生。两人一见面，遂成忘年之交。

娄谅年轻时有志于“圣贤”之学，到处求师，但总是失望而归，所见所闻，尽是科举应试之学，最后往抚州拜名儒吴与弼为师。吴与弼为人有些古怪，有人前往求学，他愿意见面；如果只是为了慕名求见，他却一概不见。后来中了状元的江西永丰罗伦前去拜访，也曾经被拒于门外。但吴与弼一见娄谅，却喜不自禁，说了一句类似于老顽童的话：老夫聪明，你也聪明，很好。

有一件事娄谅大概告诉过王阳明。一天，吴与弼在田间劳动，将娄谅招去，说是“学者须亲细务”。娄谅豪迈不羁，从不介意小事，但吴与弼的行为却使他大为震惊，名闻天下的大学者，竟然亲自种地。从此，娄谅一改过去的习性，扫地除尘，样样亲自动手，不再依赖僮仆。王阳明从江西回到余姚后，立志改去自己嬉笑怒骂、爱开玩笑的习惯，应该是受到娄谅的影响。但为何“学者须亲细务”，恐怕还有一个领悟的过程。

但是，王阳明回到余姚的不到两年，娄谅就去世了。二十年后再到广信，山河依旧，故人已逝，不禁一阵伤感：

廿年不到石亭寺，唯有西山只旧青。
白拂挂墙僧已去，红阑照水客重经。
沙村远树凝春望，江雨孤篷入夜听。
何处故人还笑语，东风啼鸟梦初醒。

（《夜泊石亭寺用韵呈陈、娄诸公因寄储柴圩都宪及乔白岩太常诸友》）

过分宜、宜春，进入湖广，经醴陵、长沙，祭吊屈原，逆沅水而上，来到辰溪（今属湖南），这里已是汉族和苗族的杂居地区。

王阳明立在船头，望着两岸的民居，和汉人区大不一样：

辰阳南望接沅州，碧树林中古驿楼。

远客日怜风土异，空山唯见瘴云浮。
耶溪有信从谁问？楚水无情只自流。
却幸此身如野鹤，人间随地可淹留。
（《沅水驿》）

这一天，王阳明一主三仆弃舟登陆，来到古城沅州（今湖南芷江），在罗旧驿住下。再往前行，便入贵州地界了。沅州地处由湘入黔的咽喉要道，虽然地方不大，却是汉蛮杂居、商贾云集，颇有情趣：

客行日日万峰头，山水南来亦胜游。
布谷鸟啼村雨暗，刺桐花暝石溪幽。
蛮烟喜过青杨瘴，乡思愁经芳杜洲。
身在夜郎家万里，五云天北是神州。
（《罗旧驿》）

离开沅州，王阳明领着仆人沿古驿道向贵州行进。却见万山丛中，孤单单地立着一间茅屋。走近一看，一中年女子倚门而坐，面色如土，目光呆滞，不禁愕然。上前问讯，原来这女子的丈夫另有新欢，却将妻子驱出家门。妻子无处可归，只得在这渺无人烟处结茅而居，既念前夫，又思幼子，整日以泪洗面。王阳明听完这段如泣如诉的故事，想想自己的处境，不觉有同病相怜之感，遂有著名的《去妇叹》五首，看似哀人，实为叹己：

其一
委身奉箕帚，中道成弃捐。
苍蝇间白璧，君心亦何愆。
独嗟贫家女，素质难为妍。
命薄良自喟，敢忘君子贤。
春华不再艳，颓魄无重圆。
新欢莫终恃，令仪慎周还。

其二
依违出门去，欲行复迟迟。
邻妪尽出别，强语含辛悲。

陋质容有缪，放逐理则宜。
姑老籍相慰，缺乏多所资。
妾行长已矣，会面当无时。

辞别了这位无依无靠的女子，王阳明主仆经由玉屏、镇远、黄平、清平（今贵州凯里市炉山）、贵定、龙里，终于在正德三年（1508年）春末来到了龙场驿。

六、阳明小洞天

贵州是明朝十三个布政司中设置最晚的一个，在西南川、黔、滇、桂四省中，也是开发较晚的一个。在中国古代，中原和西南地区的联系，主要有两条通道：一条由关中过秦岭至汉中，再由汉中进入巴蜀，进而入贵州；一条由湖南经湘江至广西，再由广西进入云南，进而入贵州。当然也可以溯沅水而上由湘西入贵州，但行程艰难。因此，中原文化多是先经由四川、云南、广西，然后才入黔，故而贵州的开发不但晚于中原，也晚于川、桂、滇。明朝建立后，贵州地区开始是分属云南、四川布政司，至永乐十一年（1413年）才分离出来，单独建省。

龙场驿位于今贵州省贵阳市以北约八十里的修文县。当年这里山高路险，人烟稀少，蛇虺魍魉遍布，蛊毒瘴疠弥漫。一眼望去，山叠着山，哪里见得到人？偶尔从丛林中钻出几个人来，不是语言难以听懂的苗人、彝人、瑶人，便是从中原流亡到此地的逃犯，或是匆匆而过的商人。王阳明站在立有“龙场驿”字样的碑石前，望着几个目光呆滞的驿卒，心中一阵凄楚，得在这里度过漫长的时日，至于何时能返中原，只有听天由命了。

龙场驿始设于明太祖洪武年间。当时统治这里的是彝族首领奢香夫人。这是一位能识大体的彝族女领袖。她继丈夫安霭翠之后为贵州宣慰司宣慰使，总领贵州水西各土司。明朝在贵州的驻军统帅马晔，不顾当地少数民族的实际情况，急于推行“改土归流”，向朝廷请功，却又没有合理的解决办法，便借故鞭挞奢香，欲以此激怒各部酋长，然后举兵镇压。奢香在另一彝族女首领刘淑贞的帮助下，率领部属直走南京，向明太祖面陈马晔在当地的胡作非为，表示愿意世世代代效忠朝廷，为朝廷开辟西南。

“改土归流”本是明朝中央政府的意图，就是将原来的世袭的土司改为任命的官员，但马晔想通过流血事件来实现，却不符合中央稳定西南的政策。明太祖对奢香忍辱负重、顾全大局的做法大加赞赏，给予了极为崇高的礼遇，让她重回贵州，代代世袭，并且召还马晔治罪。①

奢香回到贵州后，命人将贵州通往川东的山间小道进行修复，由南到北设立了九个驿站，以便于北上进贡，也用以接待朝廷派来的使节和传递公文，同时也方便来往的商人。

龙场驿是从程番（今贵州省贵阳市）北上的第一站，虽说规模不大，按规定也设有驿丞一员，书吏一员，马二十三匹，铺陈二十三副，以及驿卒若干名。但到正德年间，驿站早已凋落，马匹亡毙，房屋倒塌，驿卒也多已亡故、逃散。

王阳明这次遭贬至此，官品由原来吏部主事的正六品，到驿丞的“未入流”，降了八九级。再看龙场驿，别说是官舍，就连草房也没有一间，倒是符合自己的身份。于是亲自动手，学着在路上见到的那位“弃妇”的样子，和僮仆们结庐而居。也亏得王阳明尚有闲情逸致，留下了一首《初至龙场无所止结草庵居之》诗，使后人知道他当日的窘境：

草庵不及肩，旅倦体方适。
开棘自成篱，土阶漫无级。
迎风亦萧疏，漏雨易补缉。
灵濑响朝湍，深林凝暮色。
群獠环聚讯，语庞意颇质。
鹿豕且同游，兹类犹人属。
污樽映瓦豆，尽醉不知夕。
缅怀黄唐化，略称茅茨迹。

经过长途跋涉，困乏劳累，早已是筋疲力尽，管它是草庐还是茅舍，随处都可安身。没想到在丛林山涧之中，还住着不少土著居民，一见有生人在此结庐定居，不但没存敌意，反倒都来问候。语言虽然很难听懂，但

① 改土归流是中国古代中央政府在西南地区推行社会政治改革的措施，即将当地世袭的土官革除，改为中央任命的流官，明成祖年间曾行之，清雍正时大规模推行。关于奢香的事迹，见《明史》卷316《贵州土司传》。

借着手势，意思却是明白。鹿豕虽然不懂人语，却也颇通人性，绕着草庐出没，从不与人为敌。就着土罐瓦盆、举起浊杯破碗，喝他个天昏地暗、日月无光。处境虽然艰苦，心情却是不坏，且带有一丝无可奈何的幽默与自嘲。

王阳明在龙场赋闲，每日带着仆人翻山越岭，穿林涉涧，四处游逛，倒也自在。一日，在东山坡上突然发现一座石洞，竟如家乡余姚的阳明洞一般，不禁欢喜若狂。草庵虽说“漏雨易补缉”，但毕竟“迎风亦萧疏”。如果搬到这山洞居住，不仅不惧风雨，而且可以重温昔日的感觉。

主仆四人搬进石洞，以石为床，以石为凳，以石为灶，以石为案，相顾而笑，倒也其乐融融。王阳明作诗以记：

古洞闷荒僻，虚设疑相待。
披莱历风磴，移居快幽垲。
营炊就岩窦，放榻依石垒。
穹窒旋薰塞，夷坎仍洒扫。
卷帙漫堆列，樽壶动光彩。
夷居信何陋，恬淡意方在。
岂不桑梓怀，素位聊无悔。
（《始得东洞遂改为阳明小洞天三首》其一）

僮仆自相语，洞居颇不恶。
人力免结构，天巧谢雕凿。
清泉傍厨落，翠雾还成幕。
我辈日嬉偃，主人自愉乐。
虽无棨戟荣，且远尘嚣聒。
但恐霜雪凝，云深衣絮薄。
（其二）

我闻莞尔笑，周虑愧尔言。
上古处巢窟，抔饮皆污樽。
冱极阳内伏，石穴多冬暄。
豹隐文始泽，龙蛰身乃存。

岂无数尺榱，轻裘吾不温。

邈矣箪瓢子，此心期与论。

（其三）

僮仆们见主人高兴，嚷着要为新居起个名。王阳明心念一动，这名字不是现成的吗？既然此洞酷似余姚阳明洞，那就叫它“阳明小洞天”！僮仆们一听，齐声欢呼。经过几个月的朝夕相处、生死与共，主仆名分早已为骨肉兄弟、患难情感所取代。

这“洞天”一词本是道家的术语，所谓“洞中别有天地”，有十大洞天、三十六小洞天、七十二福地之说，皆为神仙的居处。王阳明年轻时出入于佛老，与方术相士为伍，也一度以“山人”自诩，所谓“洞中方一日，人间已十年”，王阳明似乎对“洞”有着一种特殊的感情。虽说后来他也曾力斥佛老，但这种感情竟是弥老而不改。

七、何陋轩与君子亭

石洞虽然充满神奇，但毕竟阴冷潮湿。住了一些日子，王阳明的三个仆人都因水土不服而病倒。王阳明每日熬汤煎药，亲自护理。仆人们虽然感激，但心中却有一种恐惧，早就听说贵州瑶民擅长诅咒蛊毒之术，一旦中其诅咒蛊毒，必死无疑。① 为了解除仆人的顾虑，王阳明重操旧业，给他们推步占卦。卦上说，灾难是暂时的，不久将自行解除，好日子就在后头。又为他们咏歌吟诗，并不时杂以越中民歌、古今趣闻。不知不觉间，仆人的病竟然日见好转。

说来也怪，王阳明自己的身体并不强健，但来到龙场后，却觉得精神甚佳。仆人病好之后，王阳明领着他们，学着瑶民刀耕火种之法，在“小洞天”附近的荆棘丛中开了一块园地，倒也悠闲自在。当年娄谅先生告诉过自己，吴与弼先生就是亲自耕种的，而且，学者应从细务做起。以前一直没有介意，如今在这西鄙荒山之中，才感觉到吴与弼先生的伟大，真产生了开荒种田

① 明人包汝辑《南中见闻》说：“瑶人虽有男女居室，然移徙不常，如鸟兽然，遇大山人迹罕到处，有可耕种者，遂结茅栖止，树艺黍粟，伐大树为独木盘、盎、坛、盒之类，甚巧，携出市易米菜，能捕虎豹犀兕，善识草药，取以疗人疾，辄效。又解为厌魅诅咒之术，书人年庚，埋置土窖中，用法诅咒，其人辄梦鬼物驱击，往往惊怪呕吐鲜血而死，谓之埋魂厌咒。瑶人虽少，而群苗避之不敢忤，畏其术也。”

的念头：

谪居屡在陈，从者有愠见。
山荒聊可田，钱镈还易办。
夷俗多火耕，仿习亦颇便。
及兹春未深，数亩犹足佃。
岂徒实口腹，且以理荒宴。
遗穗及鸟雀，贫寡发余羡。
出耒在明晨，山寒易霜霰。

这首名为《谪居粮绝请学于农将田南山永言寄怀》诗，常使人认为王阳明真到了自耕自食的地步。其实想归想，并未付诸行动。等到绝粮才去种田，岂不为时过晚？偶尔绝粮倒是可信，但还是得靠“钱镈”去办。又有《采蕨》诗：

采蕨西山下，扳援陟崔嵬。
游子望乡国，泪下心如摧。
浮云塞长空，颓阳不可回。
南归断舟楫，北望多风埃。
已矣供子职，勿更贻亲哀。

读了这首诗，倒真能感受到作者当日生活的艰辛和内心的凄楚。

虽说是赋闲，但王阳明毕竟是闲不住的人。他时常出入于丛林洞寮之间，与当地土著的瑶民、苗民、彝民，以及从中原流亡至此的汉人谈天说地，论今道古；教他们垒土固基、伐木建屋；替他们排忧解难、除疑去虑。

时间不长，当地居民都将这位新来的龙场驿驿丞视为能人、视为友人，乃至视为神人，有困难、有疑虑，便来山洞讨教。他们不能让这位贤人、哲人继续在石洞中经受阴冷潮湿，他们用王阳明教给他们的办法，在一个向阳的山坡上破土奠基，又砍竹伐木，不到一个月，盖起了在附近几十里内一所规模最大也最奢侈的房屋，有居室，有客厅，有凉亭，气势宏伟。远近学子也渐渐知道王阳明贬谪至此，听得新居构成，都来庆贺。

王阳明望着拔地而起的新居，望着新屋构建者们一张张欣喜而憨厚的脸庞，望着慕名而来的当地和外地学子，心中也是一阵激动。应众人的请求，王阳明因这新居建在龙场山冈之上，这将是自己日后重振圣学的所在，遂以“龙冈书院”为名。居室虽四壁徒立，却干净舒适，取名“何陋轩”；客厅虽简朴无华，却宽敞明亮，取名“宾阳堂”；凉亭虽然不事雕琢，却翠竹环绕，取名“君子亭”。又作《龙冈新构》以记其事：“诸夷以予穴居颇阴湿，请构小庐，欣然趋事，不月而成。诸生闻之，亦皆来集，请名‘龙冈书院’，其轩曰‘何陋’。”

在这“龙冈书院”中，王阳明对“何陋轩”这个命名颇为自得，他在《何陋轩记》说：

昔孔子欲居九夷，人以为陋。孔子曰：君子居之，何陋之有？守仁以罪谪龙场，龙场古夷蔡之外，于今为要绥，而习类尚因其故。人皆以予自上国往，将陋其地，弗能居也。而予处之旬月，安而乐之。求其所谓甚陋者而莫得，独其结题鸟言，山栖羝服，无轩裳宫室之观、文仪揖让之缛，然此犹淳庞质素之遗焉。盖古之时，法制未备则有然矣，不得以为陋也。

夫爱憎面背、乱白黝丹、浚奸穷黠、外良而中螫，诸夏盖不免焉。若是而彬郁其容、宋甫鲁掖，折旋矩矱，将无为陋乎？夷之人乃不能此，其好言恶詈，直情率遂则有矣，世徒以其言辞物采之眇而陋之，吾不谓然也。

始予至，无室以止。居于丛棘之间，则郁也；迁于东峰就石穴而居之，又阴以湿。龙场之民，老稚日来视，予喜不予陋，益予比。予尝圃于丛棘之右，民谓予之乐之也，相与伐木阁之材，就其地为轩以居予。予因而翳之以桧竹，莳之以卉药，列堂阶、辩室奥，琴编图史，讲诵游适之道略具。学士之来游者亦稍稍而集，于是人之及吾轩者，若观于通都焉，而予亦忘予之居夷也，因名之曰“何陋”，以信孔子之言。

嗟夫！诸夏之盛，其典章礼乐，历圣修而传之。夷不能有也，则谓之陋，固宜。于后蔑道德而专法令，搜抉钩縶之术穷，而狡匿谲诈无所不至，浑朴尽矣，夷之民方若未琢之璞、未绳之木，虽粗砺顽梗，而椎斧尚有施也，安可以陋之？

斯孔子所谓欲居也欤，虽然，典章文物则亦胡可以无讲。今夷之俗，崇巫而事鬼，渎礼而任情，不中不节，卒未免于陋之名，则亦不讲于是耳。

然此无损于其质也。诚有君子而居焉，其化之也盖易，而予非其人也，记之以俟来者。

王阳明生而为祖父母所钟爱，长而因父亲的地位而受人尊重，加上天赋异禀，目空一切，虽因录囚江北而对社会有了真实的了解，虽因上疏言事而受廷杖、下诏狱，但所见所闻，大抵离不开士大夫的圈子。到龙场之后，见到的是中国最落后地区的民风民俗，听到的是中原流亡者对中国最阴暗面的揭露，这才以最底层的身份，真正接触到了最底层的社会。

直到这时，王阳明的肉体，才真正经受了有生以来最艰苦的磨炼；王阳明的灵魂，才真正受到有生以来最激烈的震荡。他对人生、对社会的认识，才真正开始了有生以来最本质的变化。严格地说，也正是在此时，他才真正体会到“苦其心志，劳其筋骨，饿其体肤”的意义。这篇《何陋轩记》所记的倒并非何陋轩本身，而是王阳明自己对人生对社会的理解和认识。

王阳明从小到大都在说立志，既要求自己立志，也教诲别人立志。而立志首先要学会做人，祖父和父亲在这方面都给他做出了榜样。祖父在屋前屋后种满了竹子，人称“竹轩翁”，实际上正是做人的追求。受祖父的影响，王阳明也自幼爱竹。但对竹子的品质，或者说对做人的体会，显然也是到龙场后才有了新的认识。他在何陋轩前君子亭周围移种青竹，并作《君子亭记》，盛赞竹子的品质：

竹有君子之道四焉。中虚而静，通而有间，有君子之德。外节而直，贯四时而柯叶无所改，有君子之操。应蛰而出，遇伏而隐，雨雪晦明，无所不宜，有君子之时。清风时至，玉声珊然，中采齐而协《肆夏》，揖逊俯仰，若洙泗群贤之交集，风止籁静，挺然特立，不挠不屈，若虞廷群后，端冕正笏而列于堂阶之侧，有君子之容。

看似赞竹，实在自勉。

龙冈新居落成后，远远近近的学子都来求教。王阳明将在北京讲学的习惯又带到龙场，龙冈书院成了当地的通衢。王阳明为师，先讲“正己”。赞竹子有君子之道，正是自己追求的品格，这一点也得到学子们的认同：

门人曰：“夫子盖自道也。吾见夫子之居是亭也，持敬以直，内静虚而若愚，非君子之德乎？遇屯而不慑，处困而能亨，非君子之操乎？昔也行于朝，今也行于夷，顺应物而能当，虽守方而弗拘，非君子之时乎？其交翼翼，其处雍雍，意适而匪懈，气和而能恭，非君子之容乎？夫子盖谦于自名也，而假之竹。”

王阳明并不认为自己已经具备了竹子的德、操、时、容这四种品质，但坦率表示这是自己的追求，并要求学生们按孔子的话去做，应该做“君子儒”，不要做“小人儒”。儒是分两类的，有君子，也有小人。既要为君子，就应该像竹子那样，有君子之德，有君子之操，有君子之时，有君子之容。

如果说当年和四位长辈一起读书应考时，王阳明开始在行为上对自己进行规范是一种自我克制，那么在龙场以竹子来规定“君子”的内涵，并作为自己的行为准则，则是在进行作为学术大师的行为举止的演练。而实际上，这时的王阳明已经开始以孔子的口吻教训弟子了。

八、妙论神仙术

当然，王阳明的处境其实并不乐观。一个在京师得罪了权贵而贬谪到此地的驿丞，竟然在管辖区内聚众讲学，而且得到所有居住在这里的汉人和瑶民、苗民的拥戴，自然引起了当地官员的不满。地方官府派人前来干预，却引起了当地少数民族居民和驿夫们的不满，将来人打得抱头鼠窜。地方官对此自然不肯罢休，想通过贵宁道按察分司对王阳明进行制裁。没想到分司按察副使毛应奎一与王阳明接触，便为他的学问和人格所折服，不但没有给王阳明为难，反倒成了王阳明的朋友。

至于少数民族居民及首领，更将王阳明视为仙人，视为神人。奢香夫人的后裔、当地土司安贵荣对王阳明尤为敬重，多次向他请教政务。王阳明尽己所能，一一给予帮助，并劝他约束部民，遵守朝廷的法纪。

最使王阳明啼笑皆非的是，有人一再向他请教长生不老之术，并询问神仙的有无。王阳明开始是不回答，后来无法推辞，只得写了一篇回信，以实相告：

询及神仙有无，兼请其事。三至而不答。非不答也，无可答耳。昨令弟来，必欲得之。

> 仆诚生八岁而即好其说，今已余（逾）三十年矣，齿渐摇动，发已有一二茎变化成白，目光仅盈尺，声闻函丈之外，又常经月卧病不出，药量骤进，此殆其效也。而相知者犹妄谓之能得其道，足下又妄听之，而以见询。不得已，姑为足下妄言之。
>
> 古有至人，淳德凝道，和于阴阳，调于四时，去世离俗，积精全神，游行天地之间，神听八远之外，若广成子之千五百岁而不衰，李伯阳历商周之代，西度函谷，亦尝有之。若是而谓之曰无，疑于欺子矣。
>
> 然则呼吸动静，与道为体，精骨完久，禀于受气之始，此殆天之所成，非人力可强也。若后世拔宅飞升、点化投夺之类，谲怪奇骇，是乃秘术曲技，尹文子所谓幻，释氏谓之外道者也。若是而谓之曰有，亦疑于欺子矣。
>
> 夫有无之间，非言语可况，存久而明，养深而自得之。未至而强喻，信亦未必能及也。盖吾儒亦自有神仙之道，颜子三十二而卒，至今未亡也。足下能信之乎？后世上阳子之流，盖方外技术之士，未可以为道；若达磨、慧能之徒，则庶几近之矣。然而未易言也。足下欲闻其说，须退处山林三十年，全耳目、一心志，胸中洒洒，不挂一尘，而后可以言此，今去仙道尚远也。(《答人问神仙》)

这可以说是王阳明三十年来对佛老及神仙术认识的一个总结，虽然他对关于广成子活了一千五百年，老子从商代一直活到春秋并在得道后西出函谷关而去的传说，以及社会上盛行的各种方术无法作出合理的解释，但已是持怀疑乃至否定的态度，并以自己的亲身经历证明所谓神仙术之非。

同时，王阳明又对长生问题做了新的解释。所谓长生，并非是指肉体的长存，实是精神的长存，是道的永生。孔子是死了，其肉体早已化作尘烟，但儒学却昌昌盛盛、充充沛沛地发展，孔子不是永生吗？颜子三十二岁就死了，但“朝闻道，夕死可矣”，比起那些百年的行尸、千年的走肉，以及当代许许多多徒具人皮而包藏祸心者，颜子不是永存吗？

看起来王阳明是在对沉溺神仙术者说教，更多的却是在自我反省。如果说王阳明到龙场后思想上有一个新的飞跃和认识，这篇题为《答人问神仙》的短文可说是一个起点或标志。

有了这种认识，王阳明更可将死生置之度外了。所以，当人们传说刘瑾仍将加害于他时，既然吃住器用都是用石，王阳明干脆自己事先准备好一口石棺："吾今唯死而已，他复何计！"这种视死如归的气势和在钱塘江诈死脱身的机智，反映了王阳明身上看似矛盾实是统一的两种个性或品格，而其主流由权术向淡定的转变，则是他由学者到宗师转变的契机或关键。

也正是因为有了这种认识，王阳明可以将荣辱得失置之度外了。以前他是汲汲以求，想做圣人、学做圣人，以天下为己任，故而多方体验、上下求索，读先圣的书、读宋儒的书，习佛老以养性、习神仙以养生，学骑射、学兵法、忧国计、忧民生，但为圣之路竟不知在何方，报国之门竟不知在何处。如今独居恶山险水、毒气烟瘴之地，圣贤佛老无从而求，国计民生无从而问，一切抱负化为泡影，此心反倒清净洞明。

这种改变，倒像是老子给孔子的建议："君子得其时则驾，不得其时则蓬累而行。吾闻之，良贾深藏若虚，君子盛德，容貌若愚。去子之骄气与多欲，态色与淫志，是皆无益于子之身。"[①] 当时时刻刻想着要做圣贤的时候，距离"圣贤"其实十分遥远；当静下心来，一步一个脚印，向着圣贤指引的方向前进的时候，或许就在不知不觉中接近"圣贤"了。

九、龙场"悟道"

初到龙场时，王阳明带着仆人住在从荆棘中开出的茅屋之内，后搬到被称为"阳明小洞天"的东山石洞之中，虽然最后搬进了"龙冈书院"，但仍然常常在"阳明小洞天"读书、思考，在这里体悟、把玩《周易》，又将"阳明小洞天"称为"玩易窝"。

王阳明自称沉溺佛老三十年，又从小与术士交朋友，并渴望学为圣贤，自然会对中国古代最享盛名的探讨自然规律、探讨人与自然关系的经典《周易》产生浓厚的兴趣，一旦遇上挫折，更希望通过研读《周易》、演绎"八卦"来预测自己今后的命运。抗疏下狱之后，王阳明便在狱中读《周易》，并写了一首《读易》诗。出狱后贬赴龙场，行装从简，先圣之书未带，但《周易》却是少不了的，西行路上琢磨把玩的也是《周易》。其《醴陵道中风雨夜宿泗州寺次韵》诗说：

---

① 《史记》卷63《老子韩非列传》。

风雨偏从险道尝，深泥没马陷车箱。
虚传鸟路通巴蜀，岂必羊肠在太行。
远渡渐看连暝色，晚霞会喜见朝阳。
水南昏黑投僧寺，还理羲编坐夜长。

到龙场后，无论是居茅屋、居石洞，也都在钻研易理、分析命运，自得“玩易窝”后，更是日日揣摩，他在《玩易窝记》中说：

阳明子之居夷也，穴山麓之窝而读易其间。始其未得也，仰而思焉，俯而疑焉，函六合，入无微，茫乎其无所指，孑乎其若株。其或得之也，沛兮其若决，联兮其若彻，菹淤出焉，精华入焉，若有相者而莫知其所以然。其得而玩之也，优然其休焉，充然其喜焉，油然其春生焉，精粗一、外内翕，视险若夷而不知其夷之为厄也。

于是阳明子抚几而叹曰：嗟乎，此古之君子所以甘囚奴、忘拘幽，而不知其老之将至也。夫吾知所以终吾身矣。名其窝曰“玩《易》”，而为之说曰:“夫《易》，三才之道备焉。古之君子居则观其象而玩其辞，动则观其变而玩其占。观象玩辞，三才之体立矣；观变玩占，三才之用行矣。体立故存而神，用行故动而化。神故知周万物而无方，化故范围天地而无迹。无方则象辞基焉，无迹则变占生焉。是故君子洗心而退藏于密，斋戒以神明其德也。”盖昔者夫子尝韦编三绝焉。呜呼，假我数十年以学《易》，其亦可以无大过已夫。

说是“玩‘易’”，主要还是在“悟性”，在苦思冥想以前一直琢磨不透的一个问题，即人生和宇宙、人性和天理、致知和格物，用王阳明的话来说，是“吾心”和“物理”，这二者到底是怎样一种关系？这个问题是孔子首先提出来的，但并没有进行明确的解释，而且也令人难以理解，所以子贡才说：“夫子之文章，可得而闻也。夫子之言性与天道，不可得而闻也。”①

这个子贡认为“不可得而闻”的问题，后世儒者不断进行考订、诠释，希望能够解开密码，结果是越解释越复杂，越复杂越艰深，成了专门的学问，朱熹更成为这门学问的集大成者和权威解释者。

---

①《论语》卷3《公冶长第五》。

王阳明既想为圣人，也就必然要和周、张、程、朱诸宋儒一样，努力窥破这层道理，努力将自己的心性与天道进行沟通。为此，他一直在思考，一直在体验，但也一直在苦恼。尽管朱子的说法看起来有理，但要用来解释事物，却觉得到处都是障碍。就在他自以为开始有所悟，并遇上了湛若水这样的"同志"时，却被命运驱赶到了这蛮荒之地，无书无友，只得依靠自己的苦苦思索。当年周文王被幽禁在羑里，不也是无书无友，却反复演练，终于演绎成了《周易》、构成八卦六十四爻的博大学问吗？如果周文王处于此时，他会演绎出什么学问？

或许就在这时，王阳明突然觉得心中一亮，人性与天道竟然连成了一体！性禀天地五常之气而生，是人与生俱来的禀性和天赋。孔子之性，乃孔子与生俱来的禀性。天道为元亨日新之道。元者善也，亨者通也，天道乃万事万物日日不停、新新不已的变化道理或规律。子贡所谓"夫子之言性与天道"，乃孔子之心与万物之理、孔子所禀之性与元亨日新之道的沟通与契合，这是一种说不清、道不明的心灵与宇宙的撞击。日日不停、新新不已之道正在孔子的心中，他人如何能明白，又如何能"得而闻之"？

王阳明豁然开朗，原来，所谓的天理、物理，所谓的圣人之道，全在我心之中，全在自己与生俱来的禀性之中。为圣之道，只需向自己心中、向自己性中去挖掘去寻找："圣人之道，吾性自足，不假外求"。①

《阳明先生年谱》根据王阳明自己的回顾，做了十分传神的描述："忽中夜大悟格物致知之旨，寤寐中若有人语之者，不觉呼跃，从者皆惊。始知圣人之道，吾性自足。"一勘破这层关节，王阳明欢喜若狂。此时已是午夜，万籁俱静，仆人早已入梦，忽听得主人叫喊，都从梦中惊醒，但见主人欢呼雀跃，不禁愕然。

既然想通了"圣人之道，吾性自足"这层道理，王阳明立即进行检验。他将自己记忆的诗、书、礼、易、春秋的"五经"的内容，不用朱子的解读，全凭自己的认识进行理解，竟然一一契合，毫无障碍；而一旦和朱子的解读进行印证，竟是处处抵牾。于是更加确信，自己，以及和自己一样汲汲于追求"圣道"的诸"同志"，之所以总是达不到目的，总是觉得无处着力，都是因为朱熹那样的后儒将自己的私货掺入圣道，所以处处是迷障，处处

① 黄宗羲：《明儒学案》卷 10《文成王阳明先生守仁传》。

是陷阱。现在迷障被揭开，陷阱被填平，可以直接和圣贤对话、和圣贤沟通了。

十年后，王阳明在《朱子晚年定论》的序中，对自己的学术经历或“学为圣贤”经历做过这样的回顾：

> 洙泗之传，至孟氏而息，千五百余年，濂溪、明道始复追寻其绪，自后辨析日详，然亦日就支离决裂，旋复湮晦。吾尝深求其故，大抵皆世儒之多言有以乱之。
>
> 守仁早岁业举，溺志词章之习，既乃稍知从事正学，而苦于众说之纷挠疲苶，茫无可入。因求诸老释，欣然有会于心，以为圣人之学在此矣。然于孔子之教，间相出入，而措之日用，往往缺漏无归，依违往返，且信且疑。其后谪官龙场，居夷处困，动心忍性之余，恍若有误，体验探求，再更寒暑，证诸五经四子，沛然若决江河而放诸海也。然后叹圣人之道，坦如大路，而世之儒者，妄开窦迳，蹈荆棘，堕坑堑，究其为说，反出二氏之下。宜乎世之高明之士，厌此而趋彼也，此岂二氏之罪哉！

先因习举业而泛滥于辞章，想以文辞取胜；后来懂得要从事“正学”，但正学已被程颐、朱熹等人搅得支离破碎，无从下手；不得已而学佛老，却颇有心得，自以为圣人之道在佛老之中，但一用于实践，却往往不得要领。直到贬谪龙场，才领悟到“圣人之道，吾性自足”。这是一条何等光明宽广之路。而那些自称是孔子学说传人的“世儒”们，却自以为是放着如此光明宽广的大道不走，领着他人去钻荆棘、踏陷阱，真是连佛老也不如。难怪那么多的高明之士不学儒术而沉溺于佛老，这并不是佛老之错，而是“世儒”之罪。自己走过的弯路太多了，为了使后学者不再被“朱熹们”愚弄，直接找到为圣之道，王阳明要开始真正“传道”了。

后来黄宗羲作《明儒学案》，沿用了王阳明自己的说法，但对王阳明的“稍知从事正学”，却强化了力度：

> 先生之学，始泛滥于词章，继而遍读考亭之书，循序格物，顾物理吾心终判为二，无所得入。于是出入于佛老者久之。及至居夷处困，动心忍性，因念圣人处此更有何道？忽悟格物致知之旨，圣人之道，

吾性自足，不假外求。其学凡三变而始得其门。[①]

王阳明自己所说的“稍知从事正学”，被黄宗羲说成是“遍读考亭之书”。但王阳明去世之后，湛若水应邀为其作《墓志铭》，恰恰抹去了王阳明自己所说的“稍知从事正学”，更不用说“遍读考亭之书”。湛若水认为，“龙场悟道”之前的王阳明，兴趣爱好经历过六个阶段：“初溺于任侠之习，再溺于骑射之习，三溺于辞章之习，四溺于神仙之习，五溺于佛氏之习，正德丙寅（正德元年）始归正于圣贤之学。”（《阳明先生墓志铭》）在湛若水的眼中，王阳明其实是走过种种弯路然后才回归“正道”的回头“浪子”。这种说法，显然和王阳明自己及王门弟子的说法不同，但可以帮助我们对王阳明有更加全面和深入的认识。

十、主席贵阳书院

随着正德三年（1508年）冬季的过去，王阳明也度过了他在龙场的最艰难岁月。正德四年（1509年）春天，贵州提学副使席书来到龙冈书院。

席书字文同，四川遂宁人，弘治三年（1490年）进士，也是明朝正德、嘉靖时的风云人物。

弘治十六年（1503年），云南发生大范围地震，景东卫（今云南省景东县）连续七天阴霾蔽日，曲靖则莫名其妙地连续发生大火，灾情严重，人心惶惶。明政府命南京刑部侍郎樊莹前往巡视。樊莹到云南后，认为天灾的发生在于政事的荒怠，劾奏地方官救灾不力，罢黜不称职的文武官员一千七百多人，得到朝廷的嘉奖。

席书当时任户部员外郎，对这场灾难有自己的看法。他认为，云南发生的天灾，如果要追究人事责任，这责任不是在云南，而是在北京、在朝廷。整个国家犹如一个人体，人的元气一旦受到损害，于是就从四肢发着出来。朝廷如同人的元气，地方则像人的四肢。云南发生地震，就像人的四肢发生疮疡，根子在元气的损伤。如果只是罢免一批地方官，就好像元气受损，只是专去治疗四肢，岂非本末倒置？

基于这种认识，席书向朝廷上书，陈说己见：“今内府供应数倍往年，

① 黄宗羲：《明儒学案》卷10《姚江学案》。

冗食官数千，投充校尉数万。斋醮寺观无停日，织造频烦，赏赉逾度。皇亲夺民田，宦官增遣不已。大狱据招词不敢辩，刑官亦不敢伸。大臣贤者未起用，小臣言事谪者未复。文武官传升，名器大滥。灾异之警，偶泄云南，欲以远方外吏当之，此何理也？”令上天恼怒的不是云南的那些远方小吏，而是京师北京的皇亲国戚、宦官权贵，特别是最高统治者皇帝。

席书意犹未尽，列举了发生在东汉的一个著名故事。当时政治黑暗，吏治腐败，灾祸连年，民不聊生。东汉政府派遣官员巡视地方，以了解百姓的困苦。其他官员都整装待发，唯独张纲命人用沙土将自己的车轮填埋。人们不解其意，张纲解释说，如今的问题是豺狼当道，要革除弊端，非除豺狼不可。如果豺狼不去，光捕几只狐狸有何补益？眼下的情况也一样，樊莹职在巡察，放着京师为非作歹的勋戚权贵不弹劾，却去考黜云南的小官微吏，岂不是舍本而治末？①

其时孝宗在位，内阁大学士是颇负盛誉的刘健、李东阳、谢迁，虽然没有对席书的奏疏太过重视，但也没有给他小鞋穿。武宗继位时，席书正在河南按察佥事任上。京师发生的文官与宦官的斗争，刘健等人的被罢黜、王阳明等人的受廷杖等等事情，席书事后都听说了，他担心皇帝日后的行为，也佩服王阳明等人的勇气。

正德四年初，席书由河南按察佥事升任贵州提学副使。一到贵州布政司所在地贵阳②，便听说王阳明贬在龙场做驿丞，不禁喜出望外。当时，贵州的教育非常落后，席书为提学副使，兴办学校、培养人才是其责任。要办学校，首先要请教师，可有谁愿意来这穷乡僻壤、化外之地做教师？从河南到贵州的路上，席书一直在为这事发愁，没想到天上竟然掉下了一位教师。席书在户部为官时，王阳明正和湛若水聚众讲学。如果能将王阳明请到省城，那可是贵州学子们的福分。不过席书又有几分担心，朝廷推崇的是朱熹的学问，但王阳明却对朱子颇有微词，并极力推崇陆九渊。如果真是这样，事情倒有些麻烦，毕竟席书这个“提学副使”，得督促学子们学朝廷倡导的“正学”即朱学。

---

① 《明史》卷186《樊莹传》；卷197《席书传》。

② 贵阳在明代是贵州布政司的省城，也是贵州宣慰司所在地，但正德时却无此名。成化十二年七月，分贵州宣慰司地设程番府，治所在今贵州惠水。隆庆二年即1567年将府治移入省城，与宣慰司同治，第二年改程番府名贵阳府。本书为了叙述上的方便，径称贵阳府。

这天，席书带着疑虑，来到了龙场。从科举入仕论，席书早王阳明三科，年龄也大十一岁，应是先辈；从眼下身份，席书是贵州按察司的提学副使、正四品朝廷命官，王阳明却是未入流的贬谪吏员。但在当时当地，二人久别重逢，一切礼节全部省去。五六年不见，席书看着王阳明清癯的脸庞，当年飞扬的神采已为今日沉毅的气质所取代，不由生出一丝惋惜、几分宽慰。

稍事寒暄，席书直切主题，询问朱、陆二家学说的异同。如果是在昔日北京，王阳明或者会侃侃而论。但经过在龙场的一年多思考，王阳明对天道、人性，已经有更加深刻的领悟，对朱、陆异同也有了新的认识，但此时却不便正面向席书阐明，而是告诉他自己最近的心得："圣人之道，吾性自足，不假外求。"就这几个字，说得席书目瞪口呆。

席书回到贵阳，心里一直在琢磨王阳明的话，"圣人之道，吾性自足"？照此说来，圣人可以不学而自成？带着迷惘，席书第二天又来到龙场请教。

王阳明解释说，以夏的开创者大禹和周的开创者后稷为例，二人都是圣人，同有为民之心，但禹心是禹心，稷心是稷心，其忧民之念就各不相同。大禹以治水为己任，则必定认为，如果洪水治不好，人民就要遭受水灾。看上去是洪水为患，而实际上是我为患。以这种心情去治水，才可能十三年在外，三过家门而不入。后稷以教农事为己任，则必定认为，如果人民没学会种植，就要遭受饥饿。看上去是因为缺粮而挨饿，而实际上是我使人民挨饿。以这种心情去教民农事，才有刻不容缓的感觉。可见，只要心中存着百姓，任何事情都会做好的。所以说，圣人之道，吾性自足，不假外求。试想，孔子在两千多年前，哪里会知道我要回答朱、陆异同而预先教我回答呢？

听着这番话，席书似乎有些感悟，觉得确实有道理。但转念一想，又感到似是而非。王阳明并未做过多解释，请席书自己辨析。席书带着满腔疑惑，第二次离开龙场，回到贵阳。

如此往复四五次，席书终于信服了，原来圣人之道竟如此便捷！更何况，《中庸》开篇就说："天命之谓性，率性之谓道。"天命、天道本来就与人性相通，说到底，所谓的天命、天道，都是特定的人性的体现。席书对"圣人之学"、对朱陆之学有了新的认识：圣人之学，重见于今日；朱陆之学，各有所得，也各有所失。要得圣人之道，只需向自己的心中寻求。

席书终于为贵州学子找到了教师。回到贵阳后，他和按察副使毛应奎一道，建起了贵阳书院，广择本省学子，请王阳明设席讲学。

王阳明几年前已在京师北京讲学，没想到几年后竟会在贵州重操旧业。看来，人生之事往往是祸福相倚，难怪前人说“塞翁失马，焉知非福”。如果不是上疏营救戴铣，便不会贬谪贵州；不贬谪贵州，也就不会在这贵阳书院讲学，或者也就难以悟出“圣人之道，吾性自足”的千古妙得。看来，自己还得感谢刘瑾，感谢他打了自己三十廷杖；也得感谢吏部文选司的同僚们，亏他们想得出还有龙场驿这块蛮荒之地；当然，更应该感谢戴铣等南京的言官们，如果不是为了救他们，这一切事情就不会发生了。只可惜戴铣在受了廷杖之后，不久就因伤重而死，否则，他日见面，那该是何等的欢快！

当然，对于王阳明来说，席书更有知遇之恩。不仅在龙场落难时请来主席贵阳书院，嘉靖初年因功高不赏反受猜忌时，席书仍不避嫌疑，力荐王阳明入阁。对于席书的情义，王阳明也是铭记不忘。席书去世后，王阳明写了一篇充满感情的祭文：

> 呜呼元山，真可谓豪杰之士、社稷之臣矣。世方没溺于功利辞章，不复知有身心之学，而公独超然远览，知求绝学于千载之上；世方党同伐异，徇俗苟容，以钩声避毁，而公独卓然定见，惟是之从，盖有举世非之而不顾；世方植私好利，依违反复，以垄断相与，而公独世道是忧。义之所存，冒孤危而必吐，心之所宜，经百折而不回。……
>
> 某之不肖，屡屡辱公过情之荐，自度终不能有济于时，而徒以为公知人之累，每切私怀惭愧。又忆往年与公论学于贵州，受公之知实深。近年以来，觉稍有所进，思得与公一面，少叙其愚以来质正，斯亦千古一快。而公今复已矣，呜呼痛哉！……自今以往，进吾不能有益于君国，退将益修吾学，期终不负知己之报而已矣！（《祭元山席尚书文》）

在贵阳书院讲学的日子是极其愉悦的。王阳明于儒、佛、道三家学问都有精湛的研究，而且将三者融会贯通，成一家之言；年轻时又以豪侠自诩，阅历丰富，且擅长诗文，俊爽之气，常溢于笔墨之间；尤其以直言得罪权贵，下狱、廷杖、贬谪，不但全不介意，而且志向更加远大、思虑更加精深，这等胸怀，这等气势，当今天下，能有几人？故此，贵州学子将其视为神明，王阳明也借这个机会，印证自己的学术创见。

席书提学贵州及王阳明主席贵阳书院，推动了贵州地区的文化发展。正德以前的科举考试，贵州是附在云南进行的。每三年一次的举人名额，贵州和云南合并在一起只有五十人，贵州的考生得赴云南省城昆明参加乡试。到嘉靖十四年，二省分别乡试，云南名额为四十名，贵州二十五名，合计六十五名，而其他地区的乡试名额并未增加。[①]

王阳明对学生的要求极为严格。在龙场的龙冈书院，他就立有教条，要求学生在立志、勤学、改过、责善四个方面下功夫。如今，又将这些教条在贵阳书院颁布：

其一，立志："志不立，天下无可成之事。虽百工技艺，未有不本于志者。今学者旷废隳惰，玩岁愒时，而百无所成，皆由于志之未立耳。故立志而圣则圣矣，立志而贤则贤矣。志不立，如无舵之舟、无衔之马，漂荡奔逸，终亦何所底乎？"

其二，勤学："已立志为君子，自当从事于学。凡学之不勤，必其志之尚未笃也。从吾游者，不以聪慧警捷为高，而以勤确谦抑为上。"

其三，改过："夫过者，自大贤所不免，然不害其卒为大贤者，为其能改也。故不贵于无过，而贵于能改过。"

其四，责善："责善，朋友之道，然须忠告而善道之。悉其忠爱，致其婉曲，使彼闻之而可从，绎之而可改，有所感而无所怒，乃为善耳。若先暴白其过恶，痛毁极诋，使无所容，彼将发其愧耻愤恨之心，虽欲降以相从，而势有所不能，是激之而使为恶矣。故凡讦人之短，攻发人之阴私，以沽直者，皆不可以言责善。虽然，我以是而施于人不可也，人以是而加诸我，凡攻我之失者，皆我师也，安可以不乐受而心感之乎？"

在王阳明看来，立志、勤学、改过、责善，缺一不可。前面两条是说学问，后面两条则是说做人。不立志，不可能勤学；不勤学，志也不能成就。为人处事，不可能无过，但应该有过必改；不仅自己向善，还要责人向善。但责人必须注意方法，要让人能够接受，否则，只会适得其反。自己不能攻人之短，但要乐于闻己之短。

当然，王阳明并不是终日板着面孔、缺乏情趣的迂夫子，即使成为宗

---

① 关于明代各省乡试名额的变化，参见杜婉言、方志远：《中国政治制度通史·明史卷》，人民出版社 1996 年版。

师之后，在他的身上也时时透露出当年的任侠之气和才子之情。这年夏天，他带着学子们重游自己阔别已久的“阳明小洞天”，不觉产生一阵快意，口占一律：

古洞闲来日日游，山中宰相胜封侯。
绝粮每自嗟尼父，愠见还时有仲由。
云里高崖微入暑，石间寒溜已含秋。
他年故国怀诸友，魂梦还须到水头。
（《夏日游阳明小洞天喜诸生偕集偶用唐韵》）

平心而论，这首律诗即使在王阳明自己的诗文中也算不得上乘之作，却是抱负与情感并存。说抱负，封侯拜相、比肩孔孟，竟在谈笑之中；说情感，春秋冬夏、天涯海角，常似魂萦梦绕。

十一、同是天下沦落人

转眼已是暑去秋来，如果不是一件意外的事情，王阳明倒真是忘记自己仍在贬谪之中，仍在远离中原的“化外”之地。

正德四年（1509年）秋七月初三日，有一位来自京师的吏目，带着一子一仆，途经龙场，在一位苗民家借宿，没想到第二天中午就死在了路上。到傍晚，吏目的儿子又死于父亲的尸体旁。第三天，有人报说，吏目的仆人也死在山坡之下。王阳明听了，倍加伤感，命两名仆人前去将三具尸体掩埋。仆人面带难色，王阳明并不责怪，只是自言自语地叹息道：我等三人和吏目父子主仆，命运何其相似啊！两位仆人听了，竟也凄然泪下，就着山势，将三具尸体掩埋。王阳明触景生情，写下了一篇值得千年传诵的《瘗旅文》：

呜呼伤哉！繄何人？繄何人？吾龙场驿丞余姚王守仁也。吾与尔皆中土之产，吾不知尔郡邑，尔乌为乎来为兹山之鬼乎？古者重去其乡，游宦不逾千里。吾以窜逐而来此，宜也；尔亦何辜乎？闻尔官，吏目耳，俸不能五斗，尔率妻子躬耕，可有也，乌为乎以五斗而易尔七尺之躯？又不足，而益以尔子与仆乎？

呜呼伤哉！尔诚恋兹五斗而来，则宜欣然就道，乌为乎吾昨望见尔容蹙然，盖不任其忧者？夫冲冒雾露，扳援崖壁，行万峰之顶，饥渴劳顿，筋骨疲惫，而又瘴疠侵其外，忧郁攻其中，其能以无死乎？吾固知尔之必死，然不谓若是其速，又不谓尔子尔仆亦遽尔奄忽也。皆尔自取，谓之何哉！吾念尔三骨之无依，而来瘗尔，乃使吾有无穷之怆也。

呜呼痛哉！纵不尔瘗，幽崖之狐成群，阴壑之虺如车轮，亦必能葬尔于腹，不致久暴露尔。尔既已无知，然吾何能为心乎？自吾去父母乡国而来此，二年矣，历瘴毒而苟能自全，以吾未尝一日之戚戚也。今悲伤若此，是吾为尔者重而自为者轻也。吾不宜复为尔悲矣。吾为尔歌，尔听之。歌曰：

连峰际天兮，飞鸟不通。
游子怀乡兮，莫知西东。
莫知西东兮，维天则同。
异域殊方兮，环海之中。
达观随寓兮，奚必予宫。
魂兮魂兮，无悲以恫！

又歌以慰之，曰：
与尔皆乡土之离兮，
蛮人之言语不相知兮。
性命不可期。
吾苟死于兹兮，
率尔子仆来从予兮。
吾与尔遨以嬉兮，
骖紫彪而乘文螭兮，
登望故乡而嘘唏兮。
吾苟获生归兮，
尔子尔仆尚随兮，
无以无侣悲兮。

道傍之冢累累兮，
多中土之流离兮，
相与呼啸而徘徊兮。
飧风饮露，无尔饥兮。
朝友麋鹿，暮猿与栖兮。
尔安尔居兮，
无为厉于兹墟兮！

自从步入仕途，此身便已卖给帝王家，因遭贬谪而来此地，身不由己。但是这位朋友，你又何苦呢？一个吏目，月俸不过五斗米。如果你领着妻儿耕作田亩，自当衣食有余，又何必为这区区五斗米而弃尸异乡荒徼，还连累了儿子和仆人？如果你真的留恋这五斗米，那就应该欣然而就道，又何必如此凄凄惨惨、面无欢容？穷山恶水、毒气烟瘴攻于外，悲悲切切、忧心忡忡郁于内，哪有不死之理！我到此处已近两年，却能去病健体，就因为心境怡然，无一日之戚戚。

看来，人是需要有精神的。王阳明以自己现身说法，既是教人，也是自励。但是，要光大自己的学问、实现自己的抱负，总不能老死在这西南荒徼之地。

第四章　中原刮起王旋风

一、西辞龙场东归去

从正德元年(1506年)十二月贬谪之令下,到正德四年(1509年)十二月,王阳明的贬谪期已届三年。在这三年时间里,朝中大局相对稳定。刘瑾为首的宦官势力除了继续对文官集团中的反对派进行打击之外,并没有挑起新的政治事端。相反,倒是推行了一些兴利除弊的措施。[①] 王阳明远在贵州,与中原、中央音信隔绝,自然也不会再次去惹怒权贵。

也就在这年年底,吏部的一道文书下到贵州,以王阳明为江西吉安府庐陵县知县。历代政局,都有"三十年河东、三十年河西"之说。只要还有三寸气在,离开龙场,在王阳明看来只是时间问题。但是,这一天真正来到的时候,却是有些突然。刘瑾还在当道,难道将自己忘了?不管忘不忘,这道调任公文是不会有错的。[②]

整整三年时间,如果不发生变故,王阳明在仕途上或许会前进一步,此时也许是某部清吏司的郎中或员外郎。但这三年恰恰发生了变故,虽然在仕途上暂时退了一步,但这退一步所凝聚的能量,却将成为毕生事业和成就的巨大动力,并对明代社会和中国历史产生重大的影响。

正德四年(1509年)年底,王阳明在龙场度过了将近两年的贬谪生活

---

① 廖心一有专文论及刘瑾的"改革":《刘瑾"变乱旧制"考略》,《明史研究论丛》第三辑,江苏古籍出版社1985年版。

② 《明史》卷195《王守仁传》、黄宗羲《明儒学案》卷10《姚江学案》、查继佐《罪惟录·列传》之10《王守仁传》、邵廷采《思复堂文集》卷1《明儒王子阳明先生传》等,均言王阳明从龙场驿丞迁庐陵知县是在刘瑾被杀之后,实为讹误。按刘瑾被杀在正德五年八月,而杀刘瑾的契机是正德五年四月发生的安化王之乱。此事见《明武宗实录》卷53、49,《明史》卷16《武宗本纪》所载时间与实录相同。而据《阳明先生年谱》,王阳明在正德五年三月已抵达庐陵,所以《年谱》并不说王阳明的升迁庐陵知县是因为刘瑾的倒台。而且,黄绾撰《阳明先生行状》、湛若水撰《阳明先生墓志铭》也不将王阳明知庐陵和刘瑾的倒台连在一起,二者之间是没有联系的。

之后，告别黔中山水和各族父老，踏上了东归之路。两年前的这个时候，王阳明正在通往龙场的西行途中。正德三年（1508 年）的元宵之夜，他是在江西信江的舟中和广信府蒋知府秉烛长谈；而两年后，正德四年（1509 年）的除夕夜，王阳明已经踏上了通往中原的归途，正在顺沅江而下的孤舟中闭目独思：

扁舟除夕尚穷途，荆楚还怜俗未殊。
处处送神悬楮马，家家迎岁换桃符。
江醪信薄聊相慰，世路多歧谩自吁。
白发频年伤远别，彩衣何日是庭趋。

远客天涯又岁除，孤航随处亦吾庐。
也知世上风波满，还恋山中木石居。
事业无心从齿发，亲交多难绝音书。
江湖未就新春计，夜半樵歌忽起予。
（《舟中除夕二首》）

经过几年的磨难，王阳明已经学会了用通达的胸怀对待人生，也养成了不以物喜、不以己悲的超然心态。两年前，当他进入贵州这块蛮荒之地时，虽然早已有了为圣之“志”，却尚未寻找到为圣之“道”，心中不免还有几分惶惑。两年之后，山河依旧，世事仍故，王阳明却经历了一次惊心动魄的脱胎换骨。在以后的人生道路上，再也没有什么艰难险阻能够使他困惑、使他畏惧了。

扁舟顺着沅江急驰而下，过黔阳、泊溆浦，前面就是辰州府的治所沅陵（今属湖南）了。在这里，王阳明要和老友杨名父相会。而几位湖广常德府籍的学生冀元亨、蒋信、刘观时，听说老师东归时要停泊辰州，都约好到辰州相候。他们是王阳明在龙场时慕名前去投师的。

辰州原名武州，隋唐时先后改名为沅陵郡、泸溪郡，元代为辰州路，至明代改为辰州府，是当年由湖广入贵州的必经之路，也是湘西的大去处。

王阳明的座船刚一靠岸，便有一仆人前来探询。原来，冀元亨等弟子早已到了辰州，计算时日，天天派人在码头等候，这一天终于等到了。众弟子簇拥着王阳明，众星捧月般来到坐落在虎溪山前的龙兴寺中。王阳明虽然对佛道已不再沉溺，但与僧道为友却仍是一大乐趣。加上僧寺道观在当年常是士大夫读书会友之所，寺观住持也多为精通儒术的学者。在王阳明的眼中，当世一些道貌岸然的“名儒”，论见识未必比得上一个无名小庙的和尚。所以王阳明每到一处，仍习惯住在寺院之中。

一出贵州，便能遇上故人，王阳明自然十分高兴。这龙兴寺建于唐太宗贞观时期，为千年古刹，背倚虎溪山，俯临沅江水，隔江与笔架山遥遥相望。

王阳明站在山门前，极目远眺，不觉心中一阵激动。这山，这水，这人，一切都是这样亲切，这样熟悉。久违了，楚天湘水！久违了，中原父老！我阳明子又回来了！

不知是消息有误，还是杨名父在路上耽误了行程，王阳明在辰州住了几天，仍不见杨名父到来。不能再等下去了，且留诗龙兴寺：

杖藜一过虎溪头，何处僧房是惠修。
云起峰头沉阁影，林疏地底见江流。
烟花日暖犹含雨，鸥鹭春闲欲满洲。
好景同来不同赏，诗篇还为故人留。
（《辰州虎溪龙兴寺闻杨名父将到留韵壁间》）

过了辰州，一路上都是故地重游。所不同的是，两年前逆沅水而上，如今却是顺水而下；两年前只有三个仆人相从，如今却有冀元亨这位弟子一路跟随而行；两年前是贬谪蛮荒，生死未卜，如今却是重返内地，东山再起。

前面就是桃源县，县城西南有桃花源。据说是因为当年陶渊明在这里写下了千古名篇《桃花源记》和《桃花源诗》而得名。桃花源中的父老可否知道，你们如今已是大明天子的臣民？①

过了常德，就是烟波浩渺的洞庭湖了。屈大夫应该知道，世事虽浊，但并非只有你独清；时人虽醉，也并非只有你独醒。你为何不警醒而惊醉、为何不激浊而扬清，却因为不愿染世俗的尘污而拥身汨罗？这汨罗之水、洞庭之波就真像你以为的那样清白无污、一尘不染？

① 关于陶渊明《桃花源记》所指地点，其实是个谜，有多种说法。表现出人们对文化名人的崇敬，而在当代，则成为“旅游资源”的营造，学者可以做自己的研究，却不必卷入功利场。

在浩渺的洞庭湖上，王阳明已听不到屈原的呼号、贾谊的伤悼。一个更为洪亮、更加气壮山河的声音在他耳旁回荡：

> 嗟夫！予尝求古仁人之心，或异二者之为。何哉？不以物喜，不以己悲。居庙堂之高则忧其民，处江湖之远则忧其君。是进亦忧、退亦忧，然则何时而乐耶？其必曰："先天下之忧而忧，后天下之乐而乐欤。"

这是北宋范仲淹的名篇《岳阳楼记》。"不以物喜，不以己悲"，"居庙堂之高则忧其民，处江湖之远则忧其君"，"先天下之忧而忧，后天下之乐而乐"，范仲淹是这样说的，也是这样做的。君子坦荡荡，小人长戚戚。人生在世、大丈夫立于天地之间，当有为圣之志。圣人便是以天下为己忧，以天下为己任，个人的荣辱得失何足道哉！

船过洞庭，进入湘水，长沙城已历历在目：

南望长沙杳霭中，鹅羊只在暮云东。
天高双橹哀明月，江阔千帆舞逆风。
花暗渐惊春事晚，水流应与客愁穷。
北飞亦有衡阳雁，上苑封书未易通。
（《三山晚眺》）

船由渌口（今湖南株洲）折入渌水，该是醴陵了。两年前的一个风雨之夜，王阳明在赴龙场的途中，曾借宿醴陵道上的泗州寺，"还理羲编坐夜长"，留下了一首《醴陵道中风雨夜宿泗州寺次韵》。两年过去了，泗州寺可还是老样子？寺中僧人可还认得我？该去看看。

寺还是那个寺，僧还是那些僧，彼此见面，不觉又惊又喜：

渌水西头泗州寺，经过转眼又三年。
老僧熟认直呼姓，笑我清癯只似前。
每有客来看宿处，诗留佛壁作灯传。
开轩扫榻还相慰，惭愧维摩世外缘。
（《泗州寺》）

过了醴陵，便是江西。每次踏上江西的土地，王阳明总是觉得回到了故乡。甚至觉得比在故乡还亲切，还令人留恋。眼看就要到萍乡，萍乡的武云观也是王阳明两年前住过的地方，并留下了一篇《宿萍乡武云观》：

晓行山径树高低，雨后春泥没马蹄。
翠色绝云开远嶂，寒声隔竹隐晴溪。
已闻南去艰舟楫，漫忆东归沮杖藜。
夜宿仙家见明月，清光还似鉴湖西。

当年在武云观借宿时已和观中道士约好，日后拄着藜杖东归时，仍在此观过夜。今天终于赴约了：

碧山道士曾相约，归路还来宿武云。
月满仙台依鹤侣，书留苍壁看鹅群。
春岩多雨林芳淡，暗水穿花石溜分。
奔走连年家尚远，空余魂梦到柴门。
（《再经武云观书林玉玑道士壁》）

二、吉安的民情习俗

宋明时期的江西，特别是江西的吉安，是人文荟萃之地，号“文章节义之邦”。

两宋时的欧阳修、杨万里、周必大、胡铨、文天祥自不必说，即以明朝而言，成祖初建内阁，用翰林官七人参预机务，这七人中竟有五人来自江西，而其中三人又为吉安府人。永乐二年（1404年）科举考试的前七名，即一甲进士状元、榜眼、探花以及二甲进士的前四名，全部是江西吉安府人。从永乐到成化的内阁领衔者解缙、胡广、杨士奇、陈循、彭时，也全是江西吉安府人，致使当时的南北两京流传着这样的民谚：“翰林多吉水，朝士半江西。”

景泰时期（1450—1456年）的内阁首辅陈循曾不无自豪地宣称：天下读书人，以江西、浙江、福建三省最多；三省之中，又以江西为最；江西各府，则以吉安独盛。在明朝建立后的第一个一百年中，进行科举考试三十一次，全国共有状元三十一名、一甲进士九十三名、进士五千六百零三名，而江西吉安一府，就有状元九名、一甲进士二十一名、进士四百七十七人，分别占全国的三分之一、四分之一和十二分之一。①

但是,江西也有江西的问题。其中,最令地方官头痛的,便是“民风好讼”。江西人好讼之风在中唐以后已经引起人们的关注，并有“袁、筠、赣、吉，脑后插笔”②的谚语，说江西吉安等地的百姓随时准备和人打官司。也正是因为如此,明朝有官谚:“命运低、得三西”③,这三个“西”之一,就是江西。

就在王阳明出生的前几年，有位名叫许聪的官员调任吉安知府。许聪本以干练著称，但对去吉安做知府，却有几分担心。赴任之前，他向朝廷报告了道听途说的传闻，并加上了自己的认识：

> 吉安地方虽广而耕作之田甚少，生齿虽繁而财谷之利未殷，文人贤士固多而强宗豪右亦不少。或互相争斗，或彼此侵渔。嚣讼大兴，刁风益肆。近则报词状于司府，日有八九百；远则致勘合于省台，发有三四千。往往连逮人众，少不下数十，多或至百千。其间负固不服者，经年行提不出；恃顽变诈者，累发问理不结。④

基于这种情况，许聪要求朝廷给他“便宜行事”的权力，以便治治吉安府的“讼风”。但不到两年，这位许知府便因治“讼风”过于严酷，被当地“豪右”告到北京，下狱而死。

大凡越是经济文化发达的地区,民众对法律也就越是了解。民风“好讼”其实也要从两个方面来看，它既表现了当地居民的难以治理，但也说明他们愿意按国家法律来解决纠纷。民风好诉讼与民风好械斗大不一样，前者是希望依据法律解决问题，后者却是自行付诸武力、视官府为蔑如。从这一点来说，好讼比好斗还是便于治理的。⑤

但是，不管怎么说，在多一事不如少一事、讲究以礼乐教化治天下的中国古代社会,一个地区的民众在发生财产、田地纠纷时动不动就告到官府,

---

① 关于这方面的情况，参见方志远《江西士大夫与明代政治》,《江西名人研究辑刊》第一辑。

② 《钦定全唐诗》卷 877《江西四郡谚》。

③ 谢肇淛《五杂俎》卷 4《地部二》。

④ 《明宪宗实录》卷 56，成化四年七月癸未。

⑤ 关于江西及吉安的“讼风”，参见方志远《明清湘鄂赣地区的“讼风”》，中华书局《文史》2004 年第 3 期。

毕竟不是好事。更何况太祖高皇帝时就已经定下了规矩，民间发生财产和田地纠纷时，不许直接告到县衙，而应该先由里中老人即“里老”进行调解，定下了一套在理论上似乎无懈可击的办法。

明太祖认为，要地方安定，首要的一点是让民众知书达礼、懂法守法。因此，他特别注重对民众的教化工作。于是，各地都建起了学校，进行文化法制教育。又建起了“申明亭”和“旌善亭”。凡当地有人因偷盗、斗殴或其他原因被官府定罪的，都在该地的申明亭中张榜公布，以起到警戒他人、防微杜渐的作用。同样，凡当地有人急公忘私、热心于社会公益事业，为国家为地方为他人出了力，则在该地的旌善亭张榜表彰，以起到劝民从善、树立榜样的作用。另外，每年春秋两季各地都要举行“乡饮酒礼”，一方面强化长幼尊卑等级观念，另一方面宣读政府的法令，让民众知法守法。

为了止争息讼，明太祖命地方官挑选民间年高有德行的老人，每里设一人，称为“里老”，又称“方巾御史”，专门处理乡人邻里间的争讼。凡是当地发生的财产、婚姻纠纷及斗殴，都由“里老”会同里长剖析调解。有不服裁决的，里老有权鞭挞杖责。如果不经过里老裁决而直接告到县衙甚至府衙，则叫“越诉”，不但不受理，还要受五十鞭责罚。①

在往吉安行进的旅途中，王阳明翻来覆去地琢磨了太祖高皇帝的祖制，不能不佩服这位从小放牛、后来又入寺做和尚、直到二十五岁投身红巾起义军才开始读书学文化的大明帝国的开国之君。

要说天赋，王阳明从来就是十分自负的。但要说到开国立制、安邦定国，太祖高皇帝还真是前无古人、后无来者。② 想当年太祖建立大明帝国时，也不过就四十岁，而自己今年也已三十九岁了。虽说几年前在刑部为主事时成功地处理过一些案子，也曾为自己在山东主考乡试的表现而沾沾自喜过，但真正独当一面、独立管理一个大县，这还是第一次，不能掉以轻心。

既然太祖高皇帝已经有了一套治理地方的制度，也用不着自己另寻高

---

① 关于这方面的情况，明末学者顾炎武《日知录》曾有较为详细的叙述。另外参见方志远《明代国家权力结构及运行机制》下篇，科学出版社 2008 年版。

② 《清世祖实录》卷 71，顺治十年十月丙申条载：顺治十五年正月，上幸内院，阅《通鉴》，至唐武则天事，谓大学士范文程、额色黑、宁完我、陈名夏等曰：“上古帝王、圣如尧舜，固难与比伦，其自汉高以下、明代以前，何帝为优？”对曰：“汉高、文帝、光武、唐太宗、宋太祖、明洪武，俱属贤君。”上曰：“此数君者，又孰优？”名夏曰：“唐太宗似过之。”上曰：“岂独唐太宗？朕以为历代贤君，莫如洪武。何也？数君德政有善者有未尽善者，至洪武所定条例章程，规画周详。朕所以谓历代之君，不及洪武也。”

招。但洪武时期的制度人们早已淡忘，要恢复起来，还得费一番周思。对于吉安这个“文章节义”之邦，自然还得从文章和节义入手。要学太祖的样子，以教化为本，而不应滥施威刑。

主意既定，越是快到吉安，王阳明的心情反倒越是平静。对于如何将这个既是“文章节义之邦”，又是“雄剧难治之地”的庐陵县治理好，他已经有了一个大致的想法。

三、庐陵知县

正德五年（1510 年）三月，王阳明历经千山万水，来到了江西吉安府庐陵县。庐陵县是吉安府治所在地，凡吉安府的民情习俗，都在庐陵有充分的显示。能治好庐陵，也就能治理好吉安、治理好江西，乃至治理好大明，一股豪情顿时在王阳明胸中涌动：

万死投荒不拟回，生还且复荷栽培。
逢时已负三年学，治剧兼非百里才。
身可益民宁论屈，志存经国未全灰。
正愁不是中流砥，千尺狂澜岂易摧！
（《游瑞华之二》）

到庐陵后，王阳明并不忙于处理那些积压已久的案子。如果教化得当，人心归顺，几桩积案还不是迎刃而解？他做的第一件事，是向吉安府和江西布政使司的主官写了一份题为《庐陵县为乞蠲免以苏民困事》的报告，要求免除镇守中官加给本地的不合理负担。

原来，王阳明三月中旬到任后，先查阅公文。在正德四年（1509 年）十一月二十六日的档案中，发现有吉安府的一份公文。吉安府根据镇守江西等处太监王某的钧牌，命府衙吏员到县，催促庐陵县将全县的里长和粮长招来，让他们在本县收买葛纱上贡。

镇守中官是中国政治制度史上的一个奇特现象。明朝从成祖永乐时开始，向边镇派驻宦官，称“镇守内官”或“镇守中官”。到宣宗宣德年间，内地各省也遍设镇守中官，地位在巡抚文官和镇守武官之上，并专门搜刮地方特产，向皇帝进贡。[①]

到武宗正德年间，镇守中官的数量猛增，到了泛滥成灾的地步。镇守中官们和当地的地痞流氓相勾结，以“上贡”为名，行中饱之实，大肆搜刮民财，引起了极大的社会骚动，吉安府、庐陵县也不能幸免。这买葛纱便是一例。直到王阳明赴任庐陵知县时，还有陈江等几位粮长和里长被拘留在县衙。王阳明还没有来得及对这件事情做出处理，三月十八日，府衙又派吏员前来催促，要求庐陵县责成陈江等人买纱上贡。但当王阳明问到陈江等人时，他们则同口一词，说当地从来不产葛布，原先的岁额中，也没有葛布一项。

由于事涉镇守中官，王阳明知道关系重大。经过查阅档案、询问主管官员及陈江等粮长、里长，王阳明对此事的原委摸得一清二楚了。

说来也很简单。正德二年（1507 年），当时的镇守中官姚某行文江西布政司，要求凡生产葛布的县份，必须在葛布上市时抓紧采办，不生产葛布的县份，也要根据原先田赋的多少，加派买布银两。庐陵是大县，被摊派银子一百零五两。摊派公文一下到县，群情激愤，百姓拒绝交纳。这也是“民风好讼”地区的一大特征，官府的摊派常常难以推行。当时法律是，凡收不上来的赋税，得由粮长代赔。陈江等人是粮长，正德三年（1508 年）赔了一百零五两，正德四年（1509 年）接着赔一百零五两。如今是正德五年了，不仅一百零五两要照交，还得另外买办葛纱。

王阳明心中不禁沉重起来。光这个庐陵县，每年不仅加了这一百多两银子的葛纱采办费，另外还加了岁办杉料、楠木、木炭、牲口等项摊派。本来一年交纳的税银是三千四百九十八两，如今已达一万多两，是原额的三倍，这还不包括日甚一日的公差往来接待费用。国家之事，不就是这样败坏的吗？照这样下去，百姓哪里还有活路！听说河北等地已经发生了民变，川东、赣南、赣东北的百姓也揭竿而起，如果逼得急了，这庐陵百姓不也要反了吗？

该怎么办？王阳明还没有厘清头绪，果然就出事了。

这天，王阳明正在查阅案卷，忽然听得衙门外面呼天喊地。刚要询问，衙役早已来报，说是一千多乡民冲入县城，众情激愤，呼号之声惊天动地，

① 关于明代的镇守宦官问题，参见方志远《明代的镇守中官制度》，中华书局《文史》第 40 辑。

已经围住了县衙，要面见新任知县。

王阳明不由一怔，随衙役奔出，果见无数百姓挤在县衙门口。王阳明上任才几天，乡民们并不认识，但看架势和官服，知道是新任知县，于是你一言我一语，都要先说为快，王阳明反倒什么也听不清楚。

等到人们稍稍平静下来，王阳明才弄明白，乡民进城请愿，是请求知县替他们做主，减免无理摊派。

王阳明这几天想的就是这件事，本来打算给上司写报告，请求放宽催征加派的时限，但一见到眼前这些衣着褴褛、面有菜色的乡民，这放宽时限的话竟然说不出口。在这些乡民中，或许就有胡铨、文天祥的后裔；在他们的子弟中，或许将会产生大明朝的欧阳修、杨万里。

经过诏狱、廷杖和龙场的磨难，王阳明已经不太容易激动了。但他一看到这些乡民，一想起仍在把持朝政的刘瑾和那些骄横跋扈、搜刮民脂的镇守中官，竟然不由自主地又激动起来了。他挥了挥手，让乡民们安定下来，原本想说的安抚话竟然变成了担保话：父老乡亲们，本县刚刚到任，尚未完全体察民间疾苦。但这加派一事，本县已经明白原委，定为你等申告上司，尽行蠲免！

乡民们这次进城，本来并不指望有彻底的解决办法，只是希望新任知县能为他们说话，减少一些加派，没想到知县竟然如此果断，要申告上司，将加派尽行蠲免。当下千恩万谢，陆续散去，但心中不免狐疑，真有这等好事？谁也没有想到，也就几天时间，公文果然发下，加派银两一概蠲免，庐陵城乡当时是一片欢腾。

但对于王阳明来说，这件事却又办得有些意气。脾气和禀性竟是如此根深蒂固，遇上看不过去的事情，遇上民众的生计，仍然是不计个人得失。当时的心境，王阳明在《庐陵县公移》中作了如下陈说：

> 本月（正德五年四月）初七日，复蒙镇守府纸牌催督前事，并提当该官吏。看得前项事件，既已与民相约，岂容复肆科敛？非惟心所不忍，兼亦势有难行。参照本职自到任以来，即以多病不出，未免有妨职务，坐视民困而不能救，心切时弊而不敢言。至于物情忿激、拥众呼号，始以权辞慰谕，又复擅行蠲免，论情虽亦纾一时之急，据理则亦非万全之谋。既不能善事上官，又何以安处下位？苟欲全信于民，

> 其能免祸于己？……其有迟违等罪，止坐本职一人，即行罢归田里，以为不职之戒。

对于这位贬谪三年仍然脾性不改，刚刚起用就随着性子来的庐陵知县，布政司和吉安府显得特别宽容。当时的江西镇守中官王某大概也知道这位新任庐陵知县的王某不大好对付，竟然对这件事情不了了之。

在接到府衙的批文之后，王阳明不禁长长舒了一口气。这件事竟然被自己意气用事给办成了，也算对庐陵父老有一个交代。

所谓新官上任三把火，新知县的第一把火没有烧百姓，倒烧了上司。仅这一件事，就令有“好讼”习俗的庐陵百姓既充满感激又刮目相看。早就听说这任知县曾是吏部文选司的官员，不仅写得一手好文章，名扬京师，而且不怕得罪权贵，看来果然名不虚传。但没等他们回过神来，新知县的第二把火点燃了。这第二把火是烧向那些动不动就喜欢打官司的人，这又是一个想不到。

一天傍晚，庐陵县从县城到乡村，通衢里巷，张贴着县衙的公告。这时正赶上在地里干活的农民收工、外出贩卖的商人返家，每张告示前都挤满了人。有识字的挤在人群前面，高声诵读：

> 庐陵文献之地，而以健讼称，甚为吾民羞之。县令不明，不能听断，且气弱多疾。今与吾民约，自今非有迫于躯命、大不得已事，不得辄兴词。兴词但诉一事，不得牵连，不得过两行，每行不得过三十字。过是者不听，故违者有罚。县中父老谨厚知礼法者，其以吾言归告子弟，务在息争兴让。呜呼！一朝之忿，忘其身以及其亲，破败其家，遗祸于其子孙。孰与和巽自处，以良善称于乡族，为人之所敬爱者乎？吾民其思之。(《告谕庐陵父老子弟》)

在处理完镇守中官的胡乱摊派之后，王阳明开始着手治理庐陵县积习已久的“讼风”了。移风易俗是兴利除弊的大动作，与处理一件案子、免除一项摊派不可同日而语。尤其是吉安“好讼”之风由来已久，如果不是自己身在其位而又无法回避，王阳明也未必愿在这件事上动手术。

原来，就在王阳明抵达庐陵后不久，便有一群乡民号呼道路，像是有天大的冤枉。王阳明不明就里，凭着一时的冲动，让有冤屈者来县陈诉，没想到一呼百应，一个总共才万余户的庐陵县，到县衙送状子的竟有数千人。王阳明感到既好气又好笑，哪里有如此多的冤枉？等到一看状子，不禁笑出声来，状子上写的，尽是鸡毛蒜皮之事，而且多属凭空指控。

有了这次教训以后，王阳明再也不轻易受理状子了。但你不受理，乡民会不断往上递，有人甚至将状子送到了府衙、按察分司，有的则因官府不理而自行处置，引发斗殴，不由得不受理。这把火看来不烧是不行了。但王阳明决定，这把火不能用猛火，只能用文火。否则，以猛制猛，以暴易暴，将会不可收拾。

在经过与同僚以及乡中父老、“豪杰”商议之后，王阳明小心翼翼但又理直气壮地点着了这把火。告谕说得在情在理，不由不听，大致的意思是这样的：

吉安本是文献之邦，却以“健讼”著称，连我做县令的也感到羞耻。如今正值农忙季节，又遇灾疫盛行，如果将精力都放在打官司上，家中老少无人照料，田中农事也要荒废。如果因为没有及时治疗而使父母、兄弟、子女病死家中，如果因为没有及时播种而使田地荒芜秋后无收，即使官司打赢了，你们也会感到后悔的。如果你们真有冤屈，作为县令，我定会为民做主。若有田土纠纷，仍往里老处调解，如里老徇私作弊，我将拿里老是问。“礼以待民，法以制奸”，历来如此。对于那些专以争讼为能、诬告为快的刁民，本县并非没有办法处罚。县衙之中，有的是刑具，所以不去用它，是因为庐陵为贤士文人辈出之地，家家都有知书达理之人，只需讲清道理，大家是不会去触犯刑法的。但如果不听教诲，执意胡为，那就国法不容了，到时也休怪本县动用刑罚。

通过免除加派，王阳明已是有恩于庐陵县民，这是当地百姓不与他为难、体谅他苦衷的前提。但要使一个争讼成风的地区改变积习，还必须有一套能够使人信服的管理措施。

王阳明先是恢复了名存实亡的“申明亭”和“旌善亭”，让里老重新负起教化乡民的责任，并要求各家家长对子弟进行管束和教育。同时，强化了明初建立的里甲制度的治安功能，县城内十户为一甲，乡村则以村为单位，要求平时邻里和睦相处，如遇“贼盗”，则相互救援。这可说是后来王阳明在赣州、南安推行保甲制度的预演。

民间传说庐陵是火神爷的居地，是“火城”，所以火灾特别多。王阳明上任不到半年，大大小小的火灾发生了几十起，被烧的县城居民有数百家。对于这些火灾，王阳明的看法和民间传说不一样。火灾大多发生在夏秋之时，这是因天气亢旱所致。而庐陵县城的民居，又都是木质结构，且建得特别密集；房屋之间，既无砖墙相间，又无火巷相隔，加上街道狭窄，一旦发生火灾，便是燃烧一片。

为此，王阳明说服居民，凡临街建筑，均退地三尺，以拓宽街道，既作防火带，也便于疏散人口。每家房屋的两边，各退地二寸，作为火巷；每家出银一钱，用以帮助临巷居民建筑砖墙，以断火势。

当然，所有这些措施都需要软硬兼施，因为所有的措施都可能暂时损害一些人的利益，而王阳明在劝谕的同时，对于不可理喻者的打击，毫不手软。关于这一点，十年前他在江北录囚时处斩陈指挥，已经小试锋芒。

经过王阳明六七个月的治理，庐陵县讼风倒真的是平息了不少，至少在王阳明做知县的时间里，没有再出麻烦。而吉安的火灾，也有所减少。

若干年后，王阳明的弟子们给他作年谱时写了这样一段话：

> 先生……至庐陵，为政不事威刑，唯以开导人心为本。莅任初，首询里役，察各乡贫富奸良之实而低昂之。狱牒盈庭，不即断射。稽国初旧制，慎选里正三老，坐申明亭，使之委曲劝谕。民胥悔胜气嚣讼，至有涕泣而归者。由是囹圄日清。在县七阅月，遗告示十有六，大抵谆谆慰父老，使教子弟，毋令荡僻。……使城中辟火巷，定水次兑运，绝镇守横征，杜神会之借办，立保甲以弭盗，清驿递以延宾旅。至今数十年，犹踵行之。

湛若水为王阳明作《墓志铭》，也说他在庐陵，“卧治六月而百务具理”。从王阳明在庐陵的所作所为和处事作风来看，这些评价并非夸大其词。

四、仕途的转机

王阳明在庐陵为知县期间，朝中局势发生了突变。正德五年（1510 年）八月，宦官刘瑾被捕下狱，接着被处以死刑，凡刘瑾专政期间受打击者，均予平反。王阳明仕途中的转机也随着刘瑾的倒台来到了。

这年九月，王阳明在庐陵做了六个多月的知县后，前往北京“朝觐”。

根据明朝的制度，地方官每三年进京一次，朝见皇帝，叫“朝觐”；同时接受吏部和都察院的考察，即“朝觐考察”。

王阳明这次进京，是参加正德六年（1511 年）正月的“朝觐”。按当时的交通情况，从庐陵到北京，一路都是水道，先顺赣江而下，由鄱阳湖进长江，再由扬州入运河，至通州，再改陆路，进北京。这一路上的正常行程需要一个月左右。“朝觐”在正月，按理说十月底动身时间也是绰绰有余的。但王阳明九月底动身，十一月初就到了京师北京，比正常的朝觐时间提早了近两个月。刘瑾被捕在这年八月十一日，至二十五日被杀，这一消息到江西的时间应在九月上中旬。可见，王阳明是在得知刘瑾被捕或被处死的消息后，以朝觐为名，提前进京活动的。活动什么？当然是要求“平反”。

到了北京之后，经过湛若水等人的安排，王阳明借住在大兴隆寺，等待消息。果然，还没到“朝觐”的时间，吏部的委任书就下发了，将王阳明由庐陵县知县升为南京刑部四川清吏司的主事。

十年前，王阳明初入仕时，就是刑部云南清吏司的主事。如今重新回到了原来的起点，但却是南京的刑部四川清吏司主事。但接下来的，是一连串的升迁。

正德六年（1511 年）正月，王阳明尚未赴南京就职，新的任命就下达了，改为吏部验封司主事。验封司位于文选司之后、稽勋司和考功司之前，是吏部的第二司，掌封爵、袭荫、褒赠、吏算等事，从地位来说，大致相当于贬谪之前的兵部武选司。但这只是第一波。

接着，当年十月，升任吏部文选司员外郎。文选司为吏部四个清吏司中的首司，在六部四十二个清吏司中地位最高，掌文职官员和吏员的升迁、改调等事。员外郎则为文选司的副长官，从五品。这对于王阳明的仕途来说，是一次跨越。

正德七年（1512 年）三月，再升吏部考功司郎中，正五品。

同年十二月，升南京太仆寺少卿，正四品。这在明代，就算进入高级官员的行列了。

从正德五年（1510 年）十一月刘瑾被杀后王阳明以朝觐为名到北京，到正德七年（1512 年）十二月升南京太仆寺少卿，在这两年的时间里，王阳明由正七品升为正四品，升了三品六级，即使算上贬谪期间的沉沦，这个速度也是够快的了。和他同一年举乡试，而且在第二年的会试中就中了进士的胡世宁和汪俊，比王阳明早入仕途六年，这时也只是分别为正四品的湖广宝庆府知府和从五品的翰林院侍读学士。

从这个角度看，当时的明朝，还是“公道在人心”，朝廷没有亏待与“邪恶势力”做斗争并且付出了代价的英雄。

五、大兴隆寺中的三人会

从正德五年（1510年）十一月进京，到正德八年（1513年）年初离京，两年之中，王阳明不仅在仕途有“大跳进”，在学术上也有重要的收获。

王阳明在贬谪龙场之前，曾经结交了学术生命中的一位重要人物，陈献章的弟子湛若水。湛若水是弘治十八年（1505年）的进士，并选为翰林院庶吉士，与当时为兵部主事的王阳明一见定交，均觉相见恨晚。这一次重新回到北京，与湛若水久别重逢，二人都是欣喜异常，湛若水将王阳明安排在北京的一个大去处大兴隆寺暂住。吏部验封司主事的委任一下，王阳明从大兴隆寺搬到了位于长安灰厂西侧的一座住宅，与湛若水比邻而居。而大兴隆寺则成为他们会友讲学之地。

大兴隆寺是当年北京的第一大寺，明英宗正统十三年（1448年），由著名宦官王振主持建成，耗费了户部大量的库银及上万民夫几年的劳动。建这座巨寺的目的，是为当时的正统皇帝祈福，作为皇家寺院。当然，这座寺院建成之后，王振本人和宦官衙门也可以从香火钱中获利。但是，大兴隆寺建成的第二年，就发生了“土木之变”，正统皇帝被蒙古瓦剌部所俘，王振则死于乱军之中。不知是因为建寺过程中太过劳民伤财而惹恼了佛祖，佛祖借蒙古人之手对他们进行惩罚，还是佛祖本来就并无神灵可言，或者是汉人的佛祖管不了蒙古武士，反正大兴隆寺并没有给造寺者带来任何福音，但给当日的北京却带来了一大名胜。各地的举子进京考试，各地的商人进京贸易，这大兴隆寺都是必去之处。而北京的士大夫们更将大兴隆寺当作论文会友的好去处。

王阳明当年在京师讲学的地点，便是这大兴隆寺。如今重返北京，又住在大兴隆寺，与湛若水诸友作达旦之会。可以说，王阳明对这大兴隆寺是有深厚感情的。后来，王阳明虽然搬到长安灰厂附近居住，但仍在大兴隆寺论文会友、聚众讲学。而交往最为密切的，自然是湛若水，另有浙江黄岩人黄绾。

黄绾每当向人说起他和王阳明及湛若水这两位如日中天人物结交的经过，总是洋洋自得：

> （阳明）馆于大兴隆寺。予时为后军都事，少尝有志圣学，求之紫阳、濂、洛、象山之书，日事静坐。虽与（阳明）公有通家之旧，实未尝深知其学。执友柴墟储公巏与予书曰："近日士夫如王君伯安，趋向正，造诣深，不专文字之学，足下肯出与之游，丽泽之益，未必不多。"予因而慕公，即夕趋见。适湛公共坐室中。公出与语，喜曰："此学久绝，子何所闻而遽至此也？"予曰："虽粗有志，实未用功。"公曰："人唯患无志，不患无功。"即问："曾识湛原明否？来日请会，以订我三人终身共学之盟。"明日，公令人邀予至公馆中，会湛公，共拜而盟。又数日，湛公与予语，欲谋白岩乔公（宇）转告冢宰邃庵杨公（一清），留（阳明）公北曹。杨公乃擢公为吏部验封主事。予三人者自职事之外，稍暇，必会讲，饮食起居，日必共之，各相砥励。（《阳明先生行状》）

黄绾是由致仕户部侍郎储巏推荐见王阳明的。储巏是成化二十年（1484年）进士，正德初年已为太仆寺卿，接着以佥都御史总督南京粮储，继任户部侍郎，也是著名的学者。当时刘瑾专权，凌侮大臣，唯独敬重储巏，称为"先生"。储巏不满刘瑾所为，又无能为力，遂在正德五年春托病致仕。刘瑾被杀后，储巏辞不赴召，却向黄绾推荐王阳明，让他与王阳明结交。

其实，黄绾的回忆显然是有水分的。黄绾初见王阳明，湛若水恰恰在座，当时就可见面，又何必另约明天？而且，王阳明称赞黄绾的话，竟是背着湛若水出门说的。这位黄绾说话经常夸大其词。嘉靖初年为南京礼部侍郎时，因事为言官所劾，黄绾极力表白，说自己从小景仰岳飞的为人，办事一心为国，背上刺有"尽忠报国"四个字。世宗知道后很受感动，真让司法部门进行验证，却一个字也没有，天下传为笑谈。因此，他的话是不能句句当真的。①

---

① 赵善政《宾退录》卷四载："黄绾者，官南京礼侍，为言官所劾，乃自言背刺'尽忠报国'四字，下法司覆勘，天下传以为笑。古人事固多有不可学者，而且欲冒为岳武穆，有是理哉？"

当然，黄绾的回忆也提供了一个很重要的信息，那就是湛若水让黄绾利用关系将王阳明留在北京。杨一清当时是吏部尚书，乔宇则是户部侍郎，二人交往密切。而储巏和乔宇、王阳明又是故交，王阳明在贬谪龙场的途中，曾多次寄诗给二人，如《忆昔答乔白岩因寄储柴墟三首》《夜泊石亭寺用韵呈陈娄诸公因寄储柴墟都宪及乔白岩太常诸友》等。这个信息既透露出王阳明提前进京的真实目的，人们也可从中窥见当日官场的内幕。

不久，乔宇往南京任礼部尚书，还专门找过王阳明，讨论学问。王阳明记下了这次十分有趣的对话：

> 阳明子曰："学贵专。"
>
> 先生（乔宇）曰："然。予少而好弈，食忘味，目无所观，耳无所听。盖一年而诎乡之人，三年而国中莫有予当者。学贵专哉。"
>
> 阳明子曰："学贵精。"
>
> 先生曰："然。予长而好文词，字字而求焉，句句而鸠焉，研众史，核百氏。盖始而希迹于宋、唐，终焉浸入于汉、魏。学贵精哉。"
>
> 阳明子曰："学贵正。"
>
> 先生曰："然。予中年而好圣贤之道。弈吾悔焉，文词吾愧焉，吾无所容心矣。子以为奚若？"
>
> 阳明子曰："可哉！学弈则谓之学，学文词则谓之学，学道则谓之学。然而其归远也。道，大路也。外是，荆棘之蹊，鲜克达矣。是故专于道，斯谓之专；精于道，斯谓之精。专于弈而不专于道，其专溺也；精于文词而不精于道，其精僻也。夫道广矣大矣，文词技能于是乎出。而以文词技能为者，去道远矣。是故非专则不能以精，非精则不能以明，非明则不能以诚。故曰'惟精惟一'。精，精也；专，一也。精则明矣，明则诚矣。是故明，精之为也；诚，一之基也。一，天下之大本也；精，天下之大用也。知天地之化育，而况于文词技能之末乎？"
>
> 先生曰："然哉！予将终身焉，而悔其晚也。"
>
> 阳明子曰："岂易哉？公卿之不讲学也久矣。昔者卫武公年九十而犹诏于国人曰：'毋以老耄而弃予。'先生之年半于武公，而功可倍之也。先生其不愧于武公哉？某也敢忘国士之交警！"（《送宗伯乔白岩序》）

如果说去龙场之前，王阳明和乔宇是朋友之交，那么这次对话，王阳明则在向乔宇“传道”了。乔宇向杨一清打招呼，留王阳明于北京，与其说是因黄绾的关系，倒不如说是与王阳明的感情。但这类事情王阳明却不便直接对乔宇明言，而需要由黄绾传递信息。

关于大兴隆寺的“三人会”，另一位当事人湛若水也有一段回忆：

> （阳明）取入南京刑部主事，留为吏部验封主事，有声。阳明公谓甘泉子曰：“乃今可卜邻矣。”遂就甘泉子长安灰厂右邻居之。时讲于大兴隆寺，而久庵黄公宗贤会焉。三人相欢，语合意。久庵曰：“他日天台、雁荡，当为二公作两草亭矣。”（《阳明先生墓志铭》）

王阳明早年就以诗文著名，又因反对刘瑾而受贬谪，经过在龙场的“悟道”，名声大震；而且，在正德六年（1511 年）会试中，又被任命为同考官。湛若水为陈献章的高足，自己又以学问著称。二人在兴隆寺聚众讲学，又加上黄绾的推波助澜、大肆宣扬，京师上下顿时卷起了一股不大不小的“王旋风”。在京师的中下级官员乃至乔宇这样的高级官员，以及进京赴考的各地举子，或出于好奇，或为了求学，或想联络感情，纷纷往大兴隆寺听讲。

六、方献夫成了王门弟子

正德六年（1511 年）王阳明为吏部主事时，吏部郎中方献夫也时常到大兴隆寺听讲，听到兴奋处感叹不已，后来，竟然要求王阳明收他为弟子。

王阳明从小一门心思“学为圣贤”，自在龙场“悟道”后，更蔑视古今儒者。但时至明代，已非春秋可比，再大的学问，也要有足够的政治地位和社会身份才容易被人接受。虽然吴与弼、陈献章已开了明代布衣讲学的风气，但要取得更大的社会认同，毕竟需要官场上的人物捧场。当年英宗皇帝曾将吴与弼请到北京，大学士李贤推其上座，待以宾师礼；陈献章则是因为得到国子监祭酒邢让和广东布政使彭韶、都御史朱英的极力推荐，故而名声大振。王阳明虽然在贵州时就受到提学副使席书的推荐，但讲学的对象毕竟还是学子，他也需要一些著名人物为门生，门派才能发扬光大。

方献夫其实也是一位非常优秀的学者。他是广东南海县（今佛山南海区）人，字叔贤，出生不久父亲就去世了。方献夫在母亲的教导下，遍读先儒经典。弘治十八年，二十岁刚出头的方献夫就中了进士，选庶吉士，在翰林院读书。但方献夫考进士是遵母命而行的，虽然中了进士、选了庶吉士，却不愿在京为官，而是告归养母。父母在，不远游，这在当时是大孝之举，更何况方献夫的母亲一直是寡居，所以立即得到准允。到南海不久，母亲就去世了。方献夫守制三年后回京，授礼部主事，又调吏部，升员外郎、郎中。从地位来说，高于王阳明，但从年龄和资历来说，却是王阳明的后辈。但是，方献夫以王阳明的顶头上司、吏部郎中的身份，请为王阳明的弟子，却给了王阳明极大的面子，在当时的北京，也引起小小的轰动。

正德六年（1511 年）冬，方献夫告病还乡。这一去就是十年，在西樵山中读了十年书，所以后来得了一个名号，叫“西樵”，他的著作也取名《西樵集》。

王阳明十分珍视和这位比自己小十多岁的上司的情谊。方献夫离京时，王阳明前往送行，并赠文追述二人结交的经过：

> 予与叔贤处三年，见叔贤之学凡三变。始而尚辞，再变而讲说，又再变而慨然有志圣人之道。方其辞章之尚，与予若冰炭焉。讲说矣，则违合者半。及其有志圣人之道，而沛然于予同趣。将遂去之西樵山中，以成其志，叔贤亦可谓善变矣。圣人之学以无我为本，而勇以成之。予始与叔贤为僚，叔贤以郎中，故事位吾上，及其学之每变，而礼予日恭，乃自称门生，而待予以先觉。此非脱去世俗之见，超然于无我者不能也。虽横渠子之勇撤皋比，亦何以加于此。独愧予之非其人而何以当之。夫以叔贤之善变，而进之以无我之勇，其于圣人之道也何有！斯道也，绝响于世余三百年矣。叔贤之美有若是，是以乐为吾党道之。（《别方叔贤序》）

令王阳明感动的还有广东揭阳籍御史郑一初，当时已是病入膏肓，听了王阳明的讲学之后，大为振奋，认为以前自己的学问是误入歧途，如今才见到阳光大道。于是只要王阳明开讲，郑一初必然前往听讲。有人劝他，说你体弱有病，可等身体康复以后再去听讲。郑一初却说：当年孔子说过，朝闻道，夕死可矣。我以前误入歧途，今日听了阳明讲学，才闻大道，就是明日死去，也无遗憾。不久，郑一初巡按浙江，死于任上。[①]

① 参见黄宗羲《明儒学案》卷 30《闽粤王门学案》。

七、朱陆之辩

天下无不散的宴席，大兴隆寺的三人会只维持了一年多时间。乔宇出任南京礼部尚书，使王阳明等人失去了在朝中的靠山。

京师北京比不得贵阳，天子脚下，怎能长期容忍几个中级官员闹闹腾腾地聚众讲学？而且，所讲的内容不是“圣人之道，吾性自足”，便是“圣人之道，务求自得”。陆九渊的见解被他们重新发明，朱熹的学说在他们那里则不屑一顾。当时发生的一件事情看似微不足道，却引起了人们的极大关注。

王阳明的两位门人，王舆庵和徐成之为朱学与陆学的是非发生争执，王舆庵赞成陆学，徐成之则赞成朱学，请老师加以裁定。

王阳明听完双方的意见，笑道：以朱学为是，以陆学为非，这是天下的定论，由来已久，久则难变。就是成之不去争论，舆庵也无法改变这个定论。老师的这个回答，令赞成朱学的徐成之非常难堪。他抗议说，先生的说法看似不偏不倚，暗中却是在帮助舆庵，也就是说，看上去既不偏朱也不倚陆，其实却是在挺陆而非朱。

在王阳明以往的言论和书信中，已经多次表示对朱学的不满，但尚未公开点名批评朱学。而在龙场和席书讨论时，王阳明已经觉得朱、陆之争其实没有太大的意义，所以只是直抒己说。但如今学生之间却因为朱学与陆学的是非发生争论，并且把这个事情直接摆在了自己的面前，这就不得不阐明自己的看法了。为此，他致书徐成之，专论朱、陆之学，其实是借此对陆学之是、朱学之非进行全面论说，从而阐明自己的基本观点。

王阳明在给徐成之的信中说：王舆庵所以赞赏陆九渊的学说，是认为陆学以“尊德性”为主，这是非常片面的。陆九渊不仅主张“尊德性”，也极力主张多读书，而且要求认真体验。这些都是孔子和孟子对学生的要求，怎能说是空虚无物呢？后人批评陆学，主要是针对他的“易简、觉悟”之说。但“易简”之说出自《周易》的《系辞》，“觉悟”之说虽然出自佛教禅宗，但与儒学的精神是相通的，没有必要因忌讳而加以否定。因而，无论从哪一个角度说，陆学都是值得推崇的。王舆庵虽然赞赏陆学，其实并没有真正认识到陆学的可贵处。

在对陆学作了基本结论之后，王阳明在信中又对徐成之的赞赏朱学说了自己的看法：你认为朱学专以“道问学”为宗旨，其实也是片面的。朱熹经常说“居敬穷理”，又说“非存心无以致知”，还说“君子之心常存敬畏，虽不见闻，亦不敢忽，所以存天理之本然，而不使离于须臾之顷也”。这些话虽然说得不很透彻，但可以看出朱子也是尊德性的。只是因为朱子平日汲汲于小学功夫，见书就要作注解，训诂成癖，后来的学者不去钻研他学问的精华，却只是周旋于他学问中的末技，致使人们误说朱学支离破碎。这样看来，你徐成之虽然想尊朱学，却也没有真正弄清朱学的精髓在何处。

王阳明在阐明了自己对朱学、陆学的基本认识之后，最后在信中表示：朱学早已风行天下，没有必要再去论辩；陆学蒙不实之诬近四百年，该是为其洗刷的时候了。

王阳明在这篇给徐成之的信中，对陆学进行了高度的评价，对朱学则按照自己的思想作了修正，实际上是一篇是陆而非朱的宣言。这篇文章当时就引起了朱学捍卫者们的愤怒，有群起攻之之势。反对者中，有不少王阳明早年的朋友，如汪俊、崔铣、储巏等。储巏曾盛赞王阳明“趋向正，造诣深”，让黄绾追随王阳明为学，如今则责备王阳明不以师道自处；汪俊、崔铣曾经是王阳明最亲密的朋友，如今则反复致书论驳，直至断交，崔铣后来更斥王阳明为“霸儒”。[①]

最令朱学拥护者和当权者们难堪的是，以王阳明为首的大兴隆寺的狂士们开口闭口就说当今公卿久不讲学，说词章记诵实为末学，这不是说当权“诸公”没有学问吗？难道普天之下就你们几个狂人有学问？这种情形绝对不能任其长期下去，大兴隆寺中的三人会必须分离。

正德六年（1511年）十月，王阳明升文选司员外郎，湛若水奉命出使安南。这一去千山万水，也不知何时才能重新相见。

对于湛若水，王阳明是充满敬意的。王阳明在龙场“悟道”，得出“圣人之道，吾性自足”的认识，受湛若水的影响应是不小。王阳明自己也说：“甘泉之学，务求自得。”这“自得”与“自足”之间，并无本质上的区别，甚至可以说是一脉相承。

王阳明在送湛若水南行时，写了一篇名为《别湛甘泉序》的赠文，其实是在回顾自己的求学经历。这篇文章一开始就对以程颐、朱熹为代表的

① 黄宗羲：《明儒学案》卷48《诸儒学案》。

宋儒及当代学者进行抨击和嘲讽：

颜子没而圣人之学亡。曾子唯一贯之旨传之孟轲，终又二千余年而周（敦颐）、程（颢）续。自是而后，言益详，道益晦；析理益精，学益支离无本，而事于外者益繁以难。

王阳明曾经不止一次认为，程朱的学问还不如佛老。佛老的学说虽然偏离“圣人之道”，却还谈清净自守，还讲心性自得；而程朱及今世学者，只知道记诵辞章，夸俗悦世。

在这篇赠文中，王阳明接着对自己的求学经历做了回顾：

某幼不问学，陷溺于邪僻者二十年，而始究心于老、释。赖天之灵，因有所觉，始乃沿周、程之说求之，而若有得焉。顾一二同志之外，莫予翼也。岌岌乎仆而后兴。晚得友于甘泉湛子，而后吾之志益坚，毅然若不可遏，则予之资于甘泉多矣。……吾与甘泉友，意之所在，不言而会；论之所及，不约而同；期于斯道，毙而后已者。（《别湛甘泉序》）

黄宗羲在《明儒学案·白沙学案》中提出了一个疑问：“有明之学，至白沙始入精微。其吃紧工夫，全在涵养。喜怒未发而非空，万感交集而不动，至阳明而后大。两先生之学，最为相近，不知阳明后来从不说起，其何故也？”其实，王阳明早已承认自己的学问受益于湛若水甚多，又何必一定要说到从未见过面的湛若水的老师陈献章呢？①

对于湛若水的出使，王阳明带着无限的惋惜：

行子朝欲发，驱车不得留。
驱车下长阪，顾见城东楼。
远别情已惨，况此艰难秋。
分手诀河梁，涕下不可收。

---

① 《明史》卷283《儒林传二·湛若水传》说：“若水初与守仁同讲学，后各立宗旨，守仁以致良知为宗，若水以随处体验天理为宗。守仁言若水之学为求之于外，若水谓守仁格物之说不可信者四。又曰：‘阳明与吾言心不同。阳明所谓心，指方寸而言。吾之所谓心者，体万物而不遗者也，故以吾之说为外。’一时学者遂分王、湛之学。”王阳明既与湛若水已分为二途，自然更没有必要追承陈献章之学。

车行望渐杳，飞埃越层邱。
迟回歧路侧，孰知我心忧。
（《别湛甘泉二首之一》）

王阳明的忧，是忧“圣学难明而易惑，人生别易而会难”。他寻找了三十年，才找到湛若水这样的知音，才接触到由湛甘泉传播的陈献章的精微功夫。虽说“龙场悟道”已悟出了入圣的门道，但这个门道还需要切磋和摸索。而湛若水正是这样一位可共同切磋和摸索者。

刚送走湛若水，第二年冬，黄绾又因病告归浙江黄岩。大兴隆寺的三人会只剩下王阳明一人了。

正德七年（1512 年）十二月，王阳明由吏部考功司郎中升任南京太仆寺少卿。从职务上说，是连升了两级，却不得不离开京师北京。明朝自迁都北京之后，行南北两京制，南北官员的交流也成为一种常态。所以，王阳明之任南京太仆寺少卿，虽然应该是被排斥出北京，但在台面上，却是一种正常的官员任命。

但是，王阳明无论如何也没有想到，这一次南下之后，竟然再也没有机会回到北京，而是在中国的南方掀起一场又一场的狂飚。

八、南下途中说“大学”

正德七年年底（1513 年初），王阳明北辞京师，往南京赴任。陪同王阳明南下的，是他的妹夫、第一位进王门的大弟子徐爱。

徐爱在正德三年（1508 年）中进士后，在祁州（今河北安国县）知州已经任满，到北京接受吏部考核，升任南京工部员外郎，正好陪伴老师同行。

徐爱是王阳明的忠实崇拜者，正德二年（1507 年）冬与蔡宗兖、朱节拜王阳明为师，成为第一批正式入门的王门弟子。但刚行过拜师礼，王阳明就踏上了西行龙场的道路，此后天各一方，无缘见面。这一次也是天赐良机，竟然得以一同南行。两人都向朝廷打了报告，在上任之前，先回家乡余姚省亲。

几年不见，徐爱虽然已是从五品的朝廷中级官员，但性格却没有改变，仍是那样汲汲于求学，唯恐落后于人。徐爱这年二十六岁，而在王阳明眼中，他也确实还是个稚气未退的青年。

看看眼前这位“首徒”，王阳明不禁感慨万千。遥想当年，自己以贬谪官员的身份，潜返余姚，不少人唯恐受到牵连，躲着不敢见面，徐爱却在这个时候公然拜自己为师，这是何等的情义，需要有何等的胆量。自己虽然在名分上是他的老师，其实除了给他们写一份推荐书（《别三子序》）外，并没有真正为他们传道、授业、解惑。如今得以同船而归，实属缘分，不妨将自己这些年来的心得说给他听听，也可进行切磋和验证。

这些年来，王阳明一直试图对朱子的学说进行一次全面清算，以廓清被以他为代表的“后儒”们搅乱了的孔孟真谛。

在朱子的著作中，影响最大的莫过于《四书集注》。朱熹曾对弟子们说，自己一生用功，在于《大学》《中庸》《论语》《孟子》。他的门人李性传也说，老师在临死前的一天，还在修改《大学》章句。[①]《四书集注》自南宋光宗绍熙元年（1190 年）刊行以后，先是经朱熹的门人的宣传而广为流传，后又经元朝统治者定为科举考试的读本而取得官方认可的地位。

明成祖朱棣于永乐十二年（1414 年）十一月发布“上谕”，命儒臣编撰《五经大全》《四书大全》和《性理大全》。第二年九月，三书修完。

因为《五经》被奉为儒家的经典，故在三部《大全》中，《五经大全》的地位最高，卷帙也最多，计有《周易大全》二十四卷、《书传大全》十卷、《诗经大全》二十卷、《春秋大全》四十卷、《礼记大全》三十卷，共一百五十四卷。《五经大全》注经的依据是朱学，有的是朱熹本人的著作，有的是朱熹弟子的著作，还有的是朱熹推崇的理学家的著作。《四书大全》三十六卷，是朱熹《四书集注》的翻版和扩大：《大学》《中庸》，全为朱熹的集注；《孟子集注大全》《论语集注大全》则是在朱熹的集注之后逐章逐节附入诸儒之说。至于七十卷的《性理大全》，所收的“先儒”著作，除两篇之外，其余的不是朱熹所作便是朱熹所注。

可见，三部《大全》都是在确立朱学的地位。

从此，明朝全国学校学的是《大全》，科举考试考的也是《大全》，致使清朝《四库全书总目》的作者说：“有明一代，士大夫学问根柢具在于斯。”而实际上，人们通常所说的程朱理学官方地位的确立，也是以明代三部《大

① 参见朱熹《晦庵文集》卷 53《答胡季随》及李性传《朱子语录饶州刊本后序》。

全》的编纂为标志的。在这三部《大全》中,地位最高的固然是《五经大全》,但影响最大的，则是以《四书集注》为基础的《四书大全》。

王阳明讲学问，也表现出他那豪放不羁的个性。要批评朱学，就要从朱学的根本入手,要从《四书集注》入手。而从《四书集注》开始清算朱学,实际上又是向明代官方及全国学者一百多年来奉为经典的思想和学问挑战。无怪乎王阳明一发表关于朱、陆是非的言论，立即遭受多方面的批评。

王阳明站在南下的船头上，回顾身后的徐爱，笑道：一别五年，不知你的学问可有长进，我可得考你一考。

徐爱闻言，嘿嘿一笑，言语中带着几分得意：弟子自知生性愚钝，故在读书上不敢偷懒。王阳明不动声色地说:那你且将《大学》经文诵读一遍。

《大学》经文？徐爱不相信自己的耳朵。《大学》列《四书》之首，是明朝读书人入学的门径，徐爱十来岁时就将其背得滚瓜烂熟，不然的话，怎能二十岁中举、二十一岁中进士？

他偷眼看看王阳明，见老师神色严肃，不像是在开玩笑。读吧，家人僮仆就站在身后不远,以自己的身份背诵《大学》,这面子往哪里放？不读吧，师命难违，而且这麻烦是自己找的。只得喃喃而诵：大学之道，在明明德，在新民，在止于至善……

停！王阳明打断了徐爱的诵读，接着摇了摇头：读错了！

徐爱闻言愕然：错了？

是错了。王阳明毫不含糊。他看了看徐爱，接着说，但这错不在你，而在伊川、晦庵。

伊川、晦庵是学者对宋朝大儒程颐和朱熹的尊称。徐爱更是不解：错在伊川、晦庵？伊川、晦庵错在哪里？

王阳明看了看徐爱，解释道:《大学》本来是说:“大学之道，在明明德，在亲民,在止于至善。”是“亲民”而非“新民”。孔子说过,修己以安百姓。修己便是明明德，安百姓便是亲民。这意思本来非常清楚。“亲民”有兼教养之意,“新民”便偏离了原意。伊川硬将“亲民”改为“新民”，晦庵不仅沿用伊川之误,而且任意分割原文,杂以己意,将人引入歧途。以后读《大学》，当以《礼记》的旧本为正，不必尽信朱子之言。孟子说，尽信书不如无书，很是精辟。若尽信朱子之书，不如不读书。

徐爱听了王阳明这番言论,犹如响雷轰顶。程颐和朱熹在明朝被奉为“先哲”，被视为孔孟学说的权威解释人和继承人，他们的书就是经典，怎会将人引入歧途？从蒙童开始，读的就是朱子的书，或者是朱子阐释的书，照老师的说法，岂不是白读了？这可是离经叛道之言。

徐爱不依不饶，一路上不断和王阳明进行辩驳，不断将王阳明的新说和程子、朱子的旧说进行比较和印证。他开始信服了，原来先儒的学说竟是这样漏洞百出，怎么以前就看不出来？

后来，徐爱将自己这一路上的感受写了出来，作为阳明语录即《传习录》的序言：

> 先生于《大学》“格物”诸说，悉以旧本为正，盖先儒所谓误本者也。爱始闻而骇，既而疑，已而殚精竭思，参互错纵以质于先生，然后知先生之说若水之寒，若火之热，断断乎百世以俟圣人而不惑者也。先生明睿天授，然和乐坦易，不事边幅。人见其少时豪迈不羁，又尝泛滥于词章、出入二氏之学，骤闻是说，皆目以为立异好奇，漫不省究。不知先生居夷三载，处困养静，精一之功固已超入圣域，粹然大中至正之归矣。
>
> 爱朝夕炙门下，但见先生之道，即之若易而仰之愈高，见之若粗而探之愈精，就之若近而造之愈益无穷，十余年来竟未能窥其藩篱。世之君子，或与先生仅交一面，或犹未闻其謦咳，或先怀忽易愤激之心，而遽欲于立谈之间，传闻之说，臆断悬度，如之何其可得也？从游之士，闻先生之教，往往得一而遗二，见其牝牡骊黄而弃其所谓千里者。（《传习录上》）

徐爱可说是其师的知音。他以自己的亲身感受，解释了世人对王学不理解的原因。

人们往往只见到王阳明的为人随和、不修边幅，以及他曾经热衷于舞文弄墨，热衷于佛道方术，而没有看到他曾经刻苦钻研过程、朱学说，更没有体会到他在龙场“悟道”时期的历尽艰辛，所以，一见到他批评程、朱的议论，便认为是危言耸听、哗众取宠。朱子之学早已深入人心，人人以为是天下的至理，人人都将其作为学问的根柢。王阳明批评朱子的学说，等于从根本上批评天下读书人的学问，所以，王阳明被人反对、遭人批评是十分自然的事情。有人只听过王阳明的片言只语，有人只是凭着道听途说的传闻，还有人一开始就以朱学的捍卫者自居，谁批程朱他就批谁，这些人又怎能理解王阳明学说的真谛？

徐爱也以自己的亲身感受，批评了一些同门师兄弟仅仅学得一点皮毛，便喜欢夸夸其谈，其实并未真正理解师门的精髓。王阳明后来忙于军政事务，也确实需要徐爱这样的弟子来对自己的思想进行阐释，但后来徐爱却在三十一岁时就英年早逝。难怪王阳明在得到徐爱去世的消息时倍加伤感，有孔子失颜回之痛。

九、各家都有难念的经

这一次沿运河乘船南归，王阳明的心情是愉快的，但也十分复杂。

时间一晃就是六年。六年前，正德二年（1507 年）初，王阳明带着廷杖的杖伤贬谪龙场，生死未卜潜回家中。而这一次，可以说是衣锦还乡了。

屈指算来，祖母今年已是九十三岁高龄，自正德二年（1507 年）冬天一别，又有五年未见，不知是否还和当年那样眼不花、耳不聋。父亲在自己贬谪龙场后不久就被强迫退休，听说退休前刘瑾曾让人传递口信，只要父亲依附于他，立即便可拜相。但父亲毫不为其所动，在得到退休的朝命之后，欣然整装就道。父亲到老仍是那样的为人正直、宁折不弯。自己不但没有尽人子的孝道，却从小就给父亲添麻烦。按自己这个性格，恐怕以后还得让父亲为自己担忧。

所谓近乡情更怯。离家乡越近，王阳明的心情越急切，但也越是有些紧张。

正德八年（1513 年）二月南国桃花盛开之际，王阳明和徐爱回到了阔别多年的家乡余姚。姚江之水仍是那样清澈见底，不知是否还有醉汉将银子遗失在河边？自己降生的“瑞云楼”依然如故，只是觉得比童年时看它显得矮小了些。当年祖父在屋前屋后种下的翠竹，长得比以前更加茂盛、更加郁郁葱葱。

王华已经年近七十，这些年来儿子的所作所为他并不十分赞同。儿子从小就有个性，就有主见，就喜欢突发奇想，就喜欢我行我素。那时有父亲护着他，自己每次欲加干涉，父亲便说：随他去吧，你儿子将来会比我儿子有出息！如今看来，父亲也许是对的。但儿子的过于聪明、过于出人头地，总让王华担心。原以为在龙场几年会改变他的性情，没想到他闹腾得更加厉害，在北京搞什么大兴隆寺三人会，聚众讲学，批评朱子，这朱子是好随便批评的吗？看看，本来在北京吏部办事，如今却外放到了南京。

说到南京，王华猛然想起当年自己也是由北京礼部侍郎“升迁”为南京吏部尚书，然后被迫“致仕”的。和自己遭遇相同的人物，其实还有不少。永乐、宣德时的名臣黄福，曾被宣宗皇帝誉为“智虑深远，六卿之中无与伦比”。解缙傲视当代，说到黄福也称誉说“秉心易直，确乎有守”，推崇备至。但黄福却被大学士杨士奇等人排挤到南京做兵部尚书、参赞机务，直到去世。儿子是否也在走这条老路？或许不至于。现任大学士杨廷和，前些年也因得罪刘瑾而“升迁”为南京户部尚书，但不久即召还北京，如今已是内阁首辅，位列文臣第一人。可见到南京也并非都是坏事。何况儿子今年才四十多岁，来日方长，哪里会就此走下坡路的？王华总是这样，既为儿子担心，又自我安慰。

其实，王华的担心并非没有道理，王阳明这次南下后就再也没能回北京。世宗皇帝即位以后，召王阳明返京的诏令已经送到南昌，王阳明也奉诏上路了，却仍然在半路上被中止。而王华的自我安慰也成为现实。王阳明的事业才刚刚起步，以后还要发扬光大，哪能就此而沉沦？

等见了儿子，王华放心了。儿子虽然还是那样不修边幅，那样看上去随和简易，却在随和中透露出坚毅，在简易中显示出分寸，而在不修边幅的外表之下，更表现出沉稳有度。

王阳明一踏进家门，便惊讶地发现，几年不见，父亲除了头发变得更为稀疏而花白之外，容貌竟无大的变化，仍然是那样容光满面，那样笑容可掬。

这些年来，不断有亲友传递消息，说父亲退休之后，即恬心静志，栖居邱园，时时与田夫野老同游，谈笑风生。有人劝他，如此高的身份，应当闭门养威，何必与樵夫竖子为伍。父亲总是笑着反问：你是想要我再去求官做不成？

父亲退休后，对祖母尤其孝顺。从家境来说，祖母的物质生活自然不会有何难处，但老人更需要有精神上的欢乐。听人说，父亲为了让祖母高兴，七十来岁的人，却总是像小孩那样嬉戏于前。有时与亲朋好友游览山水，乘舟而出，突然想念起老母，便掉转船头而回。

还听人说，父亲刚退休回到余姚时，有位精通神仙术的朋友表示愿意教他长生之术。父亲听后，婉言谢绝：人所以留恋在这天地之间，是因为内有父母、兄弟、妻子、宗族之亲，外有君臣、朋友、姻戚之懿，从游聚乐。如果舍其亲、断其懿，独自去深山绝谷学长生术，生的乐趣从何说起，与死了有何区别？至于说清心寡欲，怡神定志，则圣贤学问从来这样教诲后人的，又何必另向神仙中去求取？我听天乐命，无欲无求，哪里用得着汲汲于求长生？那位朋友听了，不禁赞叹：天若有情天亦老，世上确实没有长生不老之人。神仙之学，是为了开导那些悦生恶死者。你没有恶死悦生之心，便是得了神仙的妙趣，我这神仙术对你来说，确实是毫无用处。

每当听到有人说这些事情，王阳明总是击节称快。看来传闻不虚，不然，父亲哪能有如此精神。

九十三岁的祖母也是精神爽朗，还真眼不花耳不聋。这是一位性格开朗、胸怀豁达的女性。丈夫王伦整天只是读书会友、海阔天空瞎折腾，却与举业无缘，全家人的起居饮食都要由她一人安排，她从不埋怨。儿子王华中了状元，做到南京吏部尚书的大官，她从不炫耀，仍是那样足不出户，手不离织。如今孙子名满天下，眼见着有大出息，她还是那样善待邻里，和蔼可亲。难怪她能成为人人尊敬的寿星，看她这种神态，活到百岁也不为多。

妻子诸氏却是性格内向，羞于见人。或许是因为新婚之夜王阳明不知去向伤了她的自尊心，夫妻之间的婚后感情一直并不十分融洽。后来王阳明中举，上北京会试，会试失败后留在京师读书，中了进士后又南下庐州录囚、北上山东主考。生活刚刚安定，又出了上疏遭贬之事，独身远谪龙场。从龙场回中原，先为庐陵知县，继为吏部主事、员外郎，又是公务，又是讲学。加上从青年时期开始，身体一直不好，不到四十岁就发落齿松、视力下降。因此，对这夫妻生活，似乎也并无太多的热情。到如今，成家已经二十多年，却并无子女。

王华一共有四个儿子一个女儿：长子守仁，为元配妻子郑氏所生；次子守俭、四子守章，为侧室杨氏所生；三子守文，为继室赵氏所生。女儿也是继室赵氏所生，嫁给了徐爱。令王华迷惑的是，若说长子守仁没有子女是因为长年在外奔波，或因身体不好，或因诸氏没有生育能力，那么另外三个儿子都长住余姚，身体看上去也很壮实，不知何故，竟然也都没有子女。而他兄弟们的儿子在生育方面却很是内行，人丁兴旺，如四弟王兖的儿子守信，已有五个儿子，令人羡慕。

不但父亲迷惑，王阳明也感到没有信心，所以在这次归省的两年后，即正德十年（1514 年），立堂兄弟守信的第五个儿子正宪为后。

在宗族制度盛行的时代，个人属于家庭，是家庭的一分子；而家庭又属于家族，是家族的一分子。一个家庭出了大人物，这个人物应属于整个家族。按明朝的荫子制，三品以上大臣可荫一子入国子监读书；而内阁大学士及与其相当地位官员的儿子或孙子，还可以因朝廷大典或本人的业绩荫子或孙为锦衣卫的带俸百户或千户。如果这个官员没有后代，便享受不了这份“皇恩”。如果自己没有儿子，又不立同宗子弟为继子，那便是自外于家族，将受到整个家族的唾弃。

但如果自己没有儿子而立他人之子为后，不管这“他人”是谁，其实都是令人非常尴尬的事情。

在当时的社会，夫妻没有生育，一般认为是妻子的过错。“不孝有三，无后为大”。在古代妇女的“七出”之条中,“不出”即不会生育便是头一条。妻子没有生育能力，丈夫可以休妻。从这个意义上说，“纳妾”倒是对不育妇女的人道主义，因为传宗接代的事情可以由“妾”来承担，而“妻”不但不必“出”，而且仍然是这个家庭的“女主人”。妻子不育，丈夫纳妾也成了天经地义之事。如果纳妾乃至纳数妾之后仍然没有生育，这责任才会被认为在丈夫身上。王阳明的父亲王华在妻子郑氏生育之后尚纳杨氏为妾，后又娶了继室赵氏。何况王阳明无子,纳妾也是应该的。但王阳明并未纳妾，而是收养堂兄之子为后，这就等于是承认自己没有生育能力。否则，为何不纳妾？要说新婚时欠了妻子的情，但这件事情比起绝后来说，简直不值一提。于是不妨作另一种推测：王阳明新婚之夜到铁柱宫与道士谈论养生，或许并非是忘了婚期，而是有意逃避新婚之夜可能发生的性生活的不和谐。

另外，收养他人之子为养子，往往会产生十分严重的矛盾和斗争。

东汉末年刘备收寇封为义子，改名刘封。关羽当时就进行劝阻。理由是刘备正处壮年，因半生戎马，不得安定，没有儿子并不足为怪，如果过早收了义子，以后有了亲生儿子，这义子如何处置？后来问题果然发生了。刘备占有荆州之后，糜夫人给他生了儿子阿斗。为了不使刘封对阿斗不利，刘备入川后将刘封放在远离成都的荒凉之地上庸（今湖北省竹山县）。后来，更以刘封在关羽兵败时坐视不救而行杀戮。

唐末五代时，军阀混战，天下大乱，收养“义子”成风，义子成了一些军事集团的中坚力量。在这些义子中，还出了像后周世宗柴荣、南唐烈祖李昪这样的杰出人物。但对于收养柴荣的后周建立者郭威的子弟，以及曾经收养李昪的吴政权开创者杨行密及其部将徐温的子弟来说，却又是非常不利的。[①]

当然，隋唐以后，法律对养子的继承权，以及养子与嫡子之间的关系都做了较为明确的规定。明太祖手定的《大明律》中的《户律》《礼律》，在这方面也有专门的条例。但既立了同宗子弟为后，一旦有了嫡子，二者关系毕竟是不好处理的。王阳明去世之后，问题也确实发生了，致使王门弟子专门成立了一个类似于“治丧委员会”的机构来处理遗留问题，以免年方三岁的嫡子正聪受到养子正宪及其生父家族的欺凌。

尽管夫妻生活说不上太好，王阳明自问也还是对得起妻子诸氏的。当时的官员纳妾成风、狎妓为常，王阳明却是不沾不染，直到妻子去世之后，才娶了继室张氏。一年之后，这位张氏夫人为年已五十五岁的王阳明生了一个儿子。这个儿子的降生是非常及时的，他不但使得余姚王门王华这一支有了嫡传子孙，也向世人宣告，阳明先生是真正的男人。王阳明的弟子黄绾在《阳明先生行状》中终于能够理直气壮地写道：“配诸氏，参议养和公讳某女，不育。”[②]

十、形在山水，意在点化

王阳明回到余姚，在家中前后住了八个月。黄绾这时正在老家黄岩养病。黄岩地处浙江东南，东临大海，北有天台山，南有雁荡山，都极负盛名。

---

① 郭威于公元 951 年取代后汉建立后周政权，三年后去世，因诸子年幼，将皇位传给养子柴荣（当时从姓郭，名郭荣）；959 年柴荣去世时，尽管郭威的儿子已经长成，柴荣却将皇位传给了自己年方六岁的儿子柴宗训。淮南节度使杨行密于公元 895 年攻取濠州（今安徽凤阳）时，在濠州开元寺发现了正在寺中做小和尚的李昪，收其为养子。但回扬州后，受到子弟们的反对，杨行密遂将李昪推荐给部将徐温为养子，改姓徐。公元 919 年，杨行密之子杨隆演被徐温等人拥立为吴王，后又称帝，徐温自己则为大丞相、都督中外诸军事、诸道都统、东海郡王，成为吴国的实际统治者；徐温死后，李昪继承了他在吴国的地位，并于公元 937 年废杨行密的儿子、吴帝杨溥，自立为帝，建国号“唐”，史称“南唐”，成了南唐的开国之君。

② 嘉靖四年（1525 年）正月，王阳明妻诸氏去世；六月，王阳明服阕后，娶继室张氏；第二年，嘉靖五年（1526 年）十一月，张氏生子正聪。

天台山群峰争奇，秀丽多姿，为佛教天台宗的发源地。始建于隋朝的国清寺，规模宏大，拥有五六百间殿宇，名僧辈出。唐代高僧、著名的天文学家一行和尚为修《大衍历》，曾专程从长安来到天台，向国清寺中的僧人请教数学。在明代已经闻名的天台八景，每处也都有几段引人入胜的典故传奇。

雁荡山为括苍山的支脉，号称东南第一山。主峰雁湖岗，海拔一千多米，岗顶有湖，芦苇丛生，结草成荡。每年秋天，北雁南飞，在荡内芦中栖宿，“雁荡”之名由此而得。北宋以来，雁荡之名鹊起，山中寺院林立，有十八古刹、十六亭、十院之称。到明代，更有“百二奇峰”、“雁荡五珍”（雁茗、香鱼、观音竹、金星草、山乐官鸟五种特产）等名胜名物闻世。

王阳明对天台、雁荡心慕已久，而黄岩县松岩山北坡的四百六十余级砌石“天梯”，也为一大奇观。在大兴隆寺时，黄绾一有机会就要绘声绘色地将家乡吹嘘一番，更令王阳明神往。黄绾离京时，王阳明曾写下过《别黄宗贤归天台序》，一面对黄绾从小即不以举业为意、一心求圣贤之学表示赞赏，一面叮嘱他回黄岩后，“结庐于天台、雁荡之间”，等自己前去养老。

这次回余姚，王阳明本拟与徐爱一道往黄岩探访黄绾，同游天台、雁荡，黄绾也在家乡作了迎接的准备。不料回到余姚之后，却被家事羁绊，宗亲间也有许多事情需要处理，迁延未行，所以让黄绾先来余姚相会。但黄绾不知何故却迟迟未到。

五月底，王阳明在徐爱等人的怂恿下，不等黄绾到来，离开余姚，踏上了南游之路。他们由近及远，先游览四明山。

四明山脉位于浙江东北部杭州湾南岸，北连余姚，西接上虞，东临宁波、奉化，南界嵊县（今嵊州市）。距余姚六十里的白水冲又名瀑布岭，山有瀑布，瀑下有潭，飞瀑注壑，奔腾澎湃。位于奉化县（今奉化市）溪口镇西北的雪窦山更是名扬四海。山中崇岩壁立，谷深千丈，名“千丈岩”。水从岩顶喷薄而下，犹如雪崩，“雪窦山”之名由此而得。临岩而立的是雪窦寺，建于唐代，为禅宗十刹之一。

王阳明领着几个弟子，从上虞入山，观白水冲，登雪窦山，上千丈岩，倒也其乐融融：

山鸟欢呼欲问名，山花含笑似相迎。

风回碧树秋声早，雨过丹岩夕照明。
雪岭插天开玉帐，云溪环碧抱金城。
悬灯夜宿茅堂静，洞鹤林僧相对清。
（《杖锡道中用张宪使韵》）

每逢佳处问山名，风景依稀过眼生。
归雾忽连千嶂暝，夕阳偏放一溪晴。
晚投岩寺依云宿，静爱枫林送雨声。
夜久披衣还起坐，不禁风月照人清。
（《又用曰仁韵》）

王阳明本来打算在游完四明山后，从奉化取道临海，去黄岩与黄绾相会。但到奉化时，正值浙东大旱，田地龟裂，稻禾尽枯。王阳明见状，心中一阵悲凉。这游山玩水之意，顿时索然。加上几个弟子除了徐爱之外，似乎悟性都很平常，王阳明也觉得有些心灰意懒，竟中途改变主意，折向宁波，回到了余姚。

刚回余姚，便见到黄绾的书信，说是在黄岩专候。王阳明阅信，不觉苦笑，写了一封回信，告诉他四明山的游历经过，并不无遗憾说："此行相从诸友，亦微有所得，然无大发明。其最所歉然，宗贤不同兹行耳。后辈习气已深，虽有美质，亦渐消尽。此事正如淘沙，会有见金时，但目下未可必得耳。"

信写完后，让徐爱过目。徐爱见信，不禁感慨。这才知道老师说是登临山水，其实是想在轻松自如之中点化弟子，同时也借山水之情，来考察弟子们的悟性。这种教诲弟子的办法，也是有所效法的。当年孔子教弟子，不也是带着弟子们到处游历、到处考察民情风俗？

十一、滁州岁月

正德八年（1513年）十月，即在受命为南京太仆寺少卿的十个月后，王阳明才由家乡来到滁州。虽说是已向朝廷告假省亲，但时间也实在是拖得够长。不过，这南京太仆寺少卿倒也真是清闲职务。

明朝设有太仆寺，为兵部的分支机构，专掌马政，其前身为设在荅荅失里营所及滁州的群牧监，改太仆寺后为从三品衙门。该寺设卿一人（从三品），主寺事；少卿三人（正四品），一人佐寺事，一人督营马，一人督畿马；寺丞四人（正六品），分理京卫、畿内及山东、河南六处的孳牧、寄养马匹。

《明史》说太仆寺“掌牧马之政令，以听于兵部”，在明前期是一个较有权势的衙门。洪武二十三年（1390年）定制时辖有滁阳、大兴等十四个牧监及其下属的九十七个牧群；永乐时，各牧监、牧群有马一百九十多万匹。滁州是明朝初设太仆寺时的所在地，也曾是全国最大的养马基地。但随着都城的北迁，北京设有太仆寺，滁州的太仆寺则属于南京系统，地位远非明初可比。宣德、正统以后，随着北方及淮河流域人口的增加和牧场的被垦复、被侵占，牧场面积日蹇，马匹数量日减，特别是御马监干预马政，北京太仆寺的地位也日益下降，设在滁州的南京太仆寺就更成了“闲曹”。

明廷将王阳明放到滁州，主要是因为他在北京闹腾得过分，用这个“闲曹”来磨磨他的性子，这也是中国古代社会“作养人才”的一种办法。想当年，江西吉水县才子解缙以上《大西庖西封事》名闻四海，深受明太祖的喜爱，但又觉得此子锋芒太露，让解缙的父亲将其领回原籍，说是回去读十年书后，再来为朝廷效力，其实就是要磨其棱角、去其浮躁，这也是明太祖的“保全人才”的苦心。

这回家读书十年，后来成了许多官员韬光养晦、获取名声的好途径。前些年方献夫以吏部员外郎的官职，请求回家乡西樵山中读书十年。几乎在同一时间，和方献夫同在弘治十八年（1505年）中进士又同选为庶吉士在翰林院读书，并在散馆后留翰林院做编修的江西分宜才子严嵩，也借着母亲去世的机会，得准回家乡钤山读书十年。

后来，解缙、方献夫、严嵩三人都做了大学士，其中，解缙是明朝第一位内阁成员，严嵩则是明朝最引人注目的大学士之一。

其实，人生受些挫折，或者长时间有系统地读一些书，对磨炼一个人的意志、修炼一个人的思想确实会起着某些作用。它会促使人们对自己过去的所作所为进行反思，从而调整生活方式、思维方式，并选择比较好的进取道路。但一般来说，生活磨炼却未必能够从根本上改变一个人的个性，相反，倒是容易使个性通过另一种方式表现得更加突出。

对于王阳明来说，下诏狱、受廷杖、三年贬谪特别是将近两年在龙场的生活，对意志的磨炼和对个性的调整，与方献夫和严嵩潜心读十年书，二者之间很难说孰深孰浅，关键在于自身的感悟。

解缙、方献夫、严嵩读书十年后重出，风格也各不相同，但都是在自己原有个性的轨迹上运行。王阳明从龙场返回中原之后，也仍是不改随和、简易同时又孜孜不倦地追求“为圣之道”的个性。所不同的是，他更懂得了欲速则不达的道理，更懂得事事都应从小处着手、从大处着眼的道理。

在王阳明的讲学生涯中，滁州及此后的南京是重要的一站，以至王阳明晚年的掌门弟子钱德洪说，滁州是其师的“讲学首地”。

滁州距南京虽然不到二百里，却远离从北京到南京的运河干线，没有太多的外界干扰，京中权贵对这个地方也并不太过关注；从明初开始，这里被辟为马场，同时因为靠近明朝祖陵所在地凤阳，明政府对自然生态环境的保护比较重视。所以，王阳明一到滁州，便为这里佳山胜水所陶醉。

但滁州的著名，更是与“琅邪（琊）山”和“醉翁亭”联系在一起的。

琅邪山在滁州城西南十里。晋武帝起兵灭吴，琅邪王司马伷奉命在此调集涂中兵马，进取建邺。四十年后，司马伷的孙子、东晋元帝司马睿又曾寓居于此。唐代宗时李幼卿为滁州刺史，遂将滁州西南群山命名为“琅邪山”，引来不少文人墨客寻古探幽，琅邪山渐成名胜之地，琳宫梵宇，隐伏山际，茂林深树，清幽沁人。

宋仁宗庆历五年（1045年），范仲淹改革失败后，欧阳修因支持改革而遭贬谪，以知制诰任滁州知州。

游山玩水、抒发情怀本是历代文人的共同喜好，这一风气到了宋代，更成时髦。欧阳修、苏轼、黄庭坚、辛弃疾、陆游，无论到何处，都是一路足迹，一路诗文。尤其是欧阳修和苏轼，都是化腐朽为神奇的能手，一山一水、一草一木，到了他们的笔下，都成了奇山异水、瑶草嘉木。不仅每到一处必有佳作，而且喜欢热闹，喜欢有人捧场，又奖掖后进，不遗余力。欧阳修是当时首屈一指的大文学家，文坛领袖，他一到滁州，滁州便成了风云际会之地，从此名声大噪。

欧阳修在滁州一住就是两年。琅邪（琊）山有一“让泉”，又名“酿泉”，山僧智仙建亭于泉边，以为游息之所；又以让泉之水酿酒，酒香醉人。欧阳修应邀登亭饮酒，果然一饮即有醉意，不禁连声称奇，从此自称“醉翁”。又喧宾夺主，将这亭称为醉翁亭，并写下了千古名篇《醉翁亭记》。

这篇《醉翁亭记》与范仲淹的《岳阳楼记》、苏轼的《石钟山记》，同被誉为千古散文名篇。宋哲宗元祐六年（1091年），苏轼应滁州知州王诏之请，恭恭敬敬地用大字将老师欧阳修的《醉翁亭记》书写一遍，让人刻石立碑，文章与书法相得弥彰，既为苏轼本人留下了一幅最具艺术价值的书法珍品，也使欧阳修的《醉翁亭记》流传得更为久远。可以说，滁州之名由琅琊山而盛，琅琊山之名由醉翁亭而著，醉翁亭之名由《醉翁亭记》而扬。

有趣的是，王阳明在滁州一年多，留下了三十六首诗，与琅琊山有关的至少有十首，但只字不提欧阳修、醉翁亭及《醉翁亭记》。这和他十多年前过徐州时有感于苏轼的《黄楼诗》而作《黄楼夜涛赋》，以及过临清时作《太白楼赋》，有很大的不同。那个时代的王阳明，正"泛滥于辞章"，以与诸子的诗文唱和为乐；而此时的"阳明子"，早已不以辞章为意。恰恰相反，这个时候的王阳明或许认为，以欧阳修的名声和大才，却以"醉能同其乐，醒能述以文"自得，简直是太玩物丧志、太缺乏大志了。他"阳明子"现在的使命是使久已湮灭的先圣精神重新发扬光大，应该透过山水之性情，点化出万物之通理。

当然，王阳明也没有像朱熹那样，为了表现自己是周公、孔子道统的继承人，不仅攻击那些一意追求风花雪月的文人，而且连唐、宋两代最负文名，而且同样主张文以载道的韩愈、欧阳修、苏轼也逐个数落：

> 欧阳公初间做《本论》，其说已自大段拙了，然犹是一片好文章，有头尾。……到得晚年，自做《六一居士传》，宜其所得如何？却只说有书一千卷，《集古录》一千卷，琴一张，酒一壶，棋一局，与一老人为六，更不成说话。分明是自纳败阙。如东坡一生读尽天下书，说无限道理，到得晚年过海，做《昌化峻灵王庙碑》，引唐肃宗时一尼，恍惚升天，见上帝以宝玉十三枚赐之，云中国有大灾，以此镇之。今此山如此，意其必有宝云云。更不成议论，似丧心人说话。其他人无知，如此说尚不妨，你平日自视如何？说尽道理，却说出这般话，是可怪否？观于海者难为水，游于圣人之门者难为言。分明是如此了，便看他们这般文字不入。①

朱熹的这篇文字，将欧阳修、苏轼狠狠贬损了一番。而在《读唐志》中，

① 朱熹：《朱子语类》卷139《论文上》。

更宣言："孟轲氏没，圣学失传。天下之士，背本趋末，有求知道养德以充其内，而汲汲乎徒以文章为事业。"于是从法家、兵家的申不害、商鞅、孙武、吴起，纵横家的苏秦、张仪、范雎、蔡泽，以及列子、庄子、荀子及屈原开始，到韩非、李斯、陆贾、贾谊、董仲舒、司马迁、刘向、班固、宋玉、司马相如、王褒、扬雄，一路数落下来："迄于隋唐数百年间，愈下愈衰。"直到韩愈出来，才算是有所振作。但韩愈在朱熹眼中，也只是"略知不根无实之不足恃"，其《原道》等文章，根本算不得大道。[①]

王阳明在滁州为太仆寺少卿，与欧阳修守滁州的处境极为相似，都是无所事事。当年欧阳修的追随者，主要是文友；此时王阳明的追随者，则是目的各不相同的求学者，所以成分更加复杂。钱德洪写《阳明先生年谱》记载当时的盛况说："滁山水佳胜，先生督马政，地僻官闲，日与门人遨游琅琊、酿泉间。月夕则环龙潭而坐者数百人，歌声振山谷。诸生随地请正，踊跃歌舞。旧学之士皆日来臻。于是从游之众自滁始。"

尽管王阳明不赞成欧阳修的过于沉溺山水、过于爱好文章，但他自己其实也于山水情有独钟，于文章也并没有真正放舍。面对如此佳山胜水，王阳明也不能不为之陶醉：

桃源在何许？西峰最深处。
不用问渔人，沿溪踏花去。
（《山中示诸生》之三）

池上偶然到，红花间白花。
小亭闲可坐，不必问谁家。
（《山中示诸生》之四）

溪边坐流水，水流心共闲。
不知山月上，松影落衣斑。
（《山中示诸生》之五）

字句清丽，意境深远，完全没有矫揉造作之意，也全无师道尊严和道学酸味。倒像是王维在寻幽探胜，又像是苏轼在穿花拨柳。但有意无意之间，

① 朱熹：《晦庵集》卷70《读唐志》。

内心深处那股拨乱反正、恢复圣学的责任，那种返璞归真、求于一己的信念又时时显现出来：

路绝春山久废寻，野人扶病强登临。
同游仙侣须乘兴，共探花源莫厌深。
鸣鸟游丝俱自得，闲云流水亦何心。
从前却恨牵文句，展转支离叹陆沉。
（《山中示诸生》之一）

当然，吏部的同僚们并没有让王阳明在滁州闲得太久。王阳明虽然说是正德七年（1512年）十二月就得到了升南京太仆寺少卿的委任，但其间在余姚“省亲”花了八个月，加上路上的时间，正德八年（1513年）十月才至滁州赴任。半年之后，正德九年（1514年）四月，迁任南京鸿胪寺卿。

明朝的鸿胪寺是礼部的分支机构，掌朝会、宾客、吉凶仪礼等事。凡国家有大典礼，如郊庙、祭祀、朝会、宴飨、经筵、册封，以及在外官员的朝觐、外国使节的朝贡、派出使臣的复命及谢恩等，都由鸿胪寺主持。但南京的鸿胪寺却没有这些事情可处理，也是个闲曹。

鸿胪寺卿和太仆寺少卿的品级相同，都是正四品。但一为副手，一为主官，这地位还是不一样的，特别是离开滁州到了南京，距离政治中心算是近了一步。

弟子们当然希望自己的老师步步高升，也希望老师对自己的印象更深一些。王阳明从滁州去南京时，在滁州的弟子及友人们送出四五十里，一直送到乌衣渡，仍不愿离去。这支浩浩荡荡的车队又送出上百里，来到长江北岸的江浦。过了长江便是南京，再也无法送了。这时夜幕已经降临，人们在江浦住了下来，要在第二天目送老师过长江。

不知是王阳明对这种没完没了的送法并不满意，还是一时疏忽，竟写了一首虽有新意却并不十分得体的《滁阳别诸友》古风：

滁之水，入江流，江潮日复来滁州。
相思若潮水，来往何时休？
空相思，亦何益？
欲慰相思情，不如崇令德。

掘地见泉水，随处无弗得。
何必驱驰为，千里远相即？
君不见，尧羹与舜墙？
又不见，孔与跖，对面不相识？
逆旅主人多殷勤，出门转盼成路人。

孔子自然是自己，但这盗跖却是何人？如此成群结队地送行，送了一百多里路，怎会“出门转盼成路人”？诸弟子，当然是那些不能跟着王阳明一起去南京的弟子，见了这首诗后不知会有什么想法。

十二、师徒问答

从游者日众，每人都有自己的目的和问题。王阳明对于这些求学者的要求也自有一套独特的办法。

例一：

辰州刘易仲，来滁州求学。一天，向老师提问：先儒每每说万物皆有“道”，请问先生，这个“道”说得清楚吗？

王阳明没有正面作答，却念了一首打油诗：“哑子吃苦瓜，与你说不得。尔要知我苦，还须你自吃。”（《别易仲》）

道是无法说清楚的，只有靠自己去体验；而这种体验，又不能从外界的万事万物中去求，只能从自己内心去求。

这向内心深处去求道，与佛教禅宗所说的向内心深处悟禅，在方法上却是相通的，也正是因为这样，所以当时有不少学者认为王阳明的学问，是禅宗顿悟之学。

例二：

有位浙江永康籍的青年名叫周莹，曾拜应元忠为师，后来又专程往南京见王阳明，希望能在王阳明这里受到更多的教益。

王阳明听完周莹述说来意之后，问道：你是从应先生处来？

是的。周莹回答。

那么应先生都教了你些什么？

也没教什么。只是每天教我要立志，要读圣贤的书，不要溺于流俗。他还说，这些道理曾请教过阳明先生，如果我不相信，可直接向阳明先生求证。因为这个原因，我才不远千里来求教。周莹一五一十说明了事情的原委。

王阳明听了，问道：这样说来，你是不相信你老师说的话了？

周莹连忙解释：我相信老师的话。

王阳明笑道：相信你还来干什么？

周莹说：应先生虽然教了我应该学什么，却没有教我怎么学。没有学习的方法，即使知道该学什么也是无济于事啊！

王阳明看了看他，摇摇头说：你已经知道了方法，没有必要再拜我为师。

周莹听了茫然：已经知道了方法？先生可别拿我开心。我如果知道方法，就不会千里迢迢来见先生了。还望先生看在应先生的分上，不吝赐教。

王阳明笑了笑，和周莹进行了又一轮问答：

——你从永康而来，路程很长吧？

——有千里之遥。

——确实很远。是乘船来的吗？

——是的。先乘船，后又换成车。

——那是够辛苦了。现在正值盛夏，路上热吧？

——热得很。

——来的时候带了盘缠、带了仆人没有？

——都带了。但仆人在途中病了，我将盘缠留给了他，自己借贷了一些钱，继续来南京。

——你这一趟来得真不容易。既然是这样，你中途为何不返回家乡，也省得吃如此多的苦头。是否有人强迫你？

听了这番话，周莹感到受了委屈：没有人强迫。我既然已经决心投入先生之门，别人看来劳苦艰难的事，在我看来，就成了很快乐的事了。怎能为了一点微劳而打退堂鼓呢？又何必要别人相强呢？

王阳明听了，拊掌而笑：这就是我说你已经知道方法的根据。你想到要入我的门下，便不辞劳苦，不需别人强迫，见水乘舟，无水陆行，冒酷暑、贷钱粮，终于实现了愿望。这是谁教你的方法？不都是你自己的主意吗？既然是这样，你立志于圣贤之学，自然也会以这种方法和态度去追求。你现在还需要我教你方法吗？

周莹听罢，恍然大悟，不禁欢呼雀跃。（《赠周莹归省序》）

例三：

有位西安籍的读书人郑德夫，听说王阳明在滁州讲学，想前去求教，却听人们纷纷扬扬地传说，说王阳明搞的那一套其实并无新意，不过是用儒术包装起来的禅学，遂打消了念头。后来和好友周以善一商议，觉得王阳明的学问是不是禅学，可以先从他弟子的学问中去考究，如果不是，再听听他自己的讲学。

此时王阳明已到南京赴任，于是二人结伴来到南京，寻找机会与王阳明的弟子们接触，发现并不像人们所说的那样。二人不动声色，在王阳明讲学时，混在众弟子之间听讲。王阳明讲学是为了宣扬自己的学说、扩大自己的影响，使众多的人接受他的思想，听讲的人是多多益善。用今天的话说，王阳明所做的是"公益讲座"，听众是用不着掏钱的，所以，郑德夫等人其实也用不着"混听"。

郑德夫整整听了十九天，觉得王阳明所说，全是对孔孟儒学的阐释。自己原先觉得平淡枯燥、全无生气的《大学》《中庸》，被王阳明一加发挥，便趣味盎然，于是正式要求拜入王门。但何为禅学，何为儒学，二者之间的关系到底怎样，郑德夫并不明白。特别是那么多的人将王阳明的学说说成是"禅学"，其中也未必没有道理啊？

带着这个问题，郑德夫在一次听讲之后郑重其事地向王阳明请教：当今学者非儒即禅，请问这禅学和儒学究竟有何区别？

其实，所谓的"禅学"本来就是佛学儒化或中国化的结果，也可以说是儒学"佛化"或哲学化的结果，唐宋以后，儒学和佛学之间，除了包装方式和表达方式的不同，内在精神其实十分接近。宋代理学的形成，更是儒学和禅学合流的产物。所不同的是，程颢、陆九渊的理学讲究"理在心中"，强调学者的悟性，与禅宗结合得更紧密。

从王阳明的内心来说，也并不认为儒学和禅学有本质上的区别，既然这样，也就没有必要强行区别。但口中却不能这样说，否则将引起反对派更多的指责，于是含糊其辞地回答：你为何一定要去区分儒学与禅学的异同呢，择其是者而学之不是很好吗？

郑德夫当然弄不清王阳明此话的真实含义，追问道：那么是与非又该怎样去辨别呢？

王阳明笑道：这是很简单的事情。你不必从学者的讲学中去区分是非，只需从自己的内心和行为中去辨别。如果做了一件事情，你觉得内心安稳，那么这件事情就是对的；反之，如果于心不安，则可能是错的了。这里，王阳明其实是在宣扬他的“知行合一”说，同时又有“致良知”思想的萌芽。

但郑德夫仍是不明白，又问：内心？内心又怎能辨别是非？

王阳明对这个难以开窍的学生有些不满意，语调也加重了：没有是非之心的人，能算是人吗？一言既出，自己也觉得话说重了，于是缓了缓口气，解释说：人们的口对于甘与苦的辨别，与易牙相同；人们的眼对于美与丑的辨别，与离娄相同；而人们的心对于是非的辨别，则与圣人相同。人心对于道的是非辨别，所以不能像人口对于味的甘苦、人眼对于色的美丑那样，可以立时辨别，关键在于被私欲掩盖，犹如裹着舌头尝味、蒙上眼睛看物，怎么能够得其味、识其物，又怎么能够辨别道之是非？你只要戒私欲、立诚心，怎会辨不出是非呢？①

郑德夫听了，这才觉得有些明白，但又说了一句没头没脑的话：先生所说，学生终于清楚了。但如此说来，《五经》所载、《四书》所传的那些教人的道理，不是可以不去学了吗？

王阳明一听，觉得事情有些严重了。他自认为自己的教诲，是圣学入门的最便捷、最有效的办法；他反对学生通过朱子及其他“先儒”的诠释去学孔孟著作，要求读原著，却没有想到学生中竟有人认为《四书》《五经》也可以不读的。他解释说：怎能说《五经》《四书》无用呢？这正是甘苦、美丑、是非之所在。但如果不用诚心去探求，那么在其中所看到的，不过是谈味、论色、说道而已，却求不到味的甘苦、色的美丑，更不用说道的是非了。（《赠郑德夫归省序》）

王阳明为了突出他的学说和程、朱的不同，对于要求学生勤奋读书上确实有所放松。他忽略了一个不能忽略的事实：他自己所以能够以一心贯万物，是因为有长达二三十年的书本知识的积累和实践经验的总结。因为总是觉得自己走过弯路，便想让学生和世人不走弯路，一步便踏上为圣为贤之路，却不知由于没有尝过求知的困惑、没有经历实践的艰辛，致使不少弟子小看天下的学问、轻视实践的作用。于是，看似在教人少走弯路，

① 易牙、离娄、圣人：易牙又称狄牙，名巫，是春秋时著名的厨子，擅长制作美味佳肴，故而博得齐桓公的欢心；离娄又称朱娄，传说中黄帝时代的人，有一双能见度极高的眼睛，能辨明百步之外的毫发。圣人则指孔子。

实则在教人空疏不学。

关于这一点，在滁州时已有人向王阳明提醒过，说滁州游学之士多放高论，并有渐背师教者。王阳明对此也有所感悟，所以在回信中说：我近年来想惩末俗之卑污，接纳学生往往选择天资较高的，希望能够救一时之弊。没想到竟有人渐入空疏，为脱落新奇之论，我也有些后悔。所以在南京论学，只教学者存天理、去人欲。(《年谱一》)

而实际上，王阳明也确实在有意识地扭转这一倾向。

学生中，王嘉秀和萧惠好谈佛道，王阳明便告诫说：

> 吾幼时求圣学不得，亦尝笃志二氏。其后居夷三载，始见圣人端绪，悔错用功二十年。二氏之学，其妙与圣人只有毫厘之间，故不易辨，惟笃志圣学者始能究析其隐微，非测忆所及也。《年谱一》

例四：

和郑德夫一道前来问学的周积（即周以善），是一位有主见却无耐心的青年学者。他研究朱子之学有不少时间，却苦无进展。与郑德夫一道听了王阳明的讲学后，觉得似乎有理，但又不明其理。带着这种疑惑，周积回到了家乡浙江江山县（今江山市）。但一回到家乡，他又觉得王阳明的讲学对自己还是很有启发，于是又返回南京。听了几天，仍是原来的感受，又回到江山。

这样反复三四次，折腾几个月，一无所获。周积很是苦恼，这才直接向王阳明请教。王阳明听了周积的叙述，又是可气又是可笑。他给周积举了一个例子：你听过古人论下棋吗？古人说：“弈之为数，小数也，不专心致志，则亦不可以得也。”你入而听我讲学，出而有鸿鹄之思，好高骛远，三心二意，怎能指望学有所得？

周积听了，也觉得这是自己的致命弱点，于是先沐浴更衣，然后恭恭敬敬地向王阳明行拜师礼，表示从此愿入王门，刻苦学习。王阳明让他坐下，说是静静心绪，便不再理他。周积坐了片刻，想说话，却见老师也在静坐而思，到口的话又收了回去，继续静坐。又坐了片刻，又想说话，见老师仍是不言不语，只得再陪着坐。周积转念一想，并非自己陪老师坐，而是老师陪自己坐，干脆就坐下去吧。这样一想，竟然心无旁骛，不再烦躁。

就在他不急不躁的时候，王阳明开口了，告诫他为学当先立诚，有诚意，才有进步。这本来是很简单的道理，但对浮躁了十来年的周积来说，却恰恰击中要害。第二天，王阳明单独见周积，以《大学》论证立诚之说。第三天，仍单独见周积，证之以《论语》《孟子》；又过一天，还单独见周积，又证以《中庸》。

周积始则半信半疑，继则大为信服，最后踊跃而起，向王阳明避席行礼：从今以后再也不会迷惑了，原来圣贤之教竟是如此深切而简易，格物致知果然应该从自我立诚做起。

周积又是兴奋又是懊悔，觉得自己求学十年，还不如这几天时间的收获大，并表示要将这一感受遍告所有有志于圣学的同道，以使他们免走自己曾经走过的弯路，“以报夫子之德，而无负于夫子之教！”（《赠周以善归省序》）

王阳明听了周积的话，自然也十分高兴。在给黄宗明的书信中，王阳明对“立诚”之说又作了进一步的阐述：

> 志于道德者，功名不足以累其心；志于功名者，富贵不足以累其心。但近世所谓道德，功名而已；所谓功名，富贵而已。仁人者，正其谊不谋其利，明其道不计其功。一有谋计之心，则虽正谊明道，亦功利耳。（《与黄诚甫》）

人有私欲，便会有谋计之心；一有谋计之心，便无法做到诚心；心不诚，则道不明、谊不正。因此，要存天理、去人欲，又应先从诚心开始。

但在说诚心的同时，王阳明师徒又忽略了先前的那个老问题：周积固然是闻道于一朝，却已有十年之积；用这一朝闻道的心得，去否定十年之积的辛劳，恰恰又是在鼓励寻求捷径的同时，否定了长期学习与实践的艰苦。

虽然从主观上说，王阳明并没有这个意思，但在客观上却产生了这种效果。

第五章　南赣汀漳巡抚

一、祭酒乎？巡抚乎？

王阳明在南京鸿胪寺卿任上转眼就是第三个年头。

南京官员除兵部尚书参赞军务，与太监、勋臣内外二守备总理南都事务之外，其他的衙门大抵无所事事。在两年的时间里，王阳明虽说是“日则处理公务，夕则聚友论学”，其实白天也是高朋满座，讲论不休，致使有位名叫杨典的御史建议朝廷，将王阳明的职务由鸿胪寺卿改为国子监祭酒，以满足他好为人师的愿望。

朝廷当然不可能让王阳明去做祭酒，否则，他将自己的一套学说在国子监胡吹乱侃，哪还不误人子弟？还是让他在南京鸿胪寺待着合适。

正德十年（1515 年）是两京官员的考察年。明朝京官的考察又称“大计”，始于英宗正统元年（1436 年）。当时经吏部奏准，南北两京各衙门的属官、首领官由本衙门堂上官考察，如有不称职，以及老弱病残者，吏部验实后即予罢免或迫使退休，但考察范围限在五品以下。

从宪宗成化四年（1468 年）开始，要求在京官员都得接受考察，但四品以上堂官，是采取“自陈”的方式，即由自己述职。到弘治十六年（1503 年）六月，定京官六年一考察，时间是亥年和巳年，五品以下仍循原例，四品以上则有新的规定，即“自陈”并通过吏部和都察院的核实之后，科道官可对其自陈所隐瞒的“遗行”进行揭发，这就叫“拾遗”。由于被拾遗者有“欺君”在先，一有发现，均须自请致仕。[①]

王阳明自正德七年（1512 年）十二月升南京太仆寺少卿，到正德十年底，在正四品任上就要满三年了，但没有任何升迁的迹象。正好遇上“大计”年，要对任职期间的表现作一自我评价。这既是违法乱纪、尸位素餐

---

① 沈德符：《万历野获编》卷 11《京官考察》。

的官员的一大难关，因为他们担心科道官的“拾遗”；而这六年一次的“大计”，又是那些自认为有能力、有抱负的官员们的一次表功的机会。虽然说“志于道德者功名不足以累其心”，但长时间位于“闲曹”，毕竟不符合王阳明的个性。

趁着自陈的机会，王阳明也对自己的业绩作了陈述，同时要求朝廷准许他退休，以警戒为官不勤者。这自然是当时官员们以退为进的一种常用手法，一是预防他人对自己“拾遗”，如果到那时才提出致仕，那就太被动了；二是引起当权者对自己的注意，以免到时失去升迁的机会。

王阳明特别强调了自己曾经被“投窜荒夷，往来道路，前后五载”，提醒当权者，自己是曾经受过委屈的。但朝廷并没有将王阳明的“自陈”当回事，只是不允许他致仕而已。

如果没有特别契机，王阳明看来还要在这南京住上几年。

眼巴巴到了正德十一年（1516年）九月，突然峰回路转，朝命下来，升王阳明为都察院左佥都御史，巡抚南（安）、赣（州）、汀（州）、漳（州）等处。

《明武宗实录》载朝廷命王阳明为都察院左佥都御史的时间是在正德十一年（1516年）八月十九日，但王阳明弟子们编的《阳明先生年谱》则记载此事发生在九月。这种记载上的差异，是因为《实录》记载的是朝廷任命王阳明的时间，而《年谱》记载的是王阳明得到任命的时间。又，《明史·王守仁传》说王阳明是以都察院右佥都御史巡抚南、赣、汀、漳，这是因为后来朝廷将其由左佥都御史改任为右佥都御史，因为根据成化以后逐渐形成的惯例，在外为“巡抚”的都察院“都御史”，都是戴衔“右佥都御史”或“右副都御史”。王阳明自己在正德十二年（1517年）正月二十六日所上的《谢恩疏》，也确切地说，十一年（1516年）九月十四日在南京得到吏部的公文，奉旨升都察院左佥都御史，说明《明武宗实录》的记载是准确的。

“都察院左佥都御史，巡抚南赣汀漳等处”的这个任命，对于王阳明的一生来说，是一大转折，与贬谪龙场具有同等意义甚至更大的意义。如果说贬谪龙场开始造就中国哲学史上的王阳明，南赣汀漳巡抚的任命则造就了中国政治史上的王阳明，正是这两个方面的相互激发、相互结合，才造就了一个完整的、千古唯一的王阳明。

正德朝（1506—1521年）是明代的多事之秋，明武宗皇帝朱厚照是位既有个性又好别出心裁的皇帝，他的一生，最讨厌的事情是在皇宫做皇帝，最高兴的事情是离开皇宫做将军。所以刚一继位，就和要求他在皇宫读书、做皇帝的大学士们发生矛盾，就亲近鼓捣他到皇宫外去游历、去做将军的宦官，使得内、外廷官僚集团的矛盾迅速激化，也导致了宦官势力的急剧膨胀，从而又加剧了社会矛盾的发展。

正德五年（1510 年）四月，宗室安化王以诛刘瑾为名起兵，杀了宁夏巡抚安惟学、总兵姜汉、镇守太监李增等，并封锁黄河渡口。这是自宣德元年（1426 年）汉王朱高煦发难后，近百年来宗室发动的首次叛乱，虽然仅十九天时间就告失败，却产生了十分严重的政治影响。

从正德三年（1508 年）开始，四川先后爆发了以刘烈、蓝廷瑞、鄢本恕、廖惠、曹甫、方四、骆松祥、范藻等人领导的“农民起义”，直到正德九年才被最后镇压。而正德五年到正德七年间（1510—1512 年）以刘六、刘七兄弟及赵遂、杨虎、刘惠、齐彦名等人领导的河北农民起义军，更席卷南北直隶及山东、河南、湖北，为明朝中期影响最大的“农民起义”。

与此同时，江西各地农民由于土地兼并的加剧、赋税徭役的加重，也纷纷起来反抗。抚州东乡、饶州万年、瑞州高安、赣州寻乌、南昌靖安、广信贵溪等地，都有农民占山据险、攻城掠府。瑞州府城（今江西高安县）被农民军攻破，按察副使周宪被农民军俘虏。

而在江西、广东、福建、湖广接境地区，更是遍地动荡：江西南安府的横水、桶岗、左溪等地（今崇义县）有谢志珊、蓝天凤部，浰头（今广东和平县）有池仲容部，都已称王;陈曰能在江西大庾、高快马在广东乐昌、龚福全在湖广郴州、詹师富在福建南靖，与官府作对。当地明军在与义军的战斗中屡屡失利，束手无措。

在这种情况下，明朝政府起用了王阳明，应该是两股力量推动的结果。

一股力量是朝中的当权派，首领当然是内阁首辅杨廷和。杨廷和是明朝正德、嘉靖年间重要的政治家，对于稳定正德后期、嘉靖初期的政局，对于革除正德时期的一些积弊，起了重大的作用。但杨廷和及其内阁同僚，都属于“朱学”的代表人物，而同一时代的伟大人物，也未必就一定“投缘”。杨廷和及其同僚们显然不希望王阳明回到北京，更不可能让王阳明去做国子监的祭酒。与其这样，倒不如让王阳明去做南赣汀漳巡抚，你不是要做圣贤吗？你不是要“知行合一”吗？既然如此，就派你到南赣汀漳去吃吃苦头，省得一天到晚耍嘴皮。

但是，推动王阳明为南赣汀漳巡抚的更重要的力量，也可以说是决定性的人物，还是兵部尚书王琼。王琼是明朝中期一位难得的干才，正德时曾经历任户、兵、吏三部尚书，嘉靖时又以兵部尚书兼右都御史总督陕西三边军务。为户部尚书则明习国计，各地仓场的储备、诸边粮草的多寡，尽在其心中；为兵部尚书则熟知军情，当时各地都有民变，将士依边功例，以首级多少论功，王琼手头上却有许多关于江西、四川等地官军杀平民请功的报告，通过力争，决定对内地的“贼盗”，只以平定是否论功，革除以首级论功；为陕西三边总督则料敌如神，攻守兼备，和战互用，多次击退蒙古瓦剌部和吐蕃的侵扰。

这次起用王阳明为南赣汀漳巡抚，也表现了王琼的胆略和见识。世人只知王阳明聚众讲学，对孔孟学说有自己的一套看法，不管观点怎样，毕竟是学问家，所以御史杨典才提议朝廷让他做国子监祭酒。至于王阳明除了搬弄学问之外，是否还有统兵理政之才，则谁也没有把握。只是听说他十五岁时就单人独马去过居庸关外，还驱赶过蒙古小孩，但那都是少年人的瞎胡闹，不能当真；也听说过他钻研过兵法，以果品盘碟布阵，并在督造王越墓时以兵法节制民工，但那也能算是懂兵法？

但王琼正是在这些道听途说中了解了王阳明。本朝的武官多是世袭，有几人领过兵、见过阵？而北御外敌、南平内乱的，多是文官。当年王越提兵偷袭鞑靼于红海子、韩雍破瑶民于断藤峡，是何等的壮举！他们以前也并没有带过兵，却比武人更有胆略。王阳明敢于独出塞外，敢于以一人抗天下、清算朱子的学说，仅这份胆量，大明朝就没有第二人。

由于王琼是“本兵”，平“贼”灭“寇”是兵部的事情，所以他的意见起着决定性的作用。

对于明朝的文官们来说，要在仕途上有大的发展，有两条重要的途径。一条是考了进士后留在翰林院，像王阳明的父亲王华那样，然后做经筵讲官，做内书堂教官，给皇帝留下好的印象，并与司礼太监们搞好关系，则进入内阁比较有希望。另一条是以都察院都御史的身份巡抚地方，成为封疆大吏，独当一面，然后进京，为都察院的掌院都御史或兵部、吏部尚书，或入阁为大学士。

王阳明在正四品的职位上迁延了好几年，如果做了国子监祭酒，当然也有望进一步做礼部侍郎、尚书，然后入阁，但这样的话，他少年时建立军功的梦想将永远是梦想。

“巡抚”是明朝从宣德时期开始向各省派遣的中央巡视官员，后来逐渐制度化和地方化，成为省级最高军政长官，是当时一切有抱负有才干的官员发挥自己才能的最好职位。巡抚通常挂衔都察院，根据资历的深浅，分别为“右佥都御史”（正四品）、“右副都御史”（正三品）、“右都御史”（正二品）。[①] 王阳明因是正四品官，所以初任巡抚时只能是“佥都御史”，但从实际权力和地位来说，“佥都御史”的巡抚与“都御史”的巡抚并无区别，都相当于二品大员。这可说是在仕途上迈出了一大步，而更为重要的是有了施展自己抱负的机会。

二、途经万安戏演兵

正德十一年（1516年）九月，王阳明在南京受命为巡抚南赣汀漳佥都御史。十月,回余姚老家探望九十七岁的祖母。祖母的身体这两年有些麻烦。老人年纪大了，说走就走。王阳明这次的省亲实有诀别之意。到正德十二年（1517年）的正月十六日，王阳明已在赣州的巡抚衙门办公了。从接受委任到赴任赣州，前后不到四个月。如果将王阳明出仕之后的几次大变动作一比较，便可发现他对这些变动的不同态度。

贬谪龙场的旨意是正德元年（1505年）十二月下达的，王阳明正德二年春离开北京，三年春才到龙场，途中花了一年的时间；正德七年（1512年）十二月由吏部考功司郎中升南京太仆寺少卿，王阳明到滁州的时间是第二年八月，前后为八个月。与此相反，正德四年（1509年）底由贵州龙场驿丞升江西庐陵县知县,王阳明第二年三月中旬就到任,前后不到三个月;正德五年(1510年)九月得知刘瑾被诛的消息,王阳明一个多月就到了北京;这次为巡抚，从受命到就任，其中包括去余姚省亲，也不过四个月。而省亲回南京后，正德十二年（1517年）正月初三日起程，当月十六日便到了赣州，路上的时间还不到半个月。

朝廷让自己赋闲，则消极怠工；朝廷让自己干事，则刻不容缓。这也

① 关于明代巡抚的问题，参见方志远《明代的巡抚制度》,《中国史研究》1988年第3期。

反映了王阳明的性格特征。

从南京到赣州，一路都是水道。先是溯长江而上，由湖口入鄱阳湖；再由吴城入赣江，溯赣江而上，途经南昌、临江、吉安、万安。这些年来，江西各地都不太平，民变不断，其中虽然不乏地方不法之徒的作恶和煽动，但绝大多数的“盗贼”都是因生计所迫铤而走险的贫苦百姓。关于这一点，王阳明在庐陵时已深有感受，自己曾亲眼见到庐陵百姓因不满镇守中官的肆意加派而群情激愤，结队进城。如果当时不是冷静处理，而是动用武力，很难说不会激起民变。

王阳明在座舱中一路盘算，这赣南、粤北、湘东、闽南，大山连绵，旷地千里，法制不行，民风剽悍，可谓积重而难返。那些占山据险者，称王称霸已有不少岁月，官军连战失利，更长了他们的气焰，短时期内要予以平灭，确实并非易事。他取出吏部在上年十月二十四日下达的第二道公文，上面转述了以皇帝名义发布的敕谕：

> 江西、福建、广东、湖广各布政司地方交界去处，屡有盗贼生发。因地连各境，事无统属，特命尔前去巡抚江西南安、赣州，福建汀州、漳州，广东南雄、韶州、惠州、潮州各府，及湖广郴州地方，抚安军民，修理城池，禁革奸弊。一应地方贼情，军马钱粮事宜，小则径自区画，大则奏请定夺。但有盗贼生发，即便严督各该兵备守御守巡，并各军卫有司设法剿捕，选委廉能属官，密切体访；及签所在大户，并被害之家，有智力人丁，多方追袭，量加犒赏；或募知因之人，阴为向导，或购贼徒，自相斩捕，或听协从并亡命窝主人等，自首免罪。其军卫有司官员中政务修举者，量加旌奖；其有贪残畏缩误事者，径自拿问发落。(《巡抚南赣钦奉敕谕通行各属》)

朝廷所给的权力，不能说不大。而兵部的公文则特别提到都御史文森因迁延误事而被处置，内节录皇帝的敕谕，要求王阳明“着上紧去，不许辞避迟误”，责任十分重大。

船过万安了。当年文天祥《过零丁洋》诗说：“惶恐滩头说惶恐，零丁洋里叹零丁。”这惶恐滩就在万安，为赣江中最为险要的一段水路，船只经过这里，都需要特别小心。

这时正是赣江的枯水期，王阳明的座舟在江水中缓缓上行，却见前方江面有不少商船停泊不前，不知出了何事。王阳明命舟子将座船靠了上去。一打听，才知道在前面惶恐滩附近有数百“流贼”，正在拦截商船，抢劫财物。

王阳明闻言，不禁暗自发笑，刚刚想到惶恐滩，惶恐滩就发生了事情。不要说自己现在已是巡抚，有抚治地方治安的责任，就是一介平民，按照王阳明的性格，遇上这种事情也要管上一管。

王阳明命人竖起自己的巡抚牙旗，将附近商船召集在一起，排成阵势。然后摇旗呐喊，鼓噪而进。王阳明站在船头，看看身前身后浩浩荡荡的船队，心中一阵得意。这是他有生以来第二次演练阵法。第一次是在工部做观政进士时，督修王越墓，以阵法调动民工；这一次却是完全意想不到的机会，编练起了水师，而这支水师却尽是由商船组成。

转眼间来到了出事地点，却见岸边尽是衣衫褴褛的“贼寇”，他们架起一排排的条木，截住江面，凡过往船只，均要纳钱交物。有几只商船正在遭受洗劫。

所谓先声夺人之气。尽管王阳明所领的都是商船，但这巡抚衙门的旗号和大张旗鼓的声势却令“贼寇”大惊失色，正要一哄而散，却被王阳明的随行军校抢先登岸，截住了去处。“贼寇”无处可走，一齐跪下，有胆子大的则大声呼喊：我等皆万安各处的饥民，家中土地遭灾，官府不行赈济，迫不得已，才做这种勾当。

其实，不用他们申诉，王阳明也已猜出几分。

中国地域辽阔，气候条件和生态环境复杂，北方旱灾而南方水灾，东部蝗灾而西部地震，乃至同一地区水、旱、蝗、疫接踵而至，也都是常有之事。几年前王阳明与弟子们游四明山时，浙东地区就正遭旱灾。

虽说本朝从太祖皇帝开始就立下规矩，各地发生灾情，地方官应一面奏报，一面开仓赈济。但这些年来，储备日减而灾情频繁，所以从上到下对于赈济灾民的事情也是开只眼闭只眼。除非灾情特重，灾民闹出些事来，才会去认真对待。但即使开仓赈民，也存在着许多技术问题。一是粮食少而灾民多，赈不胜赈，贷不胜贷；二是每当赈济之时，总有一些灾民乃至富户反复请贷，使得本来就少而又少的赈灾粮更无法满足需要；三是有些赈粮官吏狼狈为奸，趁着散粮之际，中饱私囊，反倒激化矛盾。当然，也有一些商人趁机囤积居奇，哄抬粮价，加重了粮荒的程度。

对于这些问题和弊端，王阳明这些年来也有比较深刻的认识。他同情灾民，憎恨发天灾财的商人和富户，对不顾灾民死活、克扣救灾粮物的贪官污吏更是充满愤慨。但他作为世家子弟、朝廷命官，也不赞成灾民动不动就闹事。他的主张是，对灾民要采取各种办法进行赈济，帮助他们渡过难关；但对于不听政府招抚，一意打家劫舍，乃至与官府为敌的“刁民”，必须镇压，毫不手软。他不是自以为代表民众利益、与整个社会的腐败现象宣战的海瑞，他是肩负着教化民众、改良社会责任的圣贤。

王阳明一直认为，这个社会腐败到一定的程度，绝不是杀几个贪官污吏就能解决问题的，也绝不是一味顺从民众就能缓和矛盾的。如果从上到下，从皇帝、百官，到樵夫、渔父，人人都克制自己的私欲，人人都寻回自己正在泯灭的良心，人人都按良心去办事，天下哪有治理不好的？要寻回良心，既需要每人自身的反省，要“立诚”，也需要社会的规范，要有强制性措施，帮助进行反省。而对于那些不愿自我反省、良心业已泯灭的小人、刁民，则必须予以打击。这既是王阳明正在思考的社会改革方案，也是他由教人“立诚”到提出“良知”的一个思想演进过程。

对眼前饥民的处置，以及日后在赣州的举措，王阳明已经有了一个基本的思路。他命人大声宣告：江西灾情，本院已尽知其详。定有妥善办法赈济。你等身为国家子民，遇有灾荒，本应努力自救，不该做这拦路抢劫之事。须知国家本有法律，一旦逮捕问罪，将置父母、妻子于何处？本院念你等因贫寒所迫，又是初犯，不予追究，就此各自回家，正当谋生，等待官府安顿。

这些饥民本来就无组织，只是因为家里贫穷，又遭了灾荒，想做做无本生意，得些不费力的财物，于是在这惶恐滩头，越聚越多。此时正是年初，商人多在家中过年，所以往来商船并不太多。饥民中兄弟多的、胆子大的，自然也劫得了不少财物；而胆子小的，只是在岸上瞎起哄，捡一些别人挑剩的粗布旧衣。如今见到这般架势，又是新任的巡抚上任，饥民们早已吓得六神无主，听说既往不咎，各自丢下已经劫得的财物，一哄而散。

王阳明望着这些四下奔逃的饥民，不禁长长地叹了一口气。至于商人们如何去辨认自己被抢的物品，王阳明已无心过问，也不需要他去过问。王阳明下令舟子，超越商船，往南急驶而去。

三、夜审老吏

正德十二年（1517 年）正月十六日，王阳明来到了南赣汀漳巡抚衙门的所在地赣州。

赣州南倚五岭，北俯全省，扼赣闽粤湘四省冲要，素有“江湖枢键，岭峤咽喉”之称，是江西南部重镇。发源于南岭的章、贡二水，穿山越谷，在赣州汇合而成赣江。从汉高祖六年（公元前 201 年）立赣县始，这里先后为南康郡、虔州、赣州及赣州路（元）、府（明）的所在地。到王阳明巡抚此地，赣州建城已有一千七百多年的历史。

南赣汀漳巡抚始设于孝宗弘治十年（1497 年），是由原江西按察司岭北分司即岭北道改置的。自成化以来，江西、福建、广东、湖广接壤山区，治安状况极为混乱，经常发生山民聚众抢劫过往商人的事件。当地官府派兵搜捕，山民或凭借地形潜逃，或对人数较少的官兵发起袭击。时间一长，酿成动乱。为了加强对这一地区的控制，明政府采纳了江西地方政府的提议，设立巡抚，管辖江西南安、赣州，福建汀州、漳州，广东潮州、惠州、南雄，以及湖广的郴州，共七府一州，组成了一个特别行政区。

这一地区远离各省统治中心，经济文化落后，向来就是没有王法的地方。土著居民和客居侨民之间、家族与家族之间，因为山林、田地及其他事情引起纠纷，里老管不了，也不提起诉讼，而是动辄械斗。地方官员则多由内地贬谪而来，除了搜刮百姓，大多饱食终日，无所用心。明朝初年，虽然也在这一地区设立了里甲制度，但时至今日，早已名存实亡。巡抚设置之后，形势并无好转。从弘治十年（1489 年）开始，到正德十一年（1516 年），近二十年间，巡抚换了几任，山民聚结守险，抢劫商人，抗拒官兵，而且越闹规模越大，有不可收拾之势。

王阳明到赣州的当天，便在巡抚衙门开府听事。这巡抚衙门也建于弘治时，气势恢宏。弘治间曾任巡抚的何乔新对衙门的规制作了如下记叙：

> 前后堂五间，穿堂两廓，大门、仪门廊庑各若干间，东左建寝室，又东则建赏功所。大门之外，立抚安、镇静二坊牌。屏墙之南，又立三司厅，以为巡守、兵备会议白事之所。……穹堂峻宇，高闳崇墉，规制壮丽，它镇所未有也。凡政令之布、赏罚之施，皆在此。诸帅出兵、

受律、献馘，亦在此。郡县百司政有弛张，亦必至此白之，而后敢罢行焉。[①]

赣州虽然僻处江西南部山区，却是当时南北交通的咽喉，所以这巡抚衙门的规制也不是其他巡抚衙门所能比拟，较之王阳明曾经办过事的南京太仆寺、鸿胪寺，也是不可同日而语。

但此时的王阳明，却无心去欣赏衙门的气势。初到赣州，百废待兴，要做的事情实在太多了。新官上任三把火。当年在庐陵，王阳明的第一把火是烧向镇守太监，烧向布政司和吉安府的上司们。那么到赣州后，这第一把火该烧向何方？

其实，王阳明在从南京到赣州的路上，想的也就是这第一把火。

当年汉昭烈皇帝刘备初定川中，诸葛亮以法治川。法正提出疑问，认为蜀人刚刚归附，用法宜轻，以收买人心。法正还举例说，秦法太严，所以汉高祖约法省刑，因而得到关中父老拥护。诸葛亮却认为，秦法暴虐，天下皆怨，所以汉高祖以宽仁纠之；刘璋失川中，却是因生性怯弱、刑法不严，所以全无威望，人心涣散，故治蜀应严修法治。

本朝建立之初，太祖高皇帝和刘基论政，也曾多次说过，治新国应用轻典，治乱国当用重典，这就叫世轻世重、时轻时重。太祖还认为，元朝失天下，就在于刑法太宽、政令过纵，因此，当以严纠其宽，以猛纠其纵。

在王阳明看来，如今的南赣汀漳地区情形也是如此。如果不健全基层社会组织，不强化法治管理，不对民众进行教化，不纠正文痞武嬉的习气，民乱将平而复起，永无宁日。做巡抚不比做知县，而做这南赣汀漳巡抚又不同于他处巡抚，这第一把火必须用猛火，官、民、军都得烧，集中力量，先将占山为王的“乱民贼寇”铲平，再大行教化，使民知法守法。也就是说，要先平灭有形的“山中贼”，再清理无形的“心中贼”。“山中贼”不灭，地方不得安宁，也无法向朝廷交差；“心中贼”不灭，祸乱根源便得不到清除，“山中贼”也就不可能真正得以平灭。一个综合治理的方案在王阳明的心中逐渐清晰起来。而巡抚衙门一名老吏员的口供，则直接促成了王阳明的第一个行动。

在来赣州的路上，王阳明就听说赣州居民中有不少为“山贼”提供情报。

---

① 何乔新：《新建巡抚院记》，《明经世文编》卷67。

因此，官府一有举动，“山贼”已先知晓。来到赣州以后，王阳明通过几次小小的试探，发现一名“老隶”即老吏员形迹可疑，断定是“山贼”的内线。王阳明在观察人的方面颇有自信。想当年出入佛老、精研相术，也曾小有应验。而这相术虽被今人说成是迷信，却包含着当代心理学、精神分析法等科学因素在内。经过一番周折，王阳明摸清了老吏的一些底细。

这天初更时分，王阳明将老吏召到自己的卧室之中，问道：本院莅任不久，本地乡情民俗，一概不知。听说你是本地土著，又久在衙门办事，是否有所教我？

老吏初听巡抚召见自己，不免有些紧张。但他久经历练，所见官员无数，不是只知死啃故纸的书呆子，便是只知中饱私囊的贪财奴，不然，这天下怎会如此不太平？对付这些官员，他早已有一套办法。对书呆子可以哄骗惊吓，对贪财奴可以满其私欲。待听了王阳明的问话，老吏更是释然，但仍诚惶诚恐又不失小心地说道：承蒙大人错爱，本应竭尽努力。但小人虽然久在官府听差，却从来不敢过问官家事情，怎敢有劳大人动问？

王阳明听罢，不觉暗自称赞，所谓“能言不如会推”，这老吏果然是见多识广，说起话来滴水不漏。但老吏显然没有想到，这一任的巡抚虽然看上去体弱多病，却既非书呆子，也非贪财奴，而是曾经生死、历受磨难、敢与天下人抗衡的铮铮铁汉；而且，还是从小熟知江湖法术、喜欢装神弄鬼玩把戏的狂放之士。老吏越是表现得沉着冷静，王阳明就越是坚信自己的判断。

王阳明对老吏点了点头，笑道：巡抚衙门缺的就是你这样办事小心的老成人。接着话锋一转，只是不知这些年来你向山贼送了几次情报、得了多少银子？

老吏听了前半句，正自得意，没想到接下来竟是当头一闷棍，当时就险些晕了过去。仗着老成练达，强作笑脸，假装糊涂，问道：银子？历任巡抚都是清官，对下属爱护有加，可就是从来不赏银子。

王阳明收起笑容，面沉似冰：你这戏法可演给别人看，却瞒不过本院。本院从小就看术士演戏，他们的戏法可比你高明得多。你可知道本院的道号叫“阳明子”？还是老老实实说真话的好。

接着，历数了到任后老吏几次向“山贼”通风报信的来龙去脉。

老吏做梦也没想到这位自称“阳明子”的巡抚竟是如此洞察秋毫，一边听，一边直冒冷汗，双腿一软，跪在了地上。

王阳明见状，心中一阵苦笑。自己每每对人说，少年之时误入歧途，与术士为伍，又出入佛老、迷恋神仙术，看来倒是有些言不由衷、口不对心。如果不是有当年的经历，又怎能将这老吏治服？人生在世，要成大事，恐怕还是得多学一些本事，三教九流都要熟知，五花八门均要通晓。

从老吏口中，王阳明得知，不仅赣州城内城外多有通“山贼”者，就是经常替巡抚衙门占卜的阴阳先生，以及在衙门服役的书吏、门子，也有“山贼”的密探。难怪官军屡屡失利，原来军马还未出动，“山贼”便已知道，早就作了防御准备。一个双管齐下的计划在王阳明心中形成了。

四、初行“十家牌法”

正德十二年（1517 年）正月下旬，江西、福建、广东、湖广交界府县先后出现了以南赣汀漳巡抚衙门名义发布的告示。这篇名为《十家牌法告谕各府父老子弟》告示的大意是：

本院奉命巡抚此地，是要剪除那些占山据险、风高放火、月黑杀人、祸害乡里的贼盗，以安定地方、保护良善。但是，由于才力有限、智虑不及，虽有爱民之心，却无爱民之政。故此，希望得到本地父老的支持，以弥补本院才智的不足。本地军民人等，凡有便民利民的设想，都可来巡抚衙门面陈或投书以告，本院当取其善者而行之。今先行十家牌法，望各家都要遵守。

根据“十家牌法”，每家都有一块粉牌，粉牌的右边标题写明“某县某坊民户某人”，接下来是该户属某坊某都某里里长某人下。如该户是军户，则写明属某千户所某总旗某小旗队长某人下；如是匠户，则写某里某甲下某色匠，如木匠、石匠、铁匠、泥瓦匠等；如是客户，则写明原籍某处某里某甲下，是何户种，在本地的何里何甲居住，从事何种职业；如是官户，则写明在某衙门某官下，做何种职业；如在本地购买了土地，则要写明土地原来的主人及买田时的保人是谁。接下来便是各家有男丁几人，在家几人、外出几人，以及各人的名字、年龄及从事的职业。然后是妇女几人、房屋几间，是自己的房子还是租用的房子；如有寄宿客人，要写明客人的原籍在某处，来此作何生理等等。[1]

告示规定，每十家为一甲，发一块木牌，照样式写好，十家轮流掌管。每天的酉牌时分即傍晚，当值的一家户主须持这块牌子往九家巡视，根据各家的粉牌查审：某家今夜少了某人，往何处，干何事，何日回来；某家今夜多了某人，是何姓名，从何处来，来干何事。巡视完后，连同自家的情况，通告各家。如有可疑处，应立即告知官府。如有隐瞒，一旦事发，十家同罪。

这套办法对于从来不受拘束的四省边界居民来说，实在是过于烦琐，王阳明自己也感觉到了这一点，所以在告示中予以特别声明：

> 今为此牌，似亦烦劳。尔众中间固多诗书礼义之家，吾亦岂忍以狡诈待尔良民？然欲防奸革弊，以保安尔良善，则又不得不然。父老子弟，其体此意。自今各家务要父慈子孝，兄爱弟敬，夫和妇随，长惠幼顺，小心以奉官法，勤谨以办国课，恭俭以守家业，谦和以处乡里。心要平恕，毋得轻意忿争；事要含忍，毋得辄兴词讼。见善互相劝勉，有恶互相惩戒。务兴礼让之风，以成敦厚之俗。(《十家牌法告谕各府父老子弟》)

行十家牌法，是王阳明平灭“山贼”计划中的第一步，即首先切断城乡居民与“山贼”的联系。公开的告示只是给民众打招呼，要真正实行，还得靠官府的督促和检查。为此，王阳明连续给所属的按察司分巡道、兵备道，布政司分守道，以及府州县大小衙门发布通告，告知新巡抚已经上任，要求各级官员将各自辖区的治安情况及兵马钱粮状况进行禀报，并对平灭“山贼”提出建议。同时，要求在各府州县推行十家牌法。

在给各按察司分巡道的指令中，王阳明特别说明了推行“十家牌法”的真正用意：

> 照得本院巡抚地方，盗贼充斥。因念御外之策，必以治内为先。

---

① 按明朝制度，县之下为都，都之下有里、甲，为基层政权组织。王阳明在管辖区推行的十家牌法，便是以里甲制度为基础的。户籍则分民户、军户、匠户、官户、灶户（即盐户）等，客户则为外地来本地谋生但尚未正式入本地户籍的人口。故十家牌法都要说到。关于这方面的情况，参见方志远《明代国家权力结构及运行机制》下篇，科学出版社 2008 年版。

顾莅事未久，尚昧土俗，永惟抚缉之宜，懵然未有所措。访得所属军民之家，多有规图小利，寄住来历不明之人，同为狡伪欺窃之事。甚者私通峯贼，而与之传递消息；窝藏奸宄，而为之盘据裔缘。盗贼不靖，职此其由。(《案行各分巡道督编十家牌》)

由于居民多通“山贼”，所以才行十家牌法，其实是行十家连坐法，一家“窝藏”或者暗通“山贼”，十家连坐。通过这种办法，使得居民不敢和“山贼”接触，断其内应和粮食补充。

王阳明要求各分巡道将他的指令立即下达给所属府、县，由掌印官亲自负责，依照样式制作“十家牌”，沿街沿巷、逐乡逐村，挨次编排，必须在一个月之内完成。各道要严加督察，到时检查，将所造名册缴巡抚衙门，以备查考。依违拖沓、过期未办者，罚；急公忘私、编排及时者，奖。

话虽如此，但南赣汀漳巡抚所辖的地域是如此的辽阔，地形又是如此的复杂，不要说一个月内编排完十家牌，就是每个乡、村都走一遭也来不及。王阳明虽说是历经磨难，也做过几个月的庐陵知县，但庐陵县再大，比起今日南赣汀漳巡抚所辖范围，也不过是弹丸之地。初为封疆大吏，第一次来这四省接壤地区，正如王阳明自己所说，确实因“莅事未久，尚昧土俗”。

而且，不但城乡居民，就是各县、各府、各道官员也从来没有做过如此烦琐的事情。官员们都知道商鞅曾经行过什伍连坐法，但那是秦国的苛法，如今是什么世道，也搞十家连坐法?

但王阳明有自己的想法和个性。虽说“山贼”中多属贫苦农民，但一日不平，地方一日不得安宁，对政府、对百姓都没有好处，自己也无法向朝廷交代。要平灭“山贼”，就必须切断他们和城乡居民的联系。因此，不管有多大的阻力，十家牌法必须推行。而能否推行，又在于各级官员的是否认真办事。

王阳明再次发布指令，对有些官员将“十家牌法”视为虚文进行了严厉斥责，重申编排十家牌法的办法，并特别强调了吏部在给他的任命中所引用的“圣谕”:“军卫有司官员中，政务修举者，量加旌奖；其有贪残畏缩误事者，径自拿问发落。”

世界上的事情就怕认真，各级官员办事的拖沓，主要原因便在于他们上司的不认真。因此，如果与自己的权力、地位，以及合法、非法收入无关，很少有人会去认真办事。而权力、地位的是否巩固并加强，以及收入的是否增加,又往往不在于办事的是否认真即所谓的政绩,而在于是否善于钻营,是否会满足上司的私欲。人人都利用职务牟取个人私利，又怎能去认真办事？但是，当不认真要影响到自己前程的时候，哪就不得不认真了。

王阳明的一丝不苟，使得大小官员也不能不认真了。一时之间，“十家牌法”倒真在赣州、南安等府的一些属县推行起来了。王阳明再接再厉,在十家牌法的基础上，又推出了保长法，与十家牌法一道，构成了保甲法。

王阳明在《申谕十家牌法增立保长》的通告中说，原十家牌法各甲没有设牌头，原因是避免烦琐侵扰。但乡村往往不安定，一旦遇有“盗贼”,束手无措，任凭抢劫，因此必须有所统纪。他要求府、州、县在各乡各村推选出一位才行为众人所信服者为保长，遇上“盗警”时统率各甲进行截捕。同时，要求城郭坊巷及乡村，都在要地置鼓一面。村与村之间离得远的，要立起鼓楼。遇有“盗贼”，便击鼓报警。一巷击鼓，各巷齐应；一村击鼓，各村齐应。听到鼓声，各甲居民各执器械，听从保长的指挥，一齐捕盗。如有听到鼓声却藏匿不出,或故意后出的,保长与同甲邻里举告到官,要重加处罚。但保长平日不得干预词讼等事，不得武断乡曲。

保甲法一推行，城乡果然安定了许多，小股的“盗贼”吃了亏，也不敢轻易抢村劫巷了。

五、练民筹饷

推行保甲法，地方大抵可以安定，但要平灭“山贼”，还须有一支可用的军队。但一经检阅当地库藏及驻军，王阳明不禁暗自叫苦。赣州是江西南部重镇，却府库空虚；赣州卫额定兵员应有五千余人，但逃散殆尽；赣州府及赣县的机兵捕快，也名实不副，供役人员不及名册的一半。巡抚衙门所在地的赣州尚且如此，其他府县可想而知。

早就听说官军不可用，内地官军尤不可用，却没有想到有这样严重。难怪这些年来地方有事，总是向朝廷请兵。等到兵部请旨、各部反复议论、朝廷调兵遣将，小乱早已酿成大祸。南赣汀漳等地也是这样，一有动乱，便请派兵；朝廷派来的军队，多是湘西或贵州、广西少数民族的“狼兵”,一往一返，最少也要上年。“狼兵”一到，“山贼”便潜伏不出；“狼兵”一走,“山贼”又出来活动。靡财耗饷,却无济于事。特别是“狼兵”每到一地,当地政府和民众不但要提供食宿，还得捐赠财物，以事犒赏；“犒赏”不及或不满意，“狼兵”便大肆掠夺。所以当时有民谣说：“贼如梳，兵如篦。”宁愿来“贼”，也不愿来兵。

王阳明决心改变这种情况，他不相信离了官军和“狼兵”就一事无成，古代善于用兵者，可以驱市井之民为军、率乌合之众为战。既然孙子可以演练女兵，章邯带着一帮囚徒就能平灭陈胜、吴广，难道自己管辖着八府一州之地，就练不出一支可用之兵？他的信条是：“事豫则立，人存政举。”只要思虑周密，条件许可，有人带头去做，没有做不好的事情。

正在这时，江西岭北道兵备副使杨璋的一个报告给王阳明以启发。杨璋说,他已对所属各县的机兵捕快进行了挑选,将身强体壮者重新加以编练,较往日大不一样。王阳明这些天考虑的也正是这个问题，江西各县的捕快可以编练，福建、广东、湖广的捕快也可以编练。但光靠机兵捕快仅可用以守护城池及关隘，至于深入“贼”穴、冲锋陷阵，无论从人数上还是素质上都难以胜任。一个大规模选练民兵的计划酝酿成熟了。

王阳明要求四省各分巡道的兵备副使,在所属各县的弩手、打手、机兵、捕快之中，挑选“骁勇绝群、胆力出众之士”，每县多则十几人，少则八九人；如数量不够，则悬赏招募，重赏之下，必有应募者。江西、福建两兵备道，各召五六百人，广东、湖广两兵备道，各召四五百人。从中再选出勇力、胆识尤其出众者，用为将官。又从卫所军官中挑选武艺出众、有实战经验者，对民兵进行正规训练，使其熟悉金鼓号令、进退步法，以及攻防之术。编练民兵是兵备道的责任，巡抚衙门则时加督察，偶尔进行调遣，检验其机动能力。

王阳明对这支新编的民兵寄予了很高的期望，称之为“精兵”。而实际上，在以后对四省山区义军及惯匪的战斗中，这支民兵也真起了核心和骨干作用。

光有兵还不够，有兵则要有饷，而这又是当时最为棘手的事情。所谓重赏之下必有勇夫,有钱不怕无兵,有兵却怕无钱。当时的明政府财政拮据,不可能给各地拨出演练民兵的费用。况且,这演练民兵,在当时也是新鲜事。政府曾号召过北方边境地区招募“土兵”，至于内地，却还无先例。地方官从来就是多一事不如少一事，遇有民变，能镇压则镇压，无法镇压则上报朝廷。只要上报及时，朝廷也无法怪罪。这已成通例。王阳明既然自己挑起了这件事情，则兵饷也得靠自己筹措。

朝廷无饷可拨，地方府库空虚，但又不能加重当地民众的负担，否则，“盗贼”将越剿越多。因此，王阳明将筹款的重点放在疏通盐法、提留商税上。

首先是盐。中国人说，每日开门七件事，柴米油盐酱醋茶，比起其他六件事，食盐显得意义更为重要。酱醋茶未必每人每日都需要，柴米油各地都有生产，食盐的产地却非常有限，而且没有替代品，因而历代中央及地方政府均将食盐视为重要的财源。

明朝建立以后，对食盐的生产与销售进行了严格的控制。商人支盐需要盐引，而且支盐和卖盐都有指定的地点。根据明初的规定，只有淮盐可以在江西销售，后经南赣巡抚的力争，南安、赣州二府允许销广盐。广盐进入江西时，需向赣州钞关交纳盐税，南赣巡抚可从这些盐税中提取一部分作为地方经费。从实质上说，商人行盐地的规定和变化，也是商人及各地政府利益分配的增损。多争取一些盐税，可以增加财政收入而不直接加重当地民众的负担。

其次是税。由于倭寇的骚扰，以及统治者希望建立一个稳固不变的政治社会，明政府长时期实行海禁。接待外国使者及管理朝贡贸易的市舶司也由元朝的七个减为三个，而且规定，宁波市舶司只许接待日本使者，泉州市舶司只许接待琉球（今日本冲绳）使者，只有广州市舶司能接待东南亚及印度洋诸国的商人，实际上是广州一口通商。这样一来，不仅南北贸易，而且对外贸易也主要依靠运河—长江—赣江—北江这一水上通道。南来北往的商人，都要通过南安、赣州，并交纳商税。而对于商税的分割，中央和地方之间也经常发生讨价还价。

王阳明认准了这两个财源，连续给朝廷上疏，要求：第一，不仅南安、赣州继续行广盐，而且将广盐的行销范围扩大到吉安、临江、袁州；如商人在南安、赣州二府卖盐，需按十抽一的原例纳税，如在吉安等三府卖盐，因利润更大，应按十抽二的比例交税。（《疏通盐法疏》）第二，整顿南安折梅亭、赣州龟角尾两个税关，统一在龟角尾收税，这样，来往商人不觉繁复，但也无法偷税漏税，更为重要的是，可以革除奸吏贪污及因为收受贿赂而少收或不收商税的积弊。第三，在当地的民乱没有平定之前，这些商税留作南赣巡抚平乱的军费。

经过反复的陈述和交涉，朝廷同意了王阳明的要求，加上对贪官污吏赃银的追索，编练民兵的军费问题基本解决了。当然，朝廷不可能等着王阳明一步一步将十家牌法、选练民兵、筹集军费等事项做完后再去“剿贼”，恰恰相反，只有不断得到“剿贼”的捷报，才可能对王阳明一个接一个的要求予以满足。王阳明对这一点看得十分清楚，他必须以战绩来换得朝廷对自己的支持。

六、“破山中贼”——漳南鏖战

南赣汀漳巡抚的设置，是因为这一地区是动乱的多发区；朝廷委任王阳明为南赣汀漳巡抚，是要他尽快平定民乱。三十年前，王阳明还是十五岁的少年时，就曾摩拳擦掌，要上疏朝廷，为平定荆襄地区发生的民变出谋划策。如今，为国家效力和检验自己能耐的时候算是到了。

正德十二年正月初三，王阳明离开南京往赣州，在经过南昌的时候，便接到福建、广东兵备道的报告，说是遵照二省巡抚都御史、巡按御史的指令，已分头向活动在福建、广东交界漳南山区的詹师富等“山贼”进剿。[①] 王阳明不禁一怔，漳南山区地形复杂，詹师富等人闹事已近十年，早将官军的行动规律摸得一清二楚；两省军队分头进剿，必然行动不一致、号令不统一，这次“进剿”看来是凶多吉少。果然不出所料，正月十六日王阳明刚到赣州，败报便送到了巡抚衙门。

一份报告是由福建右参政艾洪等人署名的。报告说，指挥覃桓、县丞纪镛领兵进剿“山贼”，不幸中了埋伏，突围时马陷深泥，被“山贼”杀害。另一份报告是各路军官联名上呈的，说是“贼寨险恶，天气渐暖，我兵遭挫，贼势日甚，乞要奏添狼兵，候秋再举”，等等。

王阳明见了这些报告，心里反倒踏实了。南、赣等处的动乱所以无平定之日，很大的原因便在于官军进剿的无方。每当朝廷下令督促，各地便

---

① 由于《明史纪事本末·平南赣盗》、《鸿猷录·再平江西》、《明史·王守仁传》等均将詹师富说成是“大帽山贼”，所以后来研究明史者多以为王阳明正德十二年上半年平灭的是“大帽山”的民变。但据王阳明《闽广捷音疏》和黄绾《阳明先生行状》，以及《明武宗实录》、《国榷》等，这一次战斗实在广东、福建交界的福建靖南县境进行，而战斗最激烈的地点，则在靖南县平和乡的象湖山。因此，将詹师富说成是江西或福建的“大帽山贼”或大帽山农民起义领袖都是不恰当的。

分兵“进剿”，“进剿”失利，便寻找各种理由，要求退兵，美其名曰以图再举，其实是等着朝廷调“狼兵”。“狼兵”剿“贼”成功，上上下下都有功劳；“狼兵”进剿无效，则说明“山贼”势力过大，无法平灭，人人都不需承担责任。眼下的情况又是这样。

但王阳明根据巡抚衙门老吏的口供，对各地“贼情”已有了大致的了解。比较而言，势力最大、最难破灭的“山贼”是在江西和广东交界的横水、桶岗、浰头。他决定先易后难，继续对福建漳南山区用兵，首先平灭以詹师富为首的“山贼”，解除后顾之忧，然后再进剿横水等地的“山贼”。

当时用兵打仗都要先行占卜，以测吉凶，但为各衙门占卜的阴阳先生也多是“山贼”的密探，官军一有行动，“山贼”早已知晓，所以每每失利。王阳明既然从老吏口中得知这一消息，便将计就计，扬言要从漳南山区撤兵，待平了横水、桶岗，再行进剿。消息一传出，横水、桶岗“山贼”各自守险设伏，准备迎击官军，漳南山区的“山贼”则设宴相庆。假消息发出之后，王阳明却星夜兼程，从赣州领兵进驻福建长汀、上杭，严令各军，不得因小挫而气馁，立即向分散在各处的“山贼”发起进攻。

漳南山区“山贼”听说官军撤兵向横水，尽皆懈怠，没想到突然遭受袭击，猝不及防，纷纷退往福建漳州府南靖县平和乡的象湖山。王阳明指挥官军及民兵，兵分三路，直扑象湖山。“山贼”凭借山势险峻，用滚木巨石抗击官军。战斗从早上一直进行到中午，双方死伤惨重。但另有数千官军受王阳明密遣，由间道在“山贼”的后方发起攻击。“山贼”腹背受敌，溃散而逃，官军乘势追击。

这次平灭漳南山区的战事从正德十二年（1517 年）正月初开始，到三月底结束，前后持续了近三个月。“山贼”被杀二千七百余人，俘虏一千五百余人，落入山涧深谷丧生者不计其数，至少有三千多间房屋被官军烧毁。另有四千多名“山贼”被招抚，安插复业。十年来令福建、广东、江西三省官府昼夜不安的漳南山区“贼首”詹师富，在可塘洞被俘。

这是南赣汀漳巡抚设置以来从未有过的大胜仗，而且是在朝廷没有发一兵一卒、没有拨一文钱一粒米的情况下反败为胜的。事实证明，“阳明子”不仅仅能讲学、能谈学问，而且具有军事天才。王阳明在给朝廷的报捷疏中不无得意地说：

闽广贼首詹师富、温火烧等恃险从逆已将十年，党恶聚徒，动以万计。鼠狐得肆跳梁，蛇豕渐无纪极；劫剽焚驱，数郡遭其荼毒；转输征调，三省为之骚然。臣等奉行诛剿，三月之内，遂克歼取渠魁。扫荡巢穴，百姓解倒悬之苦，列郡获再生之安。(《闽广捷音疏》)

当时福建南部发生旱灾，整个三月没有下雨。但就在王阳明接到前方捷报文书、行将从上杭回师江西时，却连续下了三场大雨。实在是好兆头。幕吏们建议，应将上杭临时行台的大堂取名为“时雨堂”，王阳明欣然同意，不仅写了一篇《时雨堂记》，还连续写了三首《喜雨》诗，兹录其中两首。

其一

即看一雨洗兵戈，便觉光风转石萝。
顺水飞樯来买舶，绝江喧浪舞渔蓑。
片云东望怀梁国，五月南征想伏波。
长拟归耕犹未得，云门初伴渐无多。

其三

吹角峰头晓散军，横空万骑下氤氲。
前旌已带洗兵雨，飞鸟犹惊卷阵云。
南亩渐忻农事动，东山休共凯歌闻。
正思锋镝堪挥泪，一战功成未足云。

七、提督南赣军务

初战告捷，王阳明开始在军中建立起了威望。也就在平定漳南“山贼”的战斗中，王阳明进一步发现了官军缺乏纪律、机动性差的弱点。因此，战事一结束，便利用自己刚刚树立起来的威望，进行军队改革。

王阳明以这次参加征讨南漳的军队为试点，对原有军事编制加以调整：每二十五人编为一“伍”，每伍设一“小甲”即伍长；两个“伍”即五十人为一“队”，每队设一“总甲”即队长；四队即二百人为一“哨”，每哨设一“哨长”；两哨即四百人为一“营”，每营设一“营官”及两个“参谋”；三个营即一千二百人为一阵，每阵设有“偏将”；二阵即二千四百人为一军，每军设有副将。偏将、副将的设员根据需要而定。同时规定，副将可以罚偏将，偏将可以罚营官，营官可以罚哨长，哨长可以罚总甲，总甲可以罚小甲，小甲可以罚伍众。这样便可以“上下相维，大小相承，如身之使臂、臂之使指，举动如一，治众如寡”。而这个“身”，自然是全军统帅王阳明自己。

为了使各部队间相互熟悉，每“伍”还发有五块木牌或竹牌，每五人一块，牌上写着同伍二十五人的姓名，以便联络，这牌叫作“伍符”。每一队造两对牌，编立字号，称“队符”，一块由总甲保管，一块藏于巡抚衙门。哨、营也分别设有“哨符”、“营符”。这些“营符”、“哨符”、“队符”，实际上起着兵符的作用，既便于调动军队，又可以防止奸伪。遇有征调，巡抚衙门发出符牌，各队、哨、营合符之后，立即执行。

这些名堂都是王阳明少年时在兵书上见到的，这个所谓的伍、队、哨、营、阵、军及小甲、总甲、哨长、营官、偏将、副将等的设置，就是仿照春秋时期管仲在齐国的方法。而战国时期魏公子信陵君窃符救赵的故事，王阳明当然更不会忘记，没想到如今都派上了用场。

有了初战告捷的本钱，王阳明也开始向朝廷要求更大的权力。要办大事，就需要有大的权力；而且，要在部属中树立起更高的威望，也需要使他们认识到朝廷对自己的倚重。

王阳明向朝廷报告说，南漳之“贼”既平，接下来就要进攻比南漳之“贼”势力更大、更不易对付的横水、桶岗、浰头之“贼”。而平定这些“山贼”，有两种办法。

一种是传统兵法所说的“十围五攻”的办法，即眼下有两万名“山贼”，朝廷可调集十万人马，包括边军和“狼兵”，进行围剿。不过这样每天得耗费军饷上千两，还要用七十万民夫运送给养，从调集部队到发起进攻，要费一年时间，“狼兵”和边军所过之地，百姓得承受骚扰和掠夺之苦，至于“山贼”能否真正平灭，尚在两可之间。

另一种办法，是“假臣等以赏罚重权，使得便宜行事，期于成功，不限以时”。你朝廷给我充分的自主权和赏罚权，不要急于求成，不要动辄掣肘，这样，我可以根据时机的成熟与否，剿抚结合，相机而动，朝廷没有兴师动众、糜兵费饷之累，百姓也没有运粮运草、横遭劫难之苦。（《攻治盗贼二策疏》）

两种办法孰优孰劣，自然不言而喻。王阳明言犹未尽，他继续阐述：

> 古者赏不逾时，罚不后事。过时而赏，与无赏同；后事而罚，与无罚同。况过时而不赏、后事而不罚，其何以齐一人心、作兴士气？虽使韩（信）、白（起）为将，亦不能有所成。诚得以大军诛赏之法，责而行之于平时，假臣等令旗令牌，便宜行事，如是而兵有不精、贼有不灭，臣等亦无以逃其死矣。(《申明赏罚以励人心疏》)

这无疑是向朝廷立下了军令状，也是向朝廷进行要挟。这道奏疏发出以后，在朝中引起了轩然大波。一方面，人们不得不对王阳明刮目相看，这位以讲学而著名的学者竟能不用朝廷调兵拨饷，领着一班既无纪律、又缺乏训练的乌合之众，谈笑之间便平灭了为患十多年之久的“巨寇”；另一方面，当权者们又对王阳明的态度感到愤怒，平日开口闭口说圣贤道理，说为学问者不计功名，而且动不动就上疏要求归养，一旦建立了功名，竟如此向朝廷进行要挟。但愤怒归愤怒，毕竟除了王阳明外，本朝还没有发现第二人能够办下如此漂亮的事情。

兵部尚书王琼更是眉飞色舞。当年他推荐王阳明做南赣巡抚时，就有不少反对意见，因为他的坚持，任命才得以发出。他要让内阁的秀才们看看，他王琼的眼光是如何了不起。他认为，要从根本上解决南赣的“盗贼”，就必须满足王阳明的要求，而内阁首辅杨廷和也并非只是知道写写文章，他对于大局的把握，在当时也是无人可以取代的。

由于在这一问题上内阁和兵部的意见一致，所以在王阳明上疏之后的三个月，朝廷的委任书就下到了赣州。兵部的委任书照录了皇帝的“御批”：“王守仁着领提督南、赣、汀、漳等处军务，换敕与他。钦此。”话很简单，却很关键。明朝中期以后的巡抚虽说是一省的最高军政长官，但只有明确了“提督军务”，才能真正调动军队。由内阁起草的敕谕对这一新委任作了具体说明：

> 江西南安、赣州地方，与福建汀、漳二府，广东南（雄）、韶（州）、潮（州）、惠（州）四府，及湖广郴州桂阳县，壤地相接，山岭相连，其间盗贼不时生发，东追则西窜，南捕则北奔。盖因地分各省，事无统属，彼此推调，难为处置。先年尝设有都御史一员，巡抚前项地方，就令督剿盗贼。但责任不专，类多因循苟且，不能申明赏罚以励人心，致令盗贼滋多，地方受祸。今因所奏及该部覆奏事理，特改命尔提督军

务，抚安军民，修理城池，禁革奸弊。一应军马钱粮事宜，俱便宜区画，以足军饷。但有盗贼生发，即便设法调兵剿杀，不许踵袭旧弊，招抚蒙蔽，重为民患。其管领兵快人等官员，不问文职武职，若在军前违期并逗留退缩者，俱听军法从事。生擒盗贼，鞫问明白，亦听就行斩首示众。（《换敕谢恩疏》）

根据原来南赣汀漳巡抚的委任，军马钱粮事宜，小则自行区画，大则奏请定夺；遇有“贼”情，“严督”各官剿捕；犒赏惩罚，只能“量加”进行。如今一兼提督军务，则军马钱粮事宜，无论大小，“俱便宜区画”；遇有“贼”情，则可“调兵剿杀”；特别是无论文官武将，有不听号令者，“俱听军法从事”。兵部还发下了八副旗牌，以壮其军威。

这巡抚的权力一大，江西镇守太监毕真有些眼红了。他也向朝廷上疏，希望这南赣汀漳和江西一样，也由他来监军。如果按当时的惯例，镇守太监的这个要求应该说是合理的。但兵部尚书王琼是位有主见的人物，要用王阳明，就要让他有真正的决策权，不能又让他人去掣肘，但这话还不能直说。当镇守太监的要求下到兵部处理时，王琼轻描淡写却又坚定不疑地说了一条原则：用兵之道，最忌遥控，南赣在南昌千里之外，军情变化万端，如果遇事都要先和南昌的镇守商议，岂不误了大事？镇守太监自然也不愿意因为要揽南赣的权而放弃南昌的权，只得作罢。①

八、“破山中贼”——用兵南赣

在向朝廷讨价还价的同时，王阳明没有忘记对盘踞在南赣地区“山贼”的用兵部署。南赣“山贼”，主要有三大股：横水、桶岗、浰头。

横水、桶岗位于江西西南部上犹、南康、大余之间的大山之中。这一

---

① 此据《阳明全书·年谱一》。王阳明在给王琼的信中说：“守仁不肖，过蒙荐奖，终始曲成，言无不行，请无不得。既假以赏罚之权，复委以提督之任，授之方略，指其迷谬，是以南赣数十年桀骜难攻之贼，两月之内，扫荡无遗。”（《与王晋溪司马》）可见王琼在扩大南赣巡抚权力中的作用。《明武宗实录》的修撰者们出于对王琼的不满，也迁怒于王阳明，在说到将巡抚南赣汀漳改为提督南赣汀漳军务之事时念念不忘要进行抨击：“守仁之改提督，实结（王）琼得之，故凡奏捷章疏，专归功于琼，极其谀佞，琼亦甚加称奖，奏请无壅，赏赉稠叠，权谲相附，识者鄙之。”但也不能不承认：“然守仁驱不教之民，剪滋蔓之寇，不及数月遂成大功，其智略亦不可少云。”（卷一六四）

块东西、南北各约三百来里的地面，本来荒无人烟，后来有不少广东流民来到此地，开始是砍山烧炭、垦荒种地。天长日久，人口越聚越多，又有本省吉安府万安、龙泉（今遂川县）等县的农民及手工业者为逃避徭役而潜入。流民开始因山场、田地的归属等问题与当地土著居民发生纠纷。地方官府在这些争执中自然是维护土著居民的利益，流民只能通过自己的力量来保护自己。加上流民中多杂有流氓无赖之徒，往往挑起事端，抢劫杀掠也就难以避免。官府出面干预，流民则行抵抗，遂酿成武装冲突。时间一长，流民结成了近百股武装势力。其中势力最大的是横水谢志珊和桶岗蓝天凤，都已建号称王。

浰头有上、中、下之分，又称“三浰”，位于广东龙川、河源二县北部与江西龙南县的交界地区，也是广东本省及江西流民的集聚地。和横水、桶岗情况相似，浰头的流民也先是占耕田地，继而武装集结，与官府为敌。从弘治末开始，二十年来，浰头成为广东、江西、福建三省动乱的渊薮。这里的闹事流民曾活捉河源县（今河源市）的主簿，俘虏南安府的经历、绑架龙南县的县官，杀死信丰千户所的千户。浰头流民中最著名的首领池仲容自称为王，至于自称为元帅、总兵、都督、将军者不计其数。官府认为，在江西、广东、福建三省的“山贼”中，浰头“山贼”是最难对付的。

王阳明仔细分析了当时的形势，确定了先取横水，再平桶岗，最后攻三浰的进兵计划。但有消息说，朝廷已批准湖广巡抚秦金的建议，调集三省驻军，夹攻桶岗。王阳明对这一提议大不以为然。他认为，三省夹攻，必须彼此约定日期，同时并举，方能成功。但“兵无定势，谋贵从时”，要使三省之兵统一行动，必然失去时机;而且横水、桶岗在江西、湖广交界处，只需二省合击，无须广东兵马远涉山水。另外，从湖广来看，桶岗为“山贼”的咽喉，而横水、左溪则为腹心；从江西看，横水、左溪是腹心，桶岗则为羽翼。三省夹攻的提议者完全不懂兵法,放着“山贼”腹心的横水不进攻，却汲汲于桶岗，将自己置于横水、桶岗两股“山贼”之间，必然腹背受敌。

但是，由于三省夹攻策早已传出，王阳明决定再次将计就计，明令攻桶岗，暗中取横水。

正德十二年（1517年）十月初七日，王阳明秘密调动部队，向横水进兵。为了万无一失，王阳明对这次进攻做了周密的部署：都指挥许清、赣州知府邢珣、宁都知县王天与各领一军攻横水，南安知府季敩、守备郏文、汀州知府唐淳、县丞舒富各领一军攻左溪，吉安知府伍文定、程乡知县张戬领兵四处防守，截杀逃遁“山贼”。王阳明自己则将行营迁到离横水三十里的南康县（今南康市）至坪，以便就近指挥。另外，事先挑选了四百名身体强壮而有胆量的山民及樵夫，每人携带旗鼓火药，潜入横水附近的高山绝壁之上，等官军进攻时，张旗擂鼓，鸣炮呐喊，以扰乱“山贼”的斗志。

十月十二日黎明时分，官军在蒙蒙雾雨的掩护之下，向横水发起了进攻。横水流民首领谢志珊等人早就听说官军要合击桶岗，不免有松懈之意，睡梦之中被惊醒，闻知官军攻山，急忙组织抵抗。

官军正面仰攻横水的十八面隘，多有损伤。流民们则凭借山高路险，节节抗击。突然，远近山谷炮声雷动，烟雾之中，山头山腰尽是官军旗号。流民大惊，不知是四百名山民、樵夫虚张声势，却以为官军已经攻占了各处要隘，一时间全无斗志，纷纷溃逃。横水一破，左溪也随之瓦解。谢志珊等人借着地形熟悉，向桶岗而逃。官军乘胜追击，摧毁了五十多处流民居住点，杀死和俘虏“山贼”及家属共四千多人。

南赣文武官员自与“山贼”打交道以来，总是提心吊胆；当地官军也从来没有打过这样顺利的仗，眼见横水顷刻而下，不禁士气大振。为胜利所陶醉的官员们建议立即向桶岗进攻，王阳明却下令犒赏三军，就地休息。

几个月来，由于在平灭漳南及南赣各地“山贼”的战斗中连连得手，军官们早已将王阳明视若神明。如今又轻而易举地攻取了横水，更是钦服。但他们对王阳明缓攻桶岗的决定却感到困惑，相约来到行营，请主帅指点迷津。

王阳明问明众人的来意，笑道：当年岳武穆说过，“阵而后战，兵法之常；运用之妙，存乎一心”。用兵并无常道，在于随机应变。“兵贵神速”固为千古真谛，却不能墨守成规。我军袭取横水，可说是兵贵神速。但文武之道，须一张一弛。桶岗天险，四周壁立万仞，中盘百余里，连峰参天，深林绝谷，不见天日。只有锁匙龙、葫芦洞、茶坑、十八磊、新池五处可以出入，但都是架栈梯壑，易守难攻。我军若乘全胜之势，兼三日之程，争百里之利，正所谓“强弩之末，不能穿鲁缟”。况且顿兵于幽谷之中，岂非自处死地？

一番话，说得众将目瞪口呆。军官们有的在军营滚爬了几十年，却从来没有想过打仗还有这样多的学问。

王阳明继续说道：如今之计，不如移师逼近桶岗，休兵养威，屯而不攻。命人晓以祸福，许其降服，以乱其心。然后乘隙而进，桶岗可垂手而得。众将听了，这才恍然大悟。

十月二十七日，王阳明领着经过休整的官军及民兵，在桶岗附近各处隘口驻扎。部署停当，王阳明招来在横水被俘的几名流民首领，诱之以利，胁之以威，让他们进入桶岗，劝说桶岗流民向官军投降。

这些天来，桶岗的流民首领蓝天凤等人一直在高度的紧张之中。三省夹攻桶岗的消息他们早已知道，天天在做防御准备。没料想夹攻的时间还没到，湖广的军队也还在集结之中，江西的官军却对横水发起了突然袭击。直到谢志珊带着党羽逃到桶岗，蓝天凤等人才如梦方醒，正在商议对策，官军已将桶岗的通道全部封锁，并且派来了说降人员。

蓝天凤等桶岗流民首领慑于官军的压力，多想出降；以谢志珊为首的横水流民首领却主张凭借天险，与官军周旋。是战是降，双方议论不休，负责把守各处隘口的流民们也都在彷徨观望之中。王阳明派出的密探却已将这些情况摸得一清二楚。

又是一个冬日的雨中黎明，蓝天凤、谢志珊等人还在锁匙龙围绕着是战是降争论不休，猛听得四下里喊杀震天。原来官军趁着流民们的松懈，由横水被俘的流民为向导，冒雨突破隘口，向锁匙龙合围。蓝天凤等人大惊，拼命抵抗，但挡不住如潮似水的官军。当天午后，桶岗被官军攻破。先后有三十多个流民居住点被摧毁，三千四百多流民被杀、被俘。蓝天凤、谢志珊等流民首领也尽被俘虏。

几十年来一直困扰明政府的南赣“山贼”，在不到两个月的时间内，就大抵被王阳明荡平。

兴奋之余，王阳明不免又有些伤感。所谓英雄惜英雄，他对自己的对手产生了强烈的兴趣。王阳明命人将横水“山贼”的大首领、自称“征南王”的谢志珊带入行营。这位常常将南赣官军打得一败涂地的“贼”魁，被俘之后雄风犹存。

王阳明看了看谢志珊，谢志珊也看了看王阳明。他几乎不相信自己的眼睛，被官军奉若神明的新任南赣巡抚，竟是这样一位看上去貌不惊人、弱不禁风的瘦削文人，自己纵横江湖几十年，竟然栽在他的手上！

王阳明上上下下打量着谢志珊，问道：你占山为王，对抗朝廷，罪不容诛。但能有如此多的同党为你卖命，倒也不失为英雄。不知所用何术？

谢志珊见王阳明并无讥讽羞辱之意，长叹了一声：其实并不容易。

如何不易？王阳明问道。

平生见到世上好汉，绝不肯轻易放过，必定想方设法进行罗致。好酒者纵其酒，有难者助其急。坦诚相待，肝胆相照。有福同享，有难同当。如此，则没有不归属于我的。谢志珊不无得意地讲述。

王阳明听了，不觉连连点头。

目送着谢志珊被带出行营大堂，王阳明长长地叹了口气。事后，他不止一次用惋惜的口吻对门人说到这位谢志珊，并总要加上一句：我等读书人一生求友，和这谢志珊倒是不谋而合。(《年谱一》)

九、“破山中贼”——祥符宫中的阴谋

横水、桶岗荡平之后，剩下的就是浰头“山贼”了。虽说势力最强，但浰头“山贼”的首领们却被王阳明势如破竹的攻势震慑。

王阳明进兵横水之前，为稳住浰头，曾派人到三浰，告谕流民们痛改前非、安分守己。告谕不加修饰、不玩辞藻，却合情合理，令人感动：

> 夫人所共耻者，莫过于身被为盗贼之名；人心之所共愤者，莫过于身遭劫掠之苦。今使有人骂尔等为盗，尔必怫然而怒。尔等岂可心恶其名而身蹈其实？又使有人焚尔室庐、劫尔财货、掠尔妻女，尔必怀恨切骨，宁死必报。尔等以是加人，人其有不怨者乎？
>
> 人同此心，尔宁独不知？乃必欲为此，其间想亦有不得已者，或是为官府所迫，或是为大户所侵，一时错起念头，误入其中，后遂不敢出。此等苦情，亦甚可悯。然亦皆由尔等悔悟不切耳。
>
> 尔等当时去做贼时，乃是生人寻死路，尚且要去便去；今欲改行从善，乃是死人求生路，乃反不敢，何也？若尔等肯如当初去从贼时，拼死出来，求要改行从善，我官府岂有必要杀汝之理？
>
> 尔等久习恶毒，忍于杀人，心多猜疑。岂知我上人之心，无故杀一鸡犬尚且不忍，况于人命关天？若轻易杀之，冥冥之中，断有还报，殃祸及于子孙，何苦而必欲为此？
>
> 我每为尔等思念及此，辄至于终夜不能安寝，亦无非欲为尔等寻

一生路。唯是尔等冥顽不化，然后不得已而兴兵，此则非我杀之，乃天杀之也。今谓我全无杀尔之心，亦是诳尔；若谓我必欲杀尔，又非吾之本心。

尔等今虽从恶，其始同是朝廷赤子。譬如一父母同生十子，八人为善，二人背逆，要害八人。父母之心须除去二人，然后八人得以安生。均之为子，父母之心何故必欲偏杀二子？不得已也。

吾于尔等，亦正如此。若此二子者一旦悔恶迁善，为父母者亦必哀悯而收之。何者？不忍杀其子者，乃父母之本心也。今得遂其本心，何喜何幸如之。吾于尔等，亦正如此。

闻尔等辛苦为贼，所得苦亦不多，其间尚有衣食不充者。何不以尔为贼之勤苦精力，而用之于耕农、运之于商贾，可以坐致饶富而安享逸乐。放心纵意，游观城市之中，优游田野之内。岂如今日，担惊受怕，出则畏官避仇，入则防诛惧剿，潜形遁迹，忧苦终身，卒之身灭家破、妻子戮辱，亦有何好？

尔等好自思量，若能听吾言，改行从善，吾即视尔为良民，抚尔如赤子，更不追咎尔等既往之罪。……吾言已无不尽，吾心已无不尽。如此而尔等不听，非我负尔，乃尔负我，我则可以无憾矣。

呜呼！民吾同胞，尔等皆吾赤子，吾终不能抚恤尔等而至于杀尔，痛哉，痛哉！兴言至此，不觉泪下。(《告谕浰头巢贼》)

有推心置腹的劝说，有设身处地的同情，有声色俱厉的斥责，有声泪俱下的警告，但都是言出于衷，以情动人，不由得浰头“山贼”首领池仲容们不认真掂量。

也正是这份告谕，加之以兵威，使得浰头流民首领内部发生了意见分歧。黄金巢等人以及龙川的流民首领卢珂等因此而投降了官府。王阳明在攻横水时，就有黄金巢部下的五百人随征。

池仲容则仍然心存疑虑。他对那些劝他投降的部属们说：我等占山为“贼”，已非一日，官家招抚也不止一次。如果黄金巢等人降后果然无事，那时再降也为时不晚。横水为官军所破的消息传到浰头，在流民及其首领中引起了更大的恐慌，他们纷纷向池仲容施加压力。池仲容也沉不住气了，派自己的弟弟池仲安到王阳明的行营，表示归附之意，其实是想探听官军的动向。王阳明正担心浰头“山贼”趁官军东进时在粤赣边界制造事端，见池仲安来到，不禁大喜。他一面将池仲安滞留军中，使池仲容有所顾忌，一面督军迅速攻破桶岗。

池仲容一直在等仲安的消息，但等来的却是桶岗被官军攻破。虽然这已是意料之中的事，但毕竟唇亡齿寒、兔死狐悲。这二十来年所以能够无所顾忌地闹腾，除了官府的腐败，还在于横水、桶岗，以及漳南各处的相互策应。如今各个山头相继被铲平，浰头看来也难以独存。池仲容一面再次派人去赣州打探消息，以便摸清官府的真实意图；一面暗中布置，以防备官军故伎重演、偷袭浰头。

池仲容在探听官府的消息，王阳明也有内线在探听流民的消息。得知池仲容正布置防御，王阳明命人牵牛担酒，前去慰问，同时询问池仲容投降的时间。池仲容也是聪明绝顶之人，一见使者问起，知道无法隐瞒，推说龙川卢珂与自己是世仇，近日正在策划进行报复，故此早作准备，以免吃亏。并派了小头目与使者一起回赣州，进行解释。

王阳明听完使者的陈说，又询问了池仲容派来的头目，心如明镜，却假装对卢珂的擅自起兵寻仇表示不满，说是一待查明真相，将给卢珂以重罚。正巧卢珂亲自来赣州，密告池仲容的动向。这倒是将计就计的好时机。王阳明将卢珂招来，当着池仲容头目的面，劈头盖脸便是一番斥责，命人将其拖出，重杖三十。同时却命人暗中告诉卢珂，行刑只是为了欺骗池仲容，又命行刑的士兵，只能假打假喝，不得真正用刑。

头目回到浰头，一五一十将所见所闻向池仲容诉说。池仲容仍然有些疑惑，但手下头目们却早为王阳明做出的假象迷惑，异口同声要求出山向官府投降。

这时正值正德十二年（1517 年）的岁末。王阳明命赣州城内大街小巷，都要张灯结彩，既迎新年，也庆贺官军翦灭横水、桶岗“山贼”，以及浰头“山贼”的即将归降。当然，这一切都是“项庄舞剑，意在沛公”，为的是麻痹池仲容。又命人前去浰头，颁发正德十三年（1518 年）的新历，并让池仲容等来赣州叙话。

池仲容在部众的劝说下，与九十三位首领一齐来到赣州。为了预防万一，他将众人都安置在城外的演兵场，自己只领几个贴身护卫进城，拜见王阳明。王阳明初闻池仲容到了赣州，大喜。待听说池仲容将九十余人安置在教场，只带数人进城，不觉暗暗称奇。几个月来，他一直对横水谢志珊带有特殊的好感，而这池仲容看来也非等闲之辈。“山贼”之中倒真是藏龙卧虎，难怪官军屡战屡败。如果不是自己来任这南赣汀漳巡抚，还有何人平得了这些“山贼”？

对于占山称王二十来年的池仲容，王阳明没有假以太多的颜色，一见面便对他将众人安置在城外表示不满：你带来的朋友都是我的子民，为何将他们滞留城外，不来见我，是否对本院还有怀疑?

池仲容没想到王阳明一见面就责问此事，顿时张口结舌，无言以对。王阳明见状，心中有些满意，但也不能继续指责。否则，这匹长期无人调教的野马一旦撒野，却是不好对付。他让池仲容将众人都召进城来，一一安抚，让他们在赣州祥符宫住下，以便观看年节花灯。

祥符宫位于今赣州老城区的东南、厚德路东段的北侧，始名紫极宫，建于唐代，北宋真宗大中祥符年间改名为大中祥符宫，是明代赣州城内最为壮观的建筑群。

王阳明派了几名吏员，白天陪同池仲容等在街市游览，晚上教其礼节，而实际上则是观察众人的行为。池仲容等人本来提心吊胆进赣州，没想到受如此礼遇，不禁喜出望外，原有的一些警戒之心也渐渐淡化。但梨园虽好，终非久留之家。过了两天，众人觉得在这赣州终不如在浰头痛快，无拘无束，便向王阳明辞行。

池仲容虽然已经表示归降，并亲自来到赣州，但巡抚衙门上下人等，以及赣州的官员、乡绅，过去或多或少都吃过“山贼”的苦头，对巡抚将“山贼”请入城来表示不解，不断向王阳明进言：如此善待山贼，不啻养虎遗患。派去陪同的吏员也认为像池仲容这等“巨寇”是不可能改邪归正、弃恶从善的。这些意见对王阳明的决策产生了重要影响。他自己对池仲容等人也是放心不下，唯恐放虎归山，留下后患。一个王阳明自己也认为是过于狠毒的计划开始酝酿。

池仲容等人是正德十二年（1517 年）闰十二月二十三日到赣州的，二十五日向王阳明告辞，说是浰头还有几千弟兄，如果无人节制，恐怕生出乱子。这理由是很充分的，但恰恰是王阳明最忌讳的。池仲容等人不回浰头，群龙无首，“山贼”再多也是乌合之众；一旦回去，却是虎归深山、龙回大海，恐怕再也难以控制。但若立即对池仲容等人下毒手，王阳明一来觉得有些不忍，还想凭着自己的感觉再观察几天，二来，官军也还没有做好进攻浰头的部署。

王阳明不急不慢地对池仲容等人说：眼看就是年节了，从赣州到浰头，少说也有八九日的路程。你们即使今日动身，年内也未必到得了家。到家之后，又要来贺正节，往返劳累，大可不必。今年除夕赣州城内张灯结彩，你等久居深山，哪里见过这番热闹？看过灯后再回浰头也不为迟。

所谓人到矮檐下，不能不低头，池仲容等人只得继续在赣州住下。这年除夕，赣州的花灯也确实别具特色。入夜之后，五颜六色、千奇百怪的灯笼将整座赣州城照得通明，大街小巷，挤满了看灯的男女老幼。但见人头攒动，热闹非常。池仲容带来的那班头领，久居深山大谷，哪里看过这种场面，一个个眉飞色舞、兴高采烈。心中一高兴，说话便没有顾忌，元帅、总兵胡乱称呼，当今皇上在他们嘴里也成了“小儿”。唯有池仲容仍是心有疑虑。

除夕之夜算是平安过去了，第二天便是正德十三年（1518年）的元旦，池仲容带着头领们来巡抚衙门向王阳明拜年，再次提出要返回浰头。年也过了，灯也看了，王阳明答应了他们的请求，并且表示要在初三日大摆宴席于祥符宫，既对前来归附的浰头流民首领们进行犒赏，也为他们返回浰头、重新做人而饯行。

初二日，祥符宫内沸沸扬扬，王阳明命人在此杀猪宰羊，安排第二天的宴会。浰头的首领们心怀感激，也忙里忙外穷折腾。忙了一整天，池仲容和他的同伴们都早早入睡，准备明日宴会过后起程返回浰头。这次在赣州一住就是十来天，也不知家中情形怎样。来赣州之前，池仲容为防万一，专门作了布置，山中如有变故，有人会日夜兼程前来报信。眼见没有任何风吹草动，而且明天就可离开这是非之地赣州，池仲容也就放心睡觉了。

初二的那线新月，不到二更便已沉下了西山，祥符宫内熄灯灭火，一片沉寂。池仲容和浰头的首领们万万没有想到，就在他们进入梦乡之后，巡抚衙门的智囊龙光便带着甲士潜入了祥符宫。几天来，趁着池仲容等人外出之际，甲士们早已熟悉了浰头首领们在祥符宫的住处。不需要灯光，也用不着搜寻，甲士们按照事先的布置，分头冲入寝室，举刀便剁。池仲容和他的首领们纵横江湖二十年，就这样一声不吭地永远离开了这个世界。

王阳明后来在给朝廷的捷报疏中说：

闰十二月二十三日，仲容等至赣，见各营官兵皆已散归，而街市多张灯设戏为乐，信以为不复用兵。密赂狱卒，私往觇卢珂等，又果械系深固。仲容乃大喜，遣人归，报其属曰："乃今吾事始得万全矣！"臣乃夜释卢珂、郑志高等，使驰归发兵。而令所属官僚次设羊酒，日犒仲容等，以缓其归。正月三日，度卢珂等已至家，所遣属县勒兵当已大集，臣乃设犒于庭，先伏甲士，引仲容入，并其党，悉擒之。（《浰头捷音疏》）

报捷疏中所说的处置池仲容等人的时间、地点、办法，都与《年谱》、黄绾《阳明先生行状》、《明史·王守仁传》所载同。但从王阳明的性格看，年谱所载似更为可靠。

王阳明用阴毒手段对池仲容等人进行处置，在当时就引起了人们的非议。其弟子所修《阳明先生年谱》对此作了某些遮掩，说王阳明命龙光带甲士乘夜杀死池仲容等人后，"自惜终不能化，日已过未刻，不食，大眩晕，呕吐"，在进行反省。王阳明在上朝廷的报捷文书中，则将乘夜在祥符宫中暗杀，改为白天将池仲容等人诱入巡抚衙门后捕杀，也可见内心的不安。明末遗民查继佐在《罪惟录》中对王阳明的这一做法进行了抨击："至于浰头（池仲容），已遣弟从征（桶岗），止以寻仇未至，既诡以致戏下矣，又复大覆前诺，恐不足以为名，然则一试之术哉。"[①]

第二天，少了九十四人的祥符宫失去了往日的喧哗，只有甲士们进进出出，默默无声地将九十四具残缺不全的尸体搬出宫去掩埋，再默默无声地清洗宫内的血迹。

巡抚衙门丝毫没有平"贼"灭"寇"的喜庆气氛。提督南赣汀漳军务左佥都御史王守仁正木然坐在堂中，幕僚、弟子木雕泥塑般两旁侍立。从早及午，眼看午时已过，未时将至，王阳明连续呕吐，滴水不进、粒米未下，尽管其中不乏做作的成分，但没有理由怀疑他在为九十四个亡灵哀悼的同时，也在对自己的卑劣行径自责。

但哀悼归哀悼、自责归自责，屠刀既已祭起，就没有中途收回的道理。正德十三年（1518 年）正月初七日，王阳明亲自指挥早已在龙南等地集结

① 查继佐《罪惟录·列传》卷之 31。

的官军直扑上、中、下三浰。虽然主要首领几乎全部遇难，但浰头的流民仍然进行了拼死抗击。

十、南赣设置

到正德十三年（1518年）四月，随着浰头“山贼”的被平灭，整个南、赣、汀、漳、潮、惠、韶地区大抵上平静了。但从官军的缴获，王阳明也看到了这些所谓“山贼”的真实生活状况。

平漳南后，虽然福建方面的战报说“夺获牛马赃伏无算”，却并无具体的数字；而有“战利品”数字的广东方面的战报，在“擒斩贼犯”一千二百五十八名、“俘获贼属”九百二十二名的同时，仅夺得水牛、黄牛及马一百三十九头（匹）、衣布等物两千一百五十七件匹、葛蕉纱九十六斤一两、“赃银”三十二两四钱八分、铜钱一百四十二文。(《闽广捷音疏》)

被杀和被俘虏的“山贼”两千多人，平均每人只有“赃”衣一件、“赃”纱不及一两，八十人合有一两白银，二十人合有一文钱。另外，从官军和民兵的伤亡情况看，“山贼”们也并没有进行真正的“顽强”抵抗。以最为激烈的象湖山之战为例，“山贼”拒险而守，被杀二百九十一人，坠崖而死者不在其中，而官军方面仅死头目、打手十四人。

王阳明面对着这些赤贫如洗的“山贼”，也应有怜悯之心。他在给浰头“山贼”的告谕中说，平灭漳南“山贼”时，共斩、俘七千六百多人，但经审讯，“倡恶之贼”不过四五十人，“党恶之徒”四千余人，其余的则是“一时被胁”，而且大多是食不果腹、衣不遮体，不禁“惨然兴哀”。但作为朝廷命官，特别是负有“抚治”地方治安职责的巡抚都御史，他又不得不对山民们大开杀戒。

后人以王阳明在一年时间内平灭南赣汀漳各处“山贼”，遂对王阳明的“用兵”津津乐道。其实，此时的明朝仍处“全盛”之时，只要官军认真去“剿灭”，“山贼”是不难对付的。王阳明正德十二年（1517年）正月十六日到赣州，正德十三年（1518年）正月初七日攻破浰头，江西、福建、广东、湖广四省“数十年之积寇”均皆荡平，前后只是一年的时间。但问题是“山贼”易旋灭旋生。善后倒是更为重要的事情。王阳明的真正伟大，并非如何善于“用兵”，而是从来不把战争视为单纯的军事行为，先是清除内奸、行十家牌法，组建民兵、演练军队，截留关税、扩大盐税，然后才是声西击东、明横冈暗横水，荡平一处“山贼”，随之而来的是设官建制，与民众达成妥协，并推行乡约，进行教化。一句话，在巡抚南赣汀漳的任上，王阳明做的，看似军事行为，实际上却是一个治理地方的“系统工程”。

江西、福建、广东、湖广四省交界地区的“山贼”，主要由两种人员构成。一是当地的豪强或外地逃窜而来的惯犯，他们因各种原因与官府不合，铤而走险，这是“山贼”中的核心及骨干力量。二是流民，他们或来自福建、广东的沿海及丘陵地区，或来自江西鄱阳湖及吉泰盆地，他们在人数上占“山贼”的绝大部分，因为不堪忍受原籍的赋税徭役而“从贼”。另外，也有少量的本地土著居民。

在平灭南赣汀漳的“山贼”之后，王阳明根据“山贼”的不同情况作了区别对待。对于那些一心与官府为敌的“惯犯”，如詹师富、温火烧、谢志珊、蓝天凤、池仲容等，请示朝廷，予以处决，乃至先杀而后奏。对于当地的土著居民，允许回原籍仍习旧业，并免除其实已经无法征收的欠赋。对于外地流民，称之为“新民”，允许就地入籍，给予生活空间，同时向政府纳税。这种具有针对性的政策，对于从内部瓦解“山贼”的斗志、安抚“从贼”人员，起了重要作用。但要使这一地区长时期得以安定，还必须强化管理。

这强化管理该如何进行？

平定南漳“山贼”后，漳州知府钟湘在一个报告中提到了南靖县县学几位秀才的建议。这几位秀才联名上书说，南靖县的县治僻在一隅，与本县所辖的平和、卢溪、长乐等地相距遥远。由于鞭长莫及，所以平和等地才成为“盗贼”的渊薮。如果乘“山贼”初平，在本县的河头增设县治，控制这些地区，则“盗贼”不易死灰复燃，地方也可永保平安。同县的“义民”曾敦立等也有同样的建议，并领着南靖知县去河头进行了实地考察。考察的结果是，河头的大洋陂背山面水，地势宽平，周围六百余丈，西接广东饶平，北联三团、卢溪，堪以建立县治。

南靖县的官员、秀才、“义民”对增设县治如此热心，当然是为着自身的利益。但对于加强对山区的统治，却不失为好主意。

王阳明见到这份报告后，立即上疏朝廷，反复陈述在河头增设县治的理由，并特别提出：

> 臣观河头形势，实系两省贼寨咽喉。今象湖、可塘、大伞、箭灌诸巢虽已破荡，而遗孽残党，亦宁无有逃遁山谷者？旧因县治不立，征剿之后，浸复归据旧巢，乱乱相承，皆原于此。今诚于其地开设县治，正所谓抚其背而扼其喉，盗将不解自散，行且化为善良。不然，不过年余，必将复起。（《添设清平县治疏》）

王阳明向朝廷的当权者们打了一个比喻："盗贼之患，譬诸病人，兴师征讨者，针药攻治之方；建县抚辑者，饮食调摄之道。徒恃攻治，而不务调摄，则病不旋踵，后虽扁鹊、仓公，无所施其术也。"（《年谱一》）

朝廷怕的就是"山贼"死灰复燃，何况这平"贼"之后即在该地设县立府以行控制，也是中国历代统治者常用的办法，所以王阳明的建议很快就得到朝廷的批准。

两年之后，正德十四年（1519 年）六月，一座新县城在福建南部拔地而起，并且取了一个吉祥的县名——"平和"。同时将原设在河头的巡检司移于枋头，以进行双重控制。在王阳明看来，河头是漳南诸"贼巢"的咽喉，枋头则是河头的唇齿，扼其咽喉，去其唇齿，"山贼"便无能为力了。而终明之世，这平和县还真没有发生大的动荡。

有了在福建增设平和县的经验，王阳明便照此办理，平定横水、桶岗之后，在江西上犹县崇义里的横水设崇义县县治，管辖原上犹县崇义等三里、大庾（余）县义安等三里及南康县（今南康市）的至坪里。同时在县西南的铅厂、东南的长龙及西北的上堡三处分设巡检司，又命千户孟俊在茶寮伐木立隘，以扼要害。这样，南安府的"山贼"便无处躲身了。①

正德十三年（1518 年）四月，进攻浰头"山贼"的战事一结束，王阳明便上疏朝廷，要求增设和平县。和平县治设在原广东龙川县和平峒羊子地，为江西、福建、广东三省交汇处，也是三省"山贼"的出入要道，东距兴宁、南距龙川、北距龙南，都有几天路程，山水阻隔，道路崎岖，除了有一千来户"新民"居住外，人迹罕至。洪武时期，曾有谢士真等人占据此地。

---

① 各种本子的《王文成公全书》或《阳明全书》的《年谱》在正德十二年闰十二月"奏设崇义县治及茶寮隘上堡铅厂长龙三巡检司"条下，均有"茶陵复当桶冈之中"句，上海古籍社点校本亦然，"茶陵"应为"茶寮"。不仅《年谱》的纲目为"茶寮"，而且《全集》卷 16 有《设立茶寮隘所》、卷 25 有《平茶寮碑》，可证。

此后屡平屡乱，不可收拾。不到四个月，朝廷的批文就下来了，设置和平县，同时将原和平巡检司移至浰头，以扼制要害。

平和、崇义、和平三县的设置，加强了明政府对江西、广东、湖广、福建接壤地区的统治，使朝廷对这一地区的管理得到加强。

十一、“破心中贼”——戒奢靡、立乡约

从正德十二年（1517 年）正月至十三年（1518 年）六月，王阳明到南赣仅一年半的时间，由于翦灭了为患几十年的“巨寇”，朝廷将其由正四品的都察院佥都御史升为正三品的右副都御史。虽然实际权力并没有变化，但这正三品巡抚的威风又远非正四品可比。养子正宪也因王阳明的军功而荫为锦衣卫百户。

王阳明一直认为，南赣地区的“山贼”为患，根本原因在于民风不善，在于民众缺乏应有的礼制约束，法制观念淡薄。因此，要彻底清除山中的“贼”，就必须清除心中的“贼”。

灭山中贼靠的是才能，是“能臣”便可以干得了的事情；而要革除民众心中之贼，使其改恶为善，那就不仅仅要靠才能，更主要是靠道德和学问，这才是“圣贤”的事业。王阳明从小立志为圣贤，如今这南赣地区便是他实践贤圣道理的园地了。

正德十三年（1518 年）正月，王阳明在袭击浰头之前，曾写信给弟子薛侃说：“即日已抵龙南，明日入巢，四路兵皆已如期并进，贼有必破之势。某向在横水，尝寄书（杨）仕德（即杨骥）云：‘破山中贼易，破心中贼难。’区区剪除鼠窃，何足为异。若诸贤扫荡心腹之寇，以收廓清之功，此诚大丈夫不世之伟绩。”（《与杨仕德薛尚谦书》）

对于王阳明所说的“心中贼”，人们有一定的误解，以为“心中贼”只是存在于“山中贼”，最多也只是存在于可能成为“山贼”的人们的心中。但是，王阳明所说的“心中贼”，其实存在于所有的人们的心中，这就是人们心中没有节制的“私欲”，而这些私欲必须通过教化和行政的双重手段来铲除。

在王阳明看来，破“山中贼”不过是举手之劳，而破“心中贼”、扫荡人们心中的私欲恶念，那才是大丈夫的不世伟业。如今山中贼已破，王阳明开始着手破心中贼了。

中国历代都是以吏为师，政府官员肩负着教化民众的责任。在王阳明看来，南赣地区的民风不善，各级官员是没有尽到责任的。如果每位官员都以学问高者为师，以持身正者为范，这地方哪有治理不好的？

当然，对于官场，王阳明已经有了足够的认识。自己寻找了几十年，不就只找到湛若水等三两位志同道合且有真才实学的人？南赣“山贼”为患几十年，不也要等到自己来做巡抚才得以扑灭？由于从上到下养成了一股文嬉武痞之风，任命和提拔官员不凭实绩只凭关系，于是都不求进取，只求不得罪上司，千里做官只为财，哪里管他百姓的生死？

但是，通过在南赣一年多的共事，王阳明又发现，其实不少官员是有才能想办事情的。通过严明赏罚奖惩，他们跟着自己跋山涉水，转战千里，不也建立了赫赫战功？官员况且这样，百姓更是如此，不行教化，哪里会有良民？

正德十三年（1518年）四月，王阳明刚从浰头回到赣州，便开始了他的“教化”工作。在这方面，王阳明做庐陵知县时已积累了不少经验。他亲自草就了一份告谕，发到南安、赣州等府，让各府衙门照式誊写张贴，要求各县根据十家牌，发放到城乡，即使是穷乡僻壤，也务必要家喻户晓。各府县官员早已知道这一任巡抚办事的认真，加上一年多来跟着他东西用兵、南北征战，也从内心充满敬服，一见到告谕，不敢怠慢，立即命人誊写翻印。一时间，南安、赣州等地城乡贴满了巡抚的告谕。

告谕不用雕饰，开门见山便说：

> 告谕百姓，风俗不美，乱所由兴。今民穷苦已甚，而又竞为淫侈，岂不重自困乏？夫民习染既久，亦难一旦尽变，吾姑就其易改者，渐次诲尔。

风俗的不善，是祸乱的开端。百姓久为“山贼”所扰，本已穷困，却又有奢侈浪费的恶习。多年积蓄的钱财，往往做一次喜事或丧事就全部耗尽，甚至负债累累。丰年也难以度日，一旦遇上天灾人祸，只有流离失所，或者上山为“贼”。但移恶习犹如治重病，必须先易后难，循序渐进。王阳明开列了他认为容易革除的一些恶习，要求管辖范围之内的百姓必须共同遵守：

第一，家中有丧事，不许用鼓乐，不许请和尚道士做道场，不许大肆请客。

子女应在父母在世时多行孝道，不应在死后空费钱财。

第二，婚姻嫁娶，不得计较财礼嫁妆，不得大会宾客。

第三，亲戚邻里之间，平日当诚心相待，不得徒事虚文，以过年过节及办喜庆丧事等名义，请客送礼，相互攀比。

第四，家中若有病人，应及时求医问药，不得听信邪术，专事巫祷。

第五，城镇乡村的迎神赛会，参加者动辄成百上千，既浪费钱财，又易引起宗族间的械斗，必须停止。

五项规定的核心在于禁止浪费、提倡节敛。这既是孔孟以来圣贤们所倡导的社会风尚，也是历代统治者所提倡的行为规范，各地的乡约、族规，也往往有类似的规定，所以王阳明首先由此入手，作为在南安、赣州二府移风易俗、进行社会改革的开端。当然，在王阳明的意识中，还有一个更为重要的原因，那就是在当时的“从贼”农民中，有不少是因为承受不了名目繁多的无谓开支而破产的。有恒产者才有恒心，孟子的这一观点可说是超越时空界限的。革除各种浪费，实际上是从另一方面防范“盗贼”的产生。

其实，当时的许多人也并不赞成在婚嫁丧葬时大事操办，但风气所致，贤者不免。人人都为不必要的花费而苦恼，人人又都在不良社会舆论的压力下从事浪费。这时就需要有政府进行倡导和强制。

王阳明仍然是借助他的十家牌法来进行强制。他在“告谕”中警告说：以前本地有奢侈浪费的恶习，不能全怪百姓，各级官员也有教导不明的责任。如今政府大力提倡节俭，再有不听政府劝导而违反上述禁约者，责任就在百姓自己了。他要求“十家牌邻互相纠察，容隐不举正者，十家均罪”。（《告谕》）

在倡导节俭的基础上，王阳明推出了全面进行社会改革的措施。这份名为《南赣乡约》的告谕，一共有十五条，主要内容是：

一、以一村或一族为一“约”。每约推举年高有道德、为众人所敬服者一人为约长、二人为约副，推举公直果断者四人为约正，通达明察者四人为约史，精健廉干者四人为知约，熟悉礼仪者二人为约赞。又设文簿三册，一册书写同约居民的姓名及其每天的起居作习情况，另外二册分别记录善行和劣迹。

二、每约选择当地较为宽大的一所寺观为立约所，每月十五日，本约百姓应在立约所聚会一次。聚会日，先由约长带领人们读乡约，要求孝敬父母、尊重兄长、教训子弟、和睦乡里、死丧相助、患难相恤、善相劝勉、恶相告戒、息讼罢争、讲究信誉，“务为良善之民，共成仁厚之俗”。然后由约史宣告当月为善为恶者的事迹，为善者褒奖，为恶者劝戒，如屡有过恶而不改者，则执送官府，处之以法。

三、本约如有人陷于危难，约长当会同本约之人帮助排危解难；如有人逃役逃税，约长也应劝说如期服役、纳税；乡邻之间因财产或其他事情发生争执，不得斗殴，应听从约长秉公处置；如有勾结“山贼”者，约长应与本约之人进行劝告，使其改恶从善，如不听劝告，即行执送到官，或报官府拘捕。

四、土著居民和“新民”即外来流民之间，不得再因过去的恩怨而相互寻仇，约长有责任时常晓谕，防患于未然；本地大户及过境商人放债收息，必须依照常规，不得用高利贷坑害乡民，如有贫苦不能偿债者，约长应劝其放宽时日，不得过于逼迫，致使贫民为盗。

五、办理父母的丧葬，应量力而行，不得大肆铺张；如有不听劝告而挥霍浪费者，即在本约纠过簿内记以“不孝”。婚姻嫁娶，都应及时，约长应时时查视，不得因财礼或嫁妆不足而延期。

六、凡有府州县吏员及义民、总甲、里老、百长、弓兵、机快人等下乡骚扰百姓、索求财物者，约长可率本约之民将其械送官府追究。

《南赣乡约》是王阳明在原“十家牌法”的基础上推行的又一社会改革措施。如果说“十家牌法”是通过民众之间的相互监督进行管理，那么《南赣乡约》则是通过民众的自治，以达到社会的稳定。这种办法其实与明初推行的申明、旌善亭与乡饮酒礼十分相似，也可以说是这几个措施的结合和改造。[①]

---

① 关于申明、旌善二亭，顾炎武《日知录》有这样一段记载：“宣德七年正月乙酉陕西按察佥事林时言：洪武中天下邑里皆置申明、旌善二亭，民有善恶则书之，以示劝惩。凡户婚田土斗殴常事，里老于此剖决。”可见，申明、旌善二亭的设置，是明前期“民自为教”的基本手段。民为善者，在旌善亭张榜表彰其善，为恶而犯罪者，则在申明亭张榜公布其恶、揭示其所犯罪的由来，以此来激励人们从善戒恶。乡饮酒礼是中国传统的民间教化活动，也是封建等级制度在基层的体现方式。古之乡学，三年业成，考其德艺，以其贤者能者荐于朝，临行之时，由乡大夫为主人，设宴饯行，饮酒酬酢，皆有仪式。这套仪式便叫“乡饮酒礼”。《仪礼》有《乡饮酒礼》篇，记载乡饮酒的仪式。与乡饮酒礼相似的仪式还有“宾兴”，见于《周礼·地官》。后来，人们将地方官设宴为应举之士饯行称为“宾兴”，乡饮酒礼则专指地方燕会的仪式。《明会典》说：“洪武初，诏中书省详定乡饮酒仪式，使民岁时燕会，习礼读律，期于申明朝廷之法，敦叙长幼之节，遂为定制。”（卷七九，《礼部·乡饮酒礼》）即将前代“岁时燕会、敦叙长幼之节”的乡饮酒礼的方式，与“习礼读律、申明朝廷之法”的教化功能结合起来了。王阳明的《南赣乡约》，正是在这些措施的基础上实行的。

十二、"破心中贼"——兴社学、行教化

无论是"十家牌法"还是"南赣乡约"，都带有一定的强制性，它可以在一定程度上起到移风易俗的作用，但不能从根本上树立起道德观念。要使人们从内心自觉地接受礼制的规范，仍得依靠兴办学校，进行有系统的传统道德教育。所以，王阳明又在南安、赣州全面恢复社学，并兴建书院。

明代社学始行于太祖洪武八年（1375 年）。当时，明太祖因京师及府州县都立有官学，而乡村民众却仍然没有读书的条件，于是诏谕全国，命各级官员仿照古代家塾、党庠，在乡村建立社学，聘请教师，教育民间子弟，兼读《御制大诰》及本朝律令。英宗正统元年（1436 年），又命各处提学官及司、府、州、县官严督社学，不许废弛，其中有"俊秀向学"者，可以进入官学读书。直到宪宗成化、孝宗弘治时，这类法令仍在颁布。弘治十七年（1504 年）的一个诏令就要求全国各地府、州、县都要恢复或新建社学，民间十五岁以下的儿童，必须送社学读书。这个时候，王阳明正好十岁，而他的父亲王华，就是在那一年中的状元。

从性质上看，当时的社学带有官民合资兴建的特点。学堂由乡社自行筹建，民间子弟入学也是衣食自理，教师的馆资则是由政府负担。

但是，这种半官半民的学校是不可能持久的。一是天长日久，官府难以长期支付教师的薪米，二是贫穷家庭无力支付子弟读书的费用，富裕之家则往往自行聘请教师。所以，各地社学的兴与废，便取决于当地地方官的态度，多数官员是听其自生自灭，有的甚至借办社学以谋私利。这种情况在洪武时已非常严重，致使一心一意要在全国兴办各类学校的明太祖大为震怒：

> 社学之设，本以导民为善，乐天之乐。奈何府、州、县官不才，酷吏害民无厌，社学一设，官吏以为营生。有愿读书者，无钱不许入学。有三丁四丁不愿读书者，受财卖放，纵其愚顽，不令读书。有父子二人，或农或商，本无读书之暇，却乃逼令入学。有钱者，又纵之；无钱者，虽不暇读书，亦不肯放，将此凑生员之数，欺诳朝廷。……朕恐逼坏良民不暇读书之家，一时住罢。复有不知民艰、茫然无知官吏害民者，数言社学可兴。吁！古云为君难，诚如是；为臣不易，果然哉。（《大诰·社学第四十四》）

比王阳明年长一辈的著名学者陆容，则对包括社学在内的各类官督民办、官办及半官办学校的弊病都进行了抨击：

> 作兴学校，本是善政。但今之所谓作兴，率不过报选生员、起盖屋宇之类而已。此皆末务，非知要者。其要在振作士气、敦厚士风、奖励士行，今皆忽之，而惟末是务。其中起造屋宇，尤为害事。盖上司估价，动辄计银几千两，而府县听嘱于旁缘之徒，所费无几，侵渔实多。是以虚费财力，而不久复敝，此所谓害事也。况今学舍屡修，而生徒无复在学肄业，入其庭，不见其人，如废寺然，深可叹息。盖近时上司但欲刻碑以记作兴之名，而不知作兴之要故也。（《菽园杂记》卷十三）

由此可见，基于吏治的问题，社学在洪武时已积弊很深，并一度下令停办。虽然后来又行恢复，但其弊如故，到明中期以后，已是名存实亡。中原地区尚且如此，地处僻远的南安、赣州及邻近的汀州、漳州、韶州、南雄等地更是荡然无存。而要对民众进行教化，又非得依靠学校。

明朝全国各地的府、州、县都设有官学，学员的生活、学习费用都由政府承担，而且可以免除家中两个壮丁的徭役，但名额极少。要进行普及性教育，还得发动社会力量办学，官督民办的社学自然是最好的选择。

办社学需要场所，新建校舍势必增加农民负担。王阳明效法前任南安知府张弼的做法，将境内淫祠中所供的鬼神塑像统统予以拆除，将淫祠改建成社学，既是移风易俗，又解决了社学的校舍问题。

办社学需要教师，这很好办，南安、赣州本地不乏饱学有识之士，便是王阳明的弟子中，也有不少品学兼优者。

为了提高教师的档次，王阳明以提督军务兼理巡抚的身份，行牌福建布政司，礼聘福建市舶司副提举舒芬来赣州主持办学。舒芬是江西进贤人，著名学者，正德十二年（1517 年）的状元，因为上疏抨击皇帝而被贬谪到福建市舶司为副提举。王阳明对他的评价是“志行高古，学问深醇，直道不能趋时，长才足以济用”（《礼取副提举舒芬牌》）。因而将他请来主持办学。

中国自古以来教师报酬都十分微薄，历代政府一旦财政发生问题，往往又是首先克扣教师的报酬。

以明代为例，作为地方最高一级学校的府学，其最高待遇的教师称“教授”，只是从九品，为最低一级的品官，每年的实际俸禄大约是六十石米，折合白银约为二十两，即平均每月俸银一两半左右，大约够大户人家办一桌较为丰盛的酒席;其他的训导、学正、教谕等，均为“不入流”，薪金更少。官学如此，社学教师的薪金就更加微薄。但在当时的社会，许多官员宁肯大肆挥霍，也不肯花钱聘请几个教师。

王阳明在南安、赣州恢复社学，也得解决教师的薪金问题。但他并不认为这是大问题，区区馆谷，只要各级官员的手稍微紧一紧，哪有拿不出来的？他通告所属的江西岭北道及南安、赣州二府，以及各州县的官员，要求加紧访求“学术明正、行止端方”的乡儒为教师，“量行支给薪米，以资勤苦；优其礼待，以示崇劝”。同时要求学生家长，教训子弟，务必尊师重道。(《兴举社学牌》) 在他看来，能否养成尊师重道的风尚，是能否改变当地社会风气的重要一步。他用隆重的礼节延请舒芬，便是为了在这方面作出表率。

对于社学，王阳明有自己的要求。他专门写了一个《训蒙大意》，发给教读刘伯颂等人，对教育方针和教育方法提出了全面的意见：

> 今教童子者，当以孝悌忠信、礼义廉耻为专务。其培植涵养之方，则宜诱之歌诗，以发其志意；导之习礼，以肃其威仪；讽之读书，以开其知觉。
>
> 今人往往以歌诗习礼为不切时务，此皆末俗庸鄙之见。乌足以知古人立教之意哉？大抵童子之情，乐嬉戏而惮拘检。如草木之始萌芽，舒畅之则条达，摧挠之则衰痿。故凡诱之歌诗者，非但发其志意而已，亦所以泄其跳号呼啸于咏歌，宣其幽抑结滞于音节也。
>
> 导之习礼者，非但肃其威仪而已，亦所以周旋揖让，而动荡其血脉；拜起屈伸，而固束其筋骸也。讽之读书者，非但开其知觉而已，亦所以沉潜反复而存其心，抑扬讽诵以宣其志也。
>
> 若责其检束，而不知导之以礼，求其聪明，而不知养之以善，彼视学舍如囹狱而不肯入，视师长如寇雠而不欲见矣，求其为善也得乎？(《年谱一》)

教育方针仍是老生常谈，即灌输孝悌忠信、礼义廉耻观念；但对于教育方法，王阳明则根据自己的切身体会，提出了歌诗、习礼、读书三步并举，而且特别强调寓教于乐的重要性，这在当时不能不说是一大进步。但当年孔子教育学生，已经如此。

当年孔子便以礼、乐、射、御、书、数六艺授徒，但是，进入秦汉大一统以后，特别是隋唐推行科举制以后，中国的教育制度、教育方法，变得越来越功利，所以从本质上说，在很长的时间里，不是进步了，而是倒退了。所以，后儒只知道逼迫学生读死书，致使学生缺乏学习的兴趣和独立思考的能力。王阳明在读宋朝历史时，对程颐责备哲宗一事有深刻的感触。

程颐曾是著名学者周敦颐的学生，后来成为“程朱理学”的代表人物。他十八岁时进太学读书，写了一篇《颜子好学论》，太学教师、国子监博士胡瑗见后大加赞赏，当即召见，进行表彰。后来，程颐专以讲学授徒为业，名气越来越大。宋哲宗即位后，司马光执政，以程颐为崇政殿说书，给小皇帝讲课。

做了帝师，程颐更加一本正经。一次，刚满十岁的哲宗在课间休息时折了一根柳条，学着骑马的样子，自以为很是威风。这本是小孩子的天性，但程颐见了却大不高兴，当着宫女和太监们的面，将小皇帝责备了一番：现在正是春天，万物生长，皇上怎能无故去摧残生命？草木和人一样，都是生命。皇上今日不爱惜草木，日后亲政，又怎能爱惜百姓呢？这番话道理并不错，加上是教育皇帝，所以后来为程颐的弟子们广泛传颂。但这番斥责对于小皇帝哲宗来说，却无法接受。他抛下柳条，转身便走。司马光、苏轼听到这件事情之后也很不高兴，他们对弟子们说：君主之所以不愿意接近儒士，就是因为程颐这样的腐儒造成的。

王阳明赞成司马光、苏轼的看法。如果程颐因势利导，与小皇帝一起做做游戏，再相机进行劝诫，效果不是会更好些吗？而他自己更是在祖父的鼓励下，从小就好动、好冒险、好发奇想，如果遇上一位整日板着面孔、严加督责的教师，哪里会有今日的阳明子？

由于王阳明的大力倡导和督促，南安、赣州二府各地的社学次第恢复或兴建起来了。

十三、王门弟子

所谓“龙行云、虎行风”，王阳明在巡抚南赣汀漳期间，门人弟子也云集赣州，设在赣州的巡抚衙门成了讲求功夫、切磋学问的书院。这些弟子中，仅《年谱》上列出了姓名的，就有薛侃、欧阳德、梁焯、何廷仁、黄弘纲、薛俊、杨骥、郭治、周仲、周冲、周魁、郭持平、刘道、袁梦麟、王舜鹏、王学益、余光、黄槐密、黄蓥、吴伦、陈稷刘、鲁扶黻、吴鹤、薛侨、薛宗铨、欧阳昱等二十六人。而《年谱》上没有列姓名的更多，如刘阳、陈九川等人。王阳明当年在龙场的弟子冀元亨，曾在王阳明从龙场赴任庐陵知县时追随到吉安，王阳明北上时返回常德老家，听说王阳明出任南赣巡抚，也赶来赣州相聚。

从讲学的角度说，在赣州任南赣巡抚，比在北京任吏部员外郎、在南京任鸿胪寺卿要方便得多。巡抚是封疆大吏，节制一方，司、道、府、县都是下属，有职有权，扩大讲学场所、调拨钱粮经费均比较容易。特别是这南赣巡抚，远离江西省府，本省的镇守太监、巡按御史等也无法进行干预。

聚集在赣州的王门弟子主要来自江西、广东二省，王门江右学派和粤闽学派的主要人物也开始在赣州亮相了。

在上述名单中的江西籍弟子，欧阳德、何廷仁、黄弘纲是佼佼者。

欧阳德字崇一，号南野，江西泰和人。正德十一年（1516 年），刚满二十岁的欧阳德就在竞争激烈的江西乡试中中了举人，正准备赴京参加正德十二年（1517 年）的会试，听说王阳明巡抚南赣，会试也不参加了，赶往赣州，拜王阳明为师，成了王门中最年轻而且有功名的弟子之一，被王阳明称为“小秀才”。从正德十二年（1517 年）开始，欧阳德在王阳明门下五六年，直到王阳明离开江西回浙江后，才参加了嘉靖二年的会试，并且中了进士。嘉靖时，欧阳德先后出任南京国子监司业、太常寺卿掌北京国子监祭酒事，专以讲学为事，致有“南野门人半天下”之说，成为王学有力的传播者。

何廷仁字性之，号善山；黄弘纲字正之，号洛村。二人都是江西雩都县（今江西于都县）人。

何廷仁从小就倾慕陈献章的学说，总想投入白沙门下。但他十三岁的时候，陈献章就去世了。正德十二年（1517 年），王阳明巡抚南赣，何廷仁觉得机不可失，对家人说：我恨不得为白沙弟子，如今阳明先生来了，我不能再失去机会。遂往赣州。正值王阳明驻军南康，组织对桶岗、横水“山贼”的清剿，何廷仁赶到南康，投入王门。后来又追随王阳明回浙江，以阐述、传播王学为己任。虽然嘉靖元年何廷仁已在江西中举，但直到嘉靖二十年（1541 年）才出任新会知县。

黄弘纲与欧阳德同年中举，也是因为王阳明到赣州而放弃会试。此后，随王阳明在赣州、在吉安、在南昌，又追随入浙。王阳明死后，黄弘纲在王家居守三年，安排后事，直到嘉靖二十三年（1544 年），才出任汀州推官。

王阳明在赣州的三年中，军务繁忙，很少有时间和弟子们谈论学问，有学子前来问学，便先让学问根基较深、悟性较高的弟子执教，称为“接引”，然后再亲自接见。在江西期间，被王阳明列入“高第”而有资格进行“接引”的弟子，有广东揭阳籍的薛侃、江西新建籍的魏良器，以及何廷仁和黄弘纲。尤其是何廷仁和黄弘纲，不但在王门的时期长，而且心无旁骛。后来人们提及王门弟子，有“江有何、黄，浙有钱、王”之说，钱为钱德洪，王为王畿，何、黄即何廷仁和黄弘纲。在江西时，王门的主要“接引师”是何廷仁和黄弘纲；在浙江时，王门的主要“接引师”是钱德洪和王畿。

王阳明在赣州期间投入王门或准备投入王门的江西籍弟子中，还有两位后来名气更大的没有被《年谱》列入，他们是邹守益和罗洪先。

黄宗羲《明儒学案》说：“阳明一生精神，俱在江右。”可见江西籍弟子在王门中的地位。又说：“姚江之学（即王学），惟江右为得其传，东廓、念庵、两峰、双江其选也。”东廓为安福邹守益，念庵为吉水罗洪先，两峰为安福刘文敏，双江为永丰聂豹，全是江西吉安府人。他们既是江右王门的代表人物，在整个明代，也都算得上是著名的学者。

邹守益是正德六年（1511 年）会试的第一人即“会元”，又是殿试第三名即“探花”，留翰林院为编修，当时只有二十一岁。后因父亲去世，回安福“丁忧”即服丧。邹守益钦佩王阳明的学问和才能，更推崇他的气节，所以专程去赣州，请王阳明为他父亲写墓表。但是，邹守益少年得志，眼界甚高，一般学者并不在他眼中，加上又是程、朱的信徒，所以，虽然往赣州请王阳明写墓表，最初并无投入王门之意。后来无意之中听了王阳明的讲学，突然觉得有所感悟：程、朱补《大学》，先说“格物穷理”，而《中庸》却首列“慎独”，过去一直不理解，总是怀疑自己感悟不透。如今听了阳明讲学，原来“格致”就是“慎独”，不是自己感悟不透，而是程、朱错了！当即拜王阳明为师。

从后来的成就看，邹守益是江右王门的第一号人物，王阳明对他极为器重，不止一次当着弟子们的面说："以能问于不能，谦之近之矣。"

与众人不同，罗洪先却是没有行拜师礼的王门弟子。从这一点来说，《年谱》不列罗洪先是有道理的。

王阳明在赣州时，罗洪先年仅十四五岁，想往赣州拜师，父母因其年幼，没有应允。这时，由徐爱编定的记载王阳明语录的《传习录》第一卷刻印了，罗洪先见后，欣喜不已，日夜诵读，废寝忘食。嘉靖八年（1529年），即王阳明去世的第二年，罗洪先中了状元，正在京师为太仆寺卿的岳父曾直闻报大喜，祝贺说：吾婿建此大事，这是我家族的荣耀！罗洪先却不以为然：大丈夫立世，有多少事情要做。状元三年一人，怎能算是大事！

后来钱德洪主持修《阳明先生年谱》，王阳明在江西期间的言行请罗洪先主笔，罗洪先在书稿中自称"后学"。钱德洪见了，笑道：你于师门不称门生而称后学，只是因为老师在世时没有行拜师礼而已。你饱读诗书，难道古往今来的所谓门人，其含义只局限在行过拜师礼者？你十四岁时就想投入师门，虽因父母的缘故未能遂愿，却仍然孜孜于师门意旨，三十年不懈。由此看来，你不仅入了师门，而且已经升堂入室。罗洪先这才在《年谱》改称"门人"，并被黄宗羲称为"江右王门"的四大传人之一。

王阳明的第一位广东籍的弟子是方献夫。方献夫正德六年（1511年）时在京师对王阳明执弟子礼，不久，回到老家南海县西樵山中读书。方献夫是潜心读书的学者，不是设席宣讲的述者，所以他并没有把王阳明的学说带入广东。方献夫之后，广东籍的王门弟子又有郑一初，但入师门不久便因病而死。

自从认识了湛若水，特别是方献夫和郑一初入门为弟子之后，王阳明对广东学者有了特殊的好感。而能够传播王学，使王学在广东风行的，首推薛侃。

薛侃是广东潮州府揭阳县人，从小孝敬父母，是远近闻名的孝子。正德十一年，薛侃遵母命参加广东乡试，中了举人；第二年赴京参加会试、殿试，中了进士，尚未授官，便要求回广东老家侍奉老母。得到允许后，沿着运河、长江、赣江南下。薛侃对王阳明倾慕已久，进入江西境内，听说王阳明正巡抚南赣，真是意外之喜，船到赣州，便直奔巡抚衙门，成了王门弟子。回到揭阳之后，薛侃仍是兴奋不已，将自己在赣州入王门的事情告诉兄长薛俊。薛俊听了弟弟的诉说，也跟着激动，并带着薛氏子侄一齐来到赣州，拜王阳明为师。薛侃后来成为王阳明在赣州的首席弟子、王学在广东的传播者和权威解释者。

郑一初是揭阳人，薛氏兄弟也是揭阳人，而且，他们不仅是揭阳的大族，还专以讲学为业，薛侃在广东、薛俊在国子监，都以宣扬王学为己任。所以，在薛氏兄弟、子侄投入王门之后，王学立即在广东盛行起来，专程来赣州拜师的就有几十人。

薛氏兄弟之外，杨仕德（即杨骥）、杨仕鸣兄弟也是几乎举族入了王门。

杨仕德本来是湛若水的弟子，听了王阳明的讲学，改入王门。王阳明关于"破山中贼易，破心中贼难"的论点，就是在和杨仕德的通信中首先提出来的。湛若水对杨仕德改入王门似乎有些不快，所以在仕德死后写了一篇祭文，说他"是内非外，失本体之自然"。

其实，当时的学者虽然也有门户之见，但改入师门的事情还是经常发生的。湖广常德籍的学子蒋信，在王阳明贬谪龙场时，曾与冀元亨一起专往龙场拜师，后来进京参加会试，遂为湛若水的弟子，并且代湛若水在南京国子监讲学，王阳明对此并无异词。

从王阳明给弟子们的书信看，他对杨仕德是非常器重的。但杨仕德还没有来得及承担起传播王学的使命，就因病去世。倒是他兄弟杨仕鸣对王门的旨趣更有心得。黄宗羲《明儒学案》说，仕鸣与仕德同学王门时，十分用功。王阳明每有教诲，仕鸣总是要原原本本记录下来，给老师过目，但每次王阳明都不满意，说他没有真正理解自己的意思。仕鸣后来干脆不记了，一边听讲，一边自己思考，并将自己当时的心得写下来，给老师看。没想到老师竟大加赞赏。

从这件事情，杨仕鸣体会到了师门的真正精神，他后来经常对朋友和学生说：讲求功夫，只是各人依自己的良知所及，去其迷障，然后扩充，以尽其本体。各人都有自己的社会经历和认识问题的方法，以此为基础去认识问题，便可达到良知，而没有必要强求一致。

由于学生越来越多，巡抚衙门无法容纳，而王阳明在平漳南、桶岗、横水、浰头之后，公务之外也有了一些余暇时间，遂于正德十三年（1518 年）在赣州建立书院，开始了他在赣州的讲学。这个书院以宋儒周敦颐的号命名，称"濂溪书院"。

十四、徐爱论说《传习录》

孔子讲学，有《论语》传世；朱子讲学，有《朱子语类》流行。王阳明从小立志要“学为圣贤”，弟子们一入王门，便也自认为是入了“圣门”。既然是“圣门”，便应该和孔子、朱子那样，也有师门训示录。在这方面，王阳明的大弟子徐爱做出了表率。他仿照《论语》，用问答的方式将自己向王阳明请教学问及老师的解答记录下来，编成了一卷《传习录》。

在序文中，徐爱说明了自己编《传习录》的目的：

> 爱朝夕炙门下，但见先生之道，即之若易而仰之愈高，见之若粗而探之愈精，就之若近而造之愈益无穷，十余年来竟未能窥其藩篱。世之君子，或与先生仅交一面，或犹未闻其謦咳，或先怀忽易愤激之心，而遽欲于立谈之间，传闻之说，臆断悬度，如之何其可得也？从游之士，闻先生之教，往往得一而遗二，见其牝牡骊黄而弃其所谓千里者。故爱备录平日之所闻，私以示夫同志，相与考而正之，庶无负先生之教。（《传习录》上）

在王门弟子中，记载并打算整理王阳明语录的并非徐爱一人。王阳明开始听说这件事时，曾经表示过反对：古代圣贤教人，就如同医生用药一样，必须根据各人不同的情况，下药或轻或重。如果不问青红皂白，死守药方，那就不是救人而是杀人了。我对弟子们的训导，也是因人因时而异，有感而发，当时就未必深思熟虑，何况时过境迁，事情变化无常，如果编成语录，作为教条，岂不害人？

王阳明对“语录”的认识可说是有独到之处的，其中也许还包含着对《论语》《朱子语类》的不满。但因此而否定编纂“语录”的需要，却不无片面，这也正是“有感而发”存在的弊病。

话虽如此，从王阳明的内心来说，对于徐爱编《传习录》是支持的，如果没有类似于《传习录》的语录传世，自己的学说如何推广？难道真的放弃影响力最大的文字传播而一直停留在口耳相传或书信往返？得知徐爱病逝的消息，王阳明不胜悲伤：徐爱一死，我的学说就更加孤立无助了，希望陆澄有所继承。徐爱死后，接着编《传习录》的就是陆澄，以及薛侃、钱德洪等人。

不管王阳明的真实想法怎样，他公开反对编纂语录的话，却是很多弟子都知道的，他们得知徐爱仍在编录，多相规劝。这些规劝有的是出于对师训的恪守，有的则不免带有讥讽的成分。但徐爱却有自己的看法，他对同门师兄弟们说：如果因为先生有语录易成教条的话，便不再收集、编录先生的训导，那倒反而失去了先生的本意。当年孔子曾对子贡说：我不想多说话。但没过几天，他却告诉别人：我和颜回谈论了一整天。这件事情你们可听说过？孔子不是自相矛盾吗？

这件事《论语》记载得很清楚，当时人人都读《四书》，怎会没听说过？徐爱继续解释：其实孔子并不是自相矛盾。子贡为人聪明机敏，善于谈吐，专门想在语言上追求为圣之道。所以孔子用不说话来提醒他，让他自己从内心深处去体验师门的精神。颜回对师门的教诲却是心领神会，但不善于言辞，所以孔子和他讨论整天，让他将自己的体会表述出来。所以，孔子对子贡不说话，话却不能算少；与颜回讨论整天，话也不能算多。

这段人人都熟知但并不在意的典故，经徐爱一解释、一发挥，成了一番发人深省的道理。当然，徐爱对编纂语录的作用也有自己的认识。他在《传习录》的序文中说：如果人们对先生的教诲只是入耳出口，不去认真体会，不去身体力行，那我编这《传习录》不但没有效果，可能反而成了师门的罪人。我所希望的是人人都以师门的精神去学习师门的教诲，得之于言表，行之于实践。如果是这样，我编纂《传习录》的目的也就达到了。

与徐爱同时编纂《传习录》的，还有薛侃和浙江湖州人陆澄，并由薛侃出资于正德十三年（1518 年）八月在赣州刻印。①

但是，徐爱并没有看到薛侃刻印的《传习录》，他于正德十一年（1516 年）为南京工部郎中时，回家乡余姚省亲，第二年即正德十二年（1517 年）

① 《阳明全书》《王文成公全书》及《王阳明全集》所载的《传习录》共有三卷，是钱德洪在王阳明去世之后，根据薛侃、南大吉等人先后刻印的《传习录》整理而成的。薛侃在赣州刻印的，主要编在第一卷中。又侯外庐先生等主编《宋明理学史》下卷第八章说：王阳明在江西期间，“以薛侃为首的一批王门弟子皆在王守仁老家聚讲不散，王守仁亦于军旅之暇与之发明《大学》本旨，指示入道之方。于是，刊行《大学古本》，编印《朱子晚年定论》，以良知指示至善之本体。”按薛侃等人的这些活动并不是在王阳明的“老家”进行，而是在赣州、南昌进行。否则，王阳明在军旅之暇，又如何得以与他们“发明《大学》本旨、指示入道之方”。可参见《年谱一》。另据黄宗羲《明儒学案・粤闽王门学案》，薛侃正德十二年归养时在赣州入王门，“四年而后归”，正德十六年授行人，接着是丁母忧回广东。这段时间，或赣或粤或京师，并没有去浙江。

五月十七日病逝。[1] 据说徐爱曾经游过衡山，并在衡山做了一梦，梦见一位老和尚拍着自己的肩膀说："尔与颜子同德亦同寿。"说罢不见踪影。徐爱从梦中惊醒，十分诧异。[2] 王阳明时常对人说：徐爱就是我的颜回。没想到徐爱果然和颜回一样，在年仅三十一岁时病死。

噩耗传到赣州，王阳明悲痛万分。就在不久前，徐爱还从余姚老家寄来书信，说是买了田地，和陆澄一道，等着老师回去。王阳明见信非常高兴，连写了两首七言诗：

见说相携霅上耕，连蓑应已出乌程。
荒畬初垦功须倍，秋熟虽微税亦轻。
雨后湖舠兼学钓，饷余堤树合闲行。
山人久有归农兴，犹向千峰夜度兵。

月夜高林坐夜沉，此时何限故园心。
山中古洞阴萝合，江上孤舟春水深。
百战自知非旧学，三驱犹愧失前禽。
归期久负云门伴，独向幽溪雪后寻。
（《闻曰仁买田霅上携同志待予归》二首）

时隔不久，徐爱怎么就不在人世了？是不是因为自己将他比做颜回而折了他的寿？颜回死时也只有三十一岁，难道是冥冥天意在作怪？此后，王阳明每与弟子们讲学，总是免不了要说到徐爱。

十五、阳明妙论

多亏徐爱等人的有心，使我们今日可从《传习录》的片言只语中，发现王阳明的许多奇特想法，领悟到他思想中的诸多闪光之处。

例一：

秦始皇因焚书坑儒，成为千古罪人。但王阳明对焚书却自有主见。

徐爱认为，著述越多，越有利于"道"的发明。王阳明却不以为然：

---

① 《王阳明全集·年谱一》载，徐爱去世在正德十三年。此从《明儒学案》卷11《浙中王门学案一》。

② 朱国桢：《涌幢小品》卷14《两颜子》。

著述多未必就是好事，当年孔子删述《六经》，就是担心著述太多而莫衷一是。但是没有想到，春秋之后，繁文越多，天下越乱，所以秦始皇统一之后要焚书。后人骂秦始皇，是因为他焚书出于私心；如果他是出于公心，志在明道，便与孔子删述《六经》没有什么区别了。

原来，销毁古籍的始作俑者还不是秦始皇，而是孔子。但一受褒扬、一受批评，只是出发点不同而已。也就是说，做同样一件事情，而有不同的评价，看的就是“居心”如何。

例二：

中国古话说：“生地怕水，熟地怕鬼。”但王阳明却不怕鬼，且看他与学生们的一段对话。

陆澄问：有人一到夜间就怕鬼，先生对此有何看法。

王阳明点头说道：确实有人怕鬼，但这都是因平日做过损人利己的事情所致。如果为人处事，上不愧于天，下不负于人，难道还会怕鬼？

另一位弟子马明衡插话说：正直的鬼当然不怕，但邪恶的鬼还是会迷人的。

王阳明听了，不觉发笑：世界上哪有邪鬼迷正人的？只此一怕，就是心有邪念；心有邪念，就以为鬼会迷人。其实并不是被鬼迷，而是被自己的心迷。如果好色，就是色鬼迷；好财，则被财鬼迷；什么事情都发怒，则被怒鬼迷；什么事情都害怕，则被怕鬼迷。其实，都是被自己的邪念迷。所谓“鬼迷心窍”，就是这个道理。

例三：

王阳明讲学，主张“一以贯之”，这叫“主一功夫”。

陆澄一直对这个“主一”不理解。他问老师：读书则一心在读书上，接客则一心在接客上，可以为主一乎？

王阳明笑道：读书则一心读书，接客则一心接客。照这样看，好色则一心在好色上，好财则一心在好财上。这是逐物，不是主一。原来，“逐物”和“主一”并不相同。

陆澄不明白，接着问：圣人应变不穷，莫不是事先有所预见？

王阳明摇摇头说：哪里预见得如此许多，关键在于把握大处。但圣人之心如明镜，只是一“明”字，随感而应，无物不照。这就是“一以贯之”。用我们现在的话说，就是立场、方法定了，对万事万物的看法就不会自相矛盾。

例四：

王阳明的学说上承陆九渊，对朱熹却颇有微词，但也不是全盘否定。况且，这时的王阳明比年轻时要沉稳得多，对朱子的认识也不像以前那样片面了。同时也不愿树敌太多，所以采用了迂回批评的办法。

弟子杨骥问：格物是我儒的基本功夫，为何先生所教明白简易，人人懂得；朱子聪明绝世，为何反倒说不清楚？

对于这种问题，王阳明当然是很乐意回答的：朱子精神充沛、气魄宏大，那是一般人比不了的。但他早年就一心想继往开来，于是在考索著述上用功夫。但当时阅历尚浅、看事不明，著述中虽然有极佳处，但往往有越说越不明白处。年轻时没有感觉，到了晚年，才知道自己的学问做倒了。如果他像孔子那样，先不急于著述，到晚年再来整理自己的思想，就不至于留下如此多的遗憾了。但他知错就改，这更是世人比不上的。只可惜不久就去世了，致使许多错处来不及改正。

例五：

薛侃对自己的悟性很是自负，因此非常赞赏孔子所说的“上智与下愚不移”，他问老师：上智与下愚为何不可移？

王阳明自己有天赋，所以收弟子也讲究天赋，但从滁州以后，他比较注重学生的后天努力了。对于薛侃的提问，他说了自己这些年来的感受：上智与下愚不移，并不是不可移，而是不愿移。上智者见事准、办事有效率，他们不愿改变自己，这是有主见；下愚者见事迟、办事缺乏效率，但又不愿向别人学习，也不愿改变自己，这就是固执。所以孔子说上智与下不移。

例六：

一天，王阳明带着弟子们在花圃除草，薛侃突然叹了口气说：天地间的事情真是不可理解。为何善者难于培育，而恶者却难于除去？

王阳明说：这是因为对善者没有好好培育，对恶者也没有真正铲除。说完后又觉得言犹未尽，加了一句：这样看善恶，一起念便错了。

薛侃不解，问道：怎说一起念就错了？

王阳明解释说：天地之间，花草都是生命，哪里有善恶之分？只是人要看花，便以花为善，以草为恶。如果一旦要用草，那么草又成了善者了。所以，事情的善与恶，全是因为人的好与恶所生。

薛侃不服，反问道：如先生所说，世间就没有善恶之分了？

王阳明并不正面作答，却自言自语地说：无善无恶者理之静，有善有恶者气之动。不动于气则无善无恶，这才是至善。

薛侃这次有理了，他立即反问：佛教也是无善无恶，先生的意思岂不与佛教一样？

王阳明喜欢的就是这种弟子，他解释说：佛教无善无恶，便一切都不管，不可以治天下。圣人无善无恶，只是不以成见去裁量事物，只是一循天理，而不动气。

薛侃认为老师并没有说服自己，他重提刚才的问题：既然草不是恶，那就不应除掉。

王阳明又笑了：你这就是佛老的意思了。我常常说，天理就在我心，我心要观花，而草却有碍于观花，这便是不合天理，除去又有何妨？

薛侃有些明白，却又仍有些糊涂：这样看来，还是有善有恶。

王阳明笑了笑：虽然有善恶，但这善恶和你原来所说的善恶却不一样。善恶不在物，而在于心。心要观花，花便是善；心要用草，草便是善。所以，善恶全在于心。天理也全在于心。

兜了一个圈子，王阳明回到了自己的理论：我心就是天理，“圣人之道，吾性自足”。

例七：

王阳明教学生的功夫并不是一味死读书，并不悬空无着落，而是随时随地都可以从实践中体验到的。

弟子陈九川卧病赣州，王阳明前去探视。陈九川诉说病中难以用功夫，王阳明却说：“常快活便是功夫。”

陆澄因儿子病重，十分焦急。王阳明告诫说：这正是用功的时候。如果这样时机放过，平日读书有何用处？父亲爱儿子，这是天理。但天理也有个中和处，过分就是私意了。

例八：

泰和人杨茂又聋又哑，但好学问，往赣州见王阳明。两人通过书写和手势，进行了一次特殊的交谈。

王阳明问：你口不能言是非，你耳不能听是非，你心还能知是非否？

杨茂答：知是非。

王阳明说：如此，你口虽不如人，你耳虽不如人，你心还与人一般。

杨茂一面点头一面拱手相谢。

王阳明接着说：大凡人只是此心。此心若能存天理，是个圣人的心，口虽不能言，耳虽不能听，也是个不能言不能听的圣贤。心若不存天理，是个禽兽的心，口虽能言，耳虽能听，也只是个能言能听的禽兽。

杨茂指天扣胸，表示感谢。

王阳明又说：你如今于父母，但尽你心的孝；于兄长，但尽你心的敬；于乡党邻里、宗族亲戚，但尽你心的谦和恭顺。见人怠慢，不要嗔怪；见人财利，不要贪图。但在里面行你那是的心，莫行你那非的心。纵使外面人说你是，也不须听；说你不是，也不须听。

杨茂又是点头又是拜谢。

王阳明说：你口不能言是非，省了多少闲是非；你耳不能听是非，省了多少闲是非。凡说是非，便生是非、生烦恼;听是非，便添是非、添烦恼。你口不能说，你耳不能听，省了多少闲是非，省了多少闲烦恼，你比别人倒快活自在了许多。

杨茂兴奋得连连扣胸、指天、跺地。

王阳明最后说："我如今教你，只是终日行你的心，不消口里说；终日听你的心，不消耳里听。"（《谕泰和杨茂》）

所有这些，都是王阳明平时的言论，或久经思虑，有备而答;或并无准备，即兴说教。如果弟子们听过之后如过眼烟云，哪里还有活生生的阳明之学？所以，这《传习录》是不能不整理、不能不编印的。

十六、南赣山中风光好

从正德十三年（1518年）四月平浰头回师赣州，到正德十四年六月在吉安起兵讨伐宁王朱宸濠，其间的一年多时间，是王阳明在江西最为悠闲的一段时间。门人弟子云集赣州，王阳明领着他们，或议论于巡抚衙门，或讲学于濂溪书院。赣州的诸多名胜，也处处留下了王阳明与弟子们的足迹。

赣州的第一大去处是通天岩。通天岩位于赣州西北约二十里处，岗峦起伏，山不高而陡峭，地不大而奥奇。林木繁茂，洞壑幽深，既有悬崖梵宫之兴造，又有文人骚客之遗墨。因悬崖上有一天然石洞，石洞上方有一圆孔，直透山顶，可以见天，所以得名“通天岩”。自唐代以来，通天岩便是江南一大名胜。

根据自然分布和人工开凿，通天岩分为忘归岩、观心岩、龙虎岩、通天岩、翠微岩五大景区。王阳明情有所钟的是忘归岩和观心岩。

忘归岩实为一块巨岩，巨岩横空而出，岩下构成一个方圆几十平方米的天然石洞。王阳明第一次来通天岩，是在正德十二年（1517 年）的夏天。当时福建“山贼”刚刚平定，对桶岗和横水的用兵也在酝酿之中，王阳明忙中偷闲，带着弟子们游览通天岩。

时值盛夏，赣州城内暑气逼人。一到通天岩区，便感到暑气已渐消失。而到忘归岩，更觉洞中清风徐徐，沁人心肺，果然令人流连忘返。王阳明久在军旅，难得有此享受，不禁连连喝彩：果然是忘归岩！弟子们见老师高兴，也跟着起哄：如此仙景，先生该作诗留念！王阳明年轻时也是骚客中的领班人物，这时正在兴头，早已技痒，又见弟子们起哄，不觉思如泉涌，张口就是一首五言律诗：

青山随地佳，岂必故园好？
但得此身闲，尘寰亦蓬岛。
西林日初暮，明月来何早？
醉卧石床凉，洞云秋未扫。
（《通天岩》）

陪同王阳明游通天岩的弟子，有不少已是功成名就。他们之中有邹守益，这是正德六年会试的会元，殿试的探花，翰林院的编修；有薛侃，这是正德十二年（1517 年）的进士；有被王阳明称作“小秀才”的欧阳德，这是正德十一年（1516 年）江西乡试的举人，因往赣州投师而放弃了会试。还有黄弘纲、何廷仁、杨骥、陈九川等等。这个班子放到北京，足以和当时的翰林院抗衡。

在这些弟子中，身份最高的自然是邹守益。倒不是因为他登科甲早，地位高，而是有自己的主张，见识不凡。后来江右王门的首席弟子，便是这位邹守益。

邹守益早知老师年轻时以文采著名，但亲耳听老师作诗还是第一次，一时兴起，也跟着吟了一首。

邹守益一附和，激起了王阳明的诗兴，用邹守益的韵，应声也是一首七律：

天风吹我上丹梯，始信青霄亦可跻。
俯视氛寰成独慨，却怜人世尚多迷。
东南真境埋名久，闽楚诸峰入望低。
莫道仙家全脱俗，三更日出亦闻鸡。
（《游通天岩次邹谦之韵》）

从此，通天岩成了夏秋时期王阳明和弟子们游览的绝妙去处，忘归岩左侧的观心岩，更被王阳明辟为讲学之所。而以“观心”命名，又是王阳明的匠心独具。王阳明讲学，离不开一个“心”字，所谓“心即理”，“人者，天地万物之心也；心者，天地万物之主也。心即天，言心则天地万物皆举之矣”。离开心，一切都不存在。认识万事万物，都要从“心”开始。所以，这个讲学的石洞，便被王阳明命名为“观心岩”。

用心领悟的道理，不是用语言所能完全表达的，故观心岩又称“忘言岩”。而这“忘言”似乎又比“观心”更为含蓄，更为洒脱，所以在王阳明的笔下，倒更愿意称其为“忘言”：

意到已忘言，兴剧复忘饭。
坐我此岩中，是谁凿混沌？
尼父欲无言，达者窥其本。
此道何古今，斯人去则远。
空岩不见人，真成面墙立。
岩深雨不到，云归花亦湿。
（《忘言岩次谦之韵》）

几日岩栖事若何？莫将佳景复虚过。
未妨云壑淹留久，终是尘寰错误多。
涧道霜风疏草木，洞门烟月挂藤萝。
不知相继来游者，还有吾侪此意么？
（《坐忘言岩问二三子》）

在王阳明与弟子们的讨论中，有一段对话一直引起后人的兴趣，那就是关于岩中花树的问题。《传习录》记载说：

> 先生游南镇。一友指岩中花树问曰："天下无心外之物，如此花树在深山中自开自落，于我心亦何相关？"先生曰："你未看此花时，此花与汝心同归于寂；你来看此花时，则此花颜色一时明白起来。便知此花不在你的心外。"

王阳明在这里是用人的主观感知来决定事物的客观存在，自然有片面处。但即使对此进行指责的人们，也不能不佩服他"一以贯之"的机变。虽然根据《传习录》的记载，王阳明和学生的这段对话发生在嘉靖年间的绍兴，但赣州的父老们宁愿它发生在通天岩，并坚持认为就是在忘言岩的洞口所说。这忘言岩的洞口，正对着一片林木茂盛的山谷。春夏之时，繁花盛开，令人陶醉。

虽说是"青山随地佳，岂必故园好"，但这思乡之情却是任何人都免不了的。正德十三年（1518 年）初夏，王阳明回师赣州，途经龙南，竟意外地发现两处山洞极似自己家乡的阳明洞，不禁惊喜，遂取名为"阳明别洞"："回军龙南，小憩玉石岩，双洞绝奇，徘徊不忍去，因寓以阳明别洞之号。"并作诗以记：

洞府人寰此最佳，当年空自费青鞋。
麾幢旖旎悬仙仗，台殿高低接纬阶。
天巧固应非斧凿，化工无乃太安排？
欲将点瑟携童冠，就揽春云结小斋。

（《回军龙南小憩玉石岩双洞绝奇徘徊不忍去因寓以阳明别洞之号兼留此作三首》其二）

阳明山人旧有居，此地阳明景不如。
但在乾坤俱逆旅，曾留信宿即吾庐。
行窝已许人先号，别洞何妨我借书。
他日巾车还旧隐，应怀兹土复乡闾。

（《回军龙南小憩玉石岩双洞绝奇徘徊不忍去因寓以阳明别洞之号兼留此作三首》其三）

第六章　处危应变

一、宁府是非

江西、福建、广东、湖广接壤地区的民变虽然被王阳明平定，但江西省会南昌的动乱却在酝酿之中。

明太祖朱元璋在位的三十一年里，曾经采取了各种措施，建立了各种制度，以使朱明皇朝千秋万代，与天地同存。在这些措施和制度中，有两项在推行过程中所遇的阻力最大，但恰恰也是明太祖最坚定不移的，这就是废除宰相和分封诸王。

朱元璋从小家中贫困，很早就死了父母，所以先给地主做牧童，后来又在寺院做和尚，二十五岁投身于元末农民起义，才娶了妻子马氏。大儿子朱标出生时，朱元璋已经二十七岁了。有句古话说，打仗全靠父子兵。朱元璋儿子小，便收养了许多义子，用他们去冲锋陷阵，去监视将领，对于大明皇朝的开创，起了很重要的作用。

但是，打江山的是干儿子，坐江山的却是亲儿子。只是南京紫禁城的皇位只能容一个儿子继承，其余的儿子便得分封到各地，去做诸侯王。

中国历史上曾经有不少朝代分封过诸侯，但作用却大不相同。西周的分封诸侯，在很大程度上是一次民族大融合的过程，对于建立起各地区之间的联系，对于后来统一的多民族国家的形成，具有重大的意义；西汉的分封诸王，开始曾经起到过扩大疆域、拱卫中央的作用，但后来却尾大不掉，成了分裂和割据势力；至于西晋分封的诸侯王，从一开始就成了司马皇朝的掘墓人。

朱元璋投身元末农民起义之后，身边迅速集结了一批读书人出谋划策，他自己也开始读书识字、学习历史，这些历史教训他是知道的。但他自认为可以通过一些变通的办法，既达到诸侯王拱卫中央的目的，又避免诸侯王尾大不掉的弊病。同时，在其潜意识中，或许还有宁愿自家窝里斗，也不能让非朱氏家族的文官武将们分一杯羹的想法。在这种思想的指导下，明太祖分三批将自己二十六个儿子中的二十四个，即除去长子朱标被立为太子、幼子朱楠早夭之外，其余的全部分封为王。

在被分封的二十四个王中，有一位名叫朱权，是明太祖的第十七个儿子，被封为宁王，封国在大宁，即现在内蒙古自治区宁城县的大名城。大宁在长城之外，东连辽东，西接宣府，是明初的北方重镇，有驻军八万人，兵车六千乘，所属蒙古朵颜三卫骑兵骁勇善战。朱权几次受命与二哥秦王、三哥晋王、四哥燕王（即明成祖）讨伐元朝残部，以善谋著称。

明太祖死后，朱标的儿子、皇太孙朱允炆继位，燕王朱棣起兵“靖难”，夺取了皇位。“靖难”期间，朱棣以诈谋将朱权挟持到北平，朱权麾下锐卒成了朱棣夺取皇位的重要力量，朱棣发布的文告也有不少出于朱权之手。为了安抚朱权，朱棣许以事成平分天下。但夺取皇位之后，朱棣既不愿兑现诺言也不可能兑现诺言，将朱权迁到了南昌。从此，宁王府便设在了南昌。从这一代的恩怨来说，朱棣和他的子孙们是欠了宁王府一笔债的。

第一代宁王朱权本是文武全才，迁封南昌后，受到朝廷的严密控制，于是专心舞文弄墨，整天与文人混在一起，写了《通鉴博论》《家训》《宁国仪范》《汉唐秘史》《史断》《文谱》《诗谱》《太和正音谱》等著作。从此，热衷文学艺术成了宁王府的传统。

朱权死后，朝廷赐谥“献”，所以称“宁献王”。经靖王朱奠培、康王朱觐钧，三传到朱宸濠。宸濠出生于成化十三年（1477年），弘治九年（1496年）二十岁时，继承了王位。宁王府本有文学艺术传统，宸濠的生母又是歌女出身，宸濠从小耳闻目睹，也有较高的文学修养，所以《明史·宁王传》说他“善以文行自饰”。既然自以为有些本事，而北京紫禁城里的皇帝不仅荒唐且欠着自己祖宗的债，这不满之情自然溢于言表。

中国的读书人有喜欢参与政治的传统，所谓“学成文武术，货于帝王家”。虽然按孟子的说法，应该是“穷则独善其身，达则兼济天下”，但心甘情愿“穷”一辈子的却并不多。于是，科举成了读书人的第一等大事。有幸在科举中成功者，成了读书人中的在朝派。但科举的名额有限，绝大多数人还是入不了仕途的。于是经过多次失败后，弃学经商者有之，以耕读治家将希望寄托于子孙者有之，但也有人始终放不下一个“达”字，走上了与朝廷对立的道路。

唐朝有位名叫高尚的读书人，自视为天下奇才，却总是进不了官场，他发誓，宁为贼死，也不愿默默无闻过此一生。于是北走燕云，成了安禄山的谋主，将个大唐江山搅得天翻地覆。本朝太祖皇帝最初投身农民起义军，不过是为了活命，后来经李善长、刘基等读书人左说右劝，说得有了做皇帝的念头，倒也真的开创了大明帝国。成祖皇帝发动“靖难”，很大程度也是因为有姚广孝（僧道衍）、金忠、袁珙等读书人的唆使。

宸濠既然有了不满于朝廷的意思，自然就有人捧他的场，为他出谋划策。本来只有一分不满，非要挑唆得十分不满。首先为宸濠捧场的是术士李自然和李日芳。二人初见宸濠，便说他的长相奇特，不是一般人物，这也是术士们的惯伎，在他们的口里，人人都可以被说成是有异征。接着又告诉宸濠，说他们发现南昌城的东南有天子气。在这南昌城中，除了宁王朱宸濠，还有谁能应这天子之气？

如果当时在北京的是一位有雄才大略，或者是一位励精图治的皇帝，宸濠那颗不安分的心也许会平静许多。但恰恰在孝宗死后，继位的是行事荒唐的武宗，而武宗又没有儿子，这就使得宸濠更多了几分侥幸。而且，朱棣一支的皇位本来就是从朱标一支夺来的，那么，宸濠以其人之道还治其人之后，都是太祖皇帝的子孙，也并没有太多值得指责的。

宸濠先是买通专权宦官刘瑾，恢复了天顺时期被削去的王府护卫。但刘瑾死后，护卫又被削除。按明太祖时的规定，王府都设有一到三个护卫，每个护卫五千余人，既是王府的卫队，也可在朝廷发生“奸臣”乱政时起兵“靖难”。当年成祖起兵，“护卫”就是基本力量。宸濠要图大事，这护卫自然是不能少的，所以他又买通吏部尚书陆完和武宗的亲信钱宁、臧贤，恢复了护卫。

光有护卫还不够，宸濠命人联络长期在鄱阳湖为盗的吴十三、凌十一等人，让其招募渔民樵夫、散兵游勇，以部伍法进行管理，作为预备力量。新建籍退休都御史李士实、安福籍举人刘养正，都是不甘于人下的读书人，他们帮助宸濠联络党羽、打击和排斥不肯依附的地方官员。就这样，又一场朱氏家族内部争夺皇位的斗争紧锣密鼓地拉开了帷幕。

二、各自念权经

自从有了夺取皇位的念头，宁王宸濠对江西特别是南昌的地方官员进行了一系列的策反工作，能够拉拢的则拉拢，拉拢不了的则打击。曾经出任过江西按察使、做到了吏部尚书的陆完，曾任江西镇守的太监毕真等，成了宸濠的好朋友，后来被指认为“死党”。

但是，明朝自成祖“靖难”之后，宗室中虽然也有过宣德时汉王朱高煦、正德时安化王的起兵发难，但都没有成功。既然已经入仕，也就很少有人甘冒“谋反”的风险去干背叛朝廷的事情。所以，尽管宸濠及李士实、刘养正等人费尽心机，从江西省到南昌府以及各县的官员们都对宸濠采取不合作的态度，按察副使胡世宁、布政使郑岳、巡按御史范辂及南昌、瑞州知府更不断向朝廷汇报宁王府的动向。当然，这些官员后来或被宸濠买通朝中权贵，调离江西，或被宸濠私自幽禁。

在所有江西官员中，宸濠及其谋士们最忌怕的，还是控制江西上游的南赣巡抚王阳明。刘养正年轻时与王阳明有交往，佩服王阳明的学问见识，王阳明对刘养正也颇为赏识，曾推许其为“吾道学友”。为了拉拢王阳明，刘养正受宸濠的派遣，专程前往赣州。宸濠在南昌的所作所为，王阳明早有耳闻，也知道刘养正已经成了宸濠的亲信谋士，所以，对于刘养正来访的目的，王阳明心中如明镜一般。

在接风宴席上，刘养正先是对王阳明平灭“巨寇”的功绩赞不绝口，接着又对王阳明的讲学大加称颂。王阳明一面劝酒，一面耐着性子等刘养正转入正题。

果然，刘养正话锋一转，说到了宁王宸濠：宁王尊师重道，有三代贤君商汤、周武的气度。先生以廓清迷障、恢复圣学真谛为己任，宁王十分钦佩，所以命我前来，一是表示敬重之意，二来想投入先生门下，以求正学。

如果不计较其他因素，光凭刘养正的这番话，以宗室亲王之尊而礼贤下士，宁王宸濠也算得上是人杰。况且，当年周文王五次到渭水请姜子牙、刘备三顾茅庐请诸葛亮，不都是为了争夺天下的人才？从这一点来说，宸濠为了夺取皇位而不惜卑词厚礼，也并没有什么值得指责的。

但在王阳明看来，大明江山的建立已经有一百多年，尽管当今皇帝有诸多的不是，也不忍见藩王觊觎皇位。如果战争一发动，有多少百姓要身受战祸，国家得耗费多少钱粮来收拾残局？只是宁王如今还并没有动作，一切公开的举措也都在朝廷许可的范围之内。也就是说，宸濠敢不敢公开与朝廷为敌，还要看日后事态的发展。

所以，听完刘养正的叙说，王阳明只是笑着问道：“宁王舍得去掉王爵，来赣州做我的学生？”当然，说笑归说笑，宸濠到赣州来自然不现实，就是他想来，按朝廷的制度也是不允许的；王阳明作为封疆大吏，专程去南昌为宁王讲学，也不可能。既是为了表示对宁王的尊重，也是为了摸清宁王府的动静，王阳明决定让弟子冀元亨随刘养正一道北上，去宁王府讲学。当然，王阳明无论如何也想不到，这个决定竟送了冀元亨一条性命，也给自己带来极大的麻烦。

冀元亨是湖广武陵人，王阳明贬谪龙场时，他和蒋信不避艰险，前去拜师。除了徐爱、朱节、蔡宗兖三人，冀元亨和蒋信可说是王门最早的入室弟子。王阳明从龙场东归为庐陵知县时，冀元亨又追随到庐陵。正德十一年，冀元亨参加湖广乡试。最后一场策论，主考官以“格物致知”发策。“格物致知”是朱熹阐述了一辈子的命题，按明朝科举规则，考生应以朱子的观点答题。但冀元亨却以老师王阳明的观点来回答，没想到考官竟然将他录取了。正德十二年（1517年），王阳明到赣州为巡抚，冀元亨跟着也到了赣州，和黄弘纲、何廷仁一道，为王门弟子中的“接引师”。

这次受师门的派遣，冀元亨来到南昌，与宁王宸濠论学。

宸濠听说冀元亨是王阳明的高足，便想通过他来拉拢王阳明。但是，当宸濠试着和冀元亨说起“王霸”之业时，冀元亨却装着打哈哈。宸濠见状，不禁哑然失笑：人说痴人不可理喻，以前不相信；今日见到冀元亨，我相信了。弟子如此，其师可想而知。但刘养正却提醒宸濠说：王守仁聪明绝伦，岂有弟子如此迂腐？我看这冀元亨是假装糊涂。

改日讲《西铭》，冀元亨侃侃而谈，反复陈说“君臣大义”。宸濠大吃一惊，原来此人真的不痴。由“君臣大义”，冀元亨又讲到了春秋时期的所谓“王霸”之业，讲到“时”与“势”的关系。宸濠越听越是吃惊，此生岂止是不痴，甚至可说得上是人才难得。但从冀元亨的表现，宸濠也发现身处赣江上游的这位王阳明是无法拉拢的，但又不能得罪，否则事情更加难办，干脆以礼将冀元亨送回赣州。[1]

冀元亨回到赣州，诉说所见宁府的情状，王阳明更加坚信宁府必定出事。但事情将会发展到什么地步，却谁也没有把握。

时间已是正德十四年（1519 年）初。王阳明的父亲王华退休之后，将家从余姚搬到了绍兴，这是祖宗以前住过的地方。比起余姚，绍兴地方更大，更繁荣，离省城杭州和南都南京也更近一些。不久前，王阳明收到父亲的家书，说祖母岑氏病重，希望王阳明回老家省亲。在这之前，王阳明曾经以久病为由，上疏朝廷，请求提前退休，没有被批准。这不断请求退休在当时也是时髦，其实是不断提醒朝廷注意自己。当然也有弄巧成拙的，如果朝中当权者顺水推舟，予以批准，那就后悔也来不及了。

正德十四年（1519 年）正月十四日，王阳明再次提出退休的要求。这次的理由有两条，一是自己长期身体不好，难以再荷重负；二是已经一百岁的祖母病重，自己应该回家诀别。提出这个报告，在王阳明的心中也是矛盾的。一方面，他确实希望轻松一下，这几年在赣州呕心沥血，身体更是大不如前；而且，祖母病重，这次不回去，恐怕连面也见不到了。但另一方面，官场险恶，弄不好公文一下来，这一辈子还真就得终老于林下了。

事情也正是如此。当时的吏部尚书是宁王宸濠的死党陆完，他不希望上游有一个王阳明压着宸濠。内阁首辅是杨廷和，这是一位难得的干才，但与兵部尚书王琼有矛盾，王阳明被他认为是王琼的人。所以，王阳明的报告一到北京，吏部和内阁的意见是一致的，王阳明劳苦功高，人才难得，应该让他回家养病，这也是为国家保护人才，加上他祖母病重，听说这位百岁寿星对孙子极为溺爱，应该在她临死前让王阳明回家去陪陪。

---

① 黄绾《阳明先生行状》说冀元亨到南昌后，与宸濠议论矛盾。宸濠大怒，将其遣还，并秘密派出杀手，打算在路上杀害元亨，但没有得逞。当时，朝中一直有人利用冀元亨到南昌与宸濠讲学一事诬陷王阳明与宸濠有瓜葛，所以黄绾在《行状》中要为王阳明开脱。本书采用黄宗羲《明儒学案》的说法，见卷 28《楚中王门学案》。郑晓《今言》则说王阳明曾面见宸濠：

王阳明初见宸濠，佯言售意，以窥逆谋。宴时，李士实在坐。宸濠言康陵（指明武宗朱厚照）政事缺失，外示愁叹。士实曰："世岂无汤、武耶！" 阳明曰："汤、武亦须伊、吕。" 宸濠又曰："有汤、武便有伊、吕。" 阳明曰："若有伊、吕，何患夷、齐。" 自是，阳明始知宸濠谋逆决矣。乃遣其门生举人冀元亨往来濠邸，觇其动静，益得其详。于是始上疏请提督军务，言："臣据江西上流，江西连岁盗起，乞假臣提督军务之权，以便行事。" 意在濠也。司马王晋溪（王琼）知阳明意，复奏称王某有本之学、有用之才，今此奏请相应准允，给与旗牌，便宜行事。江西一应大小缓急贼情，悉听王某随机抚剿，以故濠反，阳明竟得以此权力起兵擒贼。（卷 4 之 313）

但是王阳明身上有“提督军务”这个职务，所以能否批准他退休还要看兵部的意见。在这个关键时刻，王琼再次表现了他的远见卓识。他将武选司的主事应典叫来，告诉他：我将王守仁放在赣州，并给他兵符令旗，让他便宜行事，并不只是为了几个“山贼”，一旦江西有事，还得仰仗于他。

这时，发生了福建军士煽动兵变的事情，王琼以此为理由，驳回了吏部的意见，同时以兵部的名义上了一个题本，并得到批准，让王阳明往福建处置兵变事宜。这样，王阳明不但有权调动江西、湖广、广东、福建等省交界地区的军队，还可调动福建的军队。后来的事实证明，王琼的这一步棋使明政府轻而易举地渡过了一次难关，也使南方百姓避免了一次可能旷日持久的战乱。

三、宸濠终于挑起了反旗

宁王府的动静通过各种渠道传到北京。御史萧淮上疏，建议朝廷尽早进行处置，将宸濠逮捕进京。疏下内阁，大学士杨廷和等人认为宁王的“反状”还不明显，不宜采取过急行动，但为了防患于未然，拟旨再削宁王府的护卫。这份由内阁起草、以武宗皇帝名义发出的敕旨说：宁府之事，关系宗社大计，“朕念亲亲，不忍加兵，特遣太监赖义、驸马都尉崔元、都御史颜颐寿往谕，革其护卫”。

宁王也一直在侦刺朝廷的动静，负责在京打探消息的宁府间谍林华只知道有御史上疏，建议朝廷将宸濠逮捕进京，却不知内阁最后拟旨只是革除护卫。赖义一行奉旨出京，北京街头议论纷纷，都说要将宁王押解赴京。林华急了，昼夜南奔，抢在朝廷使者之前赶回南昌，报告他在北京得到的并不准确的情报。

林华赶回南昌报信的这天，是正德十四年（1519年）的六月十三日。这天是宸濠四十三岁生日，在南昌的江西官员，从镇守中官、巡抚、巡按，到都指挥司、布政司、按察司三司，以及南昌府，南昌、新建县的官员，先后到宁王府祝寿，宁王府喜气洋洋。但是，林华从北京带来的消息，特别是听说派来的使者中有驸马都尉崔元，宸濠大吃一惊。因为明朝开国以来有一惯例，即只有对犯罪宗室抄解家属时，才派遣驸马。

宸濠立即召集谋士们商议。刘养正虽然只是举人出身，名列李士实之后，却是宸濠最信任的头号谋士。他建议宸濠当机立断，乘第二天宁府回请镇、巡及三司官员时，胁迫起事。

第二天，正德十四年（1519 年）六月十四日，宁王府大摆宴席，回请昨天前来祝贺的江西官员。这天来到宁王府赴宴的，以镇守太监王弘、巡抚都御史孙燧为首，包括巡按御史王金，主事马思聪、金山，江西布政使梁宸、胡濂，参政王纶、刘斐、程杲，参议杨学礼、许效濂，江西按察使杨璋，副使唐锦、贺锐，佥事师夔、潘鹏、赖凤，江西都司都指挥许清、马骥、白昂、郏文等，凡中央派驻南昌及在昌的江西三司长官，都来到宁王府赴宴，并且再次向寿星表示祝贺。

等众官到齐，几百名带刀武士在鄱阳湖大盗吴十三、凌十一等人的统领下，封锁了所有通道，将众官员围在了正中。众官不明就里，惊疑不定，却见宸濠满脸杀气，出现在众人面前。

宸濠将官员们逐个注视了一遍，高声说道：众官听了！当年宦官李广将民家儿子抱入皇宫，伪称是柏妃生了皇子。孝宗皇帝受其欺骗，将这小孩立为太子，并继承了皇位。这伪皇子就是当今的皇上。我太祖太宗得不到亲生骨肉的祭祀已经十四年了。我奉太后密诏，起兵讨贼。顺我者昌，逆我者亡！

就这一番话，惊得官员们目瞪口呆。巡抚江西右副都御史孙燧是王阳明的同科举人，他在任江西巡抚期间，曾先后七次向朝廷密告宁王府的行迹，但每次送出的情报都被宁王派出的逻哨截获。按察司副使许逵胆略过人，他多次劝孙燧先下手为强，解决宁王问题。但孙燧总觉得宁王反状还不明显，证据还不充分，若轻举妄动，这离间宗室、诬陷藩王的罪名也是不好承担的。有了这层顾虑，所以迟迟没有动手，没想到全省在南昌的官员今天被宁王一窝端了。

孙燧见众人被宁王说得呆若木鸡，跨上一步，大声喝道：我是巡抚，若太后有旨，我应该知道，你可将太后懿旨请出，让我过目。

宸濠早就担心孙燧、许逵会带头发难，如今孙燧果然首先跳了出来。宸濠并不正面回答孙燧的提问，却厉声喝道：不用多说！我日内就要往南京登极，你可做好扈驾准备。

孙燧却不吃这一套，也厉声喝道：天无二日，民无二主。你放着藩王不做，却要谋反，是自寻死路，休想让我为你殉葬！说罢，便向宸濠扑了上去。

早有武士一拥而上，将孙燧按住。许逵见状，从人群中冲了出来，要救护孙燧，也被武士死死按住。

宸濠看了看拼命挣扎的孙燧、许逵，又看了看惊恐万状的众官员，嘿嘿冷笑：你们以为我不敢杀人吗?

话音未落，许逵便大声高呼：你能杀我，天子就能杀你！你这反贼，将来必定碎尸万段、祸灭满门，你后悔也来不及了！

宸濠大怒，喝令武士将孙燧、许逵拖出王府，杀于南昌惠民门外。凌十一、吴十三等人亲自动手，将众官员捆绑起来。布政司参议黄弘和主事马思聪奋力抗争，力竭而死。其余的不敢再行反抗，跟着宁王府的谋士、护卫，一齐向宸濠称呼“万岁”。按察使杨璋本为江西岭北道兵备副使，因随着王阳明东征西讨，战功卓著，升为按察使，这时因为性命攸关，接受了宁王的官职。接受“伪职”的还有布政使梁宸，参政王纶、季敩，佥事潘鹏、师夔等人。王纶更成了宁王的“兵部尚书”，地位仅在李士实、刘养正之下。

四、丰城脱险

宸濠在南昌发难之时，王阳明正乘坐官船北上，要往福建处置兵变事宜。

兵部的命令是六月初五到赣州的，王阳明六月初九从赣州乘船，顺赣江而下。六月十五日，船至丰城县（今丰城市）界黄土脑。丰城有位浙江宁波籍的吏员首先向王阳明报知了宁王杀死孙燧、许逵，胁迫江西三司官员起兵等事。接着，丰城知县又证实了这件事情，并说宸濠已经派人沿江而上，要邀击王阳明。

虽说王阳明对宁王的所作所为早有警觉，但猛然听说宁王已经杀了孙燧、许逵，在南昌公开和朝廷分庭抗礼，也不免大吃一惊。他这次往福建勘平兵变，属于公事，已经通告江西、福建二省和宁王府。宁王根据王阳明的行程，派人沿途截杀是完全有可能的。

王阳明见事情紧急，与同行参谋雷济、萧禹商议，丰城地方狭小，兵马粮饷无法筹集，而且离南昌不过百里之遥，宸濠兵马朝发夕至，遂决定立即返回吉安，调集军马，再与宸濠周旋。

宸濠起兵及已经派兵截杀王阳明之事，众人都是在官船上向王阳明报告的，自然瞒不过船夫。船夫惊惶不定，以逆流无风为理由，不肯开船。后来起了北风，船夫仍是不开船，王阳明大怒，拔剑在手，手起剑落，将船夫首领的一只耳朵砍下，船夫们这才无可奈何，掉转船头，逆着赣江，向南缓缓而行。

暮色已经洒满了山川峡谷，王阳明站在船头，凝视着在东边山头上冉冉升起的满月，多像幼年时期在镇江金山寺见到的那轮圆月！但时过境迁，王阳明已经无心吟诗赏月了。他望着滚滚北去的江水，船在水中，似乎根本没有移动,不禁心急如焚。他猛然想起十多年前自己在钱塘江脱险的经历，得再玩一次金蝉脱壳的把戏。他将自己的想法向雷济、萧禹一说，二人拊掌称好。

王阳明命船夫将官船靠近一条渔舟，自己和雷济等人弃官船、上渔舟，其余人等在官船虚张声势。渔舟借着月色向南急驶而去，官船则大张灯火，在江上缓缓而行。事后王阳明的幕僚龙光曾向阳明弟子钱德洪说起当时的情形：

> 时师闻变，返风回舟。濠追兵将及，师欲易舟潜遁，顾夫人诸、公子正宪在舟。夫人手提剑别师曰："公速去，毋为妾母子忧。脱有急，吾恃此以自卫尔！"及退还吉安，将发兵，命积薪围公署，戒守者曰："傥前报不利，即举火爇公署。"时邹谦之在中军，闻之，亦取其夫人来吉城，同誓国难。

当时和王阳明一同从赣州乘船而下的，除了参谋雷济等人之外，还有幕僚龙光，特别是还有王阳明的妻子诸氏、养子正宪。而此时的诸氏夫人，也表现出女中豪侠的胆气。当然，官船并没有被宸濠的护卫追上，王阳明等人乘坐的渔舟，则在当天深夜到了临江（今江西樟树）。临江知府戴德孺这时也得到了宁王占据南昌、起兵发难的消息，正自担忧，听说王阳明到了，不禁大喜，急忙出城迎接，并要求王阳明入城调度。①

王阳明见了戴德孺，也十分欣喜，但他有自己的主张。他告诉戴德孺：

---

① 《明武宗实录》卷175说：王阳明奉命往福建勘事，时值宁王宸濠生日，王阳明本打算取道南昌，先贺宁王寿辰，然后再去福建。船遇大风，误了日期。王阳明船至丰城，得知宸濠发难的消息，弃官船，改乘小舟，想径回赣州。宸濠听说王阳明南归，令人乘船追赶，但没有追上。吉安知府伍文定也听说王阳明南归，急忙带着三百士卒，乘船在峡江截住了王阳明，劝他一道回吉安起兵，讨伐宸濠。

宁王背叛朝廷，人人都应全力讨贼。但临江位于大江之滨，与省城相距太近，而且当南北道路之冲，不便据守。我将直趋吉安，在吉安调集军马，再取南昌。我去之后，这临江之事仍赖贵府调度。如今国难当头，万望不辞劳苦，日夜防守。如有意外，可星夜通报吉安。

戴德孺也是个敢于担待的人物，他理解王阳明的做法，也相信王阳明的人格才干，但对宁王下一步的动作却心中无数。王阳明听了他的顾虑，沉思片刻，屈指说道：以宁王计，有三个选择。若出上策，他应直趋京师，出其不意。如果这样，国家就危险了。若出中策，则趋南京。如果这样，大江南北也受其祸害。若出下策，则只是盘踞江西省城。如果这样，为害较小，勤王之事也较易了。

这既是王阳明个人的看法，也是从丰城到临江途中，王阳明和雷济、萧禹二人商议的共识。

戴德孺听了，既佩服王阳明的见解，又感到事态的严重。他劝王阳明立即动身，前往吉安调兵。但王阳明并不忙于登船，他所想的不仅仅是如何尽快调集兵力，平灭宸濠叛军，而且还得尽快通报各地、及早做好防御准备，尽快上奏朝廷，调兵进行围剿。而这一切又都需要时间。因此，还得想办法打乱宸濠的部署、延缓宸濠的出兵时间。

五、兵不厌诈

王阳明让戴德孺立即召集书吏，赶写文告，向各地通告宁王叛乱之事。又写了几份假文书，说奉朝廷密旨，已经预先知道宁府将要反叛，如今，巡抚两广都御史杨旦、巡抚湖广都御史秦金，以及南北两京兵部已分别命将出师，埋伏于要害地区，专等宁王叛兵前来，即行邀杀。又令人招来几位戏子，让他们扮作间谍模样，将这些假公文藏在身上，往宸濠叛军驻扎地窥测。

这些戏子们果然先后被宸濠的军队捕获，所藏的假公文也被查获。消息传开，南昌城内惶惶不可终日，以为官军就在开往南昌的路上。军心一乱，加上宸濠和谋士们也心怀疑惧，本来打算一鼓作气攻取南京，竟然犹豫半个多月，不敢出兵。

真假文书发出之后，王阳明这才告别戴德孺，离开临江，往吉安而去。

船到峡江，却见上游来了几艘船只，船上旗幡招展，号带飘扬。王阳明大吃一惊，难道宸濠断了我的归路？

驶近一看，王阳明放心了。原来是吉安知府伍文定得到宸濠叛乱、王阳明连夜潜还的消息，带着三百名军士，顺着赣江而下，前来接应。

这伍文定可不是寻常之辈，他和王阳明是同年的进士，字时泰，南直隶霍山县（今属安徽）人。虽是读书人，伍文定却从小练习武艺，所以臂力过人，弓马娴熟，又富有正义感。入仕之后，任常州推官。常州地处江南文化经济发达之地，民风和王阳明曾经做过知县的庐陵相似。推官是知府的助手，专管民事纠纷、刑事诉讼，事情繁重。伍文定以自己的精明决断，扶植良善，打击豪强，将一个常州府治理得息讼罢争，被视为“强吏”。后来历任成都府、嘉兴府同知，河南府（今河南洛阳）知府，所任之处，尽是通都大邑。王阳明任南赣汀漳巡抚时，伍文定也以“才任治剧”而调任令人头痛的吉安知府。到吉安后，伍文定先是平定了境内永丰县及大茅山的“山贼”，接着又随王阳明出征桶岗和横水。

宸濠叛乱的消息传到吉安，人心浮动，有说宸濠已经称帝的，有说宸濠军不日即到吉安的，谣言越来越多。有人开始将家财整理，准备外运，还有人呼朋唤友，结伴外逃。伍文定让官员们四处巡视、安抚人心，又将领头出逃的一人当众斩首，吉安的局势这才逐渐平定下来。伍文定自己则带着驻军三百人，往下游迎接王阳明。二人在峡江江中见面，伍文定心中一颗石头落地，王阳明则是且惊且喜。

伍文定命船只掉头，直驶吉安。

六月十八日，王阳明在伍文定的陪同下，来到吉安。十年前，王阳明曾在吉安府治所在地庐陵县做了半年知县，给当地百姓留下了很好的印象。这些年来，王阳明在北京、滁州、南京、赣州讲学，吉安的读书人有不少已经投入王门，经过他们的张扬传说，加上王阳明在短短的一年时间内，平灭了福建、江西、广东、湖广四省“作乱”几十年的“巨寇”，在吉安、在全国的百姓心中，阳明子王守仁已经不是人而是神了。

来到吉安，王阳明将年轻时学来的并在赣州屡试不爽的谋略全用上了。

王阳明让参谋雷济等人连夜赶写南赣汀漳巡抚属下南雄、南安、赣州等府调兵的报帖，并命人带出城外，然后假装是该府的使者，每日报到吉安知府衙门，并派间谍送入南昌及本省各府，一以动摇宸濠的军心，一以鼓舞吉安等府居民全力支援起兵平乱。

与此同时，王阳明又与雷济、龙光等人商议，写了一份假的迎接京军的文书。这份假文书的开头说："提督军务都御史王，为机密军务事，准兵部咨该本部题奉圣旨。"然后便是借"圣旨"虚张声势：命许泰、郤永分领边军四万，从凤阳等处，陆路径扑南昌；刘晖、桂勇分领京边官军四万，从徐州、淮安等处，水陆分袭南昌；王守仁领兵二万，杨旦等领军八万，秦金等领兵六万，各从驻地分道并进，刻期夹攻南昌。这样的虚张声势，目的是扰乱宸濠的军心。因为王阳明仍然在担心宸濠或直袭北京，或径取南京，必须让他多在南昌耽搁一些时间。

宁王宸濠起兵，出谋划策的是李士实和刘养正，出力卖命的是凌十一和吴十三等，必须让他们相互猜疑。因此，假文书又说：李士实、刘养正等被宁王胁迫，其心并不想背叛，故各有密书寄来；贼将凌十一、吴十三、闵廿四等，因为官府追捕，不得已才藏入宁王府，如今也想洗心革面，得到朝廷的宽赦，故各密差心腹来吉安，希望立功赎罪。可见宁王已是众叛亲离。

这份假文书抄写了许多份，让人分头往南京、合肥等地，去"迎接"从京师发来的官军。这些文书自然又有不少落入宸濠手中，更增加了他的疑惑。

王阳明觉得这还不够，又与参谋龙光商议，假写了一封回报李士实的书信。信中说：老先生的亲笔信已经收到，足见老先生报国的本心，本职也才知道所谓老先生"从贼"之事,迫于不得已。老先生虽然身在罗网之中，心却无时不在为朝廷出力。信中所教的计策，也只有老先生能够思虑得到。望老先生严守机密，待机而发。不然，不但无益于国，恐怕老先生也要遭濠贼的毒手。昨天凌、闵诸将也遣人密传消息，说是皆出于老先生与养正兄的开导。

同时，又给刘养正写了一封同样的书信。两信都秘密送到南昌，也故意落入宸濠之手。宸濠将信将疑，而李士实、刘养正却也相互猜疑。

刚做这些事情时，雷济有些疑惑，问道：听说宸濠从小就好阴谋，这些计策瞒得过他？王阳明笑道：我就是因为知道他好阴谋，才用阴谋来欺骗他。雷济坚持己见：我以为宸濠肯定不会相信。王阳明又笑道：虽然不信，是否会怀疑、会犹豫？雷济说:怀疑、犹豫是会有的。王阳明拊掌大笑:

既然起兵反叛，就要速战速决。只要他一怀疑、一犹豫，他的事情就完蛋了。

不出王阳明所料，宁王宸濠还没有出南昌，就被这些乱七八糟的假书信、假情报乱了方寸。等他醒悟过来，最好的时机已经错过了。[①]

六、吉安起兵，樟树决策

在不断写假书信搅乱宸濠部署的同时，王阳明于六月十九日、二十一日连续上疏朝廷，奏报宁王在南昌发难，杀死孙燧、许逵，囚禁官员之事，要求朝廷立即派遣重兵，平灭宸濠之乱。又命人带着提督南赣汀漳都御史的公文，通告邻近各省，说是已奉朝廷密旨，讨伐宸濠，要求各省巡抚，火速调集军马，往江西平乱。

虽然如此，但由于宁王宸濠的封锁消息，所以当时的形势对于外界来说，并不是太明朗，王阳明的职务是南赣汀漳巡抚，这次的差遣是往福建平定兵变，江西省城的事情他没有直接处理的权力。特别是通告各处，假称已奉密旨，讨伐宁王，实在是在铤而走险。

据嘉靖时历任都察院都御史、刑部尚书的郑晓回忆，宁王叛乱时，他正在杭州参加科试，当时江西及邻近各处都有告急文书发到杭州，但这些文书或者说江西省城有变，或者说江西省城十分紧急，或者说江西巡抚被害，或者说南昌忽然聚集兵马船只，都不敢指名说宸濠谋反，只有王阳明传报，明言江西宁王谋反叛乱，钦奉密旨，会兵征讨。说到这里，郑晓不禁感叹，王阳明此举，实是“不顾九族祸”[②]。

当时各路告急文书不敢明言宁王谋反，一是因为事涉宗室，情况不明，不敢贸然张皇，徒取奇祸；二是武宗行事荒唐、朝纲紊乱，宁王谋事已久，同党甚多，万一宁王成为燕王第二，岂不断了自己的退路？王阳明公然宣称宁王谋反，已是冒天下之大不韪，而又假称“钦奉密旨，会兵征讨”，更是不留回旋余地。原来，虽然仕途阅历更加丰富了，地位也更高了，但王阳明还是原先那个敢于负责、敢于担待、不计得失祸福的王阳明。

---

① 本节文字，都是根据钱德洪的《征宸濠反间遗事》的记载。据钱德洪说，这些事是亲身经历者、吉水县退休县丞龙光告诉他的。所有这些事情王阳明在报捷奏疏中都没有提及。但钱德洪却认为，当时如果不用反间计，宁王肯定会即时进兵，后果不堪设想，所以记载下来，以表彰老师的功业。

② 郑晓：《今言》卷4。

为了将皇位从燕王后代的手中夺过来，至少是圆第一代宁王朱权与燕王朱棣平分天下的美梦，宸濠做了长期的准备。通过陆完、钱宁等人的路子，宸濠拥有一支达两万人的王府护卫。通过凌十一、吴十三、闵廿四等人的搜罗，有近万江湖亡命之徒依附宁王府。这是他起兵的基本军事力量。起兵之日，又胁迫南昌及附近驻军、招募四方游民，共得六七万人。到六月底，宁王已建立了一支近十万人的军队。

宸濠和刘养正、李士实等人计议，起事之后立即沿江而下，攻破南京，举行登极大典，与北京的正德朝廷分庭抗礼，然后发兵北上，夺取中原，进攻北京。但起事之后，却没能在丰城解决王阳明，这对宸濠来说是留下了心腹之患。他一面派人传檄南赣，招抚王阳明，一面派凌十一等人攻打九江、南康（今江西星子县），进围安庆，又令人往浙江，让原是江西镇守今为浙江镇守的太监毕真出兵接应，自己则留在南昌，等待各路回音。

王阳明的一连串假文书，以及王阳明在吉安调兵遣将，不日就要攻打省城的消息，使得宸濠不敢贸然离开南昌。

这时，退休都御史王懋中、评事罗侨，被裁革的兵备副使罗循，在家乡养病的副使罗钦德、郎中曾直、御史周鲁和张鳌山、同知郭祥鹏，在家乡省亲的编修邹守益、进士郭持平、知县李中、王思等人，都赴吉安知府衙门，要求为平叛效力。邻近各县的军队也陆续开赴吉安听命。人们都劝王阳明立即发兵，进攻南昌。但王阳明却是按兵不动。

众人对王阳明的举动甚是不解，有人问道：当初军马未备，大人不断发布文告，说要攻打南昌；如今军马齐备，大人却按兵不动，不知是何道理？

王阳明笑道：此一时，彼一时。宸濠起事之初，各地全无防备，故要虚张声势，将其拖在南昌。如今各地已知宸濠叛乱，定会加强防御，宸濠攻城略地，未必能够得手。此时我在吉安按兵不动，做出自顾不暇的假象，宸濠急于攻取南京，定会倾巢而出。那时我军尾随其后，出其不意，捣其窠穴，宸濠必破。

众人听了，齐声称好。

宸濠被王阳明拖在南昌半个月，既不见京军南下，也不见王阳明北上，知道上了当。他不能再等了，所谓兵贵神速，而起兵作乱，更需要一鼓作气。正德十四年（1519 年）七月初一，宸濠留儿子宜春王朱拱樤、王府宦官万锐等人守南昌，自己带着八九万人，乘坐上千艘战船，浩浩荡荡顺赣江而下，出鄱阳湖，直扑安庆。

王阳明得知宸濠出了南昌,往安庆而去,立即传令,起兵北上,直扑南昌。

正德十四年（1519 年）七月十五日，王阳明与伍文定领兵来到临江府的樟树镇（今江西樟树市），临江知府戴德孺、袁州知府徐琏、赣州知府邢珣、都指挥佘恩、瑞州通判胡尧元、抚州通判邹琥、浙江安吉通判谈诸、新淦知县李美、泰和知县李楫、万安知县王冕、宁都知县王天兴等，一齐领兵来会。王阳明检点人马,共有八万多人,不禁大喜。自从赣州用兵以来,王阳明一次还没有带过这么多的军队。带兵的虽然没有著名的大将，且多是文官，但不少曾随王阳明征战南赣，指挥他们更得心应手。

王阳明召集众官员，讨论进兵方略。有人建议先取南昌，再顺江而下，追击宸濠。也有人认为，宸濠在南昌经营多年，守备必严，强攻南昌，未必能够得手，听说宸濠包围安庆，却久攻不下，士气低落，不如弃南昌于不顾，长驱安庆，夹攻宸濠，宸濠既败，南昌不战而下。

众人争执不下,应该由王阳明拿主意了。他看了看知府、通判、知县们,文官中他的地位最高。又看看都指挥佘恩，按明朝的品级，都指挥使为正二品、同知从二品、佥事正三品，佘恩是都指挥同知，比王阳明的右副御史还高一级。虽然这时都指挥已被文官们藐视为“武吏”，实际地位也已在按察司副使乃至佥事之下，但王阳明还是向佘恩示意，希望他能说说自己的主意。佘恩见王阳明对自己客气，连忙拱了拱手，又摇了摇手。

王阳明见众人都看着自己，清了清嗓音，说道：诸位说的都有道理。但本院以为，我军如弃南昌不顾，顺江而下，必与宸濠相持于大江之上。宸濠所部皆多年网罗的死士，久攻安庆不下，正想寻找作战机会。我军皆各地招募之士，忠义有余，训练不足，千里奔袭，军士疲劳，与宸濠相持，未必能操胜算。安庆守军不多，仅能自保，不可能分兵支援。若南昌之敌蹑我之后，绝我粮道，我军腹背受敌，形势就危险了。

王阳明沉思片刻,接着说:以我之见,还是先攻南昌为好。宸濠志在南京,精锐必定倾巢而出，南昌守备自然虚弱。我军新近集结，虽然不利于长途奔袭，却利于速战，我料南昌可一鼓而破。宸濠得知失了南昌，必然回兵来救，但其时胆气已丧，我军以逸待劳，奋而击之，定能一举成功。

众人听着这番道理,如读《三国志通俗演义》中的诸葛论兵。当下决定,以吉安知府伍文定为先锋，立即开拔，直取南昌。

七、端了宸濠的老巢

七月十九日深夜，伍文定带着先头部队抵达南昌广润门外。第二天黎明，开始攻城。城中守军借着滚木、灰瓶、火器、石块、毒弩，拼死抵抗。

王阳明亲自来到广润门外，申明军纪，诸将必须听鼓声而进。一鼓附城，二鼓登城，三鼓不克斩其伍长，四鼓不克斩其将。同时，王阳明又将早已写好的招降书，让人用弓箭射入城内，以涣散守军斗志。

随着急促的鼓号声，各路将领身先士卒，冒着箭雨，架起了云梯。士兵们在将领的督促下，前仆后继，一鼓作气登上城墙。守军早已斗志涣散，一哄而散。到这天上午，整个南昌城便被占领。宸濠留下守卫南昌的宜春王朱拱樤及宦官万锐成了俘虏，宸濠的宫眷们在王府纵火自焚。霎时间，宁王府便被熊熊大火吞没，周围的民居也被烧了不少。王阳明命各官分道救火，安抚居民。

但是，意想不到的事情发生了。这支被王阳明称为“义师”的部队，本来就是临时招募的乌合之众，也有不少是流落江湖的亡命之徒，一到南昌繁华之地，杀人抢劫也就在所难免。王阳明闻报大惊，深悔自己在下达攻城命令时只强调了“奋勇当先”，却忽略了“秋毫无犯”。因为他用兵南赣以来，还没有发生过这类事情。禁止杀掠的号令虽然下达了，但杀掠之事仍在发生。王阳明命卫队立即出动，将违令者斩了十多人，这才制止了混乱局面。

宸濠正在指挥军队运土填壕，准备强攻安庆。突然有探子来报，说是王阳明带着一帮文官，领兵到了丰城。宸濠闻报大惊，他担心的就是这个王阳明。王阳明一到丰城，南昌就危在旦夕了。他让部队从安庆解围，就要回师江西。

被宸濠封为宰相和军师的李士实、刘养正听说宸濠要放弃安庆、回师南昌，大吃一惊。二人一经商议，一齐来见宸濠。宸濠正急得六神无主，一见李、刘二人，便高声嚷道：王守仁乘我东出，到了丰城，这个时候或许已在攻打南昌。南昌一失，我将没有立足之地。二位先生快快做好准备，我已下达撤围的命令。

李士实是老资格的二品都御史，他冲宸濠摇了摇头：大王此举差矣！大王起兵，利在速战。当日王守仁逃窜吉安，我二人曾劝大王置其于不顾，立即进取南京。大王中了他的疑兵之计，逡巡南昌半个月。今日既已出了江西，便当破釜沉舟，一往而前，怎能又回师南昌、自乱军心？

不等李士实说完，宸濠便咆哮起来：一往而前，直取南京？谈何容易！这安庆都久攻不下，南京是好取的吗？如果南京取不下，南昌又丢失，我岂不成了丧家之犬！都是你们这帮书生瞎折腾，今日说我有贵人之相，明日说我有九五之分，才弄到如今这个地步！

刘养正耐着性子开导宸濠：探子说王守仁七月十五日已至丰城，会合各府官军，我料此时已在攻打南昌。我军精锐悉出，南昌守备薄弱；王守仁在江西深得人心，待到我军回到江西，或许南昌已经不保……

正议论间，又有消息传来，王守仁已经攻破南昌，伍文定等领兵出巡鄱阳湖。宸濠一听，大惊失色。李士实、刘养正也手足无措，只说是南昌挡不住王守仁，没想到丢失得如此之快。如今之计，也只能乘各处军马尚未集结、王守仁在南昌立足未稳之时，回师江西，夺回南昌，然后据险死守，拼个你死我活。否则，王守仁乘势东进，跟在屁股后面打，那还不真成了丧家之犬？

宸濠这时也冷静下来，他大吼一声：不是鱼死，就是网破！全军回师江西，与王守仁决一死战。他命人将闵廿四、吴十三和凌十一找来，让他们带着一千多死士为前锋，乘坐快船，偃旗息鼓，偷袭南昌。宸濠知道，危难之时，这些亡命之徒最能发挥作用，他自己则和刘养正、李士实等领着大军，紧随其后，以便接应。老巢被人端了，十来万人马发疯一般杀向江西。

八、初战黄家渡

安排停当，闵廿四等人乘着快船，领先而行。刚入鄱阳湖，便遇上伍文定等人所领的船队。伍文定刚想下令拦截，但临时招募的乌合之众，顶不住久在鄱阳湖为寇的宁王府的先头部队。闵廿四一声号令，几十条快船呼啸而进，伍文定号令拼命抵挡，且战且退，退入赣江，命人火速往南昌报信。

王阳明正在南昌赈济军民、安抚人心，同时继续集结军队，准备出鄱阳湖，与宸濠决战。听说伍文定等人已经在鄱阳湖与宸濠的前锋交战，兵败而退，大吃一惊。他没有料到宸濠回兵竟如此迅速，看来，这宸濠还真是自己从戎以来第一次遇到的劲敌，用兵颇有章法，过去倒是小看了他。但王阳明从小就是目空一切，越是遇上劲敌，他就越是兴奋。

王阳明命都指挥使佘恩领兵数百，增援伍文定，让他们在正面与闵廿四等人交锋，徐琏、戴德孺等人则相机策应，左右夹攻。又命人连夜用木、竹赶做几十万块免死牌，说是交战之日有用，众人不解其意，但也不敢多问，只得分头而行。

七月二十四日一早，闵廿四领着船队进逼离南昌仅三四十里的黄家渡，宸濠亲领大军停泊在稍北的樵舍。远远望去，风帆蔽大江，连樯几十里。两岸百姓见这气势，早已扶老携幼，逃得无影无踪。

伍文定和佘恩奉王阳明将令，顺赣江而下，来到黄家渡，正与闵廿四相遇。闵廿四前日已经打败过伍文定，见他今日又带着零零落落的一千来人、几十条船，不禁有些丧气。他从小随着父兄杀人越货，纵横江湖几十年，越是人多，越是热闹，越是危急，越是对手强硬，他越是高兴，越是觉得刺激。这伍文定是自己手下败将，带的兵又少，闵廿四觉得有些窝火。两军一接手，闵廿四不加思索，命令船队直冲过去。

伍文定和佘恩虽然占据上游，但人少船小，禁不住闵廿四的几番冲击，掉转船头而退。闵廿四杀得兴起，领着船队就追。但刚刚追出几里路，便听得两岸鼓号之声连天，无数船只从两边港湾中驶出。原来是徐琏、戴德孺等人在此接应伍文定。他们指挥船只，向闵廿四的船队横撞过去。闵廿四见状，高兴得手舞足蹈，有大仗可打了。但刚要发出号令，自己的船只却纷纷后退，有的干脆掉头而走。闵廿四和凌十一、吴十三高声呼喝，但江面上杀声震天，哪里听得清他们的呼喝声。闵廿四急得连连跺脚，却仍不明白：他闵廿四固然不怕死，但并不是部下人人都是闵廿四。

所谓兵败如山倒，船挤船，船碰船，一退就是十来里。闵廿四等人无奈，被自己的船只挟裹着败退到八字脑，清点人数，少了一万多。闵廿四安顿好战船，带着主要头目往樵舍去见宸濠。

宸濠开始听说闵廿四又打了胜仗，正在追击官军，非常高兴。回师江西，连连得胜，看来夺回南昌有些希望。自己带着一帮亡命之徒和乌合之众，铤而走险，用以鼓动和维系人心的，就是将来自己做了皇帝，人人都是开国功臣。这就需要一直打胜仗，而不能打败仗。当然，当年燕王朱棣夺建文帝的天下，也经常打败仗，但他那是捡了便宜。建文帝是个书呆子，优柔寡断，而且效妇人之仁，一面命将出征，一面又说不许杀死燕王，以免让他背上杀叔叔的恶名。有这道命令，前方怎么打仗？如果没有这道命令，燕王早已死过好几回了，岂有做皇帝的分！今日则不同，前车之鉴，当今皇帝和大臣们不会让他宸濠好活。既然挑起了反旗，那就只许打胜仗，不许打败仗。

正在胡思乱想，闵廿四却败了回来。宸濠心中十分恼怒，但表面上却装得若无其事。他知道，越是这个时候，越需要有人卖命。李士实、刘养正那班文官只会出歪点子，真刀真枪拼命却不行。被自己挟持的江西省三司官员，虽然已经称臣，但那是迫不得已，为了活命，不能指望他们出力。自己留他们,也是为了壮壮军威,起个榜样,让各地的官员都望风归降。因此，这冲锋陷阵，还得靠闵廿四、凌十一、吴十三等人。

宸濠看了看满脸尴尬的闵廿四等人，心中竟然产生一种莫名其妙的快感，想当年这都是一些桀骜不驯的亡命徒，如今在自己面前，竟然如此驯服。打天下靠的是什么？就是靠天下英雄为我所用。想到这里，他想起了王阳明，心中不免有些遗憾，又有些恐惧。说到天下英雄，还有谁比得上王守仁的？如果他能为我所用，将厚照小儿的皇位夺过来还不是易如反掌？如果晚几天起事，派人在丰城将他接入南昌，或者派人在路上将他杀了，今日也可少一个劲敌，说不定已攻下南京。如果攻下了南京，即使不将厚照的天下都夺了，至少也可划江而治，平分天下，以告慰祖宗在天之灵。但如今，这些后悔都没有用，只能先和王阳明拼命了。

宸濠挨个拍了拍闵廿四、吴十三、凌十一等人的肩膀，鼓励说：胜负乃兵家常事，当年汉高祖刘邦与项羽逐鹿中原，大小七十余仗，每战必败。后来垓下一战成功，建立了汉家四百年江山。本王出师以来，有赖诸位浴血奋战，所以势如破竹，连下九江、南康二府，今日小有挫折，又何必记在心上？可早早回船休息，明日与王守仁决一死战。说着，命人将自己随船所带的金银器物，尽行取出，全部分给将士。

闵廿四等人感激涕零，军士们齐声欢呼，“万岁”之声响彻云天。

九、樵舍决战

王阳明一面让余恩领兵增援伍文定，一面出奇兵分攻九江、南康，切断宸濠的退路，自己则亲率大军顺江而下，来寻宸濠决战。

船队来到黄家渡，正遇上伍文定等人领着得胜之兵回来，两军在江上会师，一片欢腾。但王阳明心里却非常明白，这只是一次遭遇战。宸濠初战失利，来日必然全力攻击，一场恶战就要来到了。

七月二十五日，天刚蒙蒙亮，王阳明便领着船队向下游缓缓进发，迎击宸濠。这天晴空万里，但从黎明开始，刮起了北风。水上作战，靠的是弓箭和火器，而使用弓箭和火器，风向却至关紧要。人人都熟悉的诸葛亮借东风的故事，说的就是风向。王阳明传令全军，架起铳炮，同时准备好救火用具，重申军令：不遵号令、擅自退却者斩。忽听得前方也是鼓号震天，远远望去，大江之上密密麻麻，一片白帆，竟和水天融为一体，无边无际。

伍文定从小胆气过人，他见宸濠倾巢而出，也为了再洗前日在鄱阳湖的耻辱，挥动号旗，领着船队当先而行。两边的船队逐渐接近，宸濠借着顺风，下令开炮放箭。霎时间，伍文定的船队便被火光笼罩。前面几只小船掉头而回，伍文定大吼一声，将船靠了上去，手起刀落，将率先退却的两人砍死。王阳明的护卫船队随后赶到，一连砍死了几十人，终于稳住了阵脚。

伍文定站在船头，迎着炮火，领先向着敌船冲去。突然，一团火光在船头炸开，伍文定的头发、胡须全被燃着，但他像木雕泥塑一般，岿然不动。王阳明命人擂起战鼓，全部战船降下樯帆，士兵们操起木桨，拼命划动，战船顺着水势急驰而下。距离一近，两军战船搅在一处，风力便无法借用。

伍文定带着几只战船，冲入船阵，逼向宸濠的座船。一声令下，火炮齐发，宸濠的“龙舟”顿时成了火海。宸濠大惊，座船向下游退去。“龙舟”一退，被宸濠劫持、不得已而归降的原江西三司官员梁宸、杨璋等也令船只倒退。闵廿四等正在拼死抗击，听得身后一阵哗乱，回头一看，却见大大小小的战船都在倒退，不知何故，也跟着掉头而退。王阳明催动船队奋力冲击，被杀、被俘的宸濠军士有两千多人，落水溺死的不计其数。

宸濠在后军的接应下退回樵舍。他站在船楼之上，极目南望，但见残船破艇横满江面，无数尸体顺着江水漂流而下，不禁放声痛哭。闵廿四等人骂骂咧咧，嚷着要将率先退军的梁宸等人全都杀死。李士实、刘养正拼命劝慰，说是危难之际，更要上下一心，不应彼此埋怨。

宸濠止住哭声，将残余的千余艘战船、几万军队在大江之上结成方阵，然后进了王妃娄氏的船舱。

娄氏是广信府娄谅的孙女。宸濠策划起兵时，娄氏曾极力劝阻，但宸濠执意不听。宸濠起兵之后，将嫔妃儿子们尽行带出，准备在南京举行登极大典的时候进行册封，没想到因为王阳明夺了南昌，又全都带了回来。

宸濠命娄妃将嫔妃们唤来，叹了口气，说道：我未起兵时，娄妃曾劝我安分守己，不要有非分之想，我没有听。本指望夺了厚照小儿的江山，为祖宗雪耻，也让你们过过皇家的日子。没想到虑事不周，被王守仁抄了后路。人们都说商纣王因为听了妇人之言而亡，今日我要说，我因不听妇人之言而亡。明日我要与王守仁决一死战，胜则可夺回南昌，然后以此与厚照小儿做个交易，或许可以保得你等的性命；败则我成贼寇，你们都是贼妇。

话未说完，嫔妃们早已哭成一团。娄妃明白宸濠的用意，命人将自己的所有首饰全部取出，交给宸濠。嫔妃们也学着娄妃的样子，将首饰取出，反正这些都是宸濠给的。有宸濠才有她们，如果宸濠兵败，正如宸濠所说，她们也都是贼妇，这首饰还有何用?

宸濠命人将首饰分给众将，让他们再分给军士们。但人多物少，哪里够分？有的将领干脆全都入了私囊。

十、“以我家事，何劳费心如此”

七月二十六日，这对宸濠来说是最后的日子。天刚亮，李士实、刘养正照例带着文官武将们来“龙舟”“朝见”宸濠，宸濠也照例说了一番鼓励的话。正要下令进军，忽听得周围船上一片喧哗。宸濠正要命人前去查问，值班武士已手持一块木板进了“朝堂”。

刘养正从武士手中接过木板，却见木板的正面赫然写着三个字：“免死牌”。再看反面，也写着一行小字：宸濠叛逆，罪不容诛；胁从人等，有手持此板、弃暗投明者，既往不咎。刘养正见了，大惊失色，连忙将木牌呈给宸濠。宸濠见牌，也是大为吃惊，口中不住嘟囔：好个王守仁，以我家事，何劳费心如此。我朱家自己争夺皇位，你王守仁何苦费尽心机，将我逼上绝路!

宸濠失神地向窗外看去，猛然发现，船外的江面上尽是木板、竹板，军士们弃刀丢枪，手持木牌，呼朋唤友。见此情状，宸濠连声长叹：大势已去，大势已去。

李士实连忙提醒他：大王，时已不早，该退朝发兵了。宸濠喃喃而语说：发兵，发兵，哪里还有兵可发？话音刚落，便听得上游号炮连天，官军水陆两路，一齐杀到。

几只火船撞入宸濠船队的方阵，整个船阵成了火海。宸濠刚要下令撤退，军士们早已各自乘船，一哄而散。娄妃见状，领头投水自尽。嫔妃们也学着她的样子，纷纷投入水中。宸濠和他儿子、孙子，李士实、刘养正等被宸濠封为太师、军师、元帅、参赞、尚书、都督、指挥、千百户等官的几百人，以及被宸濠胁迫随军的江西三司官员，全被官军俘虏。闵廿四等人乘乱而逃，却被官军在赣江口的吴城追及，或被乱军所杀，或受伤落湖而死。

宁王宸濠从正德十四年（1519 年）六月十四日起兵，到七月二十六日兵败被俘，总共才四十二天。但着手准备，却有十多年的时间。只是因为出了个王阳明，使得宸濠十多年的心机成了泡影。当武士将宸濠押至王阳明帐前，宸濠忍不住又是一阵高喊："此我家事，何劳费心如此！"王守仁！我朱家自己的事情，何劳你费心如此！王守仁，你仔细想想，我难道不如厚照那荒唐皇帝！

王阳明望了望宸濠，轻轻地摇了摇头，没有吭声。宸濠似乎从王阳明的眼神中发现了一丝希望，又大声高呼：王先生！恳请你向朝廷说说，留我一条性命，降为庶民，行吗？

王阳明心中刚刚腾起的一丝同情又被鄙视和厌恶压制，他冷冷说道："有国法在。"说罢，挥了挥手，让卫士们将宸濠一行押了下去。宸濠一面挣扎，一面高呼：娄妃是娄谅先生的孙女，请看在娄先生的分上，替我收殓她的尸体！听到"娄谅"二字，王阳明心中猛然一震，娄谅先生与自己有师友之谊，而且，早就听说娄妃非常贤惠，只可惜嫁给了宸濠。无论是就娄妃而论，还是就自己与娄谅先生的情谊而论，都应该好好收殓她的尸体。①

一回头，刘养正被卫士押着走来。王阳明见了刘养正，心中升起一阵

① 《王阳明全集 · 年谱二》："娄为谅女，有家学，故处变能自全。"但娄妃为娄谅长子娄忱长女，为娄谅之孙女。

惋惜之意。惋惜之余，又有些内疚。虽然说人各有志，但自己却没有尽到朋友的责任。如果刘养正到赣州时，自己推心置腹地和他讲清道理、阐明大义，或许他会幡然醒悟。即使不听，自己也算是尽了朋友之谊。如今到了这个地步，想和刘养正说些什么，却又不知该从何处说起。刘养正见了王阳明，也觉得有满腹心事，但欲言又止。王阳明挥了挥手：你好好去吧，令堂的后事，我自会替你料理。刘养正点了点头，大步而去。①

十一、皇城闹剧

江西的战事已经结束，局势也逐渐平静下来，京师北京却是热闹非凡。

这些年来，明武宗正德皇帝朱厚照越来越感到长年住在皇宫的乏味，在边将江彬、许泰等人的唆使下，今日往宣府巡边，明日又往大同阅兵；今日在山西农村寻花问柳，明日又在陕西原野赛马逐兔。正德十二年（1517年）十月，也就是王阳明用兵横水、桶岗时，厚照还在山西大同东北部的阳和一带，亲自指挥军队和蒙古人打了一仗。

这件事情常常令他兴奋不已。多少年来，蒙古人总是在边境侵扰，守边将士却很少敢于主动出击。他朱厚照以九五之尊，亲自冲锋陷阵，不但击退了蒙古人的大部队，还亲手杀了一个蒙古武士。让那些天天要求自己待在紫禁城的文官武将们看看，大明开国以来，可曾有过如此英勇的天子？特别是，从京师北京到太原，再由太原到陕西榆林，然后回京师，往返好几千里，自己和将士们一样，骑快马、负重铠，顶风冒雪，从来不坐辇车，许多随行人员都病了，可自己却是越来越精神。躲在北京只会叨咕“祖宗

① 关于王阳明破宸濠事，传说甚多，特别是王阳明用反间计，更是众说纷纭，但王阳明无论是上疏朝廷，还是私人书信，都闭口不谈，所以莫辨真伪。王阳明后来的掌门弟子钱德洪根据当事人龙光、雷济、蔡文等的追述，写了一篇《平濠记》，文中解释说：“按先生有言，孔子修《春秋》，于凡阴谋诡计之事，皆削之以杜奸。故平藩用间，不形于奏，不宣于语，门弟子皆不闻，亦斯意焉。然不著其颠尾，后世将不知反掌取濠之故。虽有忠诚体国之士，或临事而易视。惟观其成功者如是，则一切谋计，皆所以济其忠诚，在他人为阴诡者，在先生为变化，随时而有以发体国之智慧，虽存之以杜奸，未为不合也。”另据赵善政《宾退录》载：“刘养正者，少有词藻，能谈性理，自幼与阳明交。阳明重之，曰：此吾道学友也。后赴宁王宸濠聘，许以汤武，濠大喜。阳明在南赣，养正称之，故极相慕重，馈遗不绝。阳明心知之，而欲藉养正以为间也，亦遣其门人冀元亨往报，以探其所为。濠与养正谓阳明厚己，而不虞义兵之遽起，故败。养正既擒，阳明令其自杀。后阳明自南昌还，葬养正母，祭之以文，曰：君臣之义，不得私于其身；朋友之情，尚可申于其母。”

法度、圣贤道理”的大学士们，你们可敢随我在万里边塞走一趟？

正德十三年（1518年）七月，负责传达“圣旨”的司礼监太监向负责起草皇帝诏令的内阁大学士们下达了一个皇帝的旨意，立即起草一份诏书，命“威武大将军镇国公太师总兵官朱寿”统领三军巡边。这个官名、爵号、姓名，大学士们从来没有听说过，但他们知道，这又是皇帝的恶作剧。

大学士蒋冕正在家中养病，听说了这件事，又是好笑又是好气，他给皇帝上了一个奏疏，疏中说，陛下是天地神人、万事万物之主，称天即为天，称日即为日，谁敢称陛下为“威武大将军”？陛下的名字是先皇帝取的，谁敢任意更换，谁敢直呼其名？还有这“镇国公”，虽然名为“镇国”，毕竟还是“公”，比王爵也低了一等，岂不是反在藩王之下？因上述各项原因，所以内阁是不能遵旨的。

也不知朱厚照是否看了蒋冕的奏疏，反正疏上之后没有回音。刚过两个月，“圣旨”又到内阁，仍是原先那件事，另外还加了一句：“岁支禄米五千石。”皇帝自己给自己定俸禄，这不仅是大明开国以来，就是在整个中国历史上也是第一次，所幸这俸禄定得不是太高，不致使户部官员过于为难。

正德十四年（1519年）初，不知是皇帝的兴趣发生了转移，还是受身边那些亲信宦官及边将的挑唆，反正宫中传来消息，说皇帝在春暖花开之时要巡视江南。如果这个消息属实，可不是闹着玩的。山西、陕西地处边陲，人烟稀少，皇帝再折腾，也不影响国家的大局；这江南却是国家的财赋重地，一旦闹起来，就难以收拾。特别是南京、扬州、苏州，不仅经济文化发达，而且青楼花巷遍布，名妓名伶汇集，皇帝正值盛年，又喜欢词曲弹唱，他这一去，还不和当年隋炀帝下江南相似，国家岂不断送？

内阁首辅杨廷和是文官的首脑，在当时也是唯一可能扭转乾坤的人物。他得知皇帝想南巡的消息后，作了一次试探，即将皇帝北巡时发给内阁的“居守敕”上缴，意思是说，如今皇帝已经回来了，可亲自处理国家大事，用不着委托内阁“居守”。但皇帝却将这个“居守敕”又发了下来，说是以后还要经常出巡，“居守敕”就不用上缴了。这道旨意一下，杨廷和确信无疑了，皇帝南巡的消息不会有错。

杨廷和与内阁同僚们一商议，认为皇帝南巡关系到国家的安危，必须设法制止，于是联名上了一道奏疏。奏疏不敢说青楼花巷、名妓名伶等事，那样更容易引起皇帝的兴致，只是说，东南是国家财赋所出之地，近年一直遭受水灾，加上徭役繁重、民不聊生，供不起大军经过的费用；另外，运河最近时常断流，一般漕船尚且难以通过，何况龙舟巨舰，一旦搁浅，路上发生意外，如何处置?

紧接着，六部及其他政府机关的官员，以及六科十三道的给事中、御史，也纷纷上疏，请求皇帝放弃南巡。但皇帝统统不予理睬。一些年轻气盛的言官被皇帝的这种态度激怒了，他们成群结队来到皇城左顺门外，从辰时一直跪到申时，这在当时叫“伏阙”，其实就是请愿。但皇帝仍是不理不睬。皇帝的这种态度激怒了更多的官员，也鼓励了更多的官员，忠不忠于国家，往往就在这种时候表现出来。于是吏部郎中张衍等十四人、刑部郎中陆俸等五十三人、礼部郎中姜龙等十六人、兵部郎中孙凤等十六人，以及翰林院的史官、各衙门的属官，包括王阳明的弟子太常博士陈九川、日后被王阳明聘请为濂溪书院主席的翰林院修撰舒芬等在内，一共几百名官员同一天分头上疏，众口一词，皇帝不能南巡。

臣子可以效忠，君主也有脾气。正德皇帝朱厚照本想仍然对文官们的上疏请愿不予理睬，但经不住身边亲信们的煽动，他也动怒了。我是皇帝，天下人都是我的仆人，哪有主人的行动受仆人干预的！经亲信们的挑选，厚照下令，一百零七个言辞激烈的中下级官员们统统到午门外罚跪，你们不是喜欢“伏阙”吗？一天不够，让你们连跪五天！

这一百零七个官员每天清晨便戴着枷锁从家中步行来到午门，傍晚再戴着枷锁步行回家，成为北京街头一大奇观。其实，朱厚照的性格中更多的倒是恶作剧，他要等着这些官员们承认错误，等着他们向自己求饶。但几天过去，这些官员却没有一个求饶的。朱厚照觉得自尊心受到了挑战。到第五天，也就是官员们罚跪的最后一天，朱厚照下令，这一百零七个官员，每人廷杖三十。打完之后，将舒芬等四人贬谪出京，其余一百零三人停发六个月的俸禄。舒芬这次被打得奄奄一息，但一得到贬往福建市舶司为副使的公文，立即裹创就道，一时传为美谈。舒芬一到福建，便接到了王阳明请他到赣州的钧牌。

这次廷杖官员的事情发生在正德十四年三月二十五日。十天之后，即四月初五日，朱厚照觉得这口怨气还没有出够，加上听江彬等人说，那些受了杖伤关在锦衣卫大狱中的官员仍在商议如何劝阻皇帝南巡。朱厚照一怒之下，又令将陈九川等三十九人从狱中拖出，在午门外行刑，各打四十或五十廷杖。霎时间，午门再次变成了刑场。监刑的司礼监太监一声令下，锦衣卫校尉齐声呼喝，将受刑的三十九名官员拖翻在地，举杖便打。这一次由于江彬等人的吩咐，所用刑杖更重，校尉们的呼喝声，官员们的惨叫声，响彻云霄，也令厚照一阵心惊。事后太监回报，说是三十九人中，有八人当场死于杖下，另有一人气息奄奄，眼见也活不成了。

听到这些，皇帝朱厚照心中不免也是一阵内疚，这些人自己一个也不认识，他们十年寒窗，几度考场，好不容易弄了个一官半职，本指望光宗耀祖，可如今却命丧黄泉，他们何苦与自己作对？这对他们有何好处？朱厚照想不通，但一个英雄惜英雄的奇怪念头却在他脑中闪过，不管怎么说，原来文官中也有不怕死的，好汉子！他决定恶作剧到此收场，也暂时放下了南巡的打算。

但过了不久，宸濠作乱的消息传来，重新挑起了朱厚照南下的兴致。

十二、渔阳鼙鼓动地来

正德十四年（1519 年）四五月间，北京街头纷纷传言，说在南昌的宁王宸濠收买朝中权贵、恢复宁府护卫，又网罗死士及无行文人，有谋反之心。江彬等人因与钱宁争宠，向朱厚照告发钱宁与宸濠的勾结。内阁大学士杨廷和等也担心宁府会闹出事来，经厚照同意，在六月初命太监赖义、驸马都尉崔元等人往江西警告宸濠，并削除宁府护卫。由于情报的错误，宸濠于六月十四日提前发难，南昌于是成了“贼巢”。

七月十三日，宸濠起兵的准确消息报到了北京，文武百官大吃一惊。早就有传闻说宁王谋反，今日终于反了，来者必然不善。大家聚集在午门外，议论纷纷。猛听得兵部尚书王琼大喝一声：诸位不必惊慌，前日我力排众议，让王守仁去做南赣巡抚，又给他兵符令旗，今天正可派上用场。有王守仁在上游，宸濠被擒，只在早晚之间。

人人都知道王琼有才，但他那副盛气凌人的德性却令人受不了。加上他与大学士杨廷和有矛盾，所以虽然不少人认为他说得有道理，却没有人附和。王琼自讨没趣，也不再吭声。

出乎官员们的意料，正德皇帝朱厚照听说宸濠起兵叛乱，却大为振奋。他做太子时就喜欢舞刀弄枪，喜欢和御马监的养马勇士比赛角力；做了皇帝之后，身边聚集了一批剽悍的边将和武士，天天比武，天天论战，总觉得生不逢时，没赶上天下大乱。他相信，如果生当元末，自己也能和太祖高皇帝那样，与陈友谅大战鄱阳湖，与群雄逐鹿于中原。他也相信，如果父亲多生几个儿子，自己被封在外藩，也定能像太宗文皇帝那样，起兵“靖难”，夺取天下。但自己偏偏生在太平之世，生在帝王之家，偏偏父亲只生了自己一个独子，顺理成章便做了皇帝。

一听说宸濠反了，朱厚照猛然想到，宸濠在南昌，南昌就是当年鄱阳湖大战的始发地；宸濠起兵，必定也是乘大船进入鄱阳湖。谁说梦想不能成真，这一次真可以圆大战鄱阳湖的梦了。长年跟随厚照的边将们也个个摩拳擦掌，立功的时刻到了。说实话，和蒙古人打仗太危险，那是拎着脑袋玩命;可这平定叛乱，却是如猫戏鼠，到时按首级受赏，人人都加官晋爵，这可是千载难逢的机会，宸濠宸濠，可得好好谢谢你。

一面是皇帝童心又起，要尝尝打大仗、平定藩王叛乱的滋味，一面是边将们的不断唆使，加上本来就想去江南走走，朱厚照决定，御驾亲征。他让司礼监传旨：宸濠谋反，上逆天道，下悖祖宗，着令总督军务威武大将军镇国公朱寿统领各镇军马，前往征剿。命安边伯朱泰为威武副将军、前部先锋。命内阁按这个意思拟旨。

听着这道旨意，大学士们又是一阵苦笑，不管是多么严重的事情，让这位皇帝一搅和，便成了儿戏。威武大将军镇国公的头上又加了一顶帽子：总督军务。而且还多了一位“威武副将军朱泰”，这朱泰便是许泰，因为朱厚照认他做干儿子，所以赐姓朱，许泰也就成了朱泰。

当年宣宗皇帝曾经御驾亲征，平定汉王高煦的叛乱。所以，皇帝亲征平叛在本朝是有先例的，大学士们想阻拦也阻拦不住，只得在文字上做些无用文章：皇帝亲征，是奉行天讨，谁敢说差遣？又有谁敢称“威武大将军”？听说宸濠谋反，传檄各地，便是以皇上失政为借口，这“威武大将军”是哪里的政令？

内阁拒不拟旨，朱厚照也不在乎，他将内阁一分为二，命杨廷和、毛纪居守京师，自己带着另外两个大学士梁储、蒋冕，以边将许泰为副将军，太监张永、张忠提督军务，点起京军、边军数万人，浩浩荡荡离开京师，杀奔江南而来。

大军八月二十二日离开京师，四天后即二十六日到涿州。从北京到江西本应从通州经运河南下,但朱厚照却选择了走旱路。这是一条奇怪的路线,原因却十分简单，提督军务的御马监太监张忠是涿州人，他想请皇帝到自己家中看看，让家乡的父老们知道自己在皇帝面前有多大的面子。

类似的事情在明朝并不少见。当年英宗皇帝去大同抵御瓦剌，回军时本可从南路经蔚州入关，但却走了北路，打算经宣府、怀来入关，却连续遭受瓦剌的袭击，最后兵溃土木堡。当时所以要改变路线，是因为司礼监太监王振是蔚州人，他怕几十万大军路过蔚州时踩坏家乡的庄稼，所以临时劝英宗改变路线。虽然一是故意绕道去自己的家乡，一是故意绕道不经过自己的家乡，而这绕道的原因却都是当权太监为了自己的考虑。

但是，事情的发展令皇帝朱厚照和他的亲信们大为沮丧。大军离开北京的第二天，王阳明的报捷文书就到了。大学士杨廷和尽管与兵部尚书王琼有矛盾，而王琼又是王阳明的举主，但杨廷和见到王阳明的报捷书仍是十分高兴，及时平灭叛乱，国家又避免了一次危机，百姓也减轻了许多苦难。同时，有了王阳明的报捷书，便有劝阻皇帝回师北京的理由。杨廷和命人骑快马追赶皇帝,将报捷文书送到了涿州,并且请求皇帝立即返回北京,既然叛乱已经平定，就没有必要再带着几万人南下了。随驾来到涿州的大学士梁储和蒋冕也力劝厚照回师。

王阳明的捷报和杨廷和的请求，令一心想在鄱阳湖上展示雄才大略的朱厚照和迫切想立战功的将领们十分不快。这王阳明简直是多管闲事，他是南赣汀漳巡抚，便应该待在赣州。朝廷让他去福建处理兵变，从赣州往汀、漳，再去福州，道路要近得多，他因何要兜个圈子跑到丰城去？是了，听说王阳明早与宸濠有勾结。宸濠的首席谋士刘养正就和王阳明关系密切，刘养正到过赣州，王阳明的弟子冀元亨也去过南昌，这显然是互通情报的。宸濠的生日在六月十三日，王守仁六月十五日到丰城，如果不是去给宸濠拜寿，时间哪会有如此巧合？而且，如果不是相互之间有协议，宸濠敢放着王阳明在吉安倾巢而出攻打安庆、让王阳明捡现成的便宜?

所有这些疑问加在一起，构成了一种猜测，并且进而成为一种判断：王阳明本来就参与了宸濠叛乱的阴谋，只是看到形势不利，才从背后向宸濠插一刀，成了平叛的英雄。这个思路一形成，继续南下又成了必要，不过不是去平宸濠之乱，而是去追查王阳明与宸濠的勾结。

当然，人人心里都明白，猜测归猜测，判断归判断，却几乎不可能是事实。因此，继续南下的真正目的，从朱厚照来说，是实现他本来就有过的到江南玩玩看看的愿望，而就太监和边将们来说，却是为了和王阳明抢功、到江南来发财。君臣在继续南下的大方向上是一致的，于是将王阳明的报捷文书和杨廷和的劝驾奏疏留中不发。朱厚照一声令下，经过一天的急行军，八月二十七日大军便到了保定。① 这是朱厚照在山西、陕西巡边时经常玩的把戏，有时游山玩水，一天溜达二三十里，有时放马狂奔，一天急行军一二百里，看看身后，卫士们气喘吁吁，零零落落，他才高兴。

十三、荒唐皇帝荒唐事

由于从涿州到保定这段路走得太急，朱厚照决定在保定休整几天。当地官员听说皇帝来了，既紧张又高兴。其实，朱厚照那种行为荒唐、遇事胡来的性格也有可爱之处。至少，他不端架子，为人随和，没有那么多的繁文缛节，遇上他高兴，得罪了也没关系，运气好的话，有他一句话就可平步青云。

保定是京师北京的南大门，设有巡抚保定等府都御史一员，驻真定。听说皇帝到了保定，本任巡抚伍符专程从真定赶来，带着巡按御史、管粮主事及本地官员一道，摆设筵宴，为皇帝和京中权贵们接风。

这伍符素以海量著称，据说是斗酒不醉。朱厚照喜欢的就是这种人，要打就打个人仰马翻，要喝就喝个罐底朝天。他自信酒量过人，又擅长猜拳行令，一高兴，便逼着伍符和他斗酒，江彬等人也在一旁起哄。伍符尽管有酒量，却不敢和皇帝斗，所以开始一味推让，但经不起江彬等人的鼓捣，也不敢过于抹朱厚照的面子，只得勉强从命。

伍符从小以喝酒见长，是在酒肆中摔打滚爬过来的，猜拳行令本是他

① 夏燮《明通鉴》卷48有一条"考异"。"考异"说：《实录》不载厚照发京师至涿州的日期，只是说"戊子至保定"，因此，中间可能有脱漏；又北京到涿州仅一百四十里，五天才到，恐怕太慢，而涿州到保定有二百多里，一天即到，似乎又太快了。不但是夏燮，当时的人们也多有不解。说《实录》有脱漏，是夏燮写《明通鉴》时没有见到比较全的《实录》，据台湾"中央研究院"校勘本《明实录》，厚照八月二十二日（癸未）离北京、二十六日（丁亥）到涿州、二十七日（戊子）到保定，都非常清楚。而从北京到涿州的一百四十里走了四天，其实是等张忠回家布置"接驾"；从涿州到保定的二百里，头天启程第二天就到，或者是朝发夕至，则是因为见到王阳明的报捷文书后抢时间，只要弄清其中缘由，其实并不难理解。

的专长，为人又死心眼，虽然开始也有些提心吊胆，但几巡过去，酒兴一来，便忘了对方是皇帝。他口中行令，手中出拳，连连得胜。江彬等人平日总是输给朱厚照，今日见有人替他们出气，便在一旁喝彩鼓劲。

朱厚照被连灌几大盅，急得汗也下来了。他见猜拳不是伍符的对手，便提出改猜拳为抓阄。岂知运气不好，抓阄也输得一塌糊涂。他看了看伍符，只见他摇头晃脑，正自得意，真想拎起酒坛砸了过去。但厚照喝酒讲究酒德，所谓赌场无父子，酒场无君臣，喝不赢是不能发脾气的。

江彬旁观者清，见朱厚照连连败阵，伍符步步进逼，欢喜之余，猛然醒悟，不能让皇帝太丢面子。他不断向伍符使眼色，但伍符却错会了他的意思，越来越得意。江彬见状不好，急中生智，假装醉酒，向伍符猛撞过去。伍符没有留意，被江彬撞倒在地，江彬顺势倒在他身上。众人哄然大笑声中，江彬咬着伍符的耳朵，小声说道：书呆子，该输啦！

江彬声音虽小，伍符听来，却是晴空霹雳。他既久经酒场，也擅长演戏。只见他晃晃悠悠从地上爬起来，继续抓阄，但和刚才却判若两人，每抓必输。朱厚照见形势好转，高兴得大呼小叫。伍符连着输了十来次，也连着喝了十来盅，最后干脆手提酒坛就灌，口中还连呼“痛快”。厚照一脚踏上板凳，竖起拇指，朝着伍符连声称赞：好汉子，有种！君臣尽欢而散。

在保定休整了几天，大军于九月初七日来到了运河沿岸的大都会临清（今山东境内）。在整个明代和清代的前中期，临清是运河沿岸也是中国境内最繁华的城市之一。南来北往的船只，鳞次栉比的商肆，笙歌悠扬的青楼，人声鼎沸的茶馆，乐得朱厚照手舞足蹈。

当地官员不知皇帝突然驾临，慌了手脚。一下子来了好几万人，要吃要喝要住，哪里来得及准备，就连招待皇帝的宴席，也显得过于草率。江彬等人不满意，到处挑毛病，朱厚照却满不在乎，只是假装不高兴地吼了一声：你们怎敢如此慢待于我！说罢，竟狼吞虎咽起来。

随行有位名叫黎鉴的太监，亲戚在山东做官，因贪赃得罪，官府正在索赔赃款。黎鉴见巡抚山东都御史王翊也来临清陪驾，灵机一动，便想用山东官府的银子来为他的亲戚填补赃款。他将王翊叫到一边，要王翊给他一个面子。在黎鉴看来，这件事情只要一提出，王翊没有不答应的道理，哪个地方官敢得罪宦官，何况是随皇帝一同出巡的宦官？又有哪个官员不想拉拉宦官的关系，以图日后的升迁？何况这关系还是主动送上门的。

没想到这王翊是个铮铮铁汉，不等黎鉴说完，双眼一瞪，倒将黎鉴吓了一跳。黎鉴耐着性子将自己的意思说完，王翊却只从牙缝中迸出两个字：不妥。任凭黎鉴如何威逼利诱，王翊就是不从。两人声音越来越大，吵得不可开交。争吵声打断了厚照的酒兴，他皱皱眉头，喝道：怎么回事？

黎鉴理亏，连忙争辩，说是王翊侮辱了自己。王翊正要分辩，厚照却摆了摆手：不用说了，定是你黎鉴有求于王翊，人家不答应，你便和人家争吵起来。你们这些人的事情瞒得过我？王翊是好官，别为难人家了！王翊听了，感动得热泪直流，连呼“万岁”。但这件事就算这样过去了，黎鉴也没有受什么责备。

在临清一玩就是二十天，正要起程南下，朱厚照猛然觉得身边还少了些什么。原来，这次离开京城时，他本来想带刘姬同行。这刘姬是朱厚照出巡大同时遇上的红颜知己，色艺俱佳。关于她和厚照一见倾心的事情，曾演绎出一台著名的戏剧，叫《游龙戏凤》。朱厚照用后妃的礼仪将刘姬接到北京，留在豹房陪驾。朱厚照一生玩弄过的女性不计其数，唯独与这刘姬情谊深长。他从旱路离京南行，刘姬不习鞍马，无法同行，于是从头上拔下一根簪子，送给皇帝，见物如见人，同时也作为信物。如果朱厚照由旱路改水路，便以此簪召刘姬，刘姬见簪而行。当然，这也是女人笼络男人的常用办法。

朱厚照出北京，过卢沟桥时纵马驰骋，不慎将簪子失落。富有天下而失落一根簪子，本来算不了什么，但厚照却命人三番五次来回寻找，几乎将一座卢沟桥清洗了一遍，却怎么也找不到。他大发了一顿脾气，无奈之下，继续南行。

到临清之后，改旱路为水路，朱厚照立即命人去北京接刘姬。他在临清一住就是二十天，大概为的就是等刘姬。九月二十二日，接刘姬的人回来了，刘姬却没有接到，说是不见簪子不从命。朱厚照将来人大骂了一通，接着又笑了，刘姬就是这样令人疼爱。什么不见簪子不从命，明明是在撒娇嘛！他让江彬等人统领军队，自己却带着亲信卫士，驾起一只快船，向北直驶而去。几百里水路，船到通州张家湾，已是九月底了。朱厚照将船停在张家湾等待，命人星夜往北京接刘姬。刘姬听说皇帝亲自到了张家湾，大吃一惊。她只不过是想向皇帝撒撒娇，没想到皇帝竟然单舸来迎，要是在路上有个三长两短，后果不堪设想。刘姬这次也不要信物了，她匆匆来到张家湾。朱厚照正在张家湾翘首以待，一见刘姬，乐得直蹦。

快船载着厚照和刘姬，悠悠然开往临清。许多天不见皇帝的踪影，江彬等少数几个亲信又硬是知情而不说，文官武将们急得团团转。眼看九月已过，十月也过去十来天，皇帝才重新出现在临清。刘姬没来过临清，这一玩又是十来天。十月二十二日，朱厚照下令，大军沿运河继续南下。望着浩浩荡荡远去的船队，巡抚山东都御史王翊长长地松了一口气：皇上聪明绝顶，可哪里像做皇帝的样子！

十四、叛王宸濠成了奇货

皇帝在临清盘桓，军队却不能长驻，太监和边将们更是迫不及待，他们南下为的是抢功、是夺财，自然想尽快赶到江南。特别是这些年宁王不断向京师权贵行贿，送来的全是见所未见、闻所未闻的奇货。可以想象，还有多少珍宝存在宁王府，如果晚了一步，这些珍宝岂不便宜了他人？

为着这些目的，提督军务太监张忠和安边伯、“威武副将军”、厚照的干儿子朱泰即许泰在到临清的第二天就领着数千禁军，日夜兼程，过扬州、入长江，逆水而上，直趋南昌。另一位提督军务的太监张永也领着两千人马，沿运河来到浙江，驻杭州。九月中旬，皇帝还在临清等刘姬，这两路人马却已对江西南昌形成夹击之势。

王阳明此时在南昌，真感到度日如年。冒着灭门之祸，辛辛苦苦平定了宸濠，却不断有消息传来，说朝廷怀疑自己暗通宸濠，只是怕成不了事，才在吉安起兵。又有消息说，许泰、张忠等人因自己在奏疏中指责朝中权贵庇护宸濠，怀恨在心，又怕宸濠面见皇帝，供词会牵连他们，所以千方百计要夺取宸濠，堵住他的嘴巴。也有消息说，皇帝早知宸濠有谋反之心，所以忍而不发，是想等他公开起兵后，亲自将他擒获，却被自己误了大事，因此，张忠等人的意思是，将宸濠放了，让他重整军马、收拾战船，在鄱阳湖和皇帝再打一仗。还有消息说，京中传闻，说宁王府中珍宝堆积如山，被自己纵容军士抢劫一空，最后竟然一把火烧了王府，以消灭罪证，如此等等，不一而足。

王阳明需要的是准确消息，皇帝现在到了哪里？张忠、张永两路来江西，他们又到了哪里？怎样才能见到皇帝？如果二张赶在皇帝之前到江西，强要宸濠，该怎么办？这些消息还难以打听明白。如果在京师，有王琼为自己提供消息，但一出京师，这消息来源就难以保证了。真是急死人。王阳明觉得，有生以来，还没有哪件事情如此让自己一筹莫展。

所谓“山重水复疑无路，柳暗花明又一村”，准确的消息终于及时送到了。王阳明年轻时候的朋友、如今已是南京兵部尚书的乔宇一直在关注宸濠事件，他为王阳明在短期内平定宸濠之乱而喝彩，又为王阳明的两难处境而担心。由于南京兵部尚书提督军务，是南都实际上的最高统治者，所以张忠等人一入南直隶，其行军路线和日程便在乔宇的掌握之中。

九月十一日，王阳明在得到张忠等人将沿长江直扑南昌、张永等人沿运河进据杭州的消息后，权衡利弊，立即将宸濠一干人犯装入囚车，离开南昌，亲自押往杭州。二张之中，张忠与许泰等人关系密切，曾在皇帝面前极力对自己进行诋毁；张永本是以刘瑾为首的“八虎”之一，但为人比较顾全大局，而且与张忠、许泰等人存在矛盾。两害之中取其轻，与其在江西坐以待毙、让宸濠落入张忠等人之手，不如直趋浙江，将宸濠交给张永，并争取让他在皇帝面前替自己说话。

一路上紧赶慢赶，经过进贤、东乡、贵溪，来到广信，正与广信知府叙话，有人来报，说是有锦衣卫千户手持“威武大将军”的令牌，追取钦犯宸濠。王阳明大吃一惊：来得真快！原来王阳明离开南昌刚两天，张忠和许泰所派的前锋部队便到了南昌，听说王阳明已押着宸濠往浙江“迎驾”，领兵官也是吃了一惊，一路上风餐露宿，为的就是要宸濠，没想到仍然晚了一步，想点齐军马追赶，却人困马乏，只得先派出一位锦衣卫千户，持“威武大将军”的令牌，前去滞留王阳明，大军休整后，再去追赶。

王阳明先让知府取出五两银子慰劳千户，那位千户久在锦衣卫办事，大把大把收受贿赂，哪里将这五两银子放在眼里，一怒之下，拒绝收受。王阳明见状，急忙迎出，拉着千户的手，一个劲地夸奖：我在正德初为刘瑾所害，下锦衣卫大狱，上上下下都很熟悉，却没有发现一位像你这样轻财重义的。那五两银子是我让给的，礼轻情重，你坚持不收，令我感动，又十分惭愧。我没有其他特长，但于文字颇有心得，改日定要好好写篇奏疏奏明皇上，让满朝文武及锦衣卫堂上官知道你的为人。

锦衣卫千户听着王阳明半哄半嘲的话，脸涨得通红，追取宸濠的话也无法出口，只得告辞而去。王阳明担心在锦衣卫千户之后，还有后援，下令立即启程，往杭州进发。

十五、面见“张公公”

过玉山、常山、富阳，前面就是杭州和绍兴的分岔路口。继续向东北而行，大约八十来里，便是杭州；折而往东，也只有一百五十里路，就到绍兴。家乡近在咫尺，祖母去世已经几个月了，死前没能看上一眼，王阳明一直心中难过。之所以六月中旬前往福建戡平兵变，不走雩都、长汀，却走吉安、丰城，本意就是想先看看祖母的葬地，然后再去福建。没想到出了宸濠的事情，回家省亲不成，反倒被人说是去给宁王祝寿。

王阳明抬头向东望去，钱塘江的那边，浙东大地一片葱郁，这是自己从小生活的地方，那里有祖父、祖母和母亲的墓地，有年过七十的父亲，有在家乡讲学的弟子们。

但处境危难，形势万变，说不定一天之内就有灾难降临。王阳明咬咬牙，命令车队继续向杭州进发。大约就在正德皇帝朱厚照乘单舸北上迎接刘姬的同时，王阳明押着宸濠一行到了杭州。

杭州自己来过不止一次，雨中漫游西湖、灵隐喝醒僧人、假装落水脱险，等等，往事历历在目。王阳明来不及经意这些年来杭州和西湖的变化，径直来到镇守太监的开府衙门。浙江镇守太监毕真曾经镇守过江西，与宸濠关系密切，所以宸濠起事，也派了专人通知毕真。但毕真见形势不对，不敢贸然响应，并且销毁了罪证。张永这次来浙江，既为王阳明，也为了监视毕真，所以就在镇守中官衙门办公。

张永虽然也对张忠、许泰等人的一些作为不满，但更知道皇帝性格。皇帝这次南下，一是巡游江南，二是想和宸濠真刀真枪地拼杀一场。这个意思皇帝自然不便说出口，但张永跟着他二十来年，却是心领神会。所以，在对宸濠的处理上，张永和张忠又是一致的，希望王阳明将宸濠放了，让皇帝玩玩打仗的游戏。王阳明快到杭州时，已经派人给张永送信，但张永却派人前去阻拦，让王阳明返回江西，没想到王阳明却径直来到了镇守府。

王阳明让门卫通报张永，自己带着一行人在府外等候。有关这位老资格太监的传说，王阳明听过不少，自己在北京任职时也时常见到，却并无往来。

张永是北直隶保定府新城县（今高碑店市）人，因家中贫穷，父母托人将其送入宫中，做了小内使。张永从小喜欢舞枪弄棒、摔跤角力，成了正德朱厚照做太子期间的亲信宦官。朱厚照即位之后，曾经提督过京军神机营，并多次督军宣府、大同、延绥，抵御蒙古，在“八虎”之中以知晓兵事著称。虽然名在“八虎”之列，但张永为人却比较正直，看不惯刘瑾等人的作威作福。于是和刘瑾有了矛盾。刘瑾见他不听自己的使唤，便在朱厚照面前说他的坏话，要将他贬黜到南京去做“净军”。张永听到消息，立即去见朱厚照，说刘瑾诬陷自己。朱厚照命人将刘瑾找来，当面对质。一见刘瑾，张永怒从中起，抡拳便砸。论打架，出身“钟鼓寺”的刘瑾绝不是“御马监”的张永的对手，被张永追得团团转。朱厚照看得有趣，连呼带叫，最后谁也不追究，让二人喝酒，消除矛盾，但二人的矛盾却更加深了。

正德五年（1510 年）安化王叛乱时，张永和都察院右都御史杨一清统领京军前去平叛，虽然还没有到宁夏，叛乱已经平定，但张永对招抚余党却是有功的。回师北京后，又与杨一清定计铲除了刘瑾。由于这些功劳，他的两个兄弟都被封为伯爵，自己则想仿照永乐、宣德时七次下西洋的郑和的故事，进封侯爵。这件事由当时的兵部尚书何鉴上疏提出，但遭到内阁的反对。张永无奈，也上疏求免。已经是吏部尚书的杨一清因势利导，赞扬张永主动辞去封赏。面对外廷的一片喝彩声，张永转怒为喜，名声也更好了。

正是基于对张永的这些了解，王阳明才决定直趋杭州，将宸濠交给他。在府门外等了老半天，卫士终于出来了，说是提督公公今日不见客人。说罢，又加了一句：张公公让王大人回江西去。王阳明一路上也在猜测，张永将以什么样的态度来会见自己？但万万没有想到竟是如此冷淡。[①]

王阳明为人虽然随和，却是有脾气的，而且从小到大从来没有怕过谁。这些年来专心“圣学”，对自己的行为加以约束，处理任何事情都显得有分寸，所以人们已经好多年没见他发脾气了。但这一次却不同，到处都听得

① 明代沿前代旧例，尊称有身份的太监为“公公”。关于王阳明见张永之事，何良俊《四友斋丛说》另有一种说法：阳明自言，与宁藩战于鄱阳湖，部署已定，初亦不甚张。但罪人既得，而圣驾忽复巡游。上意叵测，为之目不交睫者数夕。二中贵至浙省，阳明张燕于镇海楼。酒半，撤去梯，出书简二箧示之，皆此辈交通之迹也，尽数与之。二中贵感谢不已。返南都，力保阳明无他。遂免于祸。若阳明持此挟之，则祸且不测。此之谓推赤心置人腹，诚而不动者未之有也。（卷六《史二》）

到有关自己的谣言，张忠、许泰又存心找自己的岔子。自己倒霉是自己找的，谁要自己总是多管闲事？但那些随自己出生入死的将士也要因自己的倒霉而蒙受不白之冤。放一个宸濠本不是大事，谅他也起不了多大风浪，也不敢再起风浪。但几万京军乘机拥入江西，这老百姓还怎么过日子？

王阳明命人将关押宸濠的囚车看管好，自己则挺身向府内走去。卫士刚想阻拦，王阳明大喝一声：我见张公公有机密大事，误了事情，你们哪个担得起责任！卫士早就听说过王阳明的大名，见他虽然身体瘦弱，却气势逼人，连忙退在一边，有晓事的赶忙在前面带路。

来到中堂，不见张永的影子，王阳明也不多问，高声呼喊：我是王守仁！有国家大事来与张公公商议！为何躲着不来见我！

张永虽然不读书不识字，对文官却自有看法。他赞同当今皇上的说法，文官中也是良莠不齐，十人之中，好人只有三四个，坏人倒有六七个。他佩服和他共事过的杨一清，佩服像内阁首辅杨廷和那样有胆有识有担待的文官，看不起那些只会钻营、见了宦官矮三分的文官。而对这位人称“阳明子”的王守仁，却是带着几分敬畏。他躲着不见王阳明，既是不愿接受宸濠，给自己惹麻烦，也是有些怕见，但内心又有些想见。

对于王阳明十几年前曾因上疏而下锦衣卫大狱，并挨了三十廷杖贬谪龙场，张永并不在意。本朝自太祖太宗朝以来，谁也数不清楚有多少官员挨过板子。就在不久前，还有一百多名官员在午门受廷杖，当场死了八九人。

对于王阳明近年来聚众讲学，弟子遍天下，张永也没有太多在意。文人讲学，犹如武人练兵，没有什么值得大惊小怪的。但是全国的读书人都在对王阳明的讲学说三道四，张永倒觉得王阳明了不起，还没有哪一个武人能让天下同行说三道四的。

对于王阳明精通佛道、谙熟养生术、能预测未来的传闻，张永则是大感兴趣。宦官是身残之人，本世是没有指望的，却希望来世有个好出身，所以大多信仰佛教，张永也不例外。王阳明懂佛法，那倒是同道中人。

尤其令张永不解的是，王阳明是文人，却能领着一班未经训练的乌合之众，灭南赣“巨寇”、平宸濠之乱，而且，将善后事情处理得井井有条。张永扪心自问，要领着京师劲旅和宸濠在鄱阳湖上拼命，自信还是打得赢的；但要自己领着一帮文官捕快去和宸濠搏斗，心里却有些发怵。至于一年之内平定南赣山区的积年“巨寇”，张永则自知力不能及，也相信天下没有第二人能做得到。

这王阳明到底何许人也，竟然有如此大的能耐，不管什么事情，只要经他的手，怎么没有办不成的？以前在京师无缘结交，如今王阳明找上门来了，自己却躲着不见，算什么英雄好汉？

张永整了整衣冠，来到中堂，王阳明眼睛不方便，还在大声呼叫。张永仔细打量着这位"阳明子"，五十来岁的年纪，清清瘦瘦的身材，脸色微黑，略显疲惫，眼睛近视，却炯炯有神，一部黑中带白的大胡子，一直拖到前胸。张永点了点头，和自己想象中的王阳明没有太大的区别。他冲王阳明拱了拱手：王大人好大的嗓门，将我的耳朵都震聋了。

王阳明定睛一看，眼前站着一位壮士，虎背熊腰，双目如电，年纪和自己差不多，却是气定神足。是张永！七八年过去了，张永却和以前自己在京城见到的一样，几乎没有什么变化。所谓英雄惜英雄，二人一见面，尚未答话，却已经有了几分相互信任。

王阳明抢上几步，拱手笑道：守仁无礼，望公公恕罪。

落座之后，王阳明开门见山：正德以来，江西百姓先遭"流寇"之祸，继受宸濠荼毒。大乱之后，继以旱灾，穷困已极。若京军边军齐至江西，供应之费不下亿万。催逼之余，必然逃窜山谷，相聚为乱。以往有暗助"山贼"、明投宸濠者，尚是受其逼迫，今为穷困所激，其乱必大于以往。皇上久离京师，如有奸党窥测，乘机煽动，天下必成土崩瓦解之势。那时再想收拾残局，恐怕就不容易了。守仁有鉴于此，才冒死前来杭州，面见公公，陈说利害。望公公在皇上面前，相机劝导。如此，则江西百姓幸甚，大明江山幸甚，守仁虽祸灭九族，也无怨言。

听着王阳明侃侃而论，张永也被感动了。他站起身来，沉思片刻，缓缓说道：我此次随驾而出，也是怕群小坏事，想在皇上身边左右调护，希望不要发生大乱，并不是为了和他们争功，也不是想与你为难。皇上虽然英明，却往往随着性子做事。只有因势利导，顺着他的性子来，事情才好挽回。否则他一动怒，群小从中挑唆，事情就不好办了。

王阳明听罢，深以为然，将宸濠付于张永看押。自己则暂住西湖畔的净慈寺，等候张永的消息。

十六、杨一清排解烦难

将宸濠交给了张永，王阳明一颗提着的心算是落了地。张永的地位高于张忠、许泰、江彬，有他在皇帝面前替自己说话，张忠等人或许掀不起大浪。

自从正德十二年（1517年）初往赣州赴任以来，两年多的时间过去了，披星戴月，历寒经暑，为了朱姓江山，耗尽心血，反倒落了个里外不是。王阳明脾气又上来了，管他春夏与秋冬，就在这净慈寺住下去。

有道是“树欲静而风不止”，形势的发展不容王阳明在杭州长住。消息传来，皇帝一路游山玩水，已经到了扬州。而且，风声越来越紧，张忠、许泰已经前往江西，江彬等人则仍在皇帝面前散布对自己的不满。王阳明在净慈寺住不下去了，绝不能坐以待毙。他离开杭州，直趋镇江，打算由镇江渡江，前往扬州，面见皇帝。

曾经为张永出谋划策铲除刘瑾的杨一清，如今就住在镇江。正德五年（1510年）王阳明从庐陵县知县任上到京师求职时，杨一清是吏部尚书。湛若水让黄绾通过乔宇的关系，请杨一清将王阳明留在京师，于是才有大兴隆寺中的三人会。应该说，王阳明还欠了杨一清的人情债。另外，张永与杨一清关系密切，王阳明既然结交了张永，到镇江就更应去见杨一清。当然，其中或许还有更为重要的原因，那就是在形势尚不明朗、皇帝对自己还心存疑虑的时候，没有得到皇帝传召而直赴“行在”，是否恰当。王阳明对此心中无底，而能够为他拿主意的，只有杨一清。

杨一清从小就才学出众，被时人视为“奇童”，举荐为“翰林秀才”，十四岁中举人，成化八年，即王阳明出生的那一年就中了进士。但事实证明，杨一清并不只是“秀才”，而是当时大明朝官员中公认的第一位干才。他出将入相，历任多处巡抚都御史，做过吏、户二部尚书，多次处理令人头痛的陕西马政和西北边务，又和张永一道处理安化王叛乱的善后事务，尤其是定计诛灭权阉刘瑾，使文官们得以扬眉吐气。当时，只要有重大事件难以解决，总是要请杨一清出马。杨一清不但通达政务，为人也特别豁达，奖掖后进，不遗余力。所以，人们都将他比作唐朝开元时期的贤相姚崇。

前些年，因为张永一度失势，杨一清也受到牵连，告假还乡，在镇江闲住。虽说是闲住，这位老资格的政治家和军事家却一直在关注朝廷的所有动作以及国家发生的一切事情。他对王阳明这些年来大肆张罗讲学有些不满，但对王阳明在极短的时间内就扫平南赣“山贼”，并将善后事项处理得井井有条极为钦佩。而王阳明最近在一个多月的时间内解决了宸濠，更使杨一清刮目相看，颇有“后生可畏”之感。

王阳明以晚辈的身份叩见杨一清，免不了要恭维一番，然后向他请教进退之计。杨一清见王阳明谦恭诚恳，对自己非常尊重，心里也暗自得意。他扳起手指，一字一顿地说：这些年来，伯安以讲学名震海内，学问固然是大有进步，老夫也是自愧不如，但这名声一大，毁者誉者也在所难免。特别是弟子中有人借师门招摇过市，也给你添了不少麻烦。所谓“树大招风，名高招忌”，人们在皇帝面前说你的坏话，也就不足为怪了。伯安志气远大，难道还用得着与这些小人计较？成大事者应有大的胸怀，伯安胸中难道还容不下这些小事？①

就这一席话，说得王阳明有些坐不住了。他一向以“圣贤”为目标，也以“圣贤”自居，自以为可以处变不惊、临事不乱，没想到事到临头，特别是在处理人际关系上，却总是免不了意气用事。他暗暗称赞：果然姜是老的辣。其实，真正受得起这句话的“老姜”却并不多，眼前这位可谓当之无愧。

杨一清并不在意王阳明脸上的变化，继续说道：为今之计，伯安绝不能甩手不问江西事，否则，一旦被许泰等人弄出乱子，这罪名还不是要你担着？另外，皇上今在扬州，虽与镇江只有一江之隔，但“天高皇帝远”，只要没有旨意，不要说一江之隔，就是隔着奉天殿一个门槛，也见不着。因此，伯安也不能在这君臣尚有隔阂的时候去见皇上。

听到这里，王阳明忍不住了，他急切问道：那我还得立即返回江西？

杨一清笑道：伯安见识过人，原也用不着我多说。你急着想见皇上，是担心江彬等人仍会在皇上面前说你的不是。但彼一时此一时。张永已去扬州见皇上，有张永替你做主，我料江彬也无可奈何。为今之计，是伯安你要即刻回南昌，稳住局面，等候张永的消息。据我之见，以张永的为人

---

① 关于王阳明因讲学而招致的非议，本书已有多处论及。清人朱彝尊曾发表过一番议论：“阳明子功烈、气节、文章，皆居第一，时多讲学一事，为众口所訾。善夫西坡先生之言也，曰：‘阳明以讲学故，毁誉迭见于当时，是非几混于后世，至谓其得宁邸金，初通宸濠，策其不胜而背之。此谤毁之余唾，不足拾取。’斯持平之论乎。”见上海古籍版《王阳明全集》卷33所录日本《阳明学报》第一五七号载蓬景轩编《姚江杂纂》。

和能耐，不久当会给伯安一个交代。

正说话间，门子进来，说是“张公公”派人过江发话，皇上已有旨意，着令吏部命王大人巡抚江西。杨一清听了，冲着王阳明一笑：如何？我说张永不会让伯安失望的。①

事情至此，王阳明不得不佩服杨一清的料事如神，真所谓“山外有山、人外有人”。他告别杨一清，登上快船，逆水而上，经湖口入鄱阳湖，往南昌而来。

十七、安抚京军

这年十一月，王阳明从镇江回到南昌。还没有进南昌城，便感到气氛不对头。自从九月十一日离开，已是两个月了。王阳明前脚走，许泰、张忠的先头部队后脚就到。接着，许泰、张忠也到了。进驻南昌的京军、边军有上万人。人人都以为宁王府珍宝山积，人人都以为江西人腰缠万贯。谁知一进南昌，找到宁王府，见到的只是一堆尚有余烬的废墟。再看看以“南疆昌盛”得名的南昌城，街道并不宽敞，市面并不繁荣，百姓并不富裕。

京军和边军官兵中也有读过书的，他们都记得，早在七八百年前的唐代，王勃就盛赞过江西，盛赞过南昌，说这里“物华天宝，人杰地灵”。他们虽然没有到过江西，没有到过南昌，但他们相信王勃所说的是真实的。因为他们确实见到，京师的大小衙门中，江西人实在太多；每三年一次的科举考试，朝廷给江西的名额也最多。官员多，读书人多，说明江西是有钱的。而且，这些年来宁王大车小车地给京中权贵们送礼，他府中会没有银子？

但是，他们所见到的和他们原来所想象的距离实在太远，太令人难以置信，那么银子到哪里去了？宁府真是宁王的妃子和奴婢们在南昌城被攻破时放火自焚时烧的？即使如此，真金不怕火炼，丝绸绫罗会被火烧掉，金锭银块火是烧不化的，为何也全无踪迹？答案只有一个，那就是王阳明和他的部下瓜分掉了。南昌的百姓就真的那么穷？他们也不相信，肯定是听说京军、边军要来而故意装出来的。

辛辛苦苦不远万里，就是想满载而归，如今却竹篮打水，什么也没见着，

① 《明史·宦官传一》说：王阳明将宸濠交付张永后，又押着宸濠一同返回江西，张永在南昌住了数旬，督促张忠等一同返回南京。此据《年谱》。

能叫士兵们不愤怒？这愤怒既发到王阳明身上，也发到南昌百姓身上，当然，带着他们来南昌并且向他们许过愿的许泰、张忠，也少不了要挨骂。

许泰、张忠更是怒火烧胸。他们想夺宸濠，宸濠却被王阳明抢先一步给了张永；他们想到南昌来发财，但当地的大官小官全向他们摆出苦脸。特别是吉安知府伍文定，他苦脸倒是不摆，却摆出一副打架的姿态。许泰、张忠打了一辈子架，除了蒙古人，还没有见过像伍文定这么狠的，下令将伍文定捆绑起来。伍文定是不怕死的主，破口大骂：我们冒灭族之祸，为国家平灭大贼，何罪之有？你们是天子的心腹，却专程跑到南昌来找茬，陷害忠义，这不是为反贼报仇吗？将来天子明白是非，定要将你们斩首！

当然，冤有头、债有主，南昌百姓也好，大小官员也好，伍文定也好，背后都是因为有个王守仁。所有的账都该找王守仁算。要算账就彻底算，非得将他和反贼宸濠拴在一起才好。宸濠既被王阳明送走，许泰、张忠便往南昌狱中审讯宸濠的亲信人等，严刑逼供，非要他们说出王阳明和宸濠交结的证据。最后，终于知道了王阳明曾经派弟子冀元亨往宁王府论学。

许泰、张忠大喜，冀元亨就在南昌，立即被抓了起来。但任凭百般拷讯，冀元亨都矢口否认老师曾经和宸濠之间有密谋。许泰命人架起火炉，用烙铁煎烤。重刑之下，冀元亨被折磨得死去活来，但许泰、张忠却什么证据也没有得到，只得将他押赴京师，希望锦衣卫的专职用刑人员能把冀元亨的口撬开。

等王阳明赶回南昌，冀元亨已在押往京师的途中。听说了许泰、张忠等人在南昌的所作所为，王阳明心中充满激愤。但他是江西全省的最高统治者，不能因一时之怒而因小失大。许泰、张忠现在还是皇帝身边的红人，暂时还不能过于刺激他们，只要他们抓不到自己的把柄，也对自己无可奈何。因此，为今之计，是稳住南昌和江西的大局。京军、边军大多是无赖之徒，软硬不吃，但人心都是肉长的，只要有耐心，不怕他们不服。通过与逃亡贵州的中原流民和囚犯，以及南赣“山贼”谢志珊等人打交道，王阳明相信自己有征服无赖们的办法。

南昌居民听说王阳明回来了，都以为有了靠山；京军、边军听说王阳明回来了，都以为找到了债主。王阳明则不紧不慢，每日往巡抚衙门处理公务，得便则或往街市劝慰市民，或往军营看望士兵。至于许泰、张忠，见面则寒暄一二，不亢不卑。士兵们在许、张等人的挑唆下，见了王阳明，或口出不逊，或故意挡道，王阳明却从不计较，充耳不闻，熟视无睹。

天气渐渐寒冷，王阳明说服南昌城内居民，在农村有住房的，都暂时搬到农村住一段时间，将城里的住房空出，让京军、边军居住过冬。消息传出，士兵们大为感动。许泰、张忠知道王阳明是在收买人心，极力制止，不许士兵们搬进民居。

王阳明又命人晓谕百姓，说京军、边军长年远离家乡，都是为了百姓安居乐业。如今来到南昌，虽然南昌不富裕，但也不能让士兵们受寒挨饿。各家各户如遇士兵们有难处，都要尽力帮助解决，如力不能及，也要告知官府，让官府解决。消息传开，士兵们又是一阵感激。

北方人到南方，水土不服，王阳明将南昌及附近的郎中、大夫集中起来，替有病的士兵免费看病开药。士兵中偶有因病、因伤死亡的，王阳明都命人准备棺木，予以安葬。在路上遇见安葬士兵的队伍，王阳明总要停车下马慰问。

天长日久，士兵们有了新的看法。不管王阳明出于何种用心，但总是“爱我”。于是，京军、边军不仅再也没有人谩骂、冲撞，相反，见了王阳明，都恭恭敬敬，高呼“王都堂”。

但是，上万士兵长住南昌，实在是个负担，又不能明着赶他们走。王阳明心中一动，冬至就要到了，这是传统的祭祀亡灵的节日，可以让南昌百姓在这天哭祭亡灵。冬至这天，南昌城内的大街小巷、城外的村头道口，到处白幡招展。在平灭宸濠的战斗中，双方有几万人丧生，有的是“从逆”而死，有的是“赴义”而亡，亲属们都在冬至日祭祀亡灵，几十里内，哀声遍地。京军、边军久离故土，触景生情，也悲不自禁，纷纷要求返回家乡。

许泰、张忠觉得再在南昌待下去也不是办法，想向王阳明敲诈一些钱财了事。他们一起来到巡抚衙门，也不遮掩，张口问道：宁府富甲天下，这些财物都到哪里去了？

王阳明见他们终于不追问自己与宁府的瓜葛，而是追问宁府的财物，心中暗自发笑。但江西百姓久遭兵祸，又遇旱灾，加上这几个月供应上万军队的粮饷，哪里还有余财打发这些无赖？当下正色说道：宁府确实富甲天下，但都是宸濠为了反叛朝廷而准备的。他用这些财物尽行贿赂京师权贵，买通他们做内应。如果朝廷让二位来查处，本院定当尽力相助。

宸濠贿赂朝中权贵，自然少不了许泰、张忠。如果真的进行查实，这罪名就难以担当。二人本来想，不追究与宸濠交结，就是放王阳明一马，他是明白人，应该懂得这个意思，弄些钱来，就可化敌为友。没料想王阳明并不就台阶而下，却假装糊涂，反守为攻，许、张二人猝不及防，无言以对，只得讷讷而去，但这口气总是要出的。

这天，许泰、张忠终于要“班师”了，王阳明带着在南昌的江西三司及各府官员前来章江门码头送行。许泰、张忠一见这帮袍服整齐的文官就来气，特别是见到王阳明笑容可掬地和自己的将领们话别，怎么看怎么是假象，是伪君子。

许泰忍不住了，排开人群，来到王阳明面前，拱了拱手：王都堂，几个月来，多有打搅。今日一别，不知何日再会。用你们文人的话说，送君千里，终有一别。我戎马一生，不会作诗，只会骑马射箭;王都堂虽是文人，却用兵如神，听说十五岁时还单人匹马，在居庸关外追过胡儿，可见也精通武艺。今日告别，来点新名堂，我与王都堂比比箭法，如何?

说罢，也不等王阳明说话，张忠已令人竖起了箭靶。许泰弯弓搭箭，朝王阳明笑道:三箭皆中,才是真朋友;如有一箭不中,便是假惺惺的伪君子。哪有如此划分君子、小人的?如果别人让你许泰立马作三首诗，作不出便是伪君子，你该如何?许泰当然不管这些，话音刚了，三支箭流星赶月般地直射靶心。等众人回过神来，只见三支箭一齐挤在了靶心，站在稍远处，便分不出这是三支箭了。在场的无论是许泰带来的军人，还是王阳明带来的官员，连同被许泰扣留过的伍文定，都齐声喝彩。

许泰乐呵呵地走近王阳明，将自己的雕弓和三支羽箭塞给他，将原话又重说了一遍：王都堂，你是我京、边兄弟的真朋友还是假朋友，就看这三箭了。说罢，让在一旁。

王阳明接过弓箭，看了看靶心，又看了看排列整齐的京军和边军士兵。见到许泰射出的三支箭，王阳明倒是平添了几分敬意。难怪这许泰能在皇上面前得宠,被皇帝收为干儿子,光这手箭法,恐怕天下也没有几人比得上。他诚心诚意地向许泰拱了拱手，笑道：将军这样的神箭，本院还真是第一次见到。要比，不仅我比不过，就是今日在场的所有人，也没有比得上的。但将军说过，只要能射中靶子，我就是京军和边军兄弟的真朋友，我想是不会让诸位失望的。

听了王阳明这番话，人人都有些紧张，大家都知道王阳明目光近视，这些年来，身体也一直不好，人们只知道他能讲学，却不知道他还能射箭。一旦射不准，岂不自讨没趣？许泰更是惊讶，王阳明真会射箭？伍文定向前靠了靠，想替王阳明射这三箭，射箭是他的拿手好戏。但王阳明摇了摇头，示意他退下。

但见王阳明左手持弓，右手取出第一支箭，搭在弦上，两眼向前看，极力认准靶位。然后回过头来，也冲许泰笑了笑：献丑了！说罢，再次认准箭靶，弓弦响处，箭如流星，正中靶心。

“好！”全场顿时沸腾起来。京军、边军的队伍中欢声雷动，喝彩声比刚才许泰射箭时还要响亮。

接着，第二箭、第三箭也射在箭靶上，虽然不像第一箭那样正中靶心，与许泰三箭连续发射，令人目不暇接，更不可同日而语。但这三箭由王阳明射出，却比许泰的神箭更令人兴奋。

许泰满脸尴尬，嘿嘿干笑：想不到，想不到，原来王都堂也精通此道。佩服，佩服，是真朋友。说罢，率先上船。

望着升满风帆的船队渐渐远去，王阳明的心情依然沉重。许泰、张忠在南昌一无所获，恐怕不会就此罢休，也不知二人会在皇帝面前说些什么。是祸躲不过，由他去吧！

十八、祸福之间

带着满腹的怨恨，许泰、张忠来到了南京，面见皇帝。经过张永的反复陈说，皇帝朱厚照本来已经将王阳明的事情放下了。其实，这位正德皇帝还从来没有长时间地忌恨任何人，也没有任何人值得他长时间地忌恨。当初他对王阳明恼火，是因为王阳明平灭宸濠的报捷文书不但成了大学士劝他回北京的借口，而且使他失去了一次打仗的机会。

如今离开京师已近半年，大学士们想管也管不到。况且，到了扬州、南京，他的兴趣已经发生了转移。扬州从隋唐以来就是著名的烟花之地。隋炀帝为了游扬州，硬是开出了一条“山阳渎”，最后还死在扬州，留下了千古风流故事。唐代大诗人李白的一首《黄鹤楼送孟浩然之广陵》，再一次将扬州的名声传播天下：

故人西辞黄鹤楼，烟花三月下扬州。
孤帆远影碧空尽，惟见长江天际流。

风流才子杜牧于扬州情有独钟，连续写下了多首有关扬州的诗：

雨过一蝉噪，飘萧松桂秋。
青苔满阶砌，白鸟故迟留。
暮霭生深树，斜阳下小楼。
谁知竹西路，歌吹是扬州。
（《题扬州禅智寺》）

青山隐隐水迢迢，秋尽江南草未凋。
二十四桥明月夜，玉人何处教吹箫？
（《寄扬州韩绰判官》）

娉娉袅袅十三余，豆蔻梢头二月初。
春风十里扬州路，卷上珠帘总不如。
（《赠别》）

落魄江湖载酒行，楚腰纤细掌中轻。
十年一觉扬州梦，赢得青楼薄幸名。
（《遣怀》）

朱厚照在做太子的时候，就极爱诗词戏曲。做了皇帝之后，此性依然不改。但在宣扬“存天理、灭人欲”的明代，皇帝的行为也受着多方面的限制。当年仁宗朱高炽也喜欢写几首“遣怀”之类的诗，大学士杨士奇见了十分不以为然。他劝导仁宗，天子应以天下事为重，不应该热衷于这种“小技”。

朱厚照却不然。他所处的时代是一个由禁锢走向开放的时代，他所特有的性格是不受约束的性格。他从来没有想过要做“明君”，也从来没有真正将“天下事”放在心上。他喜欢我行我素，受不了大学士们的唠叨，便跑到宣府、大同、太原、榆林去。去了之后，不是在边境找蒙古人打仗，就是穿街过巷，寻花问柳。即使回到北京，他也不去皇后的坤宁宫，而是另选一个住处，称为“豹房”。豹房中有力气过人、武艺超群的勇士，有插科打诨、唱腔高亢的戏子，更有色艺俱全、善解人意的妓女。这次随他南下的“刘姬”，便是妓女中的领班。

扬州妓院号称天下第一，妓女也比别处另有一番风情。[①] 所以杜牧才有“十年一觉扬州梦，赢得青楼薄幸名”的名篇。朱厚照来到扬州，早已陶醉于春风十里的青楼之中。杨一清劝王阳明不要去扬州，其中一个难言的理由，便是不让王阳明惊醒了皇帝的扬州梦，自讨没趣。

在扬州住了将近一个月。正德十四年（1519年）十一月二十六日，皇帝的船队到了南京。比起扬州，南京更令武宗开心。昔日的帝都，如今已是天下第一繁华之地。巍峨挺拔、蜿蜒起伏的紫金山，突兀而起、俯瞰大江的狮子山，情意缠绵、如泣如诉的莫愁湖，茶楼鳞次、酒馆栉比的夫子庙，处处都令武宗皇帝流连忘返。特别是那画舫相连笙歌悠扬的秦淮河，入夜之后，彩灯点点，密如繁星。微波荡漾的河面上，晚风送来远处的莺歌燕语：

烟笼寒水月笼沙，夜泊秦淮近酒家。
商女不知亡国恨，隔江犹唱后庭花。

这诗，这歌，朱厚照太熟悉了。太宗皇帝也不知错乱了哪根神经，放着如此绝好之地不要，却将都城搬到了北京。太宗可将都城搬到北京，我为何不可将都城又搬回南京？虽然都城没有搬，但朱厚照这次在南京一住就是十个月，有如此良辰美景，如果不是许泰、张忠来到南京，他又哪里记得起还有个王守仁？

虽然许泰、张忠不断嘀咕，但朱厚照对王阳明的事已经不感兴趣，加上有张永左右呵护，许泰等人也没有得到太多的便宜。一天，许泰又提到王阳明，说在南昌听到不少议论，都是关于王阳明与宸濠勾结的事。朱厚照不信，许泰出了个主意，建议皇帝立即传旨，让王守仁来南京，如果他不敢来，那就是心中有鬼。朱厚照觉得这样有趣，传旨让王阳明速来南京“见驾”。

在这之前，许泰曾多次假传皇帝的命令，让王阳明来南京。但王阳明有张永这条内线，每次都不予理睬。所以许泰认定王阳明这一次也不会来。

---

① 关于扬州妓女与妓院，胡忌先生《扬州“瘦马”论考》一文作了十分精彩的叙述。见《扬州大学文化史研究所辑刊》第一辑，江苏古籍出版社1998年版。

没想到张永这边已命人通知王阳明，王阳明得知这次的“圣旨”是真的，连夜起程。同时命人先往南京，向皇帝报告自己的行程。

朱厚照听说王阳明已经起程，乐哈哈地嘲弄许泰：如何？你说王守仁不敢来，他这不来了？但这荒唐皇帝也颇有心计，他令人传旨阻止王阳明，到了什么地方就在什么地方等待新的旨意，并暗中窥测王阳明的行踪。

王阳明一路上也在盘算见了皇帝该说些什么，未曾想刚到芜湖，便被南京来的使者拦住，说皇帝让他原地待命。王阳明不知何故，只得在芜湖弃舟登陆。闲着无事，干脆再去一趟九华山，就住在寺院之中，反正寺中僧人也都是故人。一住就是半个月，倒也悠闲自在。

皇帝派来的使者和王阳明告辞之后，假装返回南京，半路上却又掉转船头，在芜湖停泊，探听王阳明的动静。得知王阳明每日只在寺院看书，或与僧人们论道，从不与官府接触，回到南京后如实禀告。武宗听了，连连点头：这王守仁果然是学道之人，哪里会去勾结宸濠？别再为难他了，让他回江西去吧！许泰没料到表面上大大咧咧、嬉笑怒骂的皇帝还有这种心计，再在他面前搬弄是非已无济于事了。

但是，王阳明心里没底，带着种种疑虑，回到江西。先是来到坐落于庐山南麓南康府所在地星子县的开先寺，留下了这样一块石刻：

> 正德己卯六月乙亥，宁藩濠以南昌叛，称兵向阙，破南康、九江，攻安庆，远近震动。七月辛亥，臣守仁以列郡之兵复南昌，宸濠擒，余党悉定。当此时，天子闻变赫怒，亲统六师临讨，遂俘宸濠以归。于赫皇威！神武不杀，如霆之震，靡击而折。神器有归，孰敢窥窃。天鉴于宸濠，式昭皇灵，嘉靖我邦国。正德庚辰正月晦，提督军务都御史王守仁书。

看不出任何怨言，一切归功于朝廷。

刻石之后的第二天，王阳明来到庐山南麓的白鹿洞书院。白鹿洞始建于南唐，却因朱熹在此讲学而享誉天下。这里有朱熹当年讲学之处，有朱熹立下的《白鹿洞书院教条》，有陆九渊亲自来到白鹿洞书院、请朱熹为兄长陆九龄撰写墓志铭的故事，有朱熹请陆九渊为白鹿洞书院的学生讲课、自己亲自听课的故事。朱、陆之争固然是事实，前辈学者的风范，却令人钦佩。王阳明在白鹿洞书院徘徊良久，或许多有感悟。

在此后的一段时间里，王阳明以江西巡抚的身份，坐镇南昌，出巡临江、吉安，游禅宗青原系的祖庭青原山净居寺，经泰和，当年六月，来到阔别了整整一年的赣州，一路探视民间疾苦，一面与当地学者讨论学术，心里却装着还在南京的皇帝，于九月回到了南昌。

十九、给皇帝面子

转眼已是正德十五年（1520年）夏天，皇帝仍然住在南京。张永派人传来口信，希望王阳明能重新写一个平定宸濠之乱的告捷疏，疏中务必顺着皇帝的性子，称他为“大将军”，要将平定宸濠归功于皇帝的“庙算”。王阳明感激张永的关照，但要重上这样一个告捷疏，却觉得有些为难。

平定宸濠之乱已整整一年了，此时再上告捷疏，岂不荒唐？而且，皇帝自己封自己为“镇国公”，自己任命自己为“大将军总兵官”，已在朝野上下引起轩然大波。如果自己顺着皇帝的性子，称他为“大将军”，将如何面对舆论？

上年七月三十日，王阳明在平定宸濠之乱后，曾经连续上了两份奏疏。第一份题名《江西捷音疏》，是用快马送出的，报告江西的战乱已经平息，写得非常简单。第二份题名为《擒获宸濠捷音疏》，详细报告了起兵平乱的经过，以及文武官员们在平乱中的功绩。两份《捷音疏》送出之后，听说皇帝仍在调动军马，准备南巡，于是又于八月十七日上了一道《请止亲征疏》。

两个《捷音疏》都在皇帝离开京城不久便先后送到北京，而《请止亲征疏》则是直接送到“行在”的。但从时间来看，皇帝很可能是见到第一道《捷音疏》时匆匆离京的。只是当时人们尚不知道江西的事情已经平息。虽然两个《捷音疏》都被皇帝扣着“留中不发”，也就是不发给有关部门处理，但动乱已定、宸濠被俘这样的大事是不可能长期隐瞒的。

既然江西已经没有战事，皇帝带着几万人马南下便完全没有必要。但皇帝却不但已经离京，而且继续南下，并在南京住了下来。这里既有对江南繁华之地的留恋，也有无法向京中文武交代的因素。虽说这位正德皇帝完全可以不顾忌这些，但他也是极爱面子的角色。

为了给行事荒唐却又极爱面子的皇帝一个面子，让他早日离开南京、回到北京，以免节外生枝，王阳明决定，不计较舆论可能对自己的指责，再上告捷疏。仍然是那句老话："成大事者不计小节，不恤人言。"

正德十五年（1520年）七月十七日，也就是平定宸濠之乱整整一年后的《重上江西捷音疏》中，王阳明将原先谎称的"奉旨起兵"，统统说是实有其事；同时，将实际上已是马后炮的皇帝旨意，说成是在宸濠起事之前就已经下达的命令。因此，这次平定宸濠之乱，完全是按照皇帝的旨意行事的，所以应该归功于皇帝。但王阳明在疏中还不能称皇帝为皇帝，而要按皇帝的意思写成"总督军务威武大将军总兵官都督府太师镇国公"，于是《重上江西捷音疏》有了这样的开头：

> 照得先因宸濠图危宗社，兴兵作乱，已经具奏请兵征剿。间蒙钦差总督军务威武大将军总兵官都督府太师镇国公朱钧帖，钦奉制敕。内开："一遇有警，务要互相传报，彼此通知，设伏剿捕，务俾地方宁靖，军民安堵。"

光是稳住皇帝还不够，还有皇帝身边的一帮亲信，一个也不能遗漏：

> 又蒙钦差总督军门发遣太监张永前到江西查勘宸濠反叛事情，安边伯朱泰、太监张忠、左都督朱晖，各领兵亦到南京、江西征剿。续蒙钦差总督军务威武大将军总兵官后军都督府太师镇国公朱统率六师，奉天征讨，及统提督等官司礼监太监魏彬、平虏伯朱彬（即江彬，赐姓朱）等，并督理粮饷兵部左侍郎等官王宪等，亦各继至南京。

皇帝看了这个《捷音疏》，自然非常高兴，他不但师出有名，而且运筹帷幄，决胜千里。宸濠反状不明时，他已经安排了一个王守仁在江西。宸濠叛乱之后，他又在不动声色之间，让王守仁将宸濠收拾掉。当年太祖皇帝收拾陈友谅，尚要亲冒矢石；宣宗皇帝平定汉王高煦，也要亲临乐安州。今日，正德皇帝平定叛藩宸濠，只需发布几条敕令、安排个把官员，事情就办好了。至于"总督军务威武大将军总兵官都督府太师镇国公"亲领大军南下，那更是神来之笔，自古以来，有哪个皇帝想得出来？

谎言说顺了口，自己也以为是真的。正德皇帝朱厚照正是带着这种自欺欺人的愉快心情，在收到王阳明的《重上江西捷音疏》后，于这年闰八月初八日，在南京举行了盛大而别开生面的"受俘"仪式。

这天近午时分，南京郊外的演兵场上，旗幡招展。京军、边军、南京驻军，排成阵势，盔明甲亮。王阳明的好友、南京兵部尚书乔宇，手持令旗，站在阅兵台上，装模作样地扮演自己也觉得好笑的角色。

乔宇看了看排列整齐的队伍，将手中令旗一挥，早已准备好的炮手燃响了号炮，霎时间，鼓角齐鸣，大阵的西南角上闪开了一条大道，一将拍马持枪，冲入阵中。这员将领有不少人见过，他就是不久前由张永械送而来的叛王朱宸濠，不知为何成了这样的装束。

人们正在猜疑，乔宇又将令旗一挥，鼓角响处，大阵的东北角也闪开了一条大道，一将头戴紫金冲天冠，手舞金背大砍刀，也冲入阵中。在他身后，一员彪形大汉手持大纛旗，旗上绣着一行大字“总督军务威武大将军总兵官太师镇国公”，中间是一个更大的“朱”字。来将正是大明当今天子正德皇上。众军齐呼“万岁！”

正德皇帝一个亮相，在众军雷鸣般的喝彩声中，舞刀扑向死老虎朱宸濠。宸濠见皇帝向自己扑来，做了一个挺枪而刺的假动作。皇帝闪身让过，轻舒猿臂，抓住宸濠的腰带，大喝一声，拖离战马。又是一声大吼，将宸濠摔在演兵场上。演兵场上欢声雷动。

早已准备好的武士冲上前去，将宸濠绳捆索绑，装入囚车之中。随着乔宇的令旗的挥动，众军又是一阵欢呼。至此，“受俘”仪式结束。[①]

四天之后，正德皇帝结束了为时一年零一个月的南巡，在龙江码头乘船离开了南京，返回北京。乔宇站在码头，望着渐渐消失在夜幕之中的船队，无可奈何地摇了摇头。

皇帝是风光了，不管是真是假，他算是实现了自己亲手擒获宸濠的愿望。但王阳明却因为上了那道违心的，但又是顾全大局的奏疏，特别是在奏疏中顺着皇帝的性子，称其为“总督军务威武大将军总兵官都督府太师镇国公”，身前及死后都受到那些恪守“祖宗法度”的正统派官员的责备。

二十、王艮拜师

皇帝离开南京北归。王阳明那颗一直悬着的心终于算是放下来了。一天，

① 毛奇龄：《武宗外纪》。

正与门人弟子在巡抚衙门论学，门子来报，说是有泰州王银先生在门外求见。

此时的王阳明，以学术功业名扬天下，几乎每天都有远道而来的求学者，听了门子的报告，照例说了声“有请”，便又与众人论学不止。一抬头，见门子匆匆忙忙又走了进来，问道：王银先生为何不见？门子笑道：此人是个痴汉。他头戴古冠，身穿五颜六色的古服，手中端着木片，口中念念有词，也不知说些什么。进到中门便站住了，说是未见主人，不进中堂。

王阳明听门子如此诉说，心中诧异，连忙起身，和弟子们来到中门。果见一人峨冠博带，双手端着一块木片，神情古怪却恭恭敬敬地站在门外。王阳明冲那人一拱手：远客到此，迎接来迟，失敬失敬！那人一躬到地，自报家门：泰州草民王银，久闻阳明先生大名，特来相会。

王阳明将王银请入中堂，正要让座。王银却径自往主席走去，坐在了王阳明的座椅上。弟子中有人就要呵责，王阳明却摆了摆手，在侧席坐下。

一阵寒暄过后，王阳明问道：先生所戴是何冠？

王银回答：是有虞氏的古冠。

王阳明又问：先生所穿的是何服？

王银应声答道：是老莱子的古服。

众门人听了，又是可笑又是愤怒。有虞氏是舜的号，传说舜生性至孝，不管父母如何虐待他、兄弟如何亏待他，他都不怨不怒，最后终于感动了父母兄弟。由于他有这样的气度，又办事能干，所以尧将王位让给了他。老莱子是春秋时楚国人，也是个孝子，七十多岁了，为了让父母开心，穿着五彩斑斓的衣服，学着小孩的步子，故意摔跤，然后假装哭泣，逗得父母直乐。

王银这身打扮来见王阳明，而且手中捧着一块木片作简笏，一方面表示自己的诚意，另一方面却是故示傲气。

王阳明微微一笑：“那你是要学老莱子啊？”

当然。王银答道。

王阳明接着问道：“那你为何只学着穿他的衣服，而不学他在堂上假装摔倒，掩面啼哭？”

王银听了，心中一惊：这王守仁果然有学问，名不虚传。我有备而来，反倒落了下风。不觉将屁股挪了挪，只坐在椅子的一个角上。

但王银又是不肯轻易服输的人，他将自己平生所悟的道理，与王阳明反复诘难。众弟子越听越吃惊，这王银确非寻常之辈，他的见识，他的辩才，恐怕除了老师，还无人能让他心服口服。

王银是襟怀坦荡的人。经过反反复复的辩驳，服气了。他起身倒地而拜：先生论致知格物，简易直截，非我所及也。愿为弟子，听从先生教诲。

王阳明连忙站起身来，将王银扶起，笑道：先生见识学问，也令我大开眼界。这拜师之事，先生还是慎重些好，以免将来后悔。

王银回到馆驿，一字一句地回忆与王阳明的问答和诘难，果然有些后悔。王阳明固然学问精湛，但议论之间，也并非没有漏洞，怎能轻易服输呢？一个晚上，辗转反复，将自己的道理又仔细演绎了一遍，自信或许可以驳倒王阳明。

第二天一早，王银求见。王阳明笑着问道：先生是否又有赐教？

王银也笑了起来：昨日确实有未尽之言，想再向先生求教。

王阳明赞赏地点了点头：先生可说是不轻易盲从。

又是一天的反复辩驳，王银终于信服了，这王门弟子今天是做定了。他再次向王阳明行弟子礼，感叹道：我过去以饰情抗节为高，其实只是矫情于外。先生的学问精微渊深，得之于心。这才是真正的圣人之学。

王阳明连忙将他扶起，也不无感叹：过去我擒获宸濠，觉得毫不费力；今日要说服你，却是颇费心智。只是你的学问渊源我一概不知，是否可略说一二？

王银见王阳明问起，长叹一声，但眉宇之间，一股桀骜之气又油然而生。

王银是扬州府泰州安丰场人。安丰场是明代著名的盐场，王银父亲是盐场的灶丁。明朝的户口分为民户、军户、匠户、灶户等等，灶户便是煮盐户，子孙世袭为灶丁，不得随意改籍或从事其他职业。按明初的法律，灶丁生产的食盐不得私自出售，全由政府控制，统一卖给商人。故盐户不但人身自由受到限制，而且生产条件极差，收入极其微薄。成化、弘治以后，随着商品经济的发展，政府对食盐的控制也有所放松。盐户在完成了国家下达的产盐指标后，生产的“余盐”可部分自行销售。这样，不少盐户又成了小盐商。王银的父亲也具有这样的双重身份，既是灶丁，又是盐商。

在科举制盛行的时代，人人都希望自己的子弟通过读书应试，进入官场，这样便可改变门第，由被统治者一跃而为统治者。王银的父亲也将改变门第的希望寄托在儿子身上。王银七岁时，就被送入私塾读书。但王银见父亲每日起早摸黑地操劳，天寒地冻之日，也赤着双脚在盐池取卤煮盐，到十一岁时，他坚决不再上学了。从此，凡官府有差役，都是王银代父亲充役，父亲出外经商，王银也跟随前往。

随着年龄的增大，王银也能下池煮盐，或独自外出经商了。但与父辈以及世世代代的灶户们不同，王银无论到哪里，都要带着书本，遇有读书人，就虚心请教，反复商讨。他天赋极高，又极爱思考，总是见人所未见、发人所未发，不但和读书人讨论学问不再有对手，就是煮盐经商，远近也无人比得上。于是学问也大了，家境也富了，并且，凭着自己的学问和家境，开始为当地百姓排忧解难。

王银日思夜想地体验“圣贤”的学问，梦想自己也成为“圣人”。王银告诉朋友，说他在二十九岁时做了一个梦，梦见天塌了下来，压在大地上，也压在自己身上，成千上万的人奔走呼号，求人救助。王银奋力振臂，竟然将天举了起来，救了亿万人的性命。抬头一看，由于这一塌，日月星辰都错乱了位置，他觉得好笑，一一将其失正归位。做完这些事情之后，已经累得汗流如雨，内心却陡然空明洞彻。一觉醒来，觉得以往参解不透的事物，这时都在自己的意念之中。于是，王银开始用“心”来体验万物，同时，也教人以“心”体验万物，开始了他的讲学生涯，农夫渔父、商贩工匠，都知道有王银先生，名声传遍江北。

名声一大，王银身上的傲气也就更大了，行为更加怪僻。他按照《礼经》，自制了一顶“五常冠”、一套深色大氅、一条比常人宽大得多的腰带，又用毛竹制作了一块比官员们上朝时所用的笏板大得多的笏板，然后，穿着这身服装，出没在城市乡村。每到一地，观者如潮。知道的佩服的捧为圣贤，不知道的不以为然的视之为怪物。王银对此都不屑一顾，反正自我感觉良好：我说的是尧该说的话，行的是尧该行的事，怎能不穿尧所穿的衣服？

有位名叫黄文刚的吉安人路过泰州，正遇王银讲学，见他那身打扮，觉得好笑，便也挤在人群中听讲。一听却大吃一惊，这王银所讲的道理，和他在南昌听阳明先生所讲的极其相似。等讲学结束，黄文刚来见王银，问他与王阳明是否有师承关系。王银听黄文刚说到王阳明，不禁茫然。他与真正的学者接触很少，也没有到过大地方，王阳明名声遍天下，王银竟然没有听说过他的名字。

好奇心盛，王银当天便启程，前来南昌见王阳明。一来想看看王阳明到底是何许人，二来想与王阳明分个高低，他不相信这个世上还有人的悟性能超过自己。当然，为了给自己留个退路，王银换了一套装束，尧冠换成了舜冠，尧服换成了老莱子服，手中的笏板也换了一块略小的。

听完王银的诉说，王阳明和弟子们笑得前俯后仰。王阳明对这位早已开宗立派的弟子更是刮目相看。他替王银改了名，去掉“金”旁，只剩“艮”字，叫“王艮”，又取了字，叫“汝止”。“艮”为八卦中的一卦，代表山，巍然挺拔，不依不附，这符合王银的性格；但也要有所收敛，应适可而止，所以叫“汝止”。从王阳明给王银取的名和字来看，他是赞赏王银独立思考的；但对于王银身上所表现出来的过多的野性，王阳明也打算要有所修剪和矫正。

从此，在王阳明的弟子中，在明代乃至整个中国的思想史上，多了一位与众不同的人物，这个人物便是王艮；多了一个独一无二的学派，这个学派就是王艮开创的泰州学派。一百多年后，黄宗羲在他的《明儒学案》中不无感慨地说：“阳明先生之学，有泰州、龙溪而风行天下，亦因泰州、龙溪而渐失其传。”泰州指王艮与他的泰州学派，龙溪指王阳明后来的一个弟子王畿及其开创的学派。①

王艮之入王门，无论是对于王阳明本人还是对于王学的传播，都具有重要的意义。在王阳明过去的讲学中，学生尽皆读书人；自从王艮入王门之后，王阳明的学说开始面向最底层的民众，而在与来自另外一个世界的王艮的切磋之中，王阳明自己也获益不小。

二十一、始揭“致良知”

由于王阳明的原因，这个时候的南昌，聚集着一批著名学者。他们之中，有在赣州时就开始追随王阳明的“小秀才”欧阳德，有在正德十四年因为力谏武宗南巡而被廷杖并谪官的翰林院修撰舒芬、吏部员外郎夏良胜、礼部主事万潮、太常博士陈九川，有号称“新建三魏”的魏

① 关于王艮的事迹，详见《明儒学案》和《明史》的有关记载。另见方志远：《关于明代泰州学派王艮“艮”字读音的思考》（《光明日报》2013 年 2 月 20 日）、《关于明代泰州学派王艮“艮”字读音的再思考》（《光明日报》2013 年 5 月 23 日）

良弼、魏良政、魏良器兄弟，等等。一段时间，南昌成为王阳明学说信奉者向往的圣地。

不管是舒芬、万潮，还是新建三魏，还都是官道上的人物，温文尔雅。但后来来了个王艮，于是三教九流，接踵而至。当地官员开始感到有些不安，巡按御史唐龙、提学佥事邵锐都是恪守朱学的正统派，他们劝说当地的读书人，少与王门弟子来往。唐龙更劝王阳明停止讲学，谨慎交友，同时对王阳明正在提倡的一个新命题即“致良知”予以质疑。

从王阳明讲学开始，官场和学界已经是毁者、誉者，纷纷纭纭，关于对自己、对自己的学说的不同看法，王阳明这些年来听得已经不算少了，他自然仍坚持自己的意见：我认为“良知”确实人人皆有，只是学者未能真正体会，才甘心随波逐流。假如有人已经认清了这一点，诚心诚意来求学，我怎能忍心闭口不谈？况且自古以来，寻找有真才实学者，都是像淘沙取金一样。取金者虽然都知道所淘十有八九是沙，但有谁因为不愿淘沙而连金也不取呢？

当然，对于王阳明的这些道理，有人听得进去，也有人听不进去。王艮、舒芬听后心悦诚服，邵锐、唐龙却不以为然。这也叫见仁见智，不可勉强。但不管邵锐、唐龙们如何反对，王阳明的一个信念却越来越清晰。他在给得意门生邹守益的信中说：

> 近时四方来游之士颇众，其间虽甚鲁钝，但以“良知”之说略加点拨，无不即有开悟，以是益信得此二字真吾圣门正法眼藏。(《与邹谦之》)

> 近来信得“致良知”三字，真圣门正法眼藏。往年尚疑未尽，今自多事以来，只此良知无不具足。譬之操舟得舵，平澜浅濑，无不如意。虽遇颠风逆浪，舵柄在手，可免没溺之患矣。(《年谱二》)

在南昌、吉安、赣州的这些日子，王阳明讲学时每每论及的，就是这个“良知”和“致良知”。首先提出“良知”的是孟子。《孟子》的《尽心上》说：“人之所不学而能者，其良能也；所不虑而知者，其良知也。”孟子在这里提出了两个并列的概念：良能和良知。“良能”是人与生俱来的能力，“良知”则是人与生俱来的感知和见识。

但王阳明则排去“良能”，只提“良知”。因此，他所说的“良知”比孟子所说的“良知”有更大的包容性，其实是对“心”的阐述和发挥。或者说，王阳明这时提出的“良知”，就是过去所提出的“心”。王门弟子钱德洪在《传习录》中记载了王阳明后来所说的一段话：“圣人只是顺其良知之发用，天地万物，俱在我良知的发用流行中，何尝又有一物超乎良知之外，能作得障碍？”如果将这段话里的“良知”换成“心”，也是完全可以说得通的。

而“致良知”,则是将《大学》中的“致知”与“良知”相结合。《大学》有一段非常著名的话：

> 古之欲明明德于天下者，先治其国；欲治其国者，先齐其家；欲齐其家者，先修其身;欲修其身者，先正其心;欲正其心者，先诚其意;欲诚其意者，先致其知。致知在格物，物格而后知至，知至而后意诚，意诚而后心正，心正而后身修，身修而后家齐，家齐而后国治，国治而后天下平。

这段话是宋儒程颐、朱熹“格物致知”说的基本依据，王阳明只需要它的前半截，而不需要它的后半截。但这后半截又是人人皆知的，抹也抹不掉，只能进行处理，重新作解释。这也是中国哲学家们惯用的手法，圣贤的话是没有错的，错就错在后人的理解上。中国古代训诂学发达，与此不无关系。

王阳明告诉弟子们:《大学》所说的“格物”,“格”的意思是“正”,是使不正的物归于正;而物也是有所属的,是心之物、意之物、知之物。因此,物其实就是“事”:“物者事也，凡意之所发必有其事，意所在之事谓之物。”

有了这些说明，“致良知”的理论框架就大体上构成了。“良知”是每个人与生俱来的本性，人性本善，所以人知本良，只是由于生活于混混沌沌的世界，本来的善性和良知都被掩盖了、泯灭了。圣人之学，就是帮助人们恢复被掩盖、被泯灭的善性和良知。

当然，王阳明在江西的这段时间里，对于“致良知”这一将“先圣”的学说与自己的实践相结合的新命题，尚在思考和切磋之中，许多细节还要留在日后去阐发、去完善。[①]

钱德洪等人在《阳明先生年谱》中有这样一段记载：

> 是年（正德十六年），先生始揭“致良知”之教。先生闻前月十日，武宗驾入宫，始舒忧念。自经宸濠、忠、泰之变，益信“良知”真足以忘患难，出生死。所谓考三王，建天地，质鬼神，俟后圣，无弗同者。乃遗书（邹）守益曰：“近来信得‘致良知’三字，真圣门正法眼藏。往年尚疑未尽，今自多事以来，只此良知无不具足。譬之操舟得舵，平澜浅濑，无不如意，虽遇颠风逆浪，舵柄在手，可免没溺之患矣。”

根据这个说法，王阳明“始揭致良知”发生在正德十六年（1521 年）为江西巡抚期间。有学者指出，王阳明“始揭致良知”的时间应该更早一些，当在正德十五年（1520 年）六月至八月从南昌到赣州的路上，或者就在赣州。但这个看法是有问题的。提出“良知”和“始揭”、“致良知”是两回事。

正如后来黄绾所说，“良知”并不出于王阳明，而是出自于孟子。《孟子·尽心篇》说：“人之所不学而能者，其良能也；所不虑而知者，其良知也。”王阳明继承了孟子的这一说法。并说：

> 良知者，孟子所谓“是非之心，人皆有之”者也。是非之心，不待虑而知，不待学而能，是故谓之良知。是乃天命之性，吾心之本体，自然灵昭明觉者也。凡意念之发，吾心之良知无有不自知者。（《大学问》）

“良知”二字，王阳明一直在倡导、一直在提醒。《传习录上》载：徐爱向王阳明请教“止至善”，王阳明答曰：

---

① 时至今日，人们对于王阳明关于“致良知”等命题的探索，仍然是从哲学的角度去阐释、去挖掘。其实，中国古代任何哲学命题，都是与社会实践密切相关的。明朝从成化、弘治以来，社会经济格局和人们价值观念都发生了巨大的变化。上自最高统治者皇帝，以及贵戚、宦官、文臣、武将，下至平民百姓，乃至贩夫走卒、奴婢童仆，都在追逐生活的奢靡，逐名于朝，逐利于市，社会道德堕落，社会风气颓废。人人都在咒骂社会，都在指责他人，但人人又都在毁坏道德，在损人利己。凡有识之士，都在寻找进行社会改良的途径。武宗一死，大学士杨廷和就主持了对勋贵、宦官的清算，革除正德时期的种种积弊，实质上是在中央进行社会改良。王阳明在这前后提出“致良知”，其实是想在人们的观念中进行一次社会改良。如果人人都恢复自己被掩盖、被泯灭的良知，都从自身做起，都按道德和法律的要求办事，岂不是比行政命令更为有效？

> 知是心之本体，心自然会知。见父自然知孝，见兄自然知弟，见孺子入井自然知恻隐。此便是“良知”，不假外求。若良知之发，更无私意障碍，即所谓充其恻隐之心而仁，不可胜用矣。

是“良知”二字，王阳明在徐爱生前已经指出，而徐爱于正德十三年（1518年）去世，“良知”之说不需要等到正德十五年（1520年）。又《传习录三》载：正德十年（1515年）乙亥，陈九川见王阳明于龙江（南京），王阳明答曰：

> 耳、目、口、鼻、四肢，身也，非心安能视、听、言、动？心欲视、听、言、动，无耳、目、口、鼻、四肢，亦不能。故无心则无身，无身则无心，但指其充塞处言之，谓之身；指其主宰处言之，谓之心；指心之发动处，谓之意；指意之灵明处，谓之知；指意之涉着处，谓之物。只是一件。意未有悬空的，必着事物。故欲诚意，则随意所在某事而格之，去其人欲而归于天理，则良知之在此事者无蔽而得致矣。此便是诚意的功夫。

由此看来，王阳明在正德十年（1515年）为南京鸿胪寺卿的时候，就不但和陈九川说过“良知”，而且说到“良知之在此事者无蔽而得致矣”，“致良知”的意思也不由自主而发。但这只是“无意识”的流露。到正德十六年（1521年），则是“有意识”的“揭示”，并且成为王阳明学说中的一个极其重要，甚至可以称之为“核心思想”的命题。从此，王阳明对人言说，不仅仅是说良知，更是要求人们也要求自己“致良知”，要把被私欲泯灭的“良知”光明起来，并且指导自己的行为。

而对于“良知”的真正认识，却也在“始揭”“致良知”的过程中，也就是在经历了平宸濠之乱、特别是在应对正德皇帝及其佞幸之后。所以王阳明说：

> 吾“良知”二字，自龙场以后，便已不出此意，只是点此二字不出，于学者言，费却多少辞说。今幸见出此意，一语之下，洞见全体，真是痛快，不觉手舞足蹈。学者闻之，亦省却多少寻讨功夫。学问头脑，至此已是说得十分下落，但恐学者不肯直下承当耳。

又说：

> 某于“良知”之说，从百死千难中得来，非是容易见得到此。此本是学者究竟话头，可惜此体沦埋已久。学者苦于闻见障蔽，无入头处。不得已与人一口说尽。但恐学者得之容易，只把作一种光景玩弄，孤负此知耳！

但是，王阳明的担心后来成为事实，自从“良知”成为王阳明的“口头禅”之后，人们理所当然地也视之为王阳明的“核心思想”，但更多的却是将其作为“光景”“把玩”。这就需要“知”与“行”的结合，要“知行合一”，要“致良知”。所以，王阳明的伟大贡献，不仅仅在于他把早已泯灭的“良知”说重新发掘出来，更提出“知行合一”、“致良知”。

第七章　远离政治中心的日子

一、皇恩浩荡

正德皇帝朱厚照于正德十五年（1520年）闰八月离开南京，乘船经仪真、镇江、扬州、宝应，一路上泛舟捕鱼，倒也兴致盎然。九月中来到淮安府的清江浦，住在宦官张扬家中。清江浦一带当年是著名的水乡泽国，附近的宝应、白马等湖更是泛舟、捕鱼的好去处。九月十五日，朱厚照游兴大发，独自驾着一条小舟，在运河西岸的积水池用网捕鱼。一年前的这个时候，他曾驾着快船从临清直驶通州，迎接“刘姬”。所以，泛舟乃是他的拿手好戏。当然，虽说是皇帝独自泛舟，水性好的侍从也驾着小舟跟随。否则，万一有了差错，哪个负得起责任？

能在运河独自泛舟，朱厚照自然不将这小小的积水池放在眼里。他左撒网、右甩钩，兴奋不已。不料乐极生悲，一个不留神，重心失去控制，小舟也失去平衡，翻了个底朝天，朱厚照被船倒扣在水中。跟在后面小船上的侍从们正在为皇帝的表演喝彩，没想到风云突变，吓得手足无措，直到池边的侍从们不断高喊，船上的侍从才清醒过来，接二连三地跳入池中，手忙脚乱地将皇帝从水中救出。岸边的侍从首领怕皇帝丢面子，连忙高喊：皇上是真龙天子，今日奴才们可开了眼，见到真龙戏水了！众侍卫也一齐欢呼起来。但这条“真龙”却连吓带冷，半天说不出话来，就此一病不起。

这年的十二月十日，朱厚照拖着病体回到了离开一年半的北京紫禁城，第二年即正德十六年（1521年）三月十三日，永远离开了这个世界，当时才三十岁。大臣们根据他生前的喜好和行为，为其立了一个庙号：“武宗”。

武宗朱厚照死时没有儿子，也没有兄弟，大学士们根据“父死子继、兄终弟及”、由近及远的继承惯例，并且经皇太后的同意，将朱厚照的一位堂弟——十五岁的兴王朱厚熜，从湖广安陆请到京城，做了皇帝，这就是后来庙号为“世宗”的嘉靖皇帝。

正德十六年（1521年）六月十六日，一道诏书到了南昌。原来，世宗朱厚熜在安陆的时候，就对王阳明产生了由衷的敬佩之心，一个热衷于讲学的书生，竟然在一年之内平定江西、福建、广东、湖广四省边境结寨数十年的“巨寇”，又在短短一个多月的时间里平定筹划了十多年的宁王宸濠之乱，很想见识这位既以讲学闻名天下，又能领着一些乌合之众尽打胜仗的“阳明子”。所以，即位之后，朱厚熜立即让内阁拟了一道旨意，发往江西，让王阳明立即进京：

以尔昔能剿平乱贼，安靖地方，朝廷新政之初，特兹召用。敕至，尔可驰驿来京，毋或稽迟，钦此。

话虽不多，却可以看出世宗朱厚熜的拳拳求贤之心。王阳明见了这道旨意，自然是强烈地感受到一个新时期的来临。刚刚去世的正德皇帝朱厚照是那样荒唐，那样将国家大事当儿戏；而当今皇上却是这样求贤若渴，这样汲汲于治。

在明朝，沿水、陆官道设有驿站，负责传递公文，并为过往官员提供食宿。水驿备有快船，陆驿备有车马，但这些交通工具只是为那些奉特旨的官员准备的。王阳明这次是奉特旨进京，而且，“敕旨”明确要求他“驰驿来京”。这种待遇在当时并不多见。王阳明预感自己的才能将会有更为广阔的施展空间，自己的学说将会有更加宽大的讲坛。弟子们也群情激动，老师进京，大家都跟着沾光。

六月十六日见到敕旨，王阳明二十日就启程了。从南昌到北京，应该顺赣江入鄱阳湖，由湖口进入长江，再经扬州沿运河北上。正德五年（1510年）秋天，王阳明在庐陵知县的任上得知刘瑾倒台，便是从这条路去北京的。但这一次，虽然皇帝让他“驰驿”去京，王阳明还是选择了另一条路线。

祖母去世已经两年，父亲的身体也一直不好，从正德十四年（1519年）六月二十一日，到正德十五年（1520年）闰八月，王阳明已经四次上疏朝廷，请求回绍兴省视，但一次也没有被批准。在那些日子里，许泰、江彬、张忠等人一直在发难，王阳明的处境十分艰险。所以尽管正德十四年（1519年）十月因押送宸濠到了杭州，离绍兴只有百里之遥，但王阳明却不能在没有得到朝廷允许的情况下回到家乡。

从杭州回南昌后，一度听说父亲病危，王阳明想弃官而归，后来听说父亲病情已有好转，才打消了这个念头。为此，门人周仲还取笑老师说："先生思归一念，亦似着相。"因为王阳明一贯教导学生，不管遇上任何事情，都要冷静，都要喜怒不形于色，要"不着相"。但一听说父亲病危，就想弃官而归，这就是"着相"了。王阳明听了周仲的话，自己也笑了：此相怎能不着？

如今新君继位，召自己进京，可见形势已经好转。王阳明觉得应该先去家乡看看，所以，没有"遵旨"取近道进京，而是绕道先去浙江老家。为此，王阳明向皇帝上了一道《乞便道归省疏》：

> 臣自两年以来，四上归省之奏，皆以亲老多病，恳乞暂归省视，实皆出于人子迫切之至情。而其时复以权奸当事，谗嫉交兴，非独臣之愚悃无由自明，且虑变起不测，身罹暧昧之祸，冀得因事退归，父子苟全首领于牖下，故其时虽以暂归为请，而实有终身丘壑之念矣。
>
> 既而宗社有灵，天启神圣，入承大统，革故鼎新，亲贤任旧，向之为谗嫉者皆已诛斥略尽，阳德兴而公道显。臣于斯时，固已欣然改易其退遁之心矣。……
>
> 顾臣父既老且病，顷遭谗构之厄，危疑震恐，汹汹朝夕，常有父子不及相见之痛。今幸脱洗殃咎，复睹天日，父子之情，固思一见颜面，以叙其悲惨离隔之怀，以尽菽水欢欣之乐。况臣取道钱塘，迂程乡土止有一日。此在亲交之厚，将不能已于情，而况父子天性之爱，重以连年苦切之思乎？
>
> 故臣之此行，其冒罪归省，亦情理之所必不容已者。然不以之明请于朝而私窃行之，是欺君也；惧稽延之戮，而忍割情于所生，是忘父也。欺君者不忠，忘父者不孝。世固未有不孝于父而能忠于其君者也。故臣敢冒罪以请。伏望皇上以孝为治，范围曲成，特宽稽命之诛，使臣得以少伸乌鸟之私。……

王阳明已经好多年没有写过这样既动感情又较为轻松的奏疏了。他相信自己的这个奏疏不但不会有"稽延之戮"，反会感动皇帝。当时的北京，新继位的皇帝和元老重臣们正在为皇帝父亲的称号讨价还价，王阳明的弟子中多有在北京任职的，对这一动态不会不有通报。自己尽人子之情，与皇帝尽为子之道，无论是情感上，还是伦理上，都是相通的。

二、人算不如天算

便道归省的奏疏发出之后，王阳明从南昌启程，前往绍兴。想到就要和离别四五年的父亲见面，想到就要在祖母的坟上尽哀，想到就要去京师朝见新继位的皇帝，想到又要在京师重新开启自己的学术与事功，王阳明虽然表面上平静，心中却早已“着相”。用他自己的话，“此相安能不着”？弟子们从他的《归怀》诗中，也可心看出老师那颗虽然被严严实实裹住，却在剧烈跳动的心：

行年忽五十，顿觉毛发改。
四十九年非，童心独犹在。
世故渐改涉，遇坎稍无馁。
每当快意事，退然思辱殆。
倾否作圣功，物睹岂不快?
奈何桑梓怀，衰白倚门待。

过去的四十九年，由于朝纲紊乱，王阳明的才干、学问并未被人们充分认识,但“学为圣贤”的初心、为国家效力的抱负始终不改。在这四十将过、五十来临的时候，随着新天子的继位，世道将要改变了，自己也将有更大的作为了。这是何等欢快的事情！当然，乐极易生悲，遇上再高兴的事情，也不能忘记可能来临的变化。接到“圣旨”，本应日夜兼程赶赴京师，但思乡之情不容自已。这次进京，皇帝必然会有重要差遣，远隔千山万水，也不知何时能回故乡。更何况，过去朝廷让自己升任南京太仆寺少卿、出任南赣巡抚，自己总是一次又一次上疏推辞，并且都要“枉道”回家乡归省。这次一见到旨意，便连滚带爬即刻进京，不去“便道”省亲，不但从感情上说不过去，也徒给他人以口舌。

但是，有道是“人算不如天算”，又说是“瞬息万变”。就在王阳明的《乞便道归省疏》发出之后，应该是皇帝召王阳明进京的敕书尚在路上，京师的情况就已经发生了变化。

当时在内阁为大学士的是杨廷和、蒋冕、毛纪，三人都是恪守朱学，与王阳明有学术上的分歧。而且在他们的印象中，王阳明属王琼的人。曾任兵部尚书、时为吏部尚书的王琼，这时已经在与内阁的斗争中失败，被坐以“交结近侍律”论死罪，因为功劳大、属“八议”之条，所以免去死罪，发配戍边。[①] 如果逼走一个王琼，又招来一个王守仁，岂不自己和自己过不去？

而且，王阳明的事功、学问，举朝上下无人比得上，如果他来北京，该将他放在什么位置上？更何况，当时的北京正在酝酿着一场重大的斗争。大学士们和新皇帝之间就皇帝生父的称号问题，正在进行反反复复的论战。如果来了一个王阳明，岂不是加大了皇帝的力量？

功高不赏，在中国几乎已成铁律，在明代也是这样。明太祖废除宰相之后，从永乐开始有了内阁。但在内阁担任大学士的，除了杨一清等极少数是凭着有解决实际问题的才能和功绩入阁的，其他几乎全是能写漂亮文章、能说传统道德的翰林院秀才。越是功劳大，越是能干实事的，越是难进内阁。

王阳明这时所受到的待遇也是这样。尽管皇帝想见王阳明，并且下了敕书，但大学士们却有对付皇帝的经验和理由。他们让科道官出面向皇帝打报告，说是眼下正值武宗死后的“国丧”期间，朝廷革故鼎新，一切都还没有理出头绪，特别是旧君去世、新君即位，已经花去了很多经费，如果这时将王守仁召到北京，必然要对他以及跟随他平定宸濠之乱的官员和士兵进行犒赏，户部一时间哪里拿得出那么多的银子？不如先让他暂留南昌，等到朝廷理出一点头绪之后，再召他进京，论功封赏。

十五岁的皇帝朱厚熜是因为武宗既无儿子又无兄弟，才从外藩召到京城，做了皇帝的。他四月到京师，而召王阳明进京的敕书六月就到了南昌，这速度是够快的了。但皇帝也有他的难处。其一，刚刚即位，皇位还远没有巩固，也没有形成自己的班子；其二，在内阁办事的杨廷和等人都是自

---

① 洪武三十年所定的《大明律》，在“罪名”中有“交结近侍官员”条，外廷官员如定了这条罪，按律论死刑，只是不属“决不待时”即立即处决，而是“秋后处决”。同时，明朝的法律又沿用历代法典，有“十恶”、“八议”的原则。“十恶”为谋反、谋大逆、谋叛、恶逆、不道、大不敬、不孝、不睦、不义、内乱；“八议”为亲、故、功、贤、能、勤、贵、宾。所犯的罪如果不在“十恶”之中，而犯罪的人又属“八议”的范围，死罪可以免死，其他的罪也都可以减轻或免除。王琼做了多年的官，在“八议”中至少占了“功”、“勤”两条，而“交结内侍官员”又不属“十恶”之条，所以可以免死。

其实，在明代中后期，随着宦官权力的扩大，官员们尤其是高级官员们要巩固地位，要在仕途上继续走下去，没有不与宦官“交结”的。所谓“交结内侍官员”的罪名和其他许多罪名一样，只是用于对付那些在权力斗争中的失败者。

己能做皇帝的“恩人”，如果没有他们的决策，这皇位到底由谁来坐还不得而知；其三，皇帝的父亲是藩王，而继承的却是皇位，大学士们想让皇帝改称自己的生父为“皇叔父”，称已故正德皇帝的父亲弘治皇帝为“皇父”，皇帝不同意，这时正在哀求大学士们，让自己“尽孝”。

由于如此种种原因，对于人事的安排，皇帝不能不听从大学士们的意见。所以，王阳明刚到绍兴，就接到以皇帝名义发来的第二道敕旨，说是要他先不忙到京师来，等待“后命”。这“后命”到底是什么？王阳明不清楚，但已经感觉到情况发生了变化。

就在这前后，朝廷在人事上有一系列新的变动。本来排名仅次于杨廷和的大学士梁储，因与杨廷和等人关系不协调，被劝说退休，内阁成了杨廷和的一统天下；王琼下狱，接着戍边，接替他的是礼部尚书石瑶，这是杨廷和夹袋中的人物；其他五部尚书及都察院都御史，也都安排了人选。况且，以王阳明的功劳，只能安排在内阁或吏、兵二部尚书的位置上。不久，石瑶受命专掌内阁诰敕，这是内阁的替补职务，下一步就是大学士了。接替石瑶的是王阳明的老朋友、南京兵部尚书乔宇。看来，朝廷为王阳明准备的位置，只剩下乔宇留下的南京兵部尚书了。

果然不出王阳明之所料，正德十六年（1521 年）七月二十八日，朝廷发了新的敕旨，命王阳明为南京兵部尚书。十多天后，王阳明回绍兴省亲的要求也得到了批准。这样，王阳明进京任职之事便成了泡影。

三、不给待遇的“新建伯”

尽管这样，王阳明平定宸濠的事情朝廷总得有个交代，泼在王阳明身上的那些浊水总该进行洗刷。况且，王阳明的一个弟子冀元亨因被许泰、张忠等人构陷，一直囚禁在北京锦衣卫大牢之中，虽然经过王阳明多次移文都察院及各部，以及言官们的极力辨冤，世宗即位后下令放其出狱，却终因病重死于狱中，朝廷至今没有下令给予抚恤。

所有这些事情，都压在王阳明的心中，功夫修炼得再好，又怎能不“着相”？但他要等待，等待当权者们的下一个动作。

正德十六年（1521 年）十一月初九日，朝廷终于对平定宸濠之乱的有功人员做了一次封赏。受到封赏的有原南京兵部尚书乔宇、南京守备太监黄伟等等。吉安知府伍文定在此之前已升任江西按察使，这次再升都察院左副都御史，去北京赴任。王阳明则因首功，封为“新建伯”。

朝廷在批复吏、兵二部对王阳明封赏的制敕中是这样说的：

> 江西反贼剿平，地方安定，各该官员，功绩显著。你部里既会官集议，分别等第明白。王守仁封新建伯，奉天翊卫推诚宣力守正文臣，特进光禄大夫柱国，还兼南京兵部尚书，照旧参赞机务，岁支禄米一千石，三代并妻一体追封，给与诰卷，子孙世世承袭。正德十六年十二月十九日，准兵部吏部题。[①]

虽然说是“各该官员，功绩显著”，但除了伍文定之外，跟随王阳明起兵平叛的其他人员，一个也不在封赏之列，对于受冤致死的冀元亨也无一字提及。就是王阳明的这个“新建伯”，虽然说是“岁支禄米一千石”，却并不兑现，实为空头支票；而按明朝的规矩，凡是封了爵位的，都要授予“铁券”，但王阳明这个“新建伯”，却并没有铁券。

从平定宸濠至今已整整两年，武宗在世时，尚可说是“权奸”阻格；如今新君继位，又该如何解释？王阳明有些愤怒了，也顾不得“着相”不“着相”了。他给皇帝上了一道措辞虽然婉转，态度却十分强硬的《辞封爵普恩赏以彰国典疏》。在这个奏疏中，王阳明提出了四条理由，要求朝廷收回授予“新建伯”的成命。这四条理由是：

一、宸濠谋反，准备了十多年，伺机而发，但一个多月就被平灭了。这是上天的意思，让宸濠之乱开启当今皇帝的“神圣”，而不是人力所能做到的。所以，自己不能贪天之功为己有。

二、在宸濠叛乱之前，朝廷对其已有察觉，并做了预防性安排。自己之所以能够在上游控制形势，正是这种安排的结果。当时朝中运筹帷幄的是大学士杨廷和等，具体调度的则是兵部尚书王琼等。朝廷要赏功，应该先赏他们。

三、宸濠发难之初，声势浩大，人心疑惧，连远在京师的许多近幸都

---

① 四部备要本《阳明全书》及上海古籍本《王阳明全集》的《年谱》中，均说是“还兼两京兵部尚书”，误。今据《实录》及王阳明的《辞封爵普恩赏以彰国典疏》和《再辞封爵普恩赏以彰国典疏》改为“还兼南京兵部尚书”。

为宸濠做内应，而江西府州县官们却不为其利所诱，不为其威所慑，一呼百应，起而平叛。如果没有他们的响应和殊死搏斗，要在短时期内平定宸濠之乱是不可能的。所以，如果论功，首先应该封赏他们。接着，王阳明开列了一大批跟随自己平叛的有功人员。希望朝廷论功行赏。并且，再次为冀元亨病死狱中讼冤，要求朝廷给个公道。

四、自己世受国恩，又受命提督军务，虽然粉身碎骨，也报答不了朝廷的恩典，平定宸濠之乱，只是做了作为臣子应该做的事情。加上近年以来，忧病交加，心力交瘁，无法胜任剧务；父亲又久病在身，命在旦夕，也无法在这时离家赴任。

在这四条理由中，第一、四条是挑不出毛病的。第二条和第三条的不满情绪就十分明显了。所谓朝廷在宸濠叛乱之前就有了预防性安排，说大学士杨廷和等人只是一个幌子，主要是为王琼鸣冤叫屈；开列一大串有功人员名单，则是在指责朝廷亏待了功臣。而且，虽然疏中反复推辞接受爵位，但在杨廷和等人看来，也显然是埋怨朝廷所给的待遇太低。

特别王阳明疏中的最后几句话，更引起朝中当权者们的极大不满："夫殃莫大于叨天之功，罪莫甚于掩人之善，恶莫深于袭下之能，辱莫重于忘己之耻。四者备而祸全，故臣之不敢受爵，非敢以辞荣也，避祸焉尔已。"

对于王阳明提出的不满，京中的大学士们也无法反驳，于是做了软处理：晋封王阳明的父亲王华、祖父王伦、曾祖父王杰三代，都是新建伯。当然，除了可以在墓碑上多刻一行字外，这些并无实际意义。

但这两个诏书对于王阳明的父亲王华来说，却来得正是时候。

第一个诏书送到绍兴王家时，正值王华七十七岁生日，亲戚朋友都来祝寿。王阳明被封为新建伯，这当然是喜上添喜。不管是否给铁券、给年禄，明朝除了追随太祖打天下的开国功臣之外，因军功被封为伯爵的文官还只有两位，一位是正统时征讨云南麓川的王骥，另一位是成化时领兵端了"套虏"老巢的王越，王阳明是第三位。人们都向王华表示祝贺，王阳明也强忍心头的不快，向父亲敬酒。

但是，寿星王华却和平常一样，仍然是那样平和、那样淡泊，而且多了几分超脱。等到客人离去，父亲皱着眉头对儿子说：自正德十一年（1516年）冬至今，我父子已有五年未能见面。开始你在江西平寇，日夜劳瘁，但那是你的职责，我虽然担心你的身体，却无话可说。后来宸濠起兵作乱，传说你已经死了，却并没有死；又听说你在吉安起兵平叛，人人都以为事情难办得很，竟然让你轻而易举办成了；再后来权奸构陷，前后两年，人人都为你担心，却又化险为夷。这些实在是天意，不是人力可以办得到的。如今新君即位，给你穹官高爵，滥冒封赏，我父子又得团聚，人人都以为这是我王家的荣光。但盛者衰之始，福者祸之基，人以为荣，我以为惧也。

第二个诏书送到时，王华虽然已在弥留之际，神智却显得特别清醒，他催王阳明兄弟出门迎接使者，听清了晋封三代的“旨意”，这才瞑目而逝。

父亲去世，儿子得在家中“守制”三年，每年以九个月计，共二十七个月。这是汉唐以来形成的制度，也是明朝的规矩。朝中的当权者们应该感到松了一口气，至少在这二十七个月中，他们不必为安置王阳明的事情而费心。

四、王学从此大明于天下

父亲的去世，也为王阳明除去了与京师当权者们理论是非的烦恼。荣辱毁誉，听其自然。

转眼已是嘉靖二年（1523 年），每三年一次的科举会试照常在这年二月举行。这一科会试的主考官是大学士蒋冕和掌制诰吏部尚书石瑶，不知是出于何种用意，他们在最后一场所出的“策论”题，竟然要求考生对心学作出评论。

企图通过考试题来对当代学者的学说进行评价或抨击，在明朝已经不是第一次了。正德十一年八月湖广乡试，主考官曾以“格物致知”发策，要考生发表议论。王阳明的弟子冀元亨参加乡试，直抒师说，考官见了试卷，反倒觉得他有真知灼见，予以录取。

但那是乡试，而且“格物致知”取于《大学》，所以并未产生太大的影响。会试则不同，全国各地两千多名考生齐聚北京，试题考的是什么，一个月内就传遍全国；而且，本朝以朱学为本，策试题偏偏问的是心学，这就明显是别有用心。

参加这次会试的王门弟子为数不少。余姚籍弟子徐珊见了策论题，非常气愤，掷笔而起，离开了考场。人们为他因此而失去当年的入仕机会感到惋惜，徐珊坦然笑道：我宁可一辈子不做官，也不能昧着良心说师门的不是。人们听了，连连赞叹。[①] 但另外几位王门弟子欧阳德、王臣、魏良弼等人在答卷中理直气壮地阐发师门学说，不知何故，他们竟然被录取了。[②]

王阳明在浙江的弟子钱德洪也参加了会试，落第而归。回到绍兴来见老师，钱德洪并没有为自己的失败而叹息，却为师门遭受的不公正待遇而愤慨。没想到老师问明原委之后，却大为高兴，“圣学从兹大明矣！”钱德洪奇怪了：“时事如此，何见大明？”王阳明笑道：“吾学恶得遍语天下士？今会试录，虽穷乡深谷无不到矣。吾学既非，天下必有起而求真是者。”我的学说只是在弟子中宣讲，不可能让天下人都知道。如今会试以我的学说命题，天下举子无论是者非者，不是都知道了我的学说吗？如果是我之说，必将代我传播；即使非我之说，也将起而攻之。这样一来，岂不是会试考官们存心帮我宣扬圣学？

钱德洪听罢，恍然大悟。京师中那帮自作聪明的朱学的卫道士们、大学士们，本想借着手中的权力扼制王学，没曾想反倒成了王学的传播的推进人。

五、说谤

不仅是大学士们，就是曾经被王阳明视为最志同道合的湛若水，也对王阳明的学说越来越表示不满。

王华去世之后，正在南京国子监为祭酒的湛若水专程到绍兴祭奠。按当时浙江的规矩，自家子弟在服丧期间应该素食一百天，但对于前来祭奠的客人，则烹鲜割肥，以示礼貌，其中也不乏竞奢摆阔的意思。王阳明对此予以裁革，只允许有客人远道而来时才上一两道荤食。湛若水是广东人，对浙江的风俗不了解，见菜中有荤，十分不满，却不便明说。回到南京后，湛若水专门致书王阳明，予以指责。王阳明知道湛若水是醉翁之意不在酒，他是借荤菜为题，批评自己的学术观点。但是，王阳明不想因为争执而扩

① 但也就是这位徐珊，后来做了湖广辰州府同知，却因为侵吞军饷败露处以绞刑。见《明儒学案》卷 28《楚中王门学案・孝廉冀闇斋先生元亨传》。

② 此据《阳明先生年谱》。另据《明史》卷 207《杨名传附黄直传》：“黄直，字以方，金溪人，受业于王守仁。嘉靖二年会试，主司发策极诋守仁之学。（黄）直与同门欧阳德不阿主司意，编修马汝骥奇之，两人遂中式。”是除了欧阳德、王臣等人之外，黄直也是“直抒师说”者。而欧阳德与黄直的中式，与马汝骥有关，可见主考、同考官对于王学的态度并不一致。

大二人之间的分歧，所以只是装糊涂，就事论事表示歉意，却不作解释。

钱德洪后来回忆，湛若水在南京时，还专门致书王阳明，要就“良知”、“天理”的同异进行讨论，但王阳明并不答复。弟子们对此表示不理解，王阳明向弟子们解释：与湛先生讨论良知与天理，必须假以时日。如有几个月的时间，在不经意中因事而发，是可以和他消除歧见的。但如果在书信中反复陈说，不但事情说不清楚，还会引起争端，徒让好事之人看笑话，这是我不愿意看到的。

但是，由于王阳明后来奉旨往广西，并病死在回乡的途中，绍兴一别，竟然是二人的永别，自然也没有机会当面讨论良知、天理了。

在弟子们看来，不管湛若水怎样致书挑战，与老师之间也是君子之争，但小人们反对王学、攻击老师，却完全是别有用心。

因为一直到王阳明在绍兴守制期间，仍然有人在宸濠的事情上对王阳明进行诬陷。巡按江西监察御史程启充和户科给事中毛玉先后上疏，提出了六条疑问，以证明王阳明与宸濠有瓜葛：一是宸濠在给他人的书信中，有“王守仁也好”的话；二是王阳明曾经派弟子冀元亨去见宸濠；三是王阳明查勘福建兵变事取道丰城，实为去南昌给宸濠祝寿；四是王阳明在吉安起兵，全是因为退休都御史王懋中和知府伍文定的激劝；五是王阳明攻破南昌时，纵容士兵烧杀淫掠；六是宸濠本无能耐，只需一个知县的力量，就可将其擒获，王阳明却因此而获新建伯的爵号。

这些事情和当年许泰、张忠对王阳明的诬陷别无二致，不能不使王门弟子们愤慨。正在南京任刑部主事的陆澄写就一份《辨忠谗以定国是疏》，逐条进行驳斥。消息传来，王阳明立即给陆澄写信，提醒陆澄，“无辨止谤”，让陆澄多从自身行为的检点做起，不与时俗较短长。当然，对于自己的学说，特别是“致良知”，王阳明却是丝毫不动摇：

> 致知之说，向与惟浚（即陈九川）及崇一（即欧阳德）诸友极论于江西，近日杨仕鸣来过，亦尝一及，颇为详悉。今原忠、宗贤二君复往，诸君更相与细心体究一番，当无余蕴矣。孟子云：“是非之心，知也。”“是非之心，人皆有之。”即所谓良知也。孰无是良知乎？但不能致耳。《易》谓：“知至，至之。”知至者，知也；至之者，致知也。此知行之所以一也。近世格物致知之说，只一“知”字尚未有下落，若“致”字工夫，

全不曾道著也。此知行之所以二也。(《与陆原静(澄)二》)

追随王阳明在绍兴的弟子们，也对老师所受到的诽谤表示不满。王阳明见众人愤愤不平，笑道：诸君可说说其中的缘故。

平日大家在一起，就没有少讨论这一问题，只是当着老师的面不好说而已。今日既然老师让大家说，于是便七嘴八舌地说开了。有人说是因为老师的功劳太大、爵位太隆，引起人们的嫉妒，是忌嫉谤；有人说是因为老师的学问影响越来越大，剥得宋儒体无完肤，引起恪守旧学者的反对，是学术谤；还有人说是因为天下慕名求学者越来越多，不免泥沙俱下，良莠难齐，有人借师门招摇撞骗，引起人们的不满，这可以说是误解谤。

王阳明一面听，一面点头，最后才说话：诸君所言，都有道理。但我认为却将最要紧处遗漏了。

众人一听愕然：还有要紧处?

王阳明笑道：当然还有。我在到江西之前，还有乡愿的意思。到江西之后，特别是近年以来，只相信良知的真是真非，从不遮掩躲闪，做了个狂者。于是天下人都说我行不掩言。其实我只是依良知而行，如此而已。

弟子们都知道老师年轻的时候做事不依规矩，曾引起不少非议。但是，自从贬谪到龙场，悟出“圣人之道，吾性自足”后，处处检点，不与物忤。平日教导弟子，也是强调静坐默思的功夫，不以物喜、不以己悲，善恶不为念、是非不介怀，怎么他自己倒成了狂者?这“狂者”和“乡愿”又该作何解释?

王阳明见弟子们疑惑不解，继续说：所谓乡愿，是以忠信廉洁见取于君子，以同流合污无忤于小人。也就是说，与君子相交，则忠信廉洁，于是君子们也将我视为君子；与小人相处，则同流合污，不自持清高，以避免他们的忌恨。但如此一来，既是献媚于君子，也是献媚于小人，本心已受到破坏，不是圣人之道。

“乡愿”是媚世，那么“狂者”又当如何?王阳明解释说：狂者则志存古人，一切纷嚣俗染，都不足以累其心，犹如凤凰翱翔于太空，只要一经意，便是圣人。但由于未经意，所以有疏阔处，行事也从不掩盖。然而正是因为没有掩盖，这心也就未坏，致圣人反倒容易了。

在王阳明看来，取媚于世，虽然可以得到好的名声，其实是在远离圣人之道；只凭自己的良知行事，不行掩饰，虽然往往得不到人们的理解，乃至是受到误解，反倒离圣人更近了。如果稍事经意，达到“中行”，那么就进入圣人的意境了。如此解释，虽然不免有些自嘲，但得意之处也已溢于言表。自古以来，从尧、舜、禹、汤、文、武，到周公、孔子、孟子，哪一个圣人不是被人飞短流长？

对于这番解释，王阳明颇为得意，所以在给黄绾和薛侃等人的信中，反复提到自己的这个观点，说是“颇觉有所警发”。

六、“儒佛老庄皆吾之用，是之谓大道”

王阳明早年曾醉心于佛老，后来逐渐感觉到佛老之非，所以在杭州灵隐寺喝醒了僧人。贬谪龙场时，有人向他问起长生之术，他开始是避而不答，后来则以自己的经历陈说佛老长生之无稽。但是，随着时间的推移，特别是对自己的学说有了更多的体会之后，王阳明对于佛老又有了新的看法。

嘉靖二年（1523 年）十一月，刑部尚书林俊致仕，回福建莆田老家，路过杭州，渡钱塘江来见王阳明。林俊是成化十四年（1478 年）的进士，比王阳明的父亲王华还早一科，在成化、弘治、正德三朝及嘉靖初，林俊都以持正敢言、不避嫌疑著称。王阳明对林俊十分敬重，听说他以七十多岁的高龄，枉道来见自己，连忙带着几个弟子前往萧山迎接。二人在萧山浮峰寺中住了下来，谈起时事，林俊不胜感慨，鼓励王阳明发扬学术，不负初志。王阳明也是感叹万分。

送走林俊，在回往绍兴的船上，弟子张元冲想起一个自己这些天来一直无法勘破的问题，便问老师：“二氏与圣人之学所差毫厘，谓其皆有得于性命也。但二氏于性命中著些私利，便谬千里矣。今观二氏作用，亦有功于吾身者，不知亦须兼取否？”

这是一个十分敏感的问题。从陆九渊开始，人们就将心学视为“禅学”。王阳明在重刻《象山文集》的序文中，还专门对此做出了自己的解释。虽然在事实上，从唐代以来，儒、佛、道三家便开始有了合流之势，而所谓的“禅宗”，本就是佛教的中国化产物。但正统的儒学家如韩愈、朱熹等，或者对佛学一直取批评态度，或者小心谨慎地划清与禅学的界限。明代成化、弘治间有位著名的学者陆容，津津乐道地说了一个儒者与僧人的对话。僧人吹嘘道：“儒教虽正，不如佛学之博。如僧人多能读儒书，儒人不能通释典是也。”儒者反击：“譬如饮食，人可食者，狗亦能食之；狗可食者，人决不食之矣。”[①] 从这个记述中，也可以看出正统士大夫对佛老的态度。

在反对王学的人们中，也有不少是因为将王学视为禅学。有不少年轻人向王阳明问学，还要先打听王学是否真的有别于禅学。直到王阳明平定宸濠之后，江西巡按御史唐龙仍当面对王学质疑；王阳明回故乡余姚祭祖，钱德洪想入王门，当地也有人以王阳明学说与朱子不合，以及王阳明过去曾经出入于佛老而行阻止。钱德洪暗中观察了一段时间，才下决心拜王阳明为师。

张元冲向王阳明请教，措辞是十分谨慎的。他一面继承师说，认为由于佛道在关于“性”与“命”的解释上与儒学所差只在毫厘之间，只是因为过于强调出世，与儒学强调的入世恰恰相反，才最终相差千里;另一方面，却试图否认这个“千里”，提出佛老有助于“圣学”，有益于“我身”，不应予以排斥，而应该兼容并蓄。

但是，王阳明的问答却大大出于张元冲的意料：

> 说兼取便不是。圣人尽性至命，何物不具？何待兼取？二氏之用，皆我之用。即吾尽性至命中完养此身，谓之仙；即吾尽性至命中不染世累，谓之佛。但后世儒者不见圣学之全，故与二氏成二见耳。譬之厅堂，三间共为一厅，儒者不知皆我所用，见佛氏，则割左边一间与之，见老氏，则割右边一间与之，而己则自处中间，皆举一而废百也。圣人与天地民物同体，儒、佛、老、庄皆吾之用，是之谓大道。二氏自私其身，是之谓小道。(《年谱三》)

这席话，令张元冲兴奋不已。老师的胸怀实在是博大无边，老师的学问实在是深不可测，原来儒、佛、道本是一体，只是被后儒们分割开了。经过这样一解释，强行区分儒学与佛、老的区别，便是多余的了。特别是老师的最后一句话，更使张元冲和同行的弟子升腾起一股前所未有的自豪与责任感:“圣人与天地民物同体，儒、佛、老、庄皆吾之用，是之谓大道。”

其实，接下去应该还有一句话，儒学歧视佛、道，强分彼此，同样也是小道。只有王学才是大道。这大概是王阳明表现最“狂”的一番言论，

① 陆容:《菽园杂记》卷4。

他已经认为自己的学说不仅仅是继承了孔孟儒学，而且包罗了佛学和道学，儒、佛、老、庄，皆为我用，都是王学的构成部分。在王学的体系中，儒、佛、道不是相互排斥，而是相互依存，不分彼此。[①]

七、门人万象

王阳明在绍兴守制期间，也是王学大盛之时。自从正德十二年（1517 年）初赴赣州出任南赣汀漳巡抚，到嘉靖元年二月父亲去世，五年时间里，先是鏖战南赣、安抚地方，接着是起兵吉安、浴血樵舍，再接下来便是应付朝中佞幸、权贵以及朱学卫道士们没完没了的攻击。虽然也忙里抽闲与门人弟子们谈学问，但毕竟需要思考、需要对付的杂事太多。如今，父亲去世了，自己赋闲了，正好清理清理思想。

许多著名弟子，如邹守益、薛侃、王艮、魏良器、黄弘纲、何廷仁等，这时都追随王阳明来到绍兴。后来在浙江王门中执掌门户的余姚钱德洪、山阴王畿，这时也先后投入王阳明门下。

正德十六年（1521 年）九月，王阳明由绍兴到故乡余姚祭扫祖坟。这一去，引起了一位县学秀才的关注。这位秀才就是钱德洪。钱德洪字洪甫，号绪山，早就听说了王阳明的大名，想往江西投师。但父辈们都知道王阳明早年的个性，也知道他沉溺于佛老，怕钱德洪误入歧途，故而进行阻挠。如今王阳明回到了故乡，钱德洪暗自进行观察。几天下来，钱德洪信服了：这才是真正的大宗师。钱德洪办事踏实，沉得住气，一旦决定了的事，就要做到底。他不顾家人的反对，带两个侄子钱大经、钱应扬以及朋友郑寅、俞大本，一起投入王门。听说为人最稳重的钱德洪也拜王阳明为师，当地又有范引年、徐珊等七十来人投入王门。

---

① 黄宗羲《明儒学案·泰州学案一》说："泰州、龙溪时时不满其师说，益启瞿昙之秘而归之师，盖跻阳明而为禅矣。然龙溪之后，力量无过于龙溪者，又得江右为之救正，故不至十分决裂。泰州之后，其人多能以赤手搏龙蛇，传至颜山农（名钧，山农为字，吉安人）、何心隐（原名梁汝元，吉安永丰县人）一派，遂复非名教之所能羁络矣。"其实，用不着王畿、王艮之"跻"，阳明自己已经承认儒与禅并无本质区别。而王艮的弟子王栋则说："天生我师（指王艮），崛起海滨，慨然独悟，直宗孔、孟，直指人心，然后愚夫俗子，不识一字之人，皆知自性自灵，自完自足，不假闻见，不烦口耳，而二千年不传之消息，一朝复明。"除了王艮一人，谁也不在他眼里。王畿、王艮、王栋的个性，其实与王阳明极其相似，而其目空千古，也一似王阳明。

当时入师门需要有人引荐，钱德洪是由王正心引荐的。而王畿则是经魏良器引荐。继薛侃、黄弘纲、何廷仁等人之后，魏良器从南昌开始也成了王门的“接引师”。[①]

随王阳明到绍兴后，魏良器发现有一落魄不羁的秀才，虽然就住在老师家附近，却从不来听讲，见到王门弟子来来往往，便背地唾骂。魏良器觉得此人很有意思，主动与他接近，知道他姓王名畿，字汝中，与王阳明本是同宗。一天，王畿见魏良器与同门投壶雅歌，且饮且唱，有些诧异，便问魏良器：腐儒们也会玩这种游戏？魏良器笑着回答：我等为学，虽然讲究性命天理，其实并不迂腐，也不固执。你心存偏见，所以不知其中的乐趣。王畿听后，有些触动。嘉靖二年（1523 年），王畿参加会试，名落孙山，狂妄之心也有所收敛。在听了王阳明的几次讲学之后，觉得很合自己的脾性，后悔没有早入王门，经魏良器的引荐，也成了王门弟子。

钱德洪和王畿，后来都成为王门的“接引师”，又称“教授师”。钱德洪因办事踏实、恪守师说，成为王阳明在浙江的掌门弟子。但他的见事较迟、处事不够果断的毛病也比较明显，所以魏良器总是告诫他：“心要洒脱。”王畿悟性极强，却又有些散漫疲沓、玩世不恭，魏良器也总是告诫他：“心要严谨。”但所谓禀性难移，后来钱德洪虽然读书勤奋，但缺乏创见，只能守着师门的方寸，不敢越雷池一步。王畿则四处讲学，足迹踏遍南北两京及江西、浙江、湖广、福建，将王阳明学说中的近“禅”的成分和“狂”的意境推向极致，致使人们说他“直把良知作佛性看，悬空期个悟，终成玩弄光景”，甚至说他在王门，是“操戈入室”。[②]

但是，不管性格如何，钱、王二人对于师门的忠诚却是一般无二。嘉靖五年，两人会试双双成功，只要参加接下来的等额殿试，便是进士了。但当时的“当国者”费宏、石瑶等人都对王学有偏见，二人一商议，放弃殿试，以示抗议，然后结伴而归。嘉靖八年初，王阳明在南安病逝。当时

---

① 按：黄宗羲《明儒学案》卷 19《主事何善山廷仁传》说，王阳明在赣州时，“师旅旁午，希临讲席，先生（即何廷仁）即与中离、药湖诸子接引来学”。“中离”是薛侃的号，“药湖”则为魏良器的号。同卷《处士魏药湖先生良器传》则说良器“洪都从学之后，随阳明至越”，是魏良器并非在赣州入王门，自然也不可能在赣州即“接引来学”。

② 黄宗羲《明儒学案·师说》：“王门有心斋、龙溪，学皆尊悟，世称‘二王’。心斋言悟虽超旷，不离师门宗旨。至龙溪，直把良知作佛性看，悬空期个悟，终成玩弄光景，虽谓之操戈入室可也。”

二人正准备赴京直接参加这一届的殿试，闻讯后又放弃殿试，前往江西奔丧。

王阳明与一般的学者不同，他不只是能讲学、能在讲学中发人心智，而且不排斥事功，在南赣巡抚、江西巡抚任上的所作所为，特别是平灭四省“山贼”、平定宸濠叛乱，显示出他非同寻常的行政才能和军事才能。他在学术上和事功上，都是当之无愧的第一人。不管朝中当权者们怎样排挤他，不论守旧派学者怎样攻击他，不管社会舆论怎样看待他，他都成为年轻学者们崇拜的偶像。想在学术上有所造就的，想在仕途上有所作为的，都向往着一个名字，那就是王阳明；都向往着一个地方，那就是浙江绍兴。于是，到绍兴去，找王阳明去，成了学子们的梦想和行动。从全国各地来到绍兴的学者也就越来越多，有关于王阳明和弟子们论学的趣事也越来越多。

例一：

浙江海宁县（今海宁市）有位名叫董沄的老儒，字复宗，自号萝石，以擅长作诗闻名江湖。嘉靖三年（1524年），六十八岁的董沄来到会稽，听说王阳明正与门人弟子会讲于山中，便前去观摩。王阳明见是长者，又问明是董沄，连忙迎接。董沄也不客气，昂然上坐。

二人谈论了一天一夜，董沄的傲气收敛起来，坐位也不知不觉地挪到了下首。会讲之后，董沄与王门弟子何秦交流感想：我见过不少谈论学问的人，个个道貌岸然，其实学无根柢、支离破碎，如木偶人一般；而其中的卑劣之辈，则争权夺利，尔虞我诈，哪里会去真心做学问？我以为如今已无学问可谈，今日听了阳明论良知，如梦方醒。我如果不入阳明门下，可谓虚度此生了。

何秦受董沄之托，向老师陈说董沄想要入王门的意思。王阳明连连摇手：这哪里能行，哪有学生比老师年长十多岁的？但董沄决心已定，不入王门誓不罢休，最后终于遂愿。原来的那帮诗友时常取笑他：你这么一大把年纪，又何苦要找个老师来管束自己？董沄笑道：我这是从吾之所好。到今日我才真正脱了苦海，你们还想将我拖回去吗？告诉你们，我另取了一号，叫“从吾道人”！从此，这位比王阳明大十五岁的老人成了王门最年长的弟子。

例二：

眼见四方求学者越来越多，绍兴府知府南大吉也坐不下去了。南大吉字元善，号瑞泉，陕西渭南人，是正德六年（1511 年）的进士。恰恰这一年王阳明以吏部验封司主事任会试同考官，南大吉所在考场的试卷，正是由王阳明初评。所以，南大吉中进士也可以说是由王阳明录取的。嘉靖初，南大吉任绍兴府知府，成了王阳明的“父母官”。他多次听王阳明讲学，又反复进行验证，终于觉得领悟到了“人心自有圣贤，何必他求”的道理，于是也拜王阳明为师。

后来南大吉入京接受朝觐考察。朝中权贵忌恨王学，又恼怒南大吉处处给王阳明讲学以方便，并且自己也在绍兴开办稽山书院，亲自讲学，借故将其罢了官。

回到陕西老家之后，南大吉又办起了书院，仍旧讲学不辍。他致书王阳明，深以不能再追随门下为憾，至于罢官之事，则根本不予提及。王阳明见信，不禁赞叹：南大吉才真算得上是“朝闻夕死”的志士！

例三：

在所有的门人中，王阳明最器重而又最放心不下的，还是那位王艮。

王艮随王阳明到绍兴，也成了教授师，心中有些得意，但又意犹未尽，总觉得自己有责任将王学传遍宇内，于是向王阳明请教孔子所乘车辆的规制。

王阳明见他问孔子车制，想起第一次见面时他戴的有虞氏冠、穿的老莱子服，不觉好笑。谁知王艮从这笑声中感觉到了鼓励，回到老家，翻阅古书，创制了一辆蒲轮车。他逢人便说，当年孔子周游列国，乘坐的就是这种车子。

他驾着这辆车，一路招摇，来到京师北京。京师有位老人头天夜里梦见一条无头黄龙，腾云驾雾，来到崇文门。一觉醒来，便往崇文门，想看看梦中所见是真是假，刚巧遇上王艮驾车而来。于是一传十、十传百，京城轰动，人们都将王艮视为怪物。一打听，这怪物又是王阳明的弟子，攻击王学的人们添油加醋，诽谤之声又喧嚣尘上。京师同门，力劝王艮稍事收敛。王阳明听到消息，传书王艮，立即回绍兴。

王艮回来了，王阳明心中又是生气，又是好笑。这个弟子悟性极高，又极有个性，但意气太盛，做事太离奇，必须杀杀他的性子。王艮回绍兴后，天天跪在老师的家门口请罪。王阳明进进出出，视而不见。到第三天，王阳明出门送客，见王艮跪在门旁，仍然不予理睬。王艮高声嚷道：弟子知错了！王阳明见了他那副模样，觉得好笑，但仍不理。

和客人道别之后，王阳明径自向书房走去，没想到王艮跟在后面，当庭跪倒，大声叫道：孔子不做过分的事情！王阳明闻言，猛然一惊，自己对这位已经闯出了极大名头的弟子确实有些过于苛责了，急忙返身，将王艮扶起。

王艮不仅自己随王阳明到绍兴，而且将九岁的儿子王襞也带到绍兴。王襞继承了父亲的天赋和禀性，很得王阳明的喜爱，在绍兴一住就是二十年。王艮去世后，王襞继而成为泰州学派的掌门，来往于各地，以讲学为业。王艮喜欢乘车，王襞则喜欢坐船；王艮喜欢入城市，王襞则喜欢到乡村。每到一地，引吭高歌，弟子们也歌声相和，一时传为佳话。

八、阳明教法

从赣州开始，对于初入门的年轻弟子，均先由何廷仁、黄弘纲、魏良器、薛侃等弟子执教，到绍兴后，又有钱德洪、王畿为“教授师”。但对于已经有了功名而来拜师的弟子，王阳明自然要亲自执教，采用的仍然是“启发式”，也可以说是时时暗藏“禅机”。

这天，南大吉来见老师，请教说：我临政处事，多有过错，先生为何无一言相责？

王阳明问道：你有何过错？

南大吉一五一十地诉说起来。王阳明听完，点点头说：这些我都说过了。

南大吉仔细想了想，摇摇头：先生没有说过。

王阳明又问：那你为何知道这些错？

南大吉认真地说：是良知告诉我的。

王阳明笑道：良知难道不是我说的吗？

南大吉恍然大悟，大笑而去。

过了几天，南大吉又来请教：我的行为有错，尚可以改过自新；但如果我心有病，那该如何？

王阳明这一次不绕弯子了，告诉他：以往心镜未开，可以藏垢；如今心镜已开，尘埃就无处躲藏了。这正是入圣的契机，好自为之吧！

绍兴府会稽县的季本，是正德十二年（1517年）的进士。宁王宸濠叛乱时，季本正在福建建宁府推官的任上，带着本府的捕快机兵，扼守分水关。当时乡试日期临近，巡按福建御史请季本立即赶赴省城福州为考试官，这是很荣耀的事情，但季本却不应聘，他认为此时平定宸濠才是最大的事情。后来因上疏言事，由御史贬谪为广东揭阳县主簿，路过绍兴，入了王门。王阳明自己就曾经因为上疏言事而被贬谪龙场，所以也理解季本此刻的心情，带着他游览鉴湖，又设便宴饯行。

季本一直对王阳明所说的“戒慎不睹、恐惧不闻”弄不明白，借着吃饭的机会向老师请教。但王阳明并未正面作答，而是举举手中的筷子，问道：这筷子你看得见吗？

季本点了点头：看得见。

王阳明又将筷子藏到桌子下面：还看得见吗？

季本摇了摇头：看不见了。

那么你知不知道下面有筷子？

知道。

王阳明笑了笑，不再说话了。

当着众同门的面，季本不好多问，散席之后，私下问当时也在场的黄绾。黄绾含含糊糊地回答说：这就是常睹常闻的意思。

季本仍是不明白，在浙江往广东的路上，翻来覆去地想，终于想通了。原来，常常见到的事情，不用亲眼所见，也可以说是见了；常常见到的事情，不用亲耳所闻，也可以说是听见了。所以，自己该做什么、不该做什么，难道需要别人提醒吗？别人不提醒，自己不是也应该“戒慎”和“恐惧”吗？

王阳明的这套教导弟子的办法，从滁州时就开始用了。钱德洪将这作为“圣人立教”的方法：“圣人立教，只指揭学问大端，使人自证自悟；不欲以峻言隐语，立偏胜之剂，以快一时听闻，防其后之足以杀人也。”因为学生提出的问题总有其特定的时间和背景，如果解答过于具体，易成为教条，时过境迁，将贻祸无穷。所以，王阳明只能告诉学生解决问题的原则，让他们自己去琢磨。

当然，对于不同性格的学生，王阳明也有不同的态度。王畿曾见过两位同门，一位资性警敏，王阳明故意漠视他，屡问不答；另一位行为不羁，为邻里所不齿，王阳明却与他讲论整天。王畿觉得不可理解，请教老师。老师告诉他，第一位虽然资性警敏，却太多心计。如果对他冷漠，或许有所悔改；如果对他表示器重，恐怕只会助长其恶习。第二位虽然曾经狂妄放荡，但现在已有悔悟之心，所以需要因势利导，将他的狂妄放荡引导到做善事上，这力量便不可小看了。

九、京中争论大礼议

就在王阳明赋闲绍兴、远离政治的期间，北京城内却是热闹非常。

明世宗嘉靖皇帝朱厚熜由藩王入继大统的时候，只有十五岁，而且体弱多病，但个性却极强，且极有主见。

正德十六年（1521 年）四月二十二日，朱厚熜由大学士梁储、驸马都尉崔元等从安陆藩邸迎到了北京，尚未进城，便和以杨廷和为首的朝中当权派发生了第一次冲突。

杨廷和等人在起草“遗诏”，以及在向皇太后即武宗朱厚照的母亲请旨迎接朱厚熜时，都是说迎请“嗣君”。所以，朱厚熜是根据“兄终弟及”的原则继位的。但在朱厚熜抵达距离北京几十里的良乡时，礼部尚书毛澄在杨廷和的支持或授意下，却安排以“皇太子”的礼仪迎接朱厚熜，不但规格降低了，而且使朱厚熜得认死去的武宗厚照的父亲为父亲，朱厚熜对此极为不满。他让陪同进京的原兴王府长史袁宗皋传话:遗诏是要我嗣皇帝位，并不是要我来做皇太子的。

朱厚熜的话是有道理的，礼官们不敢做主，请示大学士杨廷和。杨廷和很干脆，命人回话，希望按礼部安排好的礼仪办，由东安门进城，暂住文华殿，等待登极的日子。东安门是皇城的侧门，文华殿是皇太子读书的地方。杨廷和的意思十分清楚，皇太子的礼仪不变。

大学士强硬，朱厚熜更强硬。他威胁说，如果以皇太子的身份进紫禁城，他宁可仍回安陆去做藩王。如果真是这样，事情就严重了。杨廷和一面命人向皇太后陈说事情缘由，请太后示下，一面继续劝说朱厚熜，双方僵持不下。但是，朱厚熜理直气壮，而杨廷和向太后陈述，其实是在为自己找台阶。

太后的旨意下来了。从武宗朱厚照去世至今，皇位已经空了三十七天，不能再空下去了，太后催促杨廷和立即安排新皇帝进城即位。杨廷和只得顺着台阶下，让礼部在郊外三次上表“劝进”，请朱厚熜进城继位。朱厚熜则三次推辞。等到礼部第四次上表，朱厚熜才接受“劝进”。当然，这是新君继位前都要例行的官样文章，以表示谦虚。如果皇帝也不做，你来良乡、来北京干吗?

择日不如即日。接受劝进表后，朱厚熜以新君的身份从皇城的正门大明门进北京，先拜过已经过世一个多月的武宗的灵位，又拜过皇太后，然后来到奉天殿，登上了皇帝的宝座。大学士们在与新君斗争的第一个回合中败落下来。

接着，新皇帝和以内阁为首的朝中当权派就自己生父兴献王朱祐杬的尊号等问题进行了长达三四年的反复争论。这场被称为“大礼议”的争论，以争“礼”开始，以争“权”告终，成为明代政治史上著名的大事件。当时的官员无论是在朝还是在野，几乎全都卷入到这场斗争之中。

大礼议所议的“礼”，看上去只是围绕世宗朱厚熜的父亲兴王朱祐杬的尊号，以及朱厚熜对生父的称呼等问题，但争论双方的理论依据、前朝惯例，却具有“选择性”，以杨廷和为首的朝臣们主张，朱厚熜应该称武宗的生父孝宗朱祐樘为“皇考”即皇父，而称自己的生父兴王朱祐杬为“皇叔父”。他们所依据的是程颐的学说。而支持皇帝的臣子们则主张，朱厚熜理所当然应该称生父朱祐杬为“皇考”、称孝宗朱祐樘为“皇伯父”，也就是说，即使是帝王，也应该认自己的亲生父亲为父，这才符合最基本的人情，并为天下为人子者做出表率。他们所依据的，或者直接是王学，或者是受王学的影响。

在“大礼议”之前的十八年，即弘治十七年（1504 年）时，王阳明以刑部主事身份主持山东省的乡试，他出了五道“策问”题，让考生们议“国朝礼乐之制”。而他所拟的第一道标准答案开篇就说：

> 圣人之制礼乐，非直为观美而已也，固将因人情以为之节文，而因以移风易俗也。夫礼乐之说，亦多端矣，而其大意，不过因人情以为之节文，是以礼乐之制虽有古今之异，而礼乐之情则无古今之殊。……后世之言礼乐者，不本其情，而致详于形器之末，是以论明堂，则惑于吕氏《考工》之说；议郊庙，而局于郑氏王肃之学；钟吕纷争于秬黍，而尺度牵泥于周天，纷纷藉藉，卒无一定之见，而礼乐亦因愈以废堕。

是岂知礼乐之大端，不过因人情而为之节文者乎？[①]

王阳明在这篇标准答案中反复强调的是，礼乐的根本在于合乎人情。“大礼议”中的皇帝朱厚熜和他的支持者们所持的观点，和王阳明十八年前提出的这个观点如出一辙。嘉靖五年（1526年），王阳明在给弟子邹守益的信中对这一观点进行了更加显易的解释：

盖天下古今之人，其情一而已矣。先王制礼，皆因人情而为之节文，是以行之万世而皆准。其或反之吾心而有所未安者，非其传记之讹阙，则必古今风气习俗之异宜者矣。此虽先王未之有，亦可以义起，三王之所以不相袭礼也。若徒拘泥于古，不得于心，而冥行焉，是乃非礼之礼，行不著而习不察者矣。后世心学不讲，人失其情，难乎与之言礼。然良知之在人心，则万古如一日。苟顺吾心之良知以致之，则所谓不知足而为屦，我知其不为蒉矣。（《寄邹谦之二》）

皇帝朱厚熜及其支持者们的主要论点，便是圣人之礼要顺乎人情，而杨廷和为首的朝臣们则是强行割断皇帝的父子之情。所以，王阳明这段话，实际上是在为皇帝及其支持者们提供理论依据。

十、斩不断的瓜葛

但是，王阳明不仅没有直接上书支持皇帝，而且也不在任何公开的场合发表自己的意见。就是弟子们写信请教，他也避而不答。

① 此据上海古籍版《王阳明全集》卷22《外集四·山东乡试录序附山东乡试录》。《山东乡试录》的试题细目是：《四书》三道：所谓大臣者以道事君不可则止，齐明盛服非礼不动所以修身也，禹思天下有溺者由己溺之也、稷思天下有饥者由己饥之也；《易》二道：先天而天弗违后天而奉天时，河出图洛出书圣人则之；《书》二道：王懋昭大德建中于民、以义制事、以礼制心、垂裕后昆、予闻曰、能自得师者王，继自今立政其勿以憸人其惟吉士；《诗》二道：不遑启居猃狁之故，孔曼且硕万民是若；《春秋》二道：楚子入陈、楚子围郑、晋荀林父帅师及楚子战于邲、晋师败绩、楚子灭萧、晋人宋人卫人曹人同盟于清丘，楚子蔡侯陈侯许男顿子沈子徐人越人伐吴；《礼记》二道：君子慎其所以与人者，心好之身必安之、君好之民必欲之；《论》一道：人君之心唯在所养；《表》一道：拟唐张九龄上千秋金鉴录表；《策》五道：一议礼乐，二议佛老，三议立志为学，四议风俗与治道，五议经世治国之道。钱德洪作《年谱》说，试题一出，人们便立即看出王阳明是以“经世”为学问之本。而从“所谓大臣者以道事君不可则止”“能自得师者王”“人君之心唯在所养”等题，以及策论中所表现的倾向，则反映了王阳明的一贯性格。

在这次"大礼议"中，公开支持皇帝的，是一些中下级官员，他们是：张璁、桂萼、席书、方献夫、霍韬、黄绾、熊浃、黄宗明。[①] 这八人几乎人人都与王阳明有瓜葛，而方献夫、黄绾、黄宗明，更是王门高足。

方献夫是王阳明的早期弟子，也是第一位以上司的身份向王阳明纳贽的弟子。嘉靖元年夏天，在西樵山中读了十年书的方献夫进京任职，在路上听说京师正议"大礼"，他凭着自己对"先王"之礼的理解，草就了一份奏疏。奏疏一开始就说："先王制礼，本缘人情。君子论事，当究名实。窃见近日礼官所议，有未合乎人情、未当乎名实者。一则守《礼经》之言，一则循宋儒之说也。臣独以为不然。"这段议论，与王阳明十八年前所拟的乡试策论答案、四年后给邹守益的信中所说的观点，如出一辙。这道奏疏经桂萼代上，方献夫成了和张璁、桂萼齐名的议礼功臣。

黄绾本是京师大兴隆寺中三人会的成员，后来正式入王门为弟子。大礼议时，黄绾为南京都察院的经历，他在奏疏中从另一个方面支持皇帝：武宗皇帝继孝宗之统已有十六年，如果按礼部的说法，让陛下称孝宗为父、继孝宗之统，则武宗的庙号就应取消；这样一来，不但是陛下与父亲兴王之间的血缘断了，就是武宗和父亲孝宗之间的血缘也断了。黄绾的奏疏虽然没有直接说到"人情"，但内容仍包含着"人情"，与王阳明的思想也是一脉相承的。世宗见到这个奏疏，非常高兴，立即下到礼部，让他们讨论。

黄宗明字诚甫，是浙江宁波府鄞县（今鄞州区）人。正德八年（1513 年）春夏，王阳明任南京太仆寺少卿回余姚省亲时，黄宗明入了王门，接着去杭州参加乡试。王阳明临别赠言说："诚甫之足，自当一日千里，任重道远，吾非诚甫谁望邪！"（《与黄诚甫书》）可见对他的器重。后来黄宗明中了正德九年的进士，做了南京兵部主事、员外郎。

张璁是浙江永嘉（浙江今县）人，二十五岁中举人，但此后连续七次

① 《明史·黄绾传》说："嘉靖四年七月席书将辑大礼集议，因言，近题请刊布，多系建言于三年以前，若臣书及璁、萼、献夫、韬，所正取者不过五人。礼科右给事中熊浃、南京刑部郎中黄宗明、都察院经历黄绾、通政司经历金述、监生陈云章、儒士张少连及楚王、枣阳王二宗室外，所附取者不过六人。"是最初支持世宗的只有五人，后来增加到十一人，另外还有两个宗室。但金述以下的几人影响并不大，其实是八人。《明世宗实录》卷八二载，张璁在嘉靖六年十一月上疏世宗："臣本书生，偶因一得之愚，误蒙圣眷，相继登进。臣约会桂萼、方献夫、霍韬、黄绾、熊浃五人……"因席书在嘉靖五年已去世，所以张璁在最初的五人中除去了席书而换上熊浃。而王世贞作《嘉靖以来首辅传》在张璁传后附了"以大礼贵者凡七人"，这七人便是桂萼、席书、方献夫、霍韬、黄绾、熊浃、黄宗明。

会试，连战连败。就在张璁心灰意懒打算放弃的时候，有一位自称懂得相术的御史鼓励他，说霉运已经结束，三年之内，必定可以中进士；再过三年，一定能“骤贵”，前程不可限量。友人的鼓励给了他一线希望，张璁奋力进行最后的一搏，竟然在第八次科举也就是正德十五年（1520年）二月的会试中式，本来三月要进行殿试，但由于正德皇帝当时还在南京，皇帝不到场，殿试就没法举行。从南京回北京的路上，正德皇帝朱厚照在淮安落水，一病不起，所以一直没有对这一批准进士进行殿试。直到嘉靖皇帝即位后，才在正德十六年（1521年）的五月，推迟了一年另两个月之后，补行殿试。于是，这一榜的进士们便不是正德皇帝朱厚照的“门生”，而是嘉靖皇帝朱厚熜的“门生”。张璁就是嘉靖皇帝第一批门生中的一个。

就在朱厚熜孤军作战，在为着自己父亲的名分、为着自己皇帝的名分，与以杨廷和为首的大臣们反复辩驳时，张璁这个比皇帝大三十多岁的老门生、“观政进士”，却凭着自己通晓古今礼制，义无反顾地上了一道“辨礼疏”，旗帜鲜明地站在皇帝一边，向以杨廷和为首的满朝的大臣们进行宣战。这是嘉靖皇帝在“大礼议”中得到的第一个支持的声音。但张璁被杨廷和掌控的吏部外放到南京，做了南京刑部主事。

张璁被杨廷和排斥到南京时，桂萼是南京刑部主事，和在南京任职的阳明弟子黄绾、黄宗明成为“同志”，南京成了“议礼”的中心。四人连名上疏，请世宗尊孝宗为“皇伯考”，尊父亲兴王为“皇孝恭穆献皇帝”。他们认为，只有这样，才是照顾到了皇帝的父子之情。

席书对王阳明应该说是有知遇之恩的。王阳明贬谪龙场时，席书提学贵州，几次到龙场与王阳明论学，并请王阳明主席贵阳书院，自己则与诸生一样，以师礼待阳明。他与王阳明的关系，实在师友之间。大礼议时，席书为南京兵部侍郎，他的基本观点是“世无二道，人无二本”，当今皇帝只能有一个父亲，那就是兴献王。

霍韬与方献夫是同乡，也是广东南海县（今佛山南海区）人，正德九年（1514年）的会试考了第一名。但他效法方献夫，以回家乡完婚为理由，在西樵山中读书，直到七年后世宗朱厚熜即位，才出任兵部职方司主事。虽然霍韬与王阳明没有师生之谊，但关系也不比一般。大礼议刚起时，霍韬是最早致书向王阳明请教的。

虽然不管是对于霍韬，还是对于接着致书的席书、黄绾、黄宗明，王阳明都一概不作明确答复，但其倾向却十分明显。

王阳明的一位弟子陆澄说，他本来是支持杨廷和一派的，但后来请教老师，老师说了三句话："父子天伦不可夺，礼臣之言未必是，张、桂之言未必非。"于是恍然大悟，从此支持议礼派。王阳明在嘉靖六年（1527年）给霍韬的信中也说，当初霍韬、席书、黄宗明、黄绾等人致书问大礼议时，自己因在守制期内，不便过问朝政，又为避嫌畏谤，所以没有明确表态，但"心喜其说"。

十一、左顺门事件与碧霞池赋诗

嘉靖三年（1524年）八月中秋夜，王阳明在绍兴天泉桥大宴门人。宴席散后，王阳明独坐碧霞池旁。明月之下，碧霞池水一平如镜，王阳明却是心潮如涌。北京发生的一切，弟子们都会及时向他通报。

就在上月的十五日，在已经退休的大学士杨廷和的儿子、翰林院修撰杨慎及吏部侍郎何孟春等人的倡导下，包括六部、六科、十三道、翰林院、大理寺、通政司等衙门在内的二百二十九名官员一齐跪在奉天门东侧的左顺门外，向皇帝请愿示威，要求皇帝在关于父亲尊号的问题上做出让步。

这种大规模的官员请愿行为最早发生在宪宗成化年间，当时曾经逼得宪宗重新修改了钱太后的葬礼。后来在正德时，为了阻止武宗南巡，官员们又进行了跪阙请愿，虽然很多官员挨了廷杖，有的还因此而丧生，但毕竟延缓了武宗的南巡时间。

这是第三次了。嘉靖皇帝朱厚熜听说几百个官员跪在左顺门，有些吃惊，让司礼监太监传旨，劝官员们回去。但官员们表示，皇帝不让步，他们就一直跪下去。请愿从辰时持续到午时，世宗两次命司礼监传旨，官员们就是不退。

嘉靖皇帝朱厚熜的脾气上来了，虽然这年他只有十八岁，但个性却比堂兄正德皇帝朱厚照、祖父成化皇帝朱见深强得多，他见司礼监太监劝说无效，命锦衣卫校尉将翰林学士丰熙、给事中张翀等八名为首的官员逮捕下狱，并命其他官员立即散去。但真正为首的其实是杨慎及翰林院编修王元正，他们见皇帝下令动手抓人，也急了，抢上几步，将左顺门擂得山响，其他官员则大声哭喊，打门声和哭喊声连成一片。朱厚熜在皇城中越听越烦恼，再次下令，命锦衣卫校尉将吏部员外郎马理等一百三十四人下狱，其余的强行驱散。

两天后，朱厚熜对所有参加请愿的官员进行处理。四品以上的官员俱夺俸，五品以下的廷杖。旨意一下，一百八十多名官员被拖到午门外用刑，其中十七人或被当场打死，或后来因伤重不治而死。几天之后，杨慎、王元正等七人再次被拖到午门廷杖，因为有人揭发，七月十五日那天，本来官员们已经散去，是这七人将群臣拦回请愿的。

在这些挨打的官员中，有不少是朱学的卫道士。杨慎是杨廷和的儿子，正德六年（1511 年）的状元，他在上疏中公开宣称："臣等与（桂）萼辈学术不同，议论亦异。臣等所执者程颐、朱熹之说也。"丰熙也以笃好朱学闻名，马理更是关中朱学的泰斗。曾经是王阳明的好友，后来视王阳明为"霸儒"的崔铣，这时正任南京国子监祭酒，得知消息后立即上疏，要求赦免请愿的官员，也被免官。[1]

这个事件被后来的历史学家们称为"左顺门事件"。以此为转折点，朱厚熜及其支持者们在"大礼议"中，以皇帝的最高权力为后盾，一步一步取得胜利。但他们在道义上却受到指责，最急进的张璁、桂萼，以及黄绾、陆澄也被舆论目为"小人"。所以，王阳明在这一问题上的态度就更加隐晦，就"礼"而言，他支持皇帝朱厚熜及议礼诸臣；但从"道"而言，却不能不佩服杨慎等人的铮铮铁骨，从他们的身上，王阳明看到了当年的自己。

黄宗羲《明儒学案》说，王阳明所以在大礼议问题上不公开发表意见，是因为知道张璁是小人，不愿被他坏了自己的名声。这一猜测并不符合事实。王阳明担心的，并非是被张璁等人坏了名声，而是不愿与所有当时被舆论认可为"君子"的人们为敌，是不愿谤上加谤。何况，在左顺门挨打的官员中，也有他的弟子万潮、王思、应良等人，王思还因伤重而亡。他不赞成用高压和暴力来解决"礼"问题。左顺门事件发生的一个月后，王阳明留下的几首诗，也流露出了他的一些真实想法：

一雨秋凉入夜新，池边孤月倍精神。
潜鱼水底传心诀，栖鸟枝头说道真。

---

① 业师欧阳琛教授《王守仁与大礼议》（载《新中华半月刊》第二十卷第七期）、郑克晟教授《王阳明与嘉靖朝政治》（载台湾《明史研究专刊》第十一期）都对王阳明与大礼议的关系问题作了精湛论述。

莫谓天机非嗜欲，须知万物是吾身。
无端礼乐纷纷议，谁与青天扫宿尘？
（《碧霞池夜坐》）

万里中秋月正晴，四山云霭忽然生。
须臾浊雾随风散，依旧青天此月明。
肯信良知原不昧，从他外物岂能撄。
老夫今夜狂歌发，化作钧天满太清。
（《月夜二首》之一）

处处中秋此月明，不知何处亦群英？
须怜绝学经千载，莫负男儿过一生。
影响尚疑朱仲晦，支离羞作郑康成。
铿然舍瑟春风里，点也虽狂得我情。
（《月夜二首》之二）

不管怎样，随着皇帝在“大礼议”中的节节胜利，以杨廷和为代表的正德时代的当权派迅速退出了舞台。由于人们的兴奋点在“大礼议”，所以朝中也没有太多的人对已经淡出政治的王阳明说三道四，所以，王阳明感到，这么多年以来，还从来没有这样轻松过。而朝中形势的变化，也使他看到了自己复出的希望。

但还是那句老话，人算不如天算。

虽然杨廷和等人相继去位，但先后接替首辅位置的费宏、杨一清，虽然与王阳明没有过节，杨一清还在王阳明最困难的时候伸出援手，但他们同样不愿意与一位年龄比自己轻、资格比自己浅，但威望却远比自己高的人物共事。而通过大礼议得到皇帝重用的两个关键人物，张璁和桂萼，有着更加强烈的权力欲。他们在一时还无法进入最高决策圈的时候，推出老资格的杨一清，一旦时机成熟，便一脚将杨一清踢开，接着，二人之间又展开了权力争夺。所以，他们也不愿意让资格比自己深得多、功劳比自己大得多、威望比自己高得多的王阳明压在头上。

嘉靖皇帝朱厚熜这时需要的，是在大礼议中旗帜鲜明的支持者，特别是需要地位高、名气大的支持者。朝中的大官们都依附于杨廷和，这就需要地方大吏尤其是留都南京方面的支持。从地位上说，提督军务、南京兵部尚书是南京的最高行政长官，而担任这一职务的，就是王阳明。虽说正在守制之中，但君辱臣死，君父在危难之际，理应挺身而出。平日你那么喜欢说，到处讲学，此时怎么一声不吭？据说是为了避嫌疑，但你以一人之力，与天下相抗，硬是要将朱熹和陆九渊的旧账翻过来，这就不怕嫌疑了？张璁以一个观政进士的身份，桂萼也不过是南京刑部主事，尚且敢于与杨廷和对抗，相比之下，王阳明的不表态，太让皇帝失望。

而嘉靖皇帝朱厚熜，正是一位恩怨分明、特别会记仇的君主。

在所有的议礼新贵中，张璁是第一个公开支持皇帝、与杨廷和对抗的。嘉靖皇帝一见张璁的奏疏，感激得声音也颤抖："此论出，吾父子获全矣！"[①] 在以后的将近二十年里，尽管张璁多次得罪过皇帝，但皇帝每次都表现了出奇的大度。何良俊《四友斋丛说》记载，张璁做大学士时，进宫办事，太监们见了都要拱手致意；后来夏言做大学士，和太监相互拱手；到了严嵩做大学士时，则向太监们拱手了。奴才都是看主人的颜色行事，太监们对张璁客气，是因为皇帝对他不比一般。

对于自己本来寄予厚望、关键时刻却一言不发的王阳明，皇帝也是牢记在心的。嘉靖三年（1524 年）四月，王阳明二十七个月的"守制"期满，按惯例应恢复原来的职务或安排新的职务，但将近一年过去了，朝中却一无动静。门人方献夫、黄绾是议礼的新贵，多次上疏，要求朝廷起用王阳明。席书当时为礼部尚书，更极力推荐王阳明入阁："生在臣前者见一人，曰杨一清；生在臣后者见一人，曰王守仁。"又说："天下事定乱济时，非守仁不可。"但杨一清是入阁了，王阳明却仍不见起用。虽然各种资料都说是首辅费宏从中阻挠，但起决定作用的应该是皇帝自己，他可以将杨廷和等人一个一个罢官，可以将张璁、桂萼、席书、方献夫、黄绾等人统召到北京，如果他要用王阳明，不要说一个费宏，就是一百个，也阻止不了。

十二、晚年得子

既然朝廷继续让自己赋闲，王阳明也就干脆在绍兴闲住下去。

---

① 《明史》卷 196《张璁传》。

嘉靖四年（1525年）正月，王阳明的妻子诸氏去世了。诸氏从弘治元年（1488年）嫁给王阳明，至今已是三十八个年头，没有留下子女，也似乎没有给王阳明留下太多的怀念。在王阳明的诗文中，没有一篇是专为妻子写的。王门弟子钱德洪作《阳明先生年谱》，说到诸氏去世，只用了两句话："嘉靖四年正月，夫人诸氏卒；四月，附葬于徐山。"门人黄绾作《阳明先生行状》，则只用了一句话："配诸氏，参议养和公讳某女，不育。"没有记载任何生平事迹及遗言。

尽管诸氏不育，但王阳明却直到她死后，才娶了继室张氏，而这时的王阳明已是五十四岁了。五十四岁对于许多人来说还是壮年，但对于王阳明，却已到风烛残年。两年半后，王阳明将有一次艰难的广西之行；而四年后，他的生命就要走到尽头。所以，诸氏的此时去世，对于作为王华一支长子的王阳明来说，实在太为重要了。诸氏去世后的不到两年，即嘉靖五年（1526年）十二月十二日，继室张氏为王阳明生下了儿子正聪。[①]晚年得子，为人生一大幸事，王府上下，一片欢腾，弟子们也为老师高兴：原来是诸氏不能生育，老师才是真男子！王华的两个朋友静斋、六月，也喜出望外，作诗庆贺。王阳明振奋之余，也作了两首诗，既为答谢，也为抒怀，其得意之情，溢于言表：

海鹤精神老益强，晚途诗价重圭璋。
洗儿惠兆金钱贵，烂目光呈奎井祥。
何物敢云绳祖武，他年只好共爷长。
偶逢灯事开汤饼，庭树春风转岁阳。

自分秋禾后吐芒，敢云琢玉晚圭璋。
漫凭先德余家庆，岂是生申降岳祥。
携抱且堪娱老况，长成或可望书香。
不辞岁岁临汤饼，还见吾家第几郎？

① 《阳明先生年谱》记：嘉靖五年，"十一月庚申，子正亿生。""先生初命名正聪，后七年壬辰，外舅黄绾因时相避讳，更今名。"但嘉靖五年十一月并无"庚申"日。按《阳明全书》卷20所载王阳明答六月、静斋二老诗，其序说："嘉靖丙戌十二月庚申，始得子，年已五十有五矣。"正聪的出生是在嘉靖五年十二月庚申，庚申为十二月十二日。《年谱》误记。

所谓有人欢喜有人愁。正聪的出生，王阳明高兴，弟子们高兴，王家的世交们高兴，正聪的生母张氏自然也高兴。但王阳明的养子正宪，特别是正宪的父母、王阳明的堂兄弟们，却未必高兴。王阳明已被朝廷封为“新建伯”，虽然眼下处境微妙，但儿子袭爵是跑不掉的。如果没有正聪的降生，日后袭封“新建伯”的便是正宪，正聪一出生，根据嫡子继承的制度，“新建伯”便是正聪的了。家庭的纠纷王阳明在世时尚不明显，但王阳明一去世，矛盾便立即激化了，致使王阳明的弟子们要专门成立一个机构，来处理财产的继承以及其他问题。

关于这方面的问题，钱德洪编《阳明先生年谱》曾有多处记载：王阳明去世之后，“其家乡恶少遂相煽，欲以鱼肉其子弟。胤子正亿方四龄，与继子正宪离仳窜逐，荡析厥居”。当时方献夫以武英殿大学士掌吏部事，升同门刑部员外郎王臣为浙江按察司佥事，分巡浙东道，处理先师的家事。而黄弘纲则与黄绾、钱德洪、王畿、王艮等人商议，让正聪与黄绾的女儿定亲。黄绾当时为南京礼部侍郎，由他来做正聪的监护人。就在王臣等人将正聪转移去南京的路上，仍有“恶少”跟踪。王臣等人假说共分正聪的财物而归，这些“恶少”才散去。而王臣却因“分金”的事情被罢官。黄绾在所撰《阳明先生行状》中也说：“予以女许公之子，盖悯其孤而抚之。”

黄宗明代表诸门人立了《处分家务题册》：

先师阳明先生夫人诸氏，诸无出，先生立从侄正宪为继。嘉靖丙戌，继室张氏生子名正聪，未及一岁，辄有两广之命，当将大小家务处分详明，托人经理。殁几一载，家众童僮不能遵守，在他日能保无悔乎?

宗明等因送先生葬回，太夫人及亲疏宗族子弟四方门人俱在，将先生一应所遗家务逐一禀请太夫人与众人从长计处，分析区画，以为闲家正始、防微杜渐之原。写立一样五本，请于按察司佥事王、绍兴知府洪，用印钤记。一本留府，一本留太夫人，正宪、正聪各留一本，同志一本，永为照守。

先生功在社稷，泽被生民，道在宇宙，人所瞻仰。其遗孤嫠室，识与不识，无不哀痛，况骨肉亲戚、门生故旧，何忍弃之负之哉！凡我同事，自今处分之后，如有异议，人得与正，毋或轻贷。

门人薛侃又有《同门轮年抚孤题单》：

先师阳明先生同祖兄弟五人：伯父之子曰守义、守智，叔父之子曰守礼、守信、守恭。同父兄弟四人，长为先师，次守俭、守文、守章。先师年逾四十，未有嗣子，择守信第五男正宪为嗣，抚育婚娶。嘉靖丙戌，生子正聪，明年奉命之广，身入瘴乡，削平反乱，遂婴奇疾，卒于江西之南安。

凡百家务，维预处分，而家众欺正聪年幼，不知遵守。吾侪自千里会葬，痛思先师平生忧君体国，拳拳与人为善之心，今日之事，宜以保孤安寡为先，区区田业，非其所重。若后人不体，见小失大，甚非所以承先志也。

及禀太夫人及宗族同门戚里，佥事汪克章、太守朱兖，酌之情礼，参以律令，恤遗孤以弘本，严内外以别嫌，分爨食以防微，一应所有，会众分析，具有成议。日后倘复恩典承袭，亦有成法。正聪年幼，家事立亲人管理，每年轮取同志二人兼同扶助，诸叔侄不得参挠。……

如果王阳明当年没有收养义子之事，或许没有如此多的麻烦。

十三、说“良知”

人人都说王阳明晚年专说“致良知”，王阳明自己也多次说过，他一生讲学，只是“致良知”三个字。但王艮却说，王阳明开始是说“致良知”，后来只说“良知”二字了。①

明末大儒刘宗周曾经论说王阳明一生的学问所在：

先生之学，始出词章，继逃佛老，终乃求之《六经》而一变至道。世未有善学如先生者也。是谓“学则”。先生教人，吃紧在去人欲而存天理，进之以知行合一之说，其要归于致良知，虽累千百言，不出此三言为转注，凡以使学者截去之绕，寻向上去而已。世未有善教如先生者也。是谓“教法”。而先生之言良知也，近本之孔、孟之说，远溯

① 黄宗羲《明儒学案》卷22《泰州学案一》载王艮学生王栋的“语录”：“先师云：‘明翁初讲致良知，后来只说良知，传之者自不察耳。’”

之精一之传，盖自程、朱一线中绝，而后补偏救弊，契圣归宗，未有若先生之深切著明者也。是谓“宗旨”。(《明儒学案·姚江学案》)

刘宗周是真知阳明者。所谓“去人欲而存天理”、“知行合一”、“致良知”，其实是王阳明在不同阶段教学生的用功方法，当然，也表现了王阳明不断对自己的学说进行总结的过程。在北京及滁州、南京时期，王阳明讲的主要是“去人欲而存天理”；在赣州时，王阳明讲的主要是“知行合一”；而在南昌，王阳明开始讲“致良知”。从中可以看出王阳明对“心”这一本体的步步逼近。而在绍兴守制的几年时间，越到后来，王阳明确实越来越只讲“良知”了。可以说，只是到这时，王阳明才真正完成了他的“王学”体系的建立。

“去人欲而存天理”，远不如直接“存天理”来得便捷；知然后行，也不如真知即是行、不行不谓知的“知行合一”更接近良知；“致良知”只是一种功夫，“良知”才是本体。从这个角度来看，王艮是真正体会到了老师学说的不断深入和达到极致。

在绍兴期间，王阳明写了不少有关直叙“良知”的诗，但很少有说“致良知”的：

良知即是独知时，此知之外更无知。
谁人不有良知在，知得良知却是谁？

知得良知却是谁？自家痛痒自家知。
若将痛痒从人问，痛痒何须更问为？
（以上《答人问良知二首》）

绵绵圣学已千年，两字良知是口传。
欲识浑沦无斧凿，须从规矩出方圆。
不离日用常行内，直造先天未画前。
握手临歧更何语？殷勤莫愧别离筵。
(《别诸生》)

珍重江船冒暑行，一宵心话更分明。
须从根本求生死，莫向支流辨浊清。

久奈世儒横臆说，竞搜物理外人情。
良知底用安排得？此物由来自浑成。
（《次谦之韵》）

尧舜人人学可齐，昔贤斯语岂无稽？
君今一日真千里，我亦当年若旧迷。
万理由来吾具足，《六经》原只是阶梯。
山中尽有闲风月，何日扁舟更越溪？
（《林汝桓以二诗寄次韵为别》之一）

尔身各各自天真，不用求人更问人。
但致良知成德业，谩从故纸费精神。
乾坤是易原非画，心性何形得有尘？
莫道先生学禅语，此言端的为君陈。
（《示诸生三首》之一）

人人有路透长安，坦坦平平一直看。
尽道圣贤须有秘，翻嫌易简却求难。
只从孝弟为尧舜，莫把辞章学柳韩。
不信自家原具足，请君随事反身观。
（《示诸生三首》之二）

又有《心渔歌为钱翁希明别号题》：

有渔者歌曰："渔不以目惟以心，心不在鱼渔更深。北溟之鲸殊小小，一举六鳌未足歆。""敢问何如其为渔耶？"曰："吾将以斯道为网，良知为纲，太和为饵，天地为舫。絜之无意，散之无方。是谓得无所得，而忘无可忘者矣。"

"良知"是天地万物之纲，而这个纲，就在人们的心中。先圣的经典《六经》，只是达到"良知"的阶梯，而圣学的精髓，只在"良知"二字。

大约从嘉靖三、四年（1524—1525年）开始，王阳明对弟子们也已不大说"致良知"，而只是强调"良知"：

> 良知是造化的精灵。这些精灵，生天生地，成鬼成帝，皆从此出，真是与物无对。人若复得他完完全全，无少亏欠，自不觉手舞足蹈，不知天地间更有何乐可代。(《传习录下》)

对于“良知”和“致良知”的关系，王阳明也作了明确的阐述，“良知”是本体，“致良知”则是“工夫”：

> 天地间活泼泼地，无非此理，便是吾良知的流行不息。致良知便是必有事的工夫。此理非惟不可离，实亦不得而离也。(《传习录》)

第八章　最后的行程

一、朝廷终于记起了王守仁

嘉靖六年（1527 年）六月初六日，兵部派出的使者带着公文来到绍兴王家。公文说，两广未靖，命王守仁以南京兵部尚书总制军务，速往广西，督同巡抚两广都御史姚镆等勘处。

这个公文来得十分突然。

自从嘉靖元年（1522 年）七月以来，除了曾经有过一次并未实施的召王阳明进京谢恩的旨意之外，朝廷的使者已经整整五年没有进过王家的门。尽管不断有人推荐王阳明做兵部尚书、总督三边、提督京营，也不断有人推荐王阳明入阁做大学士，甚至有人认为，朝廷想要有所作为，非用王阳明不行。但所有这些建议，只能使朝中当权者们对王阳明更加忌讳。

王阳明也曾经密切关注过北京发生的一切大事，但既然朝廷早已将自己忘得一干二净，或者说，既然当权派忌讳自己过问朝廷的事情，也就懒得操这份心了。这倒应了中国的那句老话："飞鸟尽，良弓藏；狡兔死，走狗烹。"王阳明由于远离权力中心，又小心谨慎，对朝中的一切事情不置一词，这才勉强保住只是被"藏"而未遭"烹"。

这次朝廷派使者到绍兴来取弓驱狗，是因为又出了飞鸟和狡兔。广西是瑶、僮（即壮族）等少数民族的集居地，又是明朝政府首批推行"改土归流"的地区。各少数民族及其首领之间，少数民族与汉民之间，土著居民与明朝地方政府之间，一直存在着一些厘不清的关系，存在一些在当时难以解决的矛盾，所以总是难以安宁。

田州地处广西西南（今广西田阳县境），汉代的时候属交阯郡（治所在今越南河内市的西北），唐朝属邕州（治所在今广西南宁市）。从宋代开始，设立了田州。不管是唐代的邕州还是宋、元、明的田州，均属"羁縻州"，由当地的土司岑氏管理。这岑氏是东汉开国名将岑彭的后裔，应该说也是大有来头的家族。[①]

从嘉靖二年（1523 年）开始，田州各土司又相互攻伐。明朝在两广的地方官趁机发兵，利用土司间的矛盾，杀死田州府土知府岑猛及其长子，然后向朝廷告捷，并要求就此废除田州的土官、改设汉人流官。改土归流是明初以来就在少数民族地区推行的一贯政策，但这一政策一直遭到当地少数民族首领的反对，加上缺乏相应的民族政策，所以总是出现反复。

嘉靖六年（1527 年），岑猛余部卢苏、王受等人乘着官军松懈，以岑猛未死相号召，并扬言在交阯借兵二十万，于是一呼百应，不但攻占了田州府城，而且攻占了思恩府城（今广西武鸣县），声势浩大，明军损兵折将，巡抚都御史姚镆一筹莫展。

当时明朝在内阁主持事务的是杨一清。杨一清本来和王阳明关系不错，正德十五年（1520 年），王阳明就是因为听从了杨一清的劝说而放弃到扬州去面见武宗皇帝，从而取得了主动。但黄绾为了推举老师入阁，在上疏中却得罪了杨一清。杨一清将这股怨气转到了王阳明身上，成为继费宏之后王阳明入京的重要阻力。如今广西出了事，无法收拾，当权者们才开始想起定南赣、平宸濠的王阳明。

黄绾是浙江黄岩县人，张璁是浙江永嘉县人，黄岩、永嘉，二县相邻，黄绾、张璁关系密切。黄绾当时是南京刑部员外郎，张璁则是兵部左侍郎，地方有军情，推选提督军务官是兵部的责任。黄绾致书张璁，说广西的事情除了我老师王阳明，谁也办不了。张璁对王阳明的才干本来就十分钦佩，加上这次只是用王阳明去打仗，便拉着桂萼一道向杨一清和皇帝举荐，于是有了兵部六月初六日派员到绍兴的事情。

对于这里面的关节，王阳明当时自然不清楚。宸濠的事情已凭空给他造成了极大的麻烦，弟子冀元亨还因此无辜丧生；新君即位已经五六年了，但朝中对自己的猜疑和诽谤仍然没有明确的态度；自己虽说是徒有虚名，但毕竟还有个“新建伯”的头衔，而跟着自己平乱的有功人员，却至今仍在受到排斥。这两年因为争论大礼，京师的无聊官员对自己的诽谤才少了一些。自己晚年得子，正可享受迟到的天伦之乐，况且几百名弟子云集绍兴，

① 邝露《赤雅·土司世胄》说：“土司惟诸岑最强，胄出岑彭，画像云台，精应列宿，布星祭神，威拟王者，世为外臣。”同书《岑家兵略》则说：“岑氏兵法，七人为伍，每伍自相为命，四人专主击刺，三人专主割首，所获首级，七人共之。”

盛况空前。虽然时时以“圣贤”自居，但王阳明毕竟也是人，他不愿意再去为朱姓皇帝忙忙碌碌、疲于奔命了。

如果说十多年前黄绾通过乔宇走杨一清的路子将王阳明留在北京，是帮了王阳明的大忙，那么这一次黄绾通过张璁走杨一清的路子派王阳明去广西，却实在是帮倒忙。

见到兵部的公文之后，王阳明立即上疏，反复陈说自己重病在身，无法胜任兵甲的劳顿，请求朝廷收回成命，给姚镆以时日，让他充分发挥才干，并且推荐南京工部尚书胡世宁、刑部尚书李承勋自代。

这份《辞免重任乞恩养病疏》送到北京时，黄绾已升任北京光禄寺的少卿。他的消息极其灵通。据说嘉靖皇帝看了王阳明的奏疏后，对大学士杨一清说：如果姚镆仍在广西，王守仁是绝不肯赴任的。知臣莫若君，一点不错。皇帝虽然没有见过王阳明，却深知他的脾气。他办事是不希望有人从中插一竿子的。但皇帝显然又不明白王阳明此时的真实心情。为了让王阳明尽快去广西，皇帝命内阁草旨，令姚镆提前退休。同时再次下旨，催王阳明立即启程。这个旨意是内阁仿照皇帝的口气写的：

> 卿识敏才高，忠诚体国。今两广多事，方藉卿威望，抚定地方，用纾朕南顾之怀。姚镆已致仕了，卿宜星夜前去，节制诸司，调度军马，抚剿贼寇，安戢兵民，勿再迟疑推诿，以负朕望。还差官铺马裹赍文前去，敦趣赴任行事。(《阳明先生行状》)

黄绾并不就此甘心，他直接上疏皇帝，为王阳明及追随王阳明平定宸濠的江西官员功高不赏而鸣冤叫屈。黄绾的这个《明军功以励忠勤疏》措辞激烈：

> 今日陛下操柄之失，莫此为甚。他日无事则可，万一有事，将谁效用哉？况守仁学原性命，德由忠恕，才优经济，使之事君处物，必能曲尽其诚，尤足以当薰陶、备顾问。以陛下不世出明贤之资，与之浃洽讲明，天下之治，生民之福，岂易言哉！前者言官屡荐，故尚书席书、吴廷举，今侍郎张璁、桂萼皆荐之，曾蒙简命，用为两广总制。臣谓总制寄止一方，何若用之庙堂，可以赞襄谋议，转移人心，所济天下矣。

皇帝看了黄绾的奏疏，并未生气，而是下到内阁议处。这时张璁也进了内阁。虽然这次是他推荐王阳明“总制两广”，但对于王阳明的入阁，他的态度却与杨一清是一致的。二人经过商议，共同给皇帝上了一个揭帖。揭帖说，王阳明固然有才，但性格有些怪癖，喜欢穿戴古时的衣帽、发表骇人听闻的见解，难以被人们接受，不适宜在内阁办事，只可用为兵部尚书。而在张璁之后正积极钻营入阁的桂萼，得知黄绾推荐王阳明，更加暴跳如雷，如果王阳明入阁，岂不挡了他的道路？①

杨一清、张璁、桂萼是当时在皇帝面前最能说得上话的大臣，加上皇帝仍然对王阳明在大礼议中不措一词耿耿于怀，王阳明入阁之路就完全被封闭起来了。

二、“天泉证道”

朝廷第二个诏旨又到了：王守仁以原官南京兵部尚书兼都察院左都御史，提督两广、江西、湖广四省军务。后来，又让他兼任两广巡抚。而且，不仅让原任两广巡抚姚镆致仕，就是正在广西的镇守太监郑润和总兵官朱麟，也被停止该管事务。在当时的明朝，由朝廷派出的钦差大臣，还没有比这权力更大、地位更高的了。王阳明懂得事君的道理，事情到这个分上，不能再推辞、再耽搁了。

这时的绍兴，已成为全国的讲学中心，常年聚而不散的弟子有三四百人。远远近近的寺观都住满了，常常是几十个人挤在一处，晚上轮流睡觉，歌声通宵达旦。一到王阳明讲学时，几百人前后左右环绕而坐。为了讲学的方便，王阳明在嘉靖三年（1524 年）重开稽山书院，仍是容不下日渐增多的求学者。嘉靖四年（1525 年）十月，弟子们又在绍兴城西门内自行筹建了阳明书院。另外，每个月的初一、初八、十五、二十三，在王阳明的老家余姚龙泉寺还有定期聚会。幸亏何廷仁、黄弘纲、王艮、魏良器、魏良政、钱德洪、王畿等人长年住在绍兴，接引、教授，薛侃、欧阳德、邹守益、陆澄等人也时时往来，相与讲学。有他们照料，王阳明也算是放心了。

① 按明朝制度，在京各衙门的题本、奏本都从皇城奉天门东的左顺门投入，经内府文书房登记后上呈皇帝，然后发给有关部门处理。惟内阁大学士们在奏本、题本之外，对于国家机密大事及不便扩散的事项，可另具“揭帖”封进，直达御前。这也是明代内阁的一种特权。

对于老师的复出，弟子们自然是高兴。但老师的两广之行，肯定又是旷日持久。钱德洪和王畿是王阳明在绍兴时收的弟子，虽然入门时间不长，却已显示出在王门的地位。但二人性格禀赋却大不一样，王畿机敏善辩，钱德洪踏实持重，因而对于师门的教训也就有不同的理解。

嘉靖六年（1527 年）九月初七日，钱德洪和王畿一起来到张元冲的船上，讨论为学的宗旨。

王畿首先提出疑问：先生有四句教言，“无善无恶是心之体，有善有恶是意之动，知善知恶是良知，为善去恶是格物”。但我看未必是不易的法言。

钱德洪是师门学说的坚决恪守者，一听王畿对师学提出疑问，立即感到有些紧张，连忙问道：此话怎说?

王畿解释说:如果心是无善无恶的心，那么，意也应该是无善无恶的意，知也是无善无恶的知，物也是无善无恶的物。如果意有善恶，那么心也应该有善恶。

钱德洪不同意王畿的解释，他认为:心体是与生俱来的，原本无善无恶，但人生下来之后，就会染上各种习性，于是就有了善恶之念头。为善去恶，正是恢复原来的本体。

二人各执己见，谁也无法说服对方，于是一起来见老师。

王阳明已定在次日启程前往两广，所以来访的客人特别多。直到夜分，客人才陆续散去。王阳明正想就寝，听说钱德洪和王畿在门外等候，有些诧异，连忙出来询问。一听说他们在争论四句教，不禁一喜：我正希望二位有此一问。

王阳明与二人一起来到住宅附近的天泉桥上，让二人再将各自的意见说一遍。听完之后，王阳明笑了：朋友中还无人对这四句教提出看法。你二人的见解，其实正好相辅相成，却不能因各持已见而相病：汝中（王畿）应用德洪的功夫，德洪应悟汝中的本体。

钱德洪本以为自己是在捍卫师说，没想到老师各打五十大板。他对此表示难以理解。

王阳明解释说：入我王门的有两种人。一是利根之人，一是中根以下之人。人心的本体原是明莹无滞的，是个“未发之中”。利根之人可直接从本源上领悟到心的本体，这就是功夫。中根以下之人本体受了习性的蒙蔽，所以先应为善去恶，等功夫熟透之后，才可明尽本体。

王阳明见二人若有所思，继续说道：汝中之见，是我这里接引利根人的法门；德洪之见，却是我这里接引中根人的法门。二者不偏不废、相取为用，这样，中根上下的人都可在我王门得道。世上利根之人极其难得，连颜子、明道都不敢承当，如果只依汝中之见，岂不将他二人也拒之门外？人生在世，少有不染习性的，如果不教他们在良知上做为善去恶的功夫，一切都不着实处，只去悬空想个“本体”，岂不养成了一个“虚寂”？

听了老师这番话，钱德洪觉得自己的感悟有了依托，王畿则不禁有些自得。王阳明再次叮嘱说：我这四句话是一个整体，不可分割：无善无恶是心之体，有善有恶是意之动，知善知恶是良知，为善去恶是格物。这不是小事，所以不能不对你二人说破，切不可失了我的宗旨。

但是，叮咛归叮咛，二人却各有自己的认识。特别是王阳明这一去竟成永诀，没有机会再行切磋，二人便根据各自的才性和理解，对师门的学说进行解释，从而导致了日后浙江王门的分化。①

三、大学问

据钱德洪说，在绍兴期间，凡是初入门的弟子，都以《大学》《中庸》的首章相传授，以展开王学的宗旨。钱德洪等人期望将老师对于《大学》《中庸》首章的解读记录下来，让弟子们诵读，但王阳明不同意，说这必须是“口口相传”，才能真切，“若笔之于书，使人作一文字看过，无益矣”。但是，随着出师广西的日子越来越近，当面向学生讲授的机会也越来越少，王阳明在钱德洪等人的请求下，和他们做了一次问答式的授课。由于是对《大学》

---

① 由于后来王畿将王学中疏狂空虚的“禅”性推向极致，而其理论依据又是王阳明“天泉证道”中的四句教，所以王学的正统派便极力修正乃至否定“天泉证道”的真实性。关于这一点，侯外庐、邱汉生、张岂之三先生主编的《宋明理学史》（人民出版社版）下卷第二编作了精湛的辨析。又，《年谱》一面说王阳明“九月壬午发越中”，一面又说，初八日钱德洪和王畿共赴张元冲舟中论学，发生争执，由于第二天王阳明就要启程，所以二人在当天晚上向王阳明请教，于是有“天泉证道”一事。壬午日为嘉靖六年九月初八，又王阳明在嘉靖六年十二月初一日的《赴任谢恩遂陈肤见疏》中，说自己于九月初八日扶病起程。可见，《年谱》记“天泉证道”在九月初八是错误的，应该是在九月初七日。但邹守益记“天泉证道”之事却与《年谱》不同，不是“天泉”证道，而是“富阳”证道：

阳明夫子之平两广也，钱、王二子送于富阳。夫子曰：“予别矣，盍各言所学。”德洪对曰：“至善无恶者心，有善有恶者意，知善知恶是良知，为善去恶是格物。”畿对曰：“心无善而无恶，意无善而无恶，知无善而无恶，物无善而无恶。”夫子笑曰：“洪甫须识汝中本体，汝中须识洪甫功夫，二子打并为一，不失吾传矣。”（《明儒学案·江右王门学案一·东廓论学书》）

的问答，所以被钱德洪冠名为“大学问”，王阳明则称之为“大学或问”。

钱德洪对自己的这一举措十分得意，认为这是老师学术中最为宝贵的遗产：

> 《大学问》者，师门之教典也。学者初及门，必先以此意授，使人闻言之下，即得此心之知，无出于民彝物则之中，致知之功，不外乎修齐治平之内。学者果能实地用功，一番听受，一番亲切。

尽管钱德洪此举也是试图打造自己作为王门“嫡传”弟子的形象，但对于保留王阳明对自己学说的总结性阐释、对于构建起阳明学说的体系，却具有重要的意义。由于文字浅显易懂，为了不损害原意，全文摘录于下：

1. 关于“大学”

> 曰:“《大学》者,昔儒以为大人之学矣。敢问大人之学何以在于‘明明德’乎？”
>
> 阳明子曰：“大人者，以天地万物为一体者也，其视天下犹一家，中国犹一人焉。若夫间形骸而分尔我者，小人矣。大人之能以天地万物为一体也，非意之也，其心之仁本若是，其与天地万物而为一也。岂惟大人，虽小人之心亦莫不然，彼顾自小之耳。是故见孺子之入井，而必有怵惕恻隐之心焉,是其仁之与孺子而为一体也;孺子犹同类者也，见鸟兽之哀鸣觳觫，而必有不忍之心焉，是其仁之与鸟兽而为一体也；鸟兽犹有知觉者也，见草木之摧折而必有悯恤之心焉，是其仁之与草木而为一体也；草木犹有生意者也，见瓦石之毁坏而必有顾惜之心焉，是其仁之与瓦石而为一体也；是其一体之仁也，虽小人之心亦必有之。是乃根于天命之性，而自然灵昭不昧者也，是故谓之‘明德’。小人之心既已分隔隘陋矣，而其一体之仁犹能不昧若此者，是其未动于欲，而未蔽于私之时也。及其动于欲，蔽于私，而利害相攻，忿怒相激，则将戕物圮类，无所不为，其甚至有骨肉相残者，而一体之仁亡矣。是故苟无私欲之蔽，则虽小人之心，而其一体之仁犹大人也；一有私欲之蔽，则虽大人之心，而其分隔隘陋犹小人矣。故夫为大人之学者，亦惟去其私欲之蔽，以自明其明德，复其天地万物一体之本然而已耳；

非能于本体之外而有所增益之也。”

王阳明在这里提出了一组对应关系，“大人”与“小人”，而非“君子”与“小人”。既是为了回答学生关于“大人”的提问，也是避免涉及自称为“君子”的“世儒”。王阳明在这段关于“大人”和“明明德”的应答中，揭示出了一个人们刻意回避的事实，那就是在“吾心”与“天地万物”的关系上，“大人”和“小人”其实没有什么区别。无论是“大人”还是“小人”，见到小孩落井、见到鸟兽哀鸣、见到草木摧折、见到瓦石毁坏，都会有悯恤惋惜之心，这是与生俱来的“仁心”，这就是“明德”。在这一点上，商汤和夏桀、周文王和商纣王，也没有什么区别。那么，“大人”与“小人”的区别在哪里？在于“小人”之“仁心”、之“明德”被私欲遮蔽，故“间形骸而分尔我”。所以，必须去其遮蔽，复其“仁心”、“明”其“明德”即“明明德”，才能通向“大人”的境界，那就是“以天地万物为一体”、“视天下犹一家，中国犹一人”。所以，所谓的“明明德”，和“致良知”其实是一脉相承的。正如王阳明后面所说，在他的思想体系中，所谓的“明德”，就是“良知”；所谓的“明明德”，就是“致良知”。

2. 关于“亲民”

曰：“然则何以在‘亲民’乎？”

曰：“明明德者，立其天地万物一体之体也。亲民者，达其天地万物一体之用也。故明明德必在于亲民，而亲民乃所以明其明德也。是故亲吾之父，以及人之父，以及天下人之父，而后吾之仁实与吾之父、人之父与天下人之父而为一体矣；实与之为一体，而后孝之明德始明矣！亲吾之兄，以及人之兄，以及天下人之兄，而后吾之仁实与吾之兄、人之兄与天下人之兄而为一体矣；实与之为一体，而后弟之明德始明矣！君臣也，夫妇也，朋友也，以至于山川鬼神鸟兽草木也，莫不实有以亲之，以达吾一体之仁，然后吾之明德始无不明，而真能以天地万物为一体矣。夫是之谓明明德于天下，是之谓家齐国治而天下平，是之谓尽性。”

“明明德”是“立”天地万物一体之“体”，这是最为根本的；而“亲民”，则是“达”其天地万物一体之“用”。这就是中国古代思想家的“体”与“用”的关系，“体”不立，则“用”不端；“用”不行，则“体”不显。在一定意义上，体立在于用，不用不谓体。所以，这个“体”与“用”的关系，又与“知行合一”一脉相承。“用”表现在哪里？表现在“亲民”，只有“亲民”，才是“明明德”，才是“致良知”。而“亲民”的过程，又是“天地万物一体”的过程：亲己之父，及人之父，及天下人之父，己之“仁”遂和己之父、人之父、天下人之父融为一体。“孝”如此，“悌”也如此，君臣、夫妇、朋友的关系都是如此。所以，“亲民”又是“百姓不亲之亲”，是一视同仁的亲。但是，不能因为标榜以天地万物为心而独不及己、独不及己父，那就是刻意而不合人情，王阳明对此是不提倡的。

3. 关于“止至善”

曰：“然则又乌在其为‘止至善’乎？”

曰：“至善者，明德、亲民之极则也。天命之性，粹然至善，其灵昭不昧者，此其至善之发现，是乃明德之本体，而即所谓良知也。至善之发现，是而是焉，非而非焉，轻重厚薄，随感随应，变动不居，而亦莫不自有天然之中，是乃民彝物则之极，而不容少有议拟增损于其间也。少有拟议增损于其间，则是私意小智，而非至善之谓矣。自非慎独之至，惟精惟一者，其孰能与于此乎？后之人惟其不知至善之在吾心，而用其私智以揣摸测度于其外，以为事事物物各有定理也，是以昧其是非之则，支离决裂，人欲肆而天理亡，明德、亲民之学遂大乱于天下。盖昔之人固有欲明其明德者矣，然惟不知止于至善，而骛其私心于过高，是以失之虚罔空寂，而无有乎家国天下之施，则二氏之流是矣。固有欲亲其民者矣，然惟不知止于至善，而溺其私心于卑琐，是以失之权谋智术，而无有乎仁爱恻怛之诚，则五伯功利之徒是矣。是皆不知止于至善之过也。故止至善之于明德、亲民也，犹之规矩之于方圆也，尺度之于长短也，权衡之于轻重也。故方圆而不止于规矩，爽其则矣；长短而不止于尺度，乘其剂矣；轻重而不止于权衡，失其准矣；明明德、亲民而不止于至善，亡其本矣。故止于至善以亲民，而明其明德，是之谓大人之学。”

王阳明指出："明德"的本体，就是"良知"。这是自然而然的"天性"，不容增损。一有增损，即是"私意小智"，就是刻意为之，这就不是"善"了。王阳明认为，"至善"是一个极限、一个尺度、一个规矩，是明德、亲民的极限、尺度和规矩。如果超过这个极限、这个尺度、这个规矩，那就等于任意方圆、任意长短，就是没有规矩、没有尺度，这个"善"、这个"明德"、这个"良知"，就将走向它的反面。用我们现在的话来说，就是"过犹不及"，就是"真理前进一步即是谬误"。如何来考量它的"过"与"不过"，就是人的本性、人的常情，所以，一旦越过了人的本性、人的常情，就越过了"至善"的极限，就突破了规矩和尺度，这样的明德、这样的亲民，就带有私欲、包藏私利，也就不是王阳明、不是"大人"所认为的"明德"和"良知"了。

4. 关于"知止而后有定……"

曰："'知止而后有定，定而后能静，静而后能安，安而后能虑，虑而后能得'，其说何也？"

曰："人惟不知至善之在吾心，而求之于其外，以为事事物物皆有定理也，而求至善于事事物物之中，是以支离决裂，错杂纷纭，而莫知有一定之向。今焉既知至善之在吾心，而不假于外求，则志有定向，而无支离决裂、错杂纷纭之患矣。无支离决裂、错杂纷纭之患，则心不妄动而能静矣。心不妄动而能静，则其日用之间，从容闲暇而能安矣。能安，则凡念之发，一事之感，其为至善乎？其非至善乎？吾心之良知自有以详审精察之，而能虑矣。能虑则择之无不精，处之无不当，而至善于是乎可得矣。"

这是王阳明的一贯认识，"至善"自在我心，当向内心"求"；不是在事事物物上"格"，而是一以贯之的"格"。

5. 关于"物有本末……"

曰："物有本末：先儒以明德为本，新民为末，两物而内外相对也。事有终始：先儒以知止为始，能得为终，一事而首尾相因也。如子之说，以新民为亲民，则本末之说亦有所未然欤？"

曰："终始之说，大略是矣。即以新民为亲民，而曰明德为本，亲民为末，其说亦未为不可，但不当分本末为两物耳。夫木之干，谓之本，木之梢，谓之末，惟其一物也，是以谓之本末。若曰两物，则既为两物矣，又何可以言本末乎？新民之意，既与亲民不同，则明德之功，自与新民为二。若知明明德以亲其民，而亲民以明其明德，则民德亲民焉可析而为两乎？先儒之说，是盖不知明德亲民之本为一事，而认以为两事，是以虽知本末之当为一物，而亦不得不分为两物也。"

王阳明以"明德"为体，以"亲民"为用，二者是体与用的关系，却不是本与末的关系。犹如"知"与"行"，知行是合一的，只有体用之说，也无本末之分。

6. 关于"致知""格物"或"格致"功夫

曰："古之欲明明德于天下者，以至于先修其身，以吾子明德亲民之说通之，亦既可得而知矣。敢问欲修其身，以至于致知在格物，其工夫次第又何如其用力欤？"

曰："此正详言明德、亲民、止至善之功也。盖身、心、意、知、物者，是其工夫所用之条理，虽亦各有其所，而其实只是一物。格、致、诚、正、修者，是其条理所用之工夫，虽亦皆有其名，而其实只是一事。

"何谓身心之形体？运用之谓也。何谓心身之灵明？主宰之谓也。何谓修身？为善而去恶之谓也。吾身自能为善而去恶乎？必其灵明主宰者欲为善而去恶，然后其形体运用者始能为善而去恶也。故欲修其身者，必在于先正其心也。然心之本体则性也。

"性无不善，则心之本体本无不正也。何从而用其正之之功乎？盖心之本体本无不正，自其意念发动，而后有不正。故欲正其心者，必就其意念之所发而正之，凡其发一念而善也，好之真如好好色；发一念而恶也，恶之真如恶恶臭；则意无不诚，而心可正矣。然意之所发，有善有恶，不有以明其善恶之分，亦将真妄错杂，虽欲诚之，不可得而诚矣。故欲诚其意者，必在于致知焉。

"致者，至也，如云丧致乎哀之致。《易》言'知至至之'，'知至'者，知也；'至之'者，致也。'致知'云者，非若后儒所谓充广其知识之谓也，致吾心之良知焉耳。良知者，孟子所谓‘是非之心，人皆有之’者也。是非之心，不待虑而知，不待学而能，是故谓之良知。是乃天命之性，吾心之本体，自然灵昭明觉者也。凡意念之发，吾心之良知无有不自知者。其善欤，惟吾心之良知自知之；其不善欤，亦惟吾心之良知自知之；是皆无所与于他人者也。故虽小人之为不善，既已无所不至，然其见君子，则必厌然掩其不善，而著其善者，是亦可以见其良知之有不容于自昧者也。

“今欲别善恶以诚其意，惟在致其良知之所知焉尔。何则？意念之发，吾心之良知既知其为善矣，使其不能诚有以好之，而复背而去之，则是以善为恶，而自昧其知善之良知矣。意念之所发，吾之良知既知其为不善矣，使其不能诚有以恶之，而覆蹈而为之，则是以恶为善，而自昧其知恶之良知矣。若是，则虽曰知之，犹不知也，意其可得而诚乎！

“今于良知之善恶者，无不诚好而诚恶之，则不自欺其良知而意可诚也已。然欲致其良知，亦岂影响恍惚而悬空无实之谓乎？是必实有其事矣。故致知必在于格物。物者，事也，凡意之所发必有其事，意所在之事谓之物。格者，正也，正其不正以归于正之谓也。正其不正者，去恶之谓也。归于正者，为善之谓也。夫是之谓格。《书》言‘格于上下’，‘格于文祖’，‘格其非心’，格物之格实兼其义也。良知所知之善，虽诚欲好之矣，苟不即其意之所在之物而实有以为之，则是物有未格，而好之之意犹为未诚也。良知所知之恶，虽诚欲恶之矣，苟不即其意之所在之物而实有以去之，则是物有未格，而恶之之意犹为未诚也。

“今焉于其良知所知之善者，即其意之所在之物而实为之，无有乎不尽。于其良知所知之恶者，即其意之所在之物而实去之，无有乎不尽。然后物无不格，而吾良知之所知者无有亏缺障蔽，而得以极其至矣。夫然后吾心快然无复余憾而自谦矣，夫然后意之所发者，始无自欺而可以谓之诚矣。故曰：‘物格而后知至，知至而后意诚，意诚而后心正，心正而后身修。’盖其功夫条理虽有先后次序之可言，而其体之惟一，实无先后次序之可分。其条理功夫虽无先后次序之可分，而其用之惟精，固有纤毫不可得而缺焉者。

“此格致诚正之说，所以阐尧舜之正传而为孔氏之心印也。”

这一大段文字，其实万变不离其宗，仍然是在说“良知”的体与用，同时也为“四句教”的“无善无恶”、“有善有恶”、“知善知恶”、“为善去恶”做了铺垫。

《大学》被程颐称为学术的“初阶”，所以王阳明授业，也从大学开始，其中有自己关于“良知”、关于“亲民”等等的新说，也有对程朱学说的继承，在某种意义上说，王阳明通过“大学或问”，一方面是系统阐述自己的观点，一方面也是在弥合与程朱学说的关系，对于后来王学为官方所推崇及王阳明本人的从祀孔庙，具有一定的意义。

四、词章国里重遨游

嘉靖六年（1527）九月初八日，王阳明告别了妻子张氏和不到一岁的儿子，告别了家乡绍兴，踏上了他曾经多次走过的由浙江通向江西的道路。他将沿着富春江、衢江，经富阳、桐庐、衢州到常山，经草坪驿到江西玉山、上饶，然后再在上饶登船，由信江经铅山、弋阳、贵溪、余干直趋南昌。

在给朝廷的报告中，王阳明说自己于九月初八日“扶病起程，沿途就医，服药调理，昼夜前进”，无奈时值秋旱，船行艰难，直到这年十一月二十日，才到两广巡抚的驻节地广西梧州。这扶病起程是真的，也确实沿途就医、服药调理，但说“昼夜前进”，却并非事实。

王阳明离开绍兴西行，钱德洪、王畿一路随行，游吴山，履月岩，直送到桐庐。桐庐位于富春江的西岸，风景秀丽。县城以西三十里处，临江的富春山有一巨石突兀而出，俯瞰大江，相传这就是东汉隐士严光严子陵的“钓鱼台”。正德十四年秋，王阳明在危疑之中押着叛王宸濠由此路过，触景生情，顿生归隐之意，所以将宸濠交付张永之后，便避居净慈寺。

转眼已是九个年头，自己赋闲也已整整六年，再次来到钓台之下，王阳明不禁感慨万千。他即兴作了一首《复过钓台》诗：

忆昔过钓台，驱驰正军旅。
十年今始来，复以兵戈起。
空山烟雾深，往迹如梦里。
微雨林径滑，肺病双足胝。

仰瞻台上云，俯濯台下水。
人生何碌碌，高尚当如此。
疮痍念同胞，至人匪为己。
过门不遑入，忧劳岂得已。
滔滔良自伤，果哉末难矣。

虽然说品德高尚的人应该像严子陵那样，不必为身外之事忙忙碌碌，但真正的“至人”，又怎能只顾自己而不念同胞的死活？这首诗的后面加了一段附记：

正德己卯献俘行在，过钓台而弗及登。今兹复来，又以兵革之役，兼肺病足疮，徒顾瞻怅望而已。书此付桐庐尹沈元材刻置亭壁，聊以纪经行岁月云耳。嘉靖丁亥九月廿二日书，时从行进士钱德洪、王汝中，建德尹杨思臣及元材，凡四人。

虽说是九月初八日启程，但十多天过去，离开绍兴不过才二百来里路。[①]或许是身体一时尚不适应路途的劳顿，或许是多年以来没有离开过绍兴、余姚方寸之地，游兴正浓。离开桐庐之后，王阳明明显加快了行程，但一路上仍是兴致极高。

这一天来到了江西广信府。广信对王阳明来说是难以忘怀的。四十年前，王阳明在南昌完婚后回余姚，途经广信，看望名儒娄谅，懂得了圣人可学而得的道理。但后来平宸濠之乱，玉石俱焚，王阳明没有能够保护娄谅先生的孙女、宁王妃娄氏，一直觉得对不住娄老先生。二十年前，王阳明贬谪龙场，元宵夜途经广信，在舟中与广信蒋知府秉烛夜谈。如今，娄先生早已仙逝，蒋知府也久无音讯，但好友汪俊、汪伟兄弟就住在离广信不远的弋阳。

大礼议时，汪俊为礼部尚书，汪伟是吏部右侍郎，都是杨廷和的支持者，汪伟还参加了伏阙请愿。二人先后被皇帝罢官，回老家弋阳养老。虽然因

① 钱德洪在《阳明先生年谱》中记王阳明于九月丙申日到衢州。丙申日为九月二十二日，而据《复过钓台》诗的附记，这天王阳明正在桐庐。桐庐距衢州水路三百里，王阳明不可能同一天既在桐庐作诗，又逆水行舟三百里到衢州。《年谱》全文照录了《复过钓台》诗及附记，但附记中用以“记经行岁月”的关键一句，“嘉靖丁亥九月廿二日书”，却被删去，不知何故。

学术上的分歧，二汪后来与王阳明关系疏远，但年轻时的情谊却无论如何也忘不了。

汪伟听说王阳明船过弋阳，赶来相见，汪俊却托病不出。王阳明见了汪伟，自是一番感叹。他让汪伟带回两首七绝，以表示对汪俊的怀念，但对于汪俊借故不见，也不免要戏耍一二：

见说新居止隔山，肩舆晓出暮堪还。
知公久已藩篱撤，何事深林尚闭关？

乘兴相寻涉万山，扁舟亦复及门还。
莫将身病为心病，可是无关却有关。
（《寄石潭二绝》）

诗的前面，王阳明写了一个小序。小序说：

仆兹行无所乐，乐与二公一会耳。得见闲斋（汪伟的号），固已如见石潭（汪俊的号）矣。留不尽之兴于后期，岂谓乐不可极耶？闻尊恙已平复，必于不出见客，无乃太以界限自拘乎？奉次二绝，用发一笑，且以致不及请教之憾。

这两首诗及诗前小序，令人想起年轻时意气风发、嬉笑怒骂的王阳明。即使成了大宗师，他性格中幽默、诙谐的情趣仍是不改。

这年十月，王阳明来到南昌。南昌父老早已将这位阳明先生视为神明，城里城外，到处是顶香而立的居民，填途塞巷，王阳明乘坐的轿子无法通行，最后竟被居民们从头顶上传到都司衙门。王阳明深深为南昌父老的这种情谊所感动，到都司衙门后，他先要见他的百姓。百姓们从东门进从西门出，从上午辰时开始，直到下午未时，仍是人流不息。有人从西门出来后，又从东门进去，再看看这位与常人并无太大区别的阳明子、新建伯。

南昌民众的这种热情，王阳明在自己的家乡也从未见过。他用诗句记下了自己的感受：

南浦重来梦里行，当年锋镝尚心惊。
旌旗不动山河影，鼓角犹传草木声。

已喜闾阎多复业，独怜饥馑未宽征。
迂疏何有甘棠惠，惭愧香灯父老迎。
（《南浦道中》）

告别南昌父老，王阳明登舟南行。前面就是丰城黄土脑。正德十四年六月十五日，就是在这里得知宸濠在南昌发难的消息。那时宸濠已经派船邀击，王阳明得了北风之便，又用了金蝉脱壳之计，才得以脱险，回想起来，仍是心有余悸：

一上高原感慨重，千山落木正无穷。
前途且与停西日，此地曾经拜北风。
剑气晚横秋色净，兵声寒带暮江雄。
水南多少流亡屋，尚诉征求杼轴空。
（《重登黄土脑》）

尽管早已是名满天下的学问大师，尽管王阳明自己也曾经扬言：“使学如韩、柳，不过为文人；辞如李、杜，不过为诗人；果有志于心性之学，以颜、闵为期，非第一等德业乎！”（《明儒学案·浙中王门学案二》）但兴致一来，仍免不了要舞文弄墨。

王世贞和钱谦益分别是明后期和明末清初最著名的文学家，也都对明朝诗文的作者进行过评点，且多中要害，但对王阳明的评价却大不相同。

王世贞对王阳明极为钦佩。他告诉别人：我时时见王阳明乡人及其行兵地，都说王阳明智不可测，如有神助……他的学说虽然与朱子有异同，但也洒然可喜，且得之于自己长年感受。至于弟子们分门植党，必以为胜朱氏，却并非阳明之罪。为人能像王阳明那样雄爽豪达，不凿不蹈，能发所独见，确实难能可贵。但是，对王阳明的诗文，王世贞却是颇多非议。

王世贞在《明诗评》中是这样评价王阳明的：“新建雄略盖世，隽才逸群，诗初锐意作者，未经体裁，奇语间出，自解为多，虽谢专家之业，亦一羽翼之隽也。”“蹶步暮年，如武士削发，纵谈玄理，伧语错出，君子讥之。”是前而非后，赞成不加雕琢、未经体裁的王阳明。但是，在《读书后》中，王世贞却说：“伯安之为诗，少年时亦求所谓工者，而为才所使，不能深造而衷于法。晚节尽举而归之道，而尚为少年意所累，不能浑融而出于自然。

其自负若两得，而几所谓两堕者也。以世眼观之，公甫（陈献章的字）固不如；以法眼观之，伯安瞠乎后矣！”这里连王阳明前期的诗文也一概否定。

钱谦益在清初编了一部《列朝诗集》，这是当时明诗的总集。他是这样评价王阳明的：“先生在郎署与李空同（李梦阳）诸人游，刻意为词章，居夷以后，讲道有得，遂不复措意工拙。然其俊爽之气，往往涌出于行墨之间。”钱谦益所赞成的，也是王阳明那股不刻意追求、出自天然的俊爽之气，这一点与王世贞在《明诗评》中的看法相近。但与王世贞不同的是，钱谦益倒是更为欣赏王阳明在龙场之后的诗。

其实，虽然王阳明年轻时期追求过辞章的华美，但无论是年轻时期还是步入中年以后，他凭借的都是那股与生俱来的俊逸之气。越是不加雕琢，这股气就越是表现得淋漓尽致。他的诗文与他的为人行事一样，是不能用章法来裁量的。

五、学问与事功并无二致

丰城以南，经临江、吉安、龙泉、赣州、南安，一路上都是故地重游，父老、诸生迎来送往。在南安弃舟登陆，翻过大庾岭，进入广东地界。由浈水、北江、西江，王阳明于嘉靖六年（1527 年）十一月二十日，来到两广巡抚的开府地广西梧州。

勤于思考、行由知出是王阳明的习惯。尽管他将自己的学说称作“心学”，宣称“心外无物”、“心外无事”，宣称“知行合一”，但他从来就没有排斥过物和事，没有排斥过“行”。恰恰相反，他几乎任何时候都不凭空讨论理论，都要求从具体的物和事来阐释自己的学说。

湛若水因不满“良知”说，致书论战，王阳明却不应战。弟子们感到愤愤不平，王阳明告诉他们：“此须合并数月，无意中因事指发，必有沛然融释处耳。若恃笔札，徒起争端。”和湛若水讨论这一问题，需要有较长的时间聚在一起，在似不经意中，从细微的物事中得出共同的结论。①

有学生向王阳明请教“知行合一”，说《中庸》的“博学”、“笃行”分明是两件事。他告诉学生，博学只是事事学着存此天理，笃行只是学而不已；

① 黄宗羲：《明儒学案》卷 11《浙中王门学案之一》。

事事学存天理，此心就没有落空的时候。有学生对他说的“心即理”表示不理解，他告诉学生：“此心在物则为理。”他所说的“心”是不离开事物的心，是处处用心。用心去观察，用心去分析，用心去体验。所以他看问题总是比别人深，比别人远，比别人周到，比别人更接近事物的本质。(《传习录》下)

有一个流传广泛的故事。这个故事说王阳明在江西时，有一属官，因长期听他讲学，便说，先生的学说真是好，只是我因簿书讼狱繁难，没有功夫跟着先生学。王阳明听后觉得好笑：

> 我何尝教尔离了簿书讼狱，悬空去讲学？尔既有官司之事，便从官司的事上为学，才是真格物。如问一词讼，不可因其应对无状，起个怒心；不可因他言语圆转，生个喜心；不可恶其嘱托，加意治之；不可因其请求，屈意从之；不可因自己事务烦冗，随意苟且断之；不可因旁人谮毁罗织，随人意思处之：这许多意思皆私，只尔自知，须精细省察克治，惟恐此心有一毫偏倚，枉人是非，这便是格物致知。簿书讼狱之间，无非实学；若离了事物为学，却是著空。

我何尝教你离了簿书讼狱去悬空讲学？你既有官司之事，便应从官司的事上为学，那才是真正格物。事功和学术，并无二致。不落在实处的学问，并非真学问。

而且，王阳明特别反对摆出高人一等的架势训人。

一天，王阳明与弟子王畿等人闲坐聊天。天气炎热，王阳明命弟子们用扇子，一位初入门的弟子连忙站起身来，说是“不敢”。

王阳明笑了：圣人之学，从来不是如此束缚人、让人忍受不了的。不要故意做出道学的模样。

王畿也插话说：《论语》中孔子与曾点言志一章说的也是这个道理。

王阳明点了点头，继续说：从这一章看，真正的圣人是何等宽洪包容的气象！老师问众弟子的志向，弟子们都一一作答，曾点却飘飘然若无其事，不但不答，反倒去鼓起瑟来。这是何等狂态。等到回答时，又不按老师的要求，尽是自己的狂言。如果老师不是孔子，而是程颐，早就斥骂起来了。但孔子不但不骂，反倒称赞他，这是何等气象！由此可见，圣人教人，不是用一把尺子裁量所有的学生，而是因人施教。如是狂者，便从狂处成就他；

如是狷者，便从狷处成就他。何况人与人禀性才情各不一样，又哪里是一把尺子裁量得了的！

他自己不摆“圣人”的架子，也要求学生们不摆架子。

嘉靖五年（1526年）会试，钱德洪和王畿双双中式，但不满于当国者攻击王学，一商议，放弃了廷试，与会试下第的黄弘纲、张元冲一齐回到绍兴。见了老师之后，众人说起一路上与人讲学，有愿意听的，也有不愿意听的。

王阳明问道：你们可否知道为何有人不愿听？

钱德洪等人认为这是一个再简单不过的问题，不愿意听的当然是一些脑子不开窍的人。但王阳明不是这样看，他认为是钱德洪等人还没有放下架子：你们摆着一副圣人的架势去与人讲学，人家见到圣人来了，都害怕，于是都走了。你们应该将自己看作是愚夫愚妇，才可以去与人讲学。（《传习录下》）

王阳明是这样教人的，也是这样励己的。在他看来，学问和事功是相通的。没有脱离事功的凭空学问，也没有背离学问的盲目事功。他是以做学问的办法去做具体的政务、军务，又在政务、军务中提炼学问。而且，他在任何场合下都可以与“愚夫愚妇”谈得来，因此，在任何场合中都可以从“愚夫愚妇”的口中，得知真实的情况。

六、平定田州，只在谈笑之间

由于有这套不耻下问的功夫，王阳明初到梧州，就已经将田州岑猛事情的前因后果厘出了头绪。在嘉靖六年（1527年）十二月初一日的《赴任谢恩遂陈肤见疏》中，王阳明提出，瑶民、僮民的闹事，既有其自身对政府法令的漠视，也有地方官处置的失措，而且主要原因还在于后者。所以，他对前任姚镆等人动辄采用武力、从而导致矛盾激化进行了尖锐的批评，他认为：

一、岑猛父子作乱，很大程度上因当时任事的官员调度失宜，又千方百计敲诈勒索所致。

二、就算岑猛父子有罪，带头作乱者也不过几人。岑猛父子既然已被诛杀，就应该安抚好那些跟着闹事的无知瑶民、僮民。但任事官员却想斩尽杀绝，致使又有卢苏、王受之乱。

三、卢苏、王受并不是一贯为恶者，本可进行安抚，但任事官员又想凭武力将其制服。于是不顾上万瑶民、僮民的死活，也不顾竭尽两广的财力、物力，调动三省军队，几千里内兵连祸结，男不得耕，女不得织。

四、既然已经调动军队，就应速战速决，却又布置失当，致使我军虽然人多势众，却兵无斗志。两年之中，所用狼兵、达兵、土兵、汉兵不下数万，所费银两不下数十万，却仍奈何不了卢苏、王受。

五、以前田州及思恩只设土官，每年须出土兵几千人听朝廷调遣，岑猛就曾往江西帮助平定“山贼”。自从废土官、设流官，无土兵可调，朝廷反要征调几千民兵，以防土人反复。特别是田州与交阯接邻，深山绝谷之中，瑶民、壮民结寨而居，少则百人，多则上千。如果以土官治土民，还可借其兵力，为朝廷屏障；如果尽杀其人，改土归流，等于自撤藩篱。

根据上述理由，王阳明向朝廷提出了一个以抚代剿、土流并用的方案[①]，为了保证自己的方案得到朝廷的批准，他又分别给大学士杨一清及在京中的弟子黄绾、方献夫去信打招呼。

对杨一清，王阳明在信中不便多言，只是感谢他的“知己之爱”，以取得支持。而在给黄绾和方献夫的信中，王阳明明确表示：思恩、田州之事，本来无关紧要，只是从前张皇太过，后来就难以收拾，所谓生事则事生，如此而已。如果朝廷同意疏中所说的以抚为主，土流并设，事情就好办多了，也省得多有杀伤。对于民变，无论是汉民的民变还是少数民族的民变，王阳明的一贯主张，是能不杀人则决不杀，能少杀人则决不多杀。

不出王阳明所料，他的奏疏下到兵部，兵部尚书王时中立即提出了五条理由，予以驳斥。但由于事先给杨一清打了招呼，又有已经是礼部尚书的方献夫和詹事府少詹事兼侍讲学士黄绾的疏通，内阁替皇帝起草批复：“王守仁才略素优，论奏必有所见。但未经询谋佥同，恐非定论，令与镇巡等官熟计以闻。其应施行者，亦许以便宜从事。”[②]

---

① 《明史·王守仁传》说：“诏守仁以原官兼左都御史，总督两广兼巡抚。”又说：“守仁在道，疏陈用兵之非，且言思恩未设流官，土酋岁出兵三千，听官征调。既设流官，我反岁遣兵数千防戍。”云云。按嘉靖六年七月初七日皇帝给王阳明的“敕谕”，“特命尔提督两广及江西、湖广等处地方军务”。是王阳明为总督四省军务，而不仅仅是两广。而王阳明疏陈用兵之非，是在抵达梧州开府之后，而不是“在道”。（参见《阳明全书》卷14《赴任谢恩遂陈肤见疏》、《奏报田州思恩平复疏》。

② 《明世宗实录》卷86，嘉靖七年三月乙未。

虽然说“恐非定论”，但仍“许以便宜从事”，其实就是批准。有了这道批复，王阳明可以按自己的意图办事了。其实在得到朝廷批复之前，王阳明就已经将行营搬到浔州（今广西桂平），遣散了前任巡抚从各地调来的几万军队，只留下几千湖广永顺、保靖地方的土兵，而且下令解甲休息。

卢苏、王受等人闹事本来就是迫不得已，官军大兵压境，巡抚等官为了挽回自己的面子，非欲置之死地而后快。卢苏等人求生不能、求降不得，只得负隅顽抗。官军竟然也奈何他不得。自从听说王阳明总督四省军务，领兵进剿，卢苏等人十分紧张，都知道这位“阳明子”来者不善。以前大帽、桶岗、横水、浰头“山贼”闹腾了三十年，但在一年之内，竟然被王阳明逐个剿灭；宁王朱宸濠为了夺取皇位，苦心经营了十多年，结果在一个多月里，就被王阳明即刻收拾。后来消息传来，说王阳明这次到广西，知道瑶民、壮民闹事实出无奈，已经上奏朝廷，并且得到批准，要进行招抚。卢苏等人开始不信，等见包围他们的军队都先后调离，不能不相信了。

嘉靖六年（1527 年）十二月二十六日，王阳明将行营搬到了离田州、思恩更近的南宁府（今广西南宁），卢苏、王受也派头目黄富等来到南宁，一面向王阳明诉若，表示愿意受抚，一面也想探探虚实。王阳明让来人传话，如果卢、王二人果然诚心受抚，就应该敢于承担责任，亲自到总督衙门来认罪。

卢苏、王受召集大小头目商议，如果继续与官兵对抗，恐怕没有好结果。但这位王总督曾经有过诱杀浰头首领池仲容的行为，谁能保证他不用对付池仲容的手段对付自己？因此，也不能不心存疑惧。只是朝廷招抚的消息已经传遍广西，部下议论纷纷，人心浮动，不挺身而出也不行了。左思右想，也顾不得许多，将能够招来的部属，统统带到南宁去。嘉靖七年（1528 年）正月二月二十七日，各路头目率领部署陆陆续续到齐了，一共有七万多人。卢苏、王受命众人都在南宁城外驻扎，他们二人则进城去，要看总督如何处置。

王阳明听说卢苏、王受将部属驻扎在城外，心中暗自发笑，越是这样，越是说明心虚。但二人能够挺身而出，进到南宁，却也不失为英雄好汉。王阳明将二人召到大堂，一条一条历数他们的罪行。二人一边听，一边不住口地认错。王阳明早已决定不用武力，并要借助卢、王二人安抚地方，但他们领头闹事却也不能不有所惩罚，否则，一有事情、一受委屈就扯旗造反，天下哪里还有太平？王阳明命武士将二人拖翻在地，就在大堂上施以杖刑，然后宣布，以往的事情一笔勾销，卢苏、王受立即释放。

卢苏、王受万万也想不到，领头闹了几年事，致使官府折兵耗饷，受一顿棍棒就算了结，不禁千恩万谢，感激涕零。王阳明同他们一起出城，安抚部众。七万多瑶、僮民众，听说官府赦免了他们闹事的罪过，欢声雷动。

王阳明让卢苏等人遣散部众，各回原来的居住地，等候朝廷的处理。自己则召集幕僚，商议拟定送往朝廷的奏疏。在嘉靖七年（1528年）二月初二日的这份名为《奏报田州、思恩平复疏》的报告中，王阳明陈述了招抚卢苏、王受的经过，分析了用兵的十条祸害、招抚的十大便利。根据这些分析，王阳明提出了善后措施。根据多年的经验，王阳明认为这善后的妥当与否，比用兵或招抚更为重要。处理得当，可以有相当时间的太平；处理不当，也许自己前脚离开广西，大乱后脚就要发生。

朝廷的批文很快就下到了南宁。根据王阳明的建议，将田州府改名为田宁府，设流官知府。在八甲地区另设土官田州，由岑猛的小儿子岑邦相暂领州事，等有功于朝廷之后，再升知州。又设十九个土官巡检司，让卢苏、王受等人任巡检。田州及巡检司土官均受流官知府的节制。同时，思恩府也采用流官知府统驭土官知州的办法。①

破山中贼易，破心中贼难，这是王阳明在赣州时得出的结论。田州的“山中贼”是受了招抚，但“心中贼”却不是靠招抚可以做得到的。王阳明将在广东揭阳县任主簿的弟子季本调到南宁，主持敷文书院；又因来南宁游学的福建生员陈大章通晓礼仪，让他在府学中专门教学生礼仪。田州府学缺乏生源，王阳明命广西按察司提学官动员其他地区的学生来田州读书，官府给予优厚的待遇。同时，“心中贼”并非只存在于“山中贼”的心中，更加存在于各级官员的心中，王阳明告诫广西各地汉族官员，要克制心中的私欲，要廉洁奉公，善待各族民众。希望通过这些办法，在广西少数民族地区推行教化，安定一方。

七、袭破八寨，又是功高遭忌

就在明朝政府的注意力集中于田州、思恩的时候，有几股力量更大的

---

① 但在王阳明去世之后，林富为巡抚，对王阳明的这些设置作了一些调整，废除了田宁府，将田州迁回原址，见《明史》卷45《地理志六》、卷318《广西土司二》

瑶民，正以大藤峡、八寨为据点，四出活动，劫掠州县。

“大藤峡”位于今天广西桂平西北约六十里处，与三百年后“太平天国”“首义”的金田村只有一山之隔,明朝属广西布政司的浔州府桂平县（今桂平市）。当时的“大藤峡”泛指包括今日沿柳江—黔江—浔江一线的柳州、象州、武宣、桂平、平南、贵县、藤县、梧州等地，东西数百里长、南北上百里宽的瑶族和壮族居住区。

“八寨”是指明代思吉、周安、落洪、古卯、罗墨、古钵、古凭、都者等八个瑶民村寨，都在今天广西永福县境，明朝则属广西布政司桂林府古田县，在大藤峡以北三百多里。

大藤峡和八寨地区与田州、思恩一样，从唐宋以来就属羁縻州县，土司土官实际上就是大大小小的酋长头目。一方面，随着阶级分化的加剧，各峒各寨内部的阶级矛盾也趋于激化；另一方面，随着中央政府在这些地区推行的改土归流政策以及汉民的迁入，汉官、汉军、汉民欺压当地土著居民也导致了民族矛盾的激化。明朝建立以后，这些地区一直没有安宁过，其中有因民族压迫而导致的民族斗争，也有因官府包括汉官和土官对瑶民、僮民的剥削而引起的阶级斗争，还有土司土官即少数民族的酋长头目挑起的民族仇杀。

当今嘉靖皇帝的祖父成化皇帝刚即位的时候，发生了大藤峡瑶民的闹事。瑶民们攻城池、杀官吏、放囚犯、抢财物，所过之处，玉石俱焚，整个广西东部和广东西南部地区几乎都遭到洗劫。当时朝廷派都御史韩雍领兵二十万，捣毁了大藤峡，并将“大藤峡”改名为“断藤峡”。但时隔不久，瑶民们又一度攻陷了浔州府。八寨瑶民更是凶猛，而且擅长制造利镖毒弩。成祖永乐时期,镇守广西的总兵官韩观曾经调动几万军队进剿,也无功而还。

王阳明这次以南京兵部尚书、都察院左都御史总督四省军务，又兼着巡抚两广，虽然朝廷只是要他处置田州、思恩的卢苏、王受，但平定大藤峡、八寨瑶民闹事也理所当然在其职责之中。

不知是早有成算，还是突然间心有灵犀，王阳明在遣散卢苏等部和遣返湖广土兵时，令广西布政使林富、副总兵张佑，带着右江官兵及卢苏的田州、思恩土兵直取八寨，令广西布政司参议汪必东、按察司副使翁素及佥事张赐，带着左江官兵及湖广永顺、保靖土兵直取大藤峡。这次军事行动是在遣散土兵的烟幕下进行的，所以极为隐秘。大藤峡和八寨的瑶民根本没有想到官兵会突然袭击，猝不及防，被杀三千多人，大小据点都被官兵摧毁。到嘉靖七年（1528 年）七月，一个月的时间，令官府头痛了一百多年的八寨及大藤峡闹事瑶民，竟然被王阳明这样轻而易举地平灭了。

平田州、思恩，平大藤峡、八寨，两次行动都出乎人们的意料。朝廷让王阳明总督四省军务，是要对田州、思恩用兵进“剿”，没想到王阳明却用了“抚”；大藤峡、八寨折腾已久，朝廷对这两个地方的用兵已没有信心，只是极力“抚”，没想到王阳明却用了“剿”。而且无论是抚是剿，都没有另外调动一兵一卒，也没有向朝廷索要一分一毫的军饷。这在明朝又是上百年没有听说过的事情。

消息传开，朝野上下都惊异无比，这难道是真的？莫非王阳明在欺瞒朝廷、糊弄百姓？嘉靖皇帝头一个觉得不可信。他亲笔写了手诏给内阁，询问王阳明是否夸大其词，并问及王阳明的学问是否真像反对者所说的那样，实为“伪学”。兵部对此事也不相信，所以对王阳明为将士请功的要求迟迟不作答复。户部也不相信，表示要对王阳明提出的增设州县的报告进行勘覆。

但是，实权派人物，杨一清、张璁和桂萼，完全相信广西的事情是真的，只是出于各自的打算，表现也就各不相同。

首辅杨一清心如明镜，他自己就精通兵法，加上有“总制三边”的经历，虚者实之，实者虚之，这是用兵的常道，也正符合王阳明的性格。但是，黄绾在奏疏中对他的不恭敬，一直使他耿耿于怀，父债子偿，徒债也得师偿。杨一清恨黄绾，也就连带恨上了王阳明。所以他对皇帝提出的疑问，不置可否。

新任吏部尚书桂萼当初是被张璁拖着推荐王阳明的，如今王阳明在广西立了大功，桂萼觉得有些不自在。他希望自己在各方面能够超过张璁，于是向王阳明传话，让王阳明借平定大藤峡和八寨的余威，出兵夺取交阯。王阳明没有理睬。桂萼恼羞成怒，攻击王阳明“征抚两失”。

唯有张璁显得非常大度。他不住口地称赞黄绾向他推荐王阳明是知人，并且心悦诚服地表示：今日才知王公无人可及。但杨一清和桂萼决心要封住王阳明进京的道路，张璁也就不再多事了。

对于当权者们的态度，王门弟子黄绾、方献夫以及霍韬等人大为不满。霍韬当时已是詹事府詹事兼翰林院掌院学士，面对当权派的这种态度，不禁拍案而起，他给皇帝上了一道长达三千字的《地方疏》，为王阳明鸣不平：

诸瑶为患积年，初尝用兵数十万，仅得一田州，旋复召寇。守仁片言驰谕，思、田稽首。至八寨、断藤峡贼，阻深崖绝冈，国初以来未有轻议剿者，今一举荡平，若拉枯朽。议者乃言守仁受命征思、田，不受命征八寨。夫大夫出疆，有可以安国家、利社稷，专之可也。况守仁固承诏得便宜从事者乎？守仁讨平叛藩，忌者诬以初同贼谋，又诬其辇载金帛。当时大臣杨廷和、乔宇饰成其事，至今未白。夫忠如守仁，有功如守仁，一屈于江西，再屈于两广，臣恐劳臣灰心，将士解体，后此疆圉有事，谁复为陛下任之？①

对于霍韬的质问，皇帝只是批了三个字："知道了。"皇帝到底是知道了王阳明在广西的劳苦、在广西的功业，还是知道了王阳明的学术本为正道，或者是知道了霍韬在为王阳明打抱不平、在指责自己赏罚不明，却没有人能知道。除了派一位在当时微不足道的行人冯恩去两广奖励王阳明、招抚田州卢苏外，朝廷再也没有下文。而此时的王阳明，身体已经十分虚弱。

八、最后的行程

嘉靖七年（1528年）九月初八日，王阳明在广州迎接朝廷派来的使者行人冯恩。这时他已卧病一个月了。

冯恩是南直隶松江府华亭县人，嘉靖五年（1526年）的新进士，朝廷派他到两广去嘉奖王阳明，可见对王阳明在广西的所作所为并不重视。但是，对冯恩来说，此行却是一种机缘。他是王学的信徒，又极具个性，有一股舍身赴义的气概，所以后来得了"四铁御史"的雅号。②到广州后，宣读完朝廷的旨意，冯恩要求入王门，成了王阳明的关门弟子。

在这段时间里，最令王阳明感到意外而又激动的是，当乘舟从广西东返时，船夫突然指着眼前的一片沙滩说道：这里叫乌蛮滩，又叫伏波庙前滩。王阳明一听"伏波"二字，不觉眼前一亮。四十多年前自己从居庸关

① 这段文字引自《明史·王守仁传》，属《明史》作者的节录，《阳明全书》卷38收录了全文。

② 《明史·冯恩传》载，冯恩因言事得罪，朝审时起立不屈，力斥当权者误国。当他被押出长安门时，北京市民观者如堵，称其为"四铁御史"，即口如铁、膝如铁、胆如铁、骨如铁。

回北京时，曾经梦见过自己拜谒汉伏波将军马援的庙，还在梦中写过一首诗，至今历历在目。没曾想人到暮年，还真的路过马援庙。他命船夫将船靠岸，在侍从的搀扶下，来到破旧不堪的马援庙。庙虽然破旧，庙中所塑的马援像却和自己四十多年前在梦中见到的一样，不禁大为惊讶：人生多少事情，竟是这样难以捉摸。

四十年前梦里诗，此行天定岂人为！
徂征敢倚风云阵，所过须同时雨师。
尚喜远人知向望，却惭无术救疮痍。
从来胜算归廊庙，耻说兵戈定四夷。

楼船金鼓宿乌蛮，鱼丽群舟夜上滩。
月绕旌旗千嶂静，风传铃柝九溪寒。
荒夷未必先声服，神武由来不杀难。
想见虞廷新气象，两阶干羽五云端。

（《谒伏波庙二首》）

到广州后，王阳明抱病去了一趟广州以东的增城，祭祀五世祖王纲。

王纲擅长文学，见识过人，元末明初时在浙东一带颇有名气。刘基年轻时将其视为师友，后来又将他推荐给了明太祖。那时王纲已经年近七十，却精神爽朗、应对敏捷，明太祖很是高兴，让他做了兵部郎中，后来又升为广东参议，往潮州安抚百姓。到潮州后，王纲不用一兵一卒，只带上自己十六岁的儿子彦达，驾着一只小船，寻访故老，安抚潮民。几年一直不得安宁的潮州，竟然从此太平无事。但王纲在回广州途经增城时，却落入一群海盗之手。海寇们逼着王纲做他们的头目，王纲不从，竟被杀害。

王纲死后，当地官府在他遇害的地方建庙祭祀。事情过去了一百多年，这里早已是牌毁庙塌。如今王阳明巡抚两广，是广东、广西两省的最高长官，增城地方当局重建了王纲庙，作为对上司的效忠，并将王阳明请到增城祭祀。

王阳明抱病来到增城，在王纲的牌位前勉强尽礼。除了一线血脉，王阳明对这位先祖不可能有太多的情感。倒是路过增城湛若水的故居，更激起王阳明无限的思念。他在这里留下了平生最后的两首诗：

我闻甘泉居，近连菊坡麓。
十年劳梦思，今来快心目。
徘徊欲移家，山南尚堪屋。
渴饮甘泉泉，饥餐菊坡菊。
行看罗浮云，此心聊复是。
（《题甘泉居》）

我祖死国事，肇禋在增城。
荒祠幸新复，适来奉初蒸。
亦有兄弟好，念言思一寻。
苍苍蒹葭色，宛隔环瀛深。
入门散图史，想见抑膝吟。
贤郎敬父执，童仆意相亲。
病躯不遑宿，留诗慰殷勤。
落落千百载，人生几知音？
道通著形迹，期无负初心。
（《书泉翁壁》）

虽然因为学术上的分歧，王阳明和湛若水这些年来连书信也通得很少，但年轻时和湛若水的友情、湛若水对自己的启发，王阳明却是毕生也难以忘怀的。

九、“此心光明，亦复何言”

从增城回到广州，王阳明的身体极度虚弱，正在度过他一生之中的最后时光。紫禁城里的皇帝在霍韬等人的奏疏上不管批下多少次“知道了”，但这件事他是不知道的，后来知道了也又是一个不相信。

袭破八寨、大藤峡之后，王阳明在向朝廷报捷的同时，也向朝廷陈诉了自己的病情，希望朝廷让他回家乡治病，并推荐原广西布政使、现任郧阳巡抚林富接替自己的职务。但将近三个月过去了，却未见朝廷的批文。

嘉靖七年（1528 年）十月初十日，王阳明给皇帝写了此生最后一道奏疏《乞恩暂容回籍就医养病疏》：

臣自往年承乏南赣，为炎毒所中，遂患咳嗽之疾，岁益滋甚。其后退伏林野，虽得稍就清凉，亲近医药，而病亦终不能止。但遇暑热，辄复大作。去岁奉命入广，与旧医偕行，未及中途，而医者先以水土不服，辞疾归去。是后，既不敢轻用医药，而风气益南，炎毒益甚。今又加以遍身肿毒，喘嗽昼夜不息，心恶饮食，每日强吞粥数匙，稍多辄又呕吐。

当思恩、田州之役，其时既已力疾从事。近者八寨既平，议于其中移卫设所，以控制诸蛮，必须身亲相度，方敢具奏，则又冒暑舆疾，上下岩谷，出入茅苇之中。竣事而出，遂尔不复能舆。今已舆至南宁，移卧舟次，将遂自梧（州）道广（东），待命于韶（州，今广东韶关）、雄（南雄）之间。……惟陛下鉴臣一念报主之诚，固非苟为避难以自偷安，能悯其濒危垂绝不得已之至情，容臣得暂回原籍就医调治，幸存余息，鞠躬尽瘁，以报陛下，尚有日也。

这道奏疏的主要部分是真实的，但说“今已舆至南宁，移卧舟次，将遂自梧道广，待命于韶、雄之间”却不是事实。

二十天之前，也就是九月二十日，王阳明还上了一道《奖励赏赉谢恩疏》。在这个《谢恩疏》中，王阳明明明写着这样一段话：“本年九月初八日，该行人冯恩赍捧敕书并前项彩币银两等项到，于广州府地方奉迎入城，当除望阙谢恩、钦遵收领外，臣时卧病床褥，已余一月，扶疾兴伏，感激惶惧，颠顿昏眩，莫知攸措。”他不可能在十月十日之前又返回到南宁去。

而在九月底给养子正宪的信中，王阳明也说：“八月廿七日南宁起程，九月初七日已抵广城。病势今亦渐平复，但咳嗽终未能脱体耳。养病本北上已二月余，不久当得报。即逾岭东下，则抵家渐可计日矣。”又说：“我至广城已逾半月，因咳嗽兼水泻，未免再将息旬月，候养病疏命下，即发舟归矣。”

可见，王阳明从八月二十七日离开南宁，九月初七到广州，便一直在广州等待朝廷的旨意。但是，十月初十日的奏疏送出去又是一个多月，仍然没有朝廷的消息。当然，朝廷即使有答复，也不会这么快，不要说是往返路途遥远，就是朝发夕至，朝廷也要对王阳明奏疏的真伪程度进行核实。

不过这也难怪朝廷。自从出仕以来，在王阳明给朝廷的奏疏中，几乎每次都要说自己身体不好，都要说自己力不从心。但每次他又出人意料地将事情办得那么漂亮，那么圆满，那么令人嫉妒。不仅如此，每次还都有闲暇时间与人讲学。这哪里像是有病？分明又是在向朝廷要挟。而且，这一朝天子嘉靖皇帝是不好糊弄的，杨一清、张璁、桂萼也都是个个精明过人。他们要看王阳明下一步如何动作。

但王阳明这时已不愿考虑朝廷将会如何答复他的请求，他也没有时间去等待朝廷的答复。在家乡绍兴和余姚，还有那么多的弟子在等他回去，在等他为他们解惑答疑，他也有许多新的想法要和弟子们切磋。

十一月中，王阳明觉得咳嗽稍微好了一些，但两脚却无法站立。他担心再拖下去咳嗽会继续加重，甚至觉得，再拖下去自己未必能够回到老家和妻子团聚，便不等朝廷的批复，径自启程北归。广东布政使王大用是王阳明的学生，他亲自用船将老师送到南雄，然后又命人护送老师弃舟登陆，翻越大庾岭，前往南安府。

南安府的推官周积也是王阳明的弟子，他已为老师安排好了继续北上的船只。王阳明上了船，又是一阵剧烈的咳嗽。周积看着瘦骨嶙峋、气喘不已的老师，心中一阵难过，眼泪情不自禁就下来了。王阳明向他摆了摆手，问道：你近来学问可有进步？周积止住悲声，一五一十说起自己在南安推官任上处理过的事务。他知道，老师从来就不主张抛开事功论学问。王阳明一面听，一面点头，他为这个弟子对自己学说的理解而高兴。

嘉靖七年十一月二十九日（1528 年 1 月 9 日），王阳明乘船来到南安府的青龙铺。昨天昏昏沉沉地睡了一整夜，今天早上他觉得精神似乎比昨天要好些，但侍立在舱内的周积等人却感到情形不妙。周积问道：先生可有交代？王阳明摇了摇头："他无所念，平生学问方才见得数分，未能与吾党共成之，为可恨耳！"说罢，强睁双眼，嘴角动了动。周积赶忙俯下身子，问道："老师想说什么？"王阳明微微笑道："此心光明，亦复何言？"

周积双目流泪，俯下身去，想拍拍老师还有什么话要交代。但见老师双目紧闭，已经走到了生命的尽头。①

① 关于王阳明在南安去世，当时有许多传说，而以邝露《赤雅》所载最具代表性。传说南安有一老僧，在王阳明到南安前的几天突然在寺中密室坐化。王阳明从广东北归到南安，来到寺中，却见这位容貌犹生的老僧身旁的墙上有几句偈语："五十七年王守仁，启吾钥，拂吾尘，问君欲识前程事，开门即是闭门人。"王阳明这年正是 57 岁，见了偈语，不禁愕然，几天之后便去世了。而王阳明的最终遗言，钱德洪的《阳明先生年谱》载："此心光明，亦复何言？"黄绾的《阳明先生行状》则载："他无所念，平生学问方才见得数分，未能与吾党共成之，为可恨耳！"这两段话其实都与王阳明临终时的处境和心情相符，所以同录之。

十、千古毁誉，听其自然

王阳明去世的消息通过信使传到北京，最先得知这一消息的当权者是吏部尚书桂萼。这是一位睚眦必报、争强斗狠的人物，无论是在台上还是台下，王阳明所表现出来的不冷不热、不亢不卑的态度，都使桂萼感到难以容忍。王阳明虽然已经去世，桂萼仍然不依不饶，劾其“擅离职守”。嘉靖皇帝朱厚熜竟然也认为王阳明不等批复便自行离任，是蔑视朝廷，命群臣议罪。朝廷的这种表现，实在是太不近人情了，也令人心寒。

由桂萼主持的廷议对王阳明的一生作了如下的“盖棺定论”：

守仁事不师古，言不称师。欲立异以为高，则非朱熹格物致知之论；知众论之不予，则为《朱熹晚年定论》之书。号召门徒，互相倡和。才美者乐其任意，庸鄙者借其虚声。传习转讹，背谬弥甚。但讨夆贼，擒获叛藩，功有足录。宜免追夺伯爵以彰大信，禁邪说以正人心。（《明史·王守仁传》）

“廷议”有所保留地肯定了王阳明的事功，却全面彻底地否定了王阳明的学说，称之为“邪说”、“伪学”。根据廷议的结论，再加上自己的认识，嘉靖皇帝保留了王阳明生前“新建伯”的爵号，但子孙后代不得世袭，至于功臣死后朝廷应该给予的优恤等等，也一概免去。

朝廷有朝廷的标准，舆情有舆情的公论。所谓“公道在人心”，与朝廷的冷漠形成鲜明对照的是，王阳明舆榇所过之处，南安、赣州、吉安、临江，百姓遮道，哭声震地；因学术观点而与王阳明有芥蒂的退休大学士费宏、礼部尚书汪俊，也赶到贵溪迎候舆榇。弟子钱德洪、王畿刚刚离开绍兴，准备北上赴京参加殿试，得知老师逝世的消息，决定再次放弃殿试，一面讣告同门，一面掉头而西，经富阳、桐庐、衢州、常山、玉山、上饶，与王阳明养子正宪一道，在江西弋阳迎候王阳明的舆榇。嘉靖八年（1529 年）二月四日，王阳明的舆榇抵达绍兴。

从这以后，一直到嘉靖八年（1529 年）十一月十一日落葬，前来凭吊的人们络绎不绝。他们之中，有王阳明的生前好友湛若水、伍文定、刘节、龙光等；有广西、广东、江西、浙江等省，绍兴、杭州等府，山阴、会稽、余姚等县的官员。门人之中，已是吏部尚书的方献夫，以及黄绾、欧阳德、邹守益、魏良弼、薛侃、王臣、黄宗明、翁万达、陆澄、万潮、应良等，纷纷从各地赶来凭吊。多的时候，同一天抵达绍兴的竟然有上百人。不少友人和弟子从江西一直将舆榇护送到绍兴，接着又在绍兴操办丧事。

黄绾再一次表现出为捍卫师门不惜两肋插刀的义气。他在疏中历数王阳明的四大功：平宁王宸濠叛乱、平闽粤赣边境“山贼”、招抚广西“夷民”、袭破八寨及大藤峡瑶民据点。又将王阳明的学说归结为“三大要”：一为“致良知”，“致知”之说出于孔子，“良知”之说出于孟子，是继承先圣之说；二为“亲民”，“亲民”出于《大学》旧本，是先圣的真传；三为“知行合一”，这是发展先圣的学说，号召人们言行一致。最后，黄绾慷慨陈词：

> 是守仁之学，弗诡于圣，弗畔于道，乃孔门之正传也，可以终废其学乎？然以（桂）萼之非守仁，遂致陛下失此良弼，使守仁不获致君尧、舜，谁之过与？臣不敢以此为（桂）萼是也。况赏罚者，御世之权。以守仁之功德，劳于王事，乃常典不及，削罚有加，废褒忠之典，倡党锢之禁，非所以辅明主也。守仁客死，妻子孱弱，家童载骨，藁埋空山，鬼神有知，当为恻然。（《年谱三》）

皇帝朱厚熜念议礼之功，没有和黄绾计较，却也不予以理睬。

中国古代政治的一大弊病是皇位的终身制，这种制度直接造成了政策的僵化。任何政治积弊，只要皇帝不死，便无法革除；任何冤假错案，只要皇帝不死，便不得平反。在这种政治体制下，皇帝的短命和新陈代谢的加速，有时倒是幸事。但嘉靖皇帝尽管身体不好，却硬是活了六十岁，做了整整四十五年皇帝，成了明朝享年仅次于太祖、成祖，在位时间仅次于神宗的长寿君主。因此，王阳明的这桩公案也硬是被压了四十年，不让翻身。但王学却在全国范围内迅速传播。

嘉靖九年（1530年）五月，门人薛侃及董沄、刘侯等人，在杭州城南十里王阳明曾经游历过的天真山，建起了一座可容纳一百多人住宿的书院，以宣传王学。邹守益、欧阳德、方献夫等人在书院兴建时，专程从北京、南京等地赶来，亲自搬砖运瓦。

嘉靖十一年（1532年）正月，由吏部尚书方献夫发起，兵部侍郎黄宗明，翰林编修欧阳德、程文德、杨名，六科给事中戚贤、魏良弼、沈谧，南京礼部侍郎黄绾，以及钱德洪、王畿等王门弟子四十多人，在皇帝和当权派们的眼皮底下京师庆寿山房集会，相互激励，共倡师学。

嘉靖十二年（1533 年），已为南京国子监司业的欧阳德，与同门季本、许相卿、何廷仁、黄弘纲、刘阳、钱德洪等，或聚会于南京僧寺，或开讲于南京国子监，王学的信徒们闻风而至。

嘉靖十三年（1534 年），邹守益在南京国子监祭酒任上致仕，与同门刘邦采、刘文敏等在安福建复古、复真、连山书院，合原先刘邦采所创的“惜阴会”，为四乡会，宣传王学。春秋二季则一齐往吉安青原山，举行大会。

此后，凡有王门弟子或再传弟子为官或为乡绅的地方，无不建立书院及祠堂，既祭祀王阳明，又传播王学。《阳明先生年谱》《阳明文录》，以及《朱子晚年定论》《山东甲子乡试录》等单篇文稿也一再印行。特别是王艮在泰州及江北广大地区聚众讲学，硬是闹腾出了一个泰州学派。而欧阳德等人则利用主持南北两京国子监的机会，公开宣讲王学。

嘉靖三十二、三十三年间（1553—1554 年），王阳明的再传弟子、聂豹的学生徐阶以大学士职务之便，与欧阳德、聂豹等人讲会于北京灵济宫，王门弟子上千人齐集北京，声势浩大。而对于这一切，嘉靖皇帝竟然也是开一只眼闭一只眼。他此时一心一意地制作青词，与上天对话，希望上天让他延年益寿，人间的事情就多一事不如少一事了。但王阳明要恢复名誉，还得在这位嘉靖皇上仙逝之后。

嘉靖四十五年（1566 年）十二月，嘉靖皇帝终于去世了，庙号为“世宗”。继承皇位的是他的第三个儿子裕王载垕，主持朝政的则是徐阶。就像当年武宗去世后由杨廷和主持革除正德年间的积弊一样，世宗一去世，在徐阶的主持下，便对嘉靖年间的积弊进行革除。

引导先帝醉心于斋醮的道士们都被法司收审，所有的斋醮设施一概拆除；因提意见而被先皇治罪的臣子们都官复原职，死者优待家属，那位以骂皇帝而著名的户部主事海瑞，也当即从狱中释放；嘉靖时的政令，有不利于国家和百姓者，统统予以废除；百姓拖欠的嘉靖四十三年（1564 年）以前的田赋杂税均予免除，下一年的田赋也只需交纳一半。

隆庆元年（1567 年）五月，皇恩终于撒向了王阳明的灵魂。这时，方献夫、黄绾、黄宗明、薛侃、邹守益、欧阳德等早期王门弟子已先后去世，但耿定向、王好问、辛自修等人却仍在科道任职。他们联名上疏，为王阳明颂功。根据吏部和礼部会议的结果，徐阶代表皇帝起草了一篇文告，对王阳明的学问、事功乃至性格都进行了全面褒扬：

> 原任新建伯南京兵部尚书兼都察院左都御史王守仁，维岳降灵，自天佑命。爰从弱冠，屹为宇宙人豪；甫拜省郎，独夺乾坤正论。身濒危而志愈壮，道处困而造弥深。绍尧、孔之心传，微言式阐；倡周、程之道术，来学攸宗。蕴蓄既宏，猷为丕著；遗艰投大，随试皆宜；戡乱解纷，无施勿效。闽、粤之箐窠尽扫，而擒纵如神；东南之黎庶举安，而文武足宪。爰及逆藩称乱，尤资仗钺渊谋。旋凯奏功，速于吴楚之三月；出奇决胜，迈彼淮蔡之中宵。是嘉社稷之伟勋，申盟带砺之异数。既复抚夷两广，旋至格苗七旬。谤起功高，赏移罚重。爰遵遗诏，兼采公评，续相国之生封；时庸旌伐，追曲江之殊恤，庶以酬劳。兹赠为新建侯，谥文成，锡之诰命。……永为一代之宗臣，实耀千年之史册。(《年谱附录一》)

明朝文臣以军功封伯爵的，只有王骥、王越和王阳明三人，王骥为靖远伯，王越为威宁伯，王阳明为新建伯，但死后追赠为侯的只有王阳明一人。谥号为“文成”的，在王阳明之前只有刘基一人。刘基的谥文是“修治班制，安民立政”，王阳明的谥文则是“勤学好问，安民立政”。①

到万历十二年（1584年），在皇帝的亲自过问和大学士申时行等人的坚持下，王阳明的牌位被搬进了孔庙，从祀孔子，称“先儒王子”，成为明代钦定的四位大儒之一，另外三位是薛瑄、胡居仁和陈献章。

申时行等人在奏疏中对当时的一些舆论进行了慷慨激昂的抨击。有人说王学是伪学，申时行认为这是不懂王学所致，不屑与辩。有人说王阳明自立门户，申时行认为，王阳明说“致知”出于《大学》，说“良知”出于《孟子》，是光大圣学，而非自立门户；如果说光大圣学是自立门户，则宋儒张载、周敦颐、程颢、程颐及朱熹等人也是自立门户。有人说王学是禅学，申时行认为，禅学的宗旨是外伦理、遗世务，而王阳明的气节、文章、功业，近世名臣均不能望其项背，世上哪有如此禅学？有人说崇王学必然废朱学，申时行引用神宗皇帝的话进行反驳：“王守仁学术，原与宋儒朱熹互相发明，何尝因此废彼？”

① 王世贞：《弇山堂别集》卷71《谥法二》。

主持朝政的大学士申时行特别赞赏王阳明的学问和事功并重，赞赏他“知行合一”：

> 大抵近世儒臣，褒衣博带以为容，而究其日用，往往病于拘曲而无所建树；博览洽闻以为学，而究其实得，往往狃于见闻而无所体验。习俗之沉锢久矣。今诚祀（王）守仁、（陈）献章，一以明真儒之有用，而不安于拘曲；一以明实学之自得，而不专于见闻。斯于圣化，岂不大有裨乎！①

国家需要的是像王阳明这样脚踏实地、有真才实学、有抱负有作为、能够安民立政的“真儒”，而不是只知坐谈立论、炫耀见识，只知宽衣博带、搬弄学问，只知上古三代而远离现实的腐儒。

其实，官方的褒贬从来就只能左右一时的舆论，而不能代表永久的人心。王阳明在生的时候就不在意人言的飞短流长，死后更不会去计较官家的褒贬誉毁。王阳明留给当世的，是他的文章和功业，这是需要官方钦定的；而留给后世的，则是他那雄爽横放、不凿不蹈的独特个性，是他那卓然独立、自尊无畏的凛然气节和批判精神。这却是官方不愿认可却与世俱存的。

① 参见《王阳明全集》卷40《明儒王子阳明先生传（邵廷采）》。

王阳明年表

成化八年（1472 年）1 岁

九月三十日生于浙江余姚，母郑氏，初名“云”。

成化十二年（1476 年）5 岁

五岁不言语，遇术士“点破”，改名“守仁”，开口说话。

成化十七年（1481 年）10 岁

父亲王华中状元，授翰林院编修。

成化十八年（1482 年）11 岁

随祖父北上，赋诗金山寺。

成化十九年（1483 年）12 岁

在北京上里塾。长安街上遇相士，开始有了“做圣人”的念头，读朱熹的书，并且取竹“格物”，百思不得其解，大病一场。

成化二十年（1484 年）13 岁

母亲郑氏去世。其父为会试考官，随父入场，品评考卷的高下。

成化二十二年（1486 年）15 岁

出游居庸关，询“夷”情，逐“胡”儿，开始有“经略四方”之志。回京后便想上疏朝廷，陈述自己对国家大事的看法，被父亲制止。

弘治元年（1488 年）17 岁

七月，往江西南昌完婚，夫人诸氏。新婚之夜，在铁柱宫与道士论养生，次日才回。

弘治二年（1489年）18岁

十二月，与夫人诸氏离开南昌回余姚，途经广信，谒名儒娄谅，知“圣人可学而至”。

弘治三年（1490年）19岁

祖父王伦去世。

弘治五年（1492年）21岁

八月，浙江乡试中举。开始热衷于词章，并为宋儒格物之学。

弘治六年（1493年）22岁

二月，会试下第，不以为耻。归余姚，结诗社龙泉山寺。

弘治九年（1496年）25岁

第二次会试，下第。留居京师。开始学习兵法。按朱熹的教导，循序渐进地读书，仍是不得要领。苦思得病，于是有入山修道的想法。

弘治十二年（1499年）28岁

第三次会试，名列第二，殿试列二甲第七名进士。观政工部，督造威宁伯王越墓。星变，上疏陈边务八事。

弘治十三年（1500年）29岁

授刑部云南司主事。

弘治十四年（1501年）30岁

录囚江北，多所平反。游九华山，遇道士蔡蓬头，访地藏洞异人。

弘治十五年（1502年）31岁

回京复命。对“泛滥于词章”进行反思，宣称“焉能以有限精神为无用之虚文”。告病回余姚。筑室阳明洞，自号“阳明子”，学导引术。自称能预知未来，同时“悟佛老之非”，认为佛老“播弄精神”、“断灭种性”。

弘治十六年（1503 年）32 岁

游西湖，劝僧人还俗。

弘治十七年（1504 年）33 岁

返京。八月，主考山东乡试，所出试题均与国计民生相关。九月，改任兵部武选司主事。

弘治十八年（1505 年）34 岁

倡言“先立必为圣人之志”，开始讲学，被人认为是立异图名。与湛若水一见定交。

正德元年（1506 年）35 岁

十二月，因上疏言事得罪宦官刘瑾，下诏狱，杖三十，谪贵州龙场驿为驿丞。

正德二年（1507 年）36 岁

夏，取道浙江往龙场。到杭州，疑刘瑾派人行刺，潜入商船，遇风刮到福建。翻越武夷山入江西，再往南京与已是南京吏部尚书的父亲告别。往余姚辞别祖母。妹婿徐爱及朱节、蔡宗兖等三人请为门人。

正德三年（1508 年）37 岁

春，到龙场谪所。先在茅屋、石洞中栖身，后当地居民为其构筑木屋，取名“龙冈书院”。“龙场悟道”，以为：“圣人之道，吾性自足，何事他求！”

正德四年（1509 年）38 岁

受贵州提学副使席书之聘，主席贵阳书院。致书徐爱，论“知行合一”：“知是行的主意，行是知的功夫。”

正德五年（1510 年）39 岁

三月，至江西吉安，为庐陵知县，兴利除弊。十一月进京，与湛若水、黄绾会于大兴隆寺，相与讲学，门人渐多。十二月，升南京刑部四川司主事。

正德六年（1511 年）40 岁

正月，调吏部验封司主事。与王舆庵、徐成之论朱、陆之学，开始公开扬陆贬朱。二月，为会试同考官。十月，升吏部文选司员外郎。这年，吏部郎中方献夫入王门。湛若水出使安南，大兴隆寺的三人会解体。

正德七年（1512 年）41 岁

三月,升吏部考功司郎中。十二月,升南京太仆寺少卿,与徐爱同舟南下,论《大学》宗旨。

正德八年（1513 年）42 岁

二月，回余姚归省。五月，与徐爱等游四明山，借登游山水，“点化同志”。十月，至滁州上任。门人日进。

正德九年（1514 年）43 岁

五月，至南京，任南京鸿胪寺卿。门人中已有“发高论而背师教者”。

正德十年（1515 年）44 岁

立堂弟守信之子正宪为后。

正德十一年（1516 年）45 岁

九月，升左佥都御史，巡抚南赣汀漳等处。十月，回余姚归省。

正德十二年（1517 年）46 岁

正月十六日至赣州。路过万安时，抚散灾民。在赣州等地行“十家牌法”，选练民兵。二月，驻军上杭，平定福建漳州民变。五月，立兵符，重新编练军队。奏设福建平和县。六月，奏请疏通盐法，又对南赣税关进行调整，以盐税、商税补充军费。九月，改授提督南赣汀漳等处军务，给旗牌，得便宜行事。十月，平江西横水、桶岗民变。闰十二月，奏设江西崇义县。

正德十三年（1518 年）47 岁

正月，杀浰头流民领袖池仲容等人于赣州祥符宫。三月，平广东浰头民变。四月，在赣州等地立社学。五月，奏设广东和平县。六月，升左副都御史。七月，刻古本《大学》及《朱子晚年定论》，全面清算朱学。八月，弟子薛侃等在赣州刻《传习录》。当时，弟子集聚赣州，著名者有欧阳德、邹守益、何廷仁、黄弘纲等。九月，修濂溪书院，赣州成了讲学中心。十月，行《南赣乡约》。这年，徐爱病逝。

正德十四年（1519 年）48 岁

正月，以祖母病危，疏请致仕。六月，奉敕勘处福建兵变。行至丰城，闻宁王宸濠在南昌发难，返还吉安。七月，与吉安知府伍文定等起兵，攻取南昌，并在樵舍生擒宸濠，平定叛乱。八月，武宗自称“威武大将军镇国公总兵官朱寿”，领京军南下，驻南京；宦官张忠、张永分两路往江西。九月，将宸濠押至杭州面见张永。十一月，奉敕巡抚江西，遂返南昌，抚安京军。

正德十五年（1520 年）49 岁

从正月到九月，巡视江西各地。七月，重上《江西捷音疏》。八月，为弟子冀元亨讼冤。闰八月，武宗离开南京返京，江西形势趋于稳定。九月，王艮赴南昌，入王门。

正德十六年（1521 年）50 岁

正月，始揭“致良知”之教。三月，武宗病逝。四月，世宗继位。五月，集门人于白鹿洞讲学。六月十六日，奉诏入京，乞便道归省，二十日离开南昌。得旨改升南京兵部尚书参赞机务，并允许归省。八月，至绍兴。九月，至余姚省祖坟，钱德洪入王门。十二月，封新建伯。

嘉靖元年（1522 年）51 岁

二月，父亲王华去世，从此在绍兴守制，专一讲学。弟子黄弘纲、何廷仁、魏良器、魏良政、薛侃、邹守益、王艮、钱德洪、王畿、刘文敏、刘邦采等皆追随左右。绍兴知府南大吉入王门。门人大进。京中谤声腾起，不为之动，声称：“无辩止谤。”

嘉靖二年（1523 年）52 岁

二月，会试，以“心学”出题，弟子徐珊不答而出，欧阳德、王臣、魏良弼直抒师说。十一月，在舟中与弟子张元冲论佛老孔子：“儒佛老庄皆吾之用，是之谓大道。”

嘉靖三年（1524 年）53 岁

正月，开稽山书院。八月，宴门人于绍兴天泉桥、碧霞池。当时京中大礼议起，门人黄绾、黄宗明及席书、霍韬皆致书请教，不答。十月，门人南大吉续刻《传习录》。

嘉靖四年（1525 年）54 岁

正月，夫人诸氏卒。六月，守制期满，礼部尚书席书力荐入阁：“生在臣前者见一人，曰杨一清；生在臣后者见一人，曰王守仁。”吏部尚书廖纪推为三边总督。均不报。九月，归余姚省祖墓，定每月初一、初八、十五、二十三，在余姚龙泉寺中天阁讲学。十月，门人于绍兴城西郭门内光相桥东立阳明书院。

嘉靖五年（1526 年）55 岁

八月，巡按福建监察御史聂豹至绍兴，自称“晚生”，后入王门。十二月，继室张氏生子，取名“正聪”。

嘉靖六年（1527 年）56 岁

五月，命以南京兵部尚书兼左都御史，总制江西、湖广、广东、广西四省军务，出征广西。九月，“天泉证道”。离开绍兴，经浙江、江西、广东，十一月到广西，开府梧州。

嘉靖七年（1528 年）57 岁

二月，抚平思恩及田州民变。七月，袭破八寨及大藤峡各瑶民据点。十月，以病重疏请解职，不等朝命，发舟东归。十一月二十九日（1529 年 1 月 9 日）辰时，病逝于江西南安青龙铺舟中。

参考文献

（明）王守仁：《王阳明全集》，吴光、钱明、董平、姚廷枢编校，上海古籍出版社 1992 年编校本。

（明）王守仁：《阳明全书》，中华书局《四部备要》本。

（明）王守仁：《王文成公全书》，商务印书馆《四部丛刊》本。

《明太祖实录》，台湾“中央研究院”校勘本。

《明太宗实录》，台湾“中央研究院”校勘本。

《明仁宗实录》，台湾“中央研究院”校勘本。

《明宣宗实录》，台湾“中央研究院”校勘本。

《明英宗实录》，台湾“中央研究院”校勘本。

《明宪宗实录》，台湾“中央研究院”校勘本。

《明孝宗实录》，台湾“中央研究院”校勘本。

《明武宗实录》，台湾“中央研究院”校勘本。

《明世宗实录》，台湾“中央研究院”校勘本。

《明穆宗实录》，台湾“中央研究院”校勘本。

《明神宗实录》，台湾“中央研究院”校勘本。

《明会典》，中华书局校勘本。

《明史》，中华书局标点本。

《史记》，中华书局标点本。

《汉书》，中华书局标点本。

（明）陈子龙等：《明经世文编》，中华书局影印本。

（清）傅维麟：《明书》，《丛书集成初编》本。

（清）谷应泰：《明史纪事本末》，中华书局标点本。

（清）黄宗羲：《明儒学案》，中华书局标点本。
（清）谈迁：《国榷》，中华书局标点本。
（清）查继佐：《罪惟录》，浙江古籍出版社标点本。
（清）《御批通鉴辑览》，《四库全书》本。
（清）夏燮：《明通鉴》，中华书局标点本。

（宋）欧阳修：《欧阳修集》，中国书店 1986 年版。
（宋）苏轼：《苏东坡集》，中国书店 1986 年版。
（宋）朱熹：《晦庵集》，《四库全书》本。
（宋）朱熹：《四书章句集注》，《四库全书》本。
（宋）陆九渊：《象山全书》，中华书局《四部备要》本。
（明）朱元璋：《洪武全书》，黄山书社标点本。
（明）朱承爵：《存余堂诗话》，《丛书集成初编》本。
（明）杨慎：《升庵诗话》，丁福保《历代诗话续编》本，中华书局 1983 年版。
（明）都穆：《南濠诗话》，《历代诗话续编》本。
（明）王世贞：《艺苑卮言》，《历代诗话续编》本。
（明）王世贞：《明诗评》，《丛书集成初编》本。
（明）王世贞：《国朝诗评》，《丛书集成初编》本。
（明）顾起纶：《国雅品》，《历代诗话续编》本。
（明）陆容：《菽园杂记》，中华书局标点本。
（明）都穆：《都公谭纂》，《丛书集成初编》本。
（明）王锜：《寓圃杂记》，中华书局标点本。
（明）王鏊：《守溪笔记》，《纪录汇编》本。
（明）黄瑜：《双槐岁钞》，《丛书集成初编》本。
（明）陈洪谟：《继世纪闻》，中华书局标点本。
（明）余继登：《典故纪闻》，中华书局标点本。
（明）唐龙：《渔石集》，《丛书集成初编》本
（明）郑晓：《今言》，中华书局标点本。
（明）陆粲：《庚巳编》，中华书局标点本。
（明）何良俊：《四友斋丛说》，中华书局标点本。
（明）罗洪先：《念庵集》，《四库全书》本。

（明）徐渭：《青藤书屋文集》，《丛书集成初编》本。
（明）钱德洪：《平濠记》，《丛书集成初编》本。
（明）耿定向：《先进遗风》，《丛书集成初编》本。
（明）王世贞：《弇州山人续稿》，《四库全书》本。
（明）王世贞《名卿绩记》，《纪录汇编》本。
（明）王世贞：《弇山堂别集》，中华书局标点本。
（明）王士性：《广志绎》，中华书局标点本。
（明）李诩：《戒庵老人漫笔》，中华书局标点本。
（明）顾起元：《客座赘语》，中华书局标点本。
（明）邹元标：《愿学集》，《四库全书》本。
（明）唐枢：《国琛集》，《丛书集成初编》本。
（明）朱国桢：《涌幢小品》，中华书局标点本。
（明）于慎行：《谷山笔麈》，中华书局标点本。
（明）沈德符：《万历野获编》，中华书局标点本。
（明）赵善政：《宾退录》，《丛书集成初编》本。
（明）包汝辑：《南中见闻》，《丛书集成初编》本。
（明）邝露：《赤雅》，《丛书集成初编》本。
（明）刘若愚：《酌中志》，《丛书集成初编》本。
（清）钱谦益：《牧斋初学集》，商务印书馆《四部丛刊》本。
（清）钱谦益：《列朝诗集》，上海三联书店影印本。
（清）钱谦益：《列朝诗集小传》，上海古籍出版社标点本。
（清）孙承泽：《天府广记》，北京古籍出版社标点本。
（清）顾炎武：《天下郡国利病书》，商务印书馆《四部丛刊》本。
（清）顾炎武《日知录》，黄汝成《日知录集释》，上海古籍出版社影印本。
（清）王士禛：《池北偶谈》，中华书局标点本。
（清）朱彝尊：《静志居诗话》，人民文学出版社 1990 年版。
（清）毛奇龄：《西河文集》，《四库全书》本。
（清）钱泳：《履园丛话》，中华书局标点本。
（清）纪昀：《四库全书总目提要》，中华书局影印本。
（清）赵翼：《廿二史札记》，中华书局标点本。
（清）昭梿：《啸亭杂录》，中华书局标点本。

（清）潘永因：《宋稗类钞》，书目文献出版社 1985 年版。
（清）陈田：《明诗纪事》，上海古籍出版社标点本。

黄云眉：《明史考证》，中华书局 1980 年版。
李洵：《明清史》，人民出版社 1956 年版。
郑克晟：《明代政争探源》，天津古籍出版社 1988 年版。
汤纲、南炳文：《明史》上册，上海人民出版社 1985 版。
李洵：《(明)正德皇帝大传》，辽宁教育出版社 1993 年版。
侯外庐等：《宋明理学史》，人民出版社 1987 年版。
陈鼓应等：《明清实学思潮史》，齐鲁书社 1989 年版。
李泽厚：《中国古代思想史论》，人民出版社 1986 年版。
杨国荣：《王学通论——从王阳明到熊十力》，上海三联书店 1990 年版。
陈来：《有无之境——王阳明哲学的精神》，人民出版社 1991 年版。
陈来：《宋明理学》，辽宁教育出版社 1992 年版。
杜婉言、方志远：《中国政治制度通史·明代卷》，人民出版社 1996 年版。
田守真：《明散曲纪事》，巴蜀书社 1996 年版。
杨国荣：《心学之思——王阳明哲学的阐释》，三联书店 1997 年版。
钱明：《儒学正脉：王阳明传》，浙江人民出版社 2006 年版。
钱明：《王阳明及其学派论考》，人民出版社 2009 年版。
陈正显：《心运时务：正德时期（1506—1521）的王阳明》，（台北）花木兰文化出版社 2010 年版。
方志远：《(明)成化皇帝大传》，辽宁教育出版社 1994 年版。
方志远：《明代国家权力结构及运行机制》，科学出版社 2008 年版。
（美）牟复礼等：《剑桥中国明代史》，中国社会科学出版社 1992 年版。
（日）冈田武彦：《王阳明与明末儒学》，上海古籍出版社 2000 年版；重庆出版社 2016 年版。
（日）冈田武彦：《王阳明大传：知行合一的心学智慧》，重庆出版社 2015 年版。

欧阳琛：《王守仁与大礼议》，《新中华半月刊》第二十卷第七期。
郑克晟：《王阳明与嘉靖朝政治》，台湾《明史研究专刊》第十一期。

谭佛佑:《王阳明“主贵阳书院”辨正》,《贵州文史丛刊》1987 年第 1 辑。

程宜山:《王守仁“知行合一”说新探》,《中国哲学史研究》1988 年第 2 期。

陈来 :《王阳明与阳明洞——王阳明越城活动考》,《孔子研究》1988 年第 2 期。

方尔加:《禅宗对阳明心学的影响》,《中国哲学史研究》1989 年第 1 期。

张显清 :《试论王阳明心学的历史作用》,《孔子研究》1990 年第 2 期。

屠承先 :《阳明学派的本体功夫论》,《中国社会科学》1990 年第 6 期。

钱明 :《第五次中日联合王阳明遗迹考察纪要》,《浙江学刊》1994 年第 5 期。

王路平 :《王阳明谪居龙场遗迹考录》,《孔子学刊》1994 年第 2 期。

李明德:《王阳明的破山中贼与破心中贼》,《孔子学刊》1995 年第 3 期。

胡忌 :《扬州“瘦马”论考》,《扬州大学文化史研究所辑刊》第一辑,江苏古籍出版社 1998 年版。

廖心一 :《刘瑾“变乱旧制”考略》,《明史研究论丛》第三辑,江苏古籍出版社 1985 年版。

(日)荒木见悟 :《阳明学评价的问题》,《中国哲学史研究》1986 年第 3 期。

(美)李杰臣 :《王阳明朱熹格物观差异之讨论》,《中国哲学史研究》1988 年第 3 期。

附一：明朝百年启示录

一

在中国历史上，有两个朝代我认为需要特别加以关注。一个是西汉，一个是明朝。

民国时期的明清史专家孟森从“道义”的角度出发，说汉朝和明朝“得国最正”。理由是，汉高祖刘邦和明太祖朱元璋，都没有任何家庭背景，都没有入仕前朝为臣，全凭着自己的人格、本领和运气，投身于农民战争，前者推翻了“暴秦”，后者驱逐了“胡虏”，建立起汉人的王朝。这是孟森先生的思考角度。

我的认识是，无论是汉朝还是明朝，都是发育比较完整的朝代，它们都有一个比较长时间的自我发育过程，有一个主要通过社会内部的变化从凋敝走向繁荣而后又步入衰落、衰亡的过程。历史学最基本的功能，是为现实提供借鉴。所以司马光编撰的那部伟大历史著作，就取名为《资治通鉴》。而他的前辈司马迁写《史记》，宗旨则是“究天人之际，通古今之变”。我正是从这个角度出发，认为汉、明这两个朝代特别需要我们关注，特别需要认真加以研究。

西汉建立之后，经过对吕氏势力的制裁，其实是通过一场宫廷政变，进入正常的发展轨道。又通过对异姓藩王和同姓藩王的打击，建立起比较完整的中央集权国家体制。在经历了“文景之治”和汉武帝的开疆拓土后，西汉进入强盛。但在这个过程中，各种社会矛盾、社会问题也逐渐积累，逐渐暴露，并且迅速发展。

十分有趣的是，当时的统治者几乎都看到了这些问题，都在试图解决这些问题。伟大的汉武帝甚至低下高贵的头，向全国人民下“罪己诏”，并且相应调整了各方面的政策。但是，问题并没有得到解决，社会矛盾继续发展。于是，在阴阳五行说的推导下，上演了一场“禅让”的喜剧，由王莽建立“新”朝，取代汉朝。这是当时的“有知之士”为解决社会矛盾共同开出的药方。他们希望通过更换招牌的方式，让刘氏汉朝做替罪羊，避免天下大乱，以维护既得利益者的利益。

但是，这个事情没有做成功，反倒是王莽成了刘氏的替罪羊。绿林、赤眉起义，推翻了新莽，由刘秀建立了东汉，代表着汉朝的“中兴”。“王莽改制”遂成历史笑柄。平心而论，后人其实没有任何理由嘲笑王莽以及和他一起演出这场大戏的人们。因为他们的大方向是对的，他们的目的是为着解决社会矛盾，只是没有认清社会的症结所在，没有把事情做好。因为社会问题积累得太深，而所有的既得利益者又都不愿意放弃自己的利益。这就不是仅仅可以靠改革、靠改良可以解决的了，必须通过一场革命，通过一次大的破坏，重建新的社会秩序，重新分配社会利益。

明朝建立之后，经过明太祖的“重典”治理，经历了成祖的“靖难”（其实是一场扩大了的宫廷政变），又经过短暂的“仁宣之治”，国家也进入正常的发展轨道。尽管有一个“土木之变”，五十万明军土崩瓦解，英宗被蒙古人俘虏，但并没有从根本上损伤明朝的元气。恰恰相反，明朝正是从这个时候开始，逐渐进入到多元化社会。

明朝多元化社会的主要特征是：一、社会价值标准由单一的官本位向仕途、财富、精神文化多元标准演变，从而导致官道、商道、精神文化的相互渗透。二、北京集政治、经济、文化多元中心于一体的地位受到严峻挑战，苏州—南京上升为新的文化中心，苏州、松江、江西、浙江形成大经济中心；经济中心和文化中心相互依托，与政治中心北京分庭抗礼。三、由政府意志主导社会思潮，演变成思想家、文学家、在野“清流”派的思想及小说戏剧所表现的价值观构成多元化的社会思潮；四、随着西方近代势力的渗入，中国传统“天朝”中心的理念开始受到挑战，“师夷之长技”在晚明成为先进知识分子为解救王朝危机开出的新药方。

从世界近代化演进的过程看，多元化社会的形成是时代进步的表现。但在中国历史上，与多元化社会共生的，总是因财富积累而导致贫富不均，因国家承平而导致因循守旧，因自由过度而导致规矩丧失，因社会开放而导致涣散动荡，以及国家主导作用的日渐缺失和对外防御能力的急剧下降。中国历史上大凡有一定规模并且持续相当时间的朝代，大抵上都在一遍又一遍地演绎着这个乐极生悲的故事。由于统治时期相对较长，使得明朝将这个故事演绎得更为充分，因而也更具有典型意义。

如果把明朝作为一个个案，那么，这个个案向我们显示的是：不是通过改朝换代，而是在一个政府的统治下，社会多元化和社会转型是如何在经济、文化发展的推动下，在与政治权力相互作用下自发地产生。而在这个社会多元化的过程中，国家主导作用是如何逐渐弱化并最终缺失，致使社会多元化没有能够使明代社会转型到更高的发展阶段，却导致了社会涣散和国家败亡？是哪些因素导致明朝政府在多元化社会形成之时"以不变应万变"，并一步步陷于被动？

二

明代从洪武至正统时期（公元 1368—1449，明朝的前 80 年），虽然也有过"小阳春"，但大抵上属严峻冷酷的时期。经过元末长时间的全国性战争，社会经济遭受严重的破坏。经济需要复苏，社会需要稳定，国家权力强势控制社会。在此期间，曾经发生过明太祖的严惩贪官、滥杀功臣，以及对与明朝持不合作态度的文人实施打击；也发生过明成祖在"靖难之役"后对建文旧臣的持续镇压，还发生过明英宗时期对小说、戏曲的禁止。而且，在洪武、永乐两朝，通过强制性迁徙，将农民起义时期的"杀富济贫"演绎为"夺富济国"。在实施打击的同时，重开科举，招揽读书人，征求广泛的社会支持。从此，科举成为军功之外通向仕途的"正道"。这可视为明朝君主集权制国家建立后，民众对政权认同的重要标志。在当时，谁能考取进士，谁的官做得大，谁就有价值。所以，读书人的出路只盯住一条：举业。这才是最有效最体面特别是最符合国家意志的脱贫道路和展示自我价值的方式，"仕途"和"官本位"也成了民众公认、国家倡导的最基本的社会价值标准。

正统至成化时期（1436—1487 年，50 年，距明朝建立约 70—120 年），严峻冷酷的政治气氛开始化解。随着社会经济的渐次复苏，社会财富开始积累，各地城市趋向繁荣，人们对物质财富的占有欲变得强烈起来，统治者的构成也由流氓无产者演变成了社会财富控制者，国家权力对民众的控制开始松解。于是出现了第二种价值标准，财富。谁能够看准时机发财，那也是本事。于是，弃学经商开始大量出现。这种价值标准的发生及被社会逐渐认同，成为明代社会经济发展特别是商品经济发展的重要动力。正是在这种价值标准的推动下，徽商、晋商、江右商、闽商、粤商等“大十商帮”以及其他地域性商人活跃起来，并影响中国五百年的经济社会发展。在这个过程中，当国家财政和国家救济发生困难时，明朝政府开始向“富人”寻求帮助，并通过授予“义民”、“冠带荣身”等荣誉称号，以及给予国子监的入学资格，作为奖励或交换。这既可以视为国家承认私人财产合法化的标志，也可视为社会财富得到国家和社会认可的重要契机。从此，明朝进入仕途、财富双重社会价值标准的时代。

成化至正德时期（1465—1521 年，60 年，距明朝建立约 100—150 年），随着国家的长治久安和经济的持续发展，文化消费的需求也逐渐加强，人们对精神的享受有了更多的追求。在这方面，上层与下层、贵族与大众有着共同的喜好和需要，用马克思的话说，“人所固有的我无不具有”。大众需求推动了上层需求，上层需求刺激着下层需求，文化产品、精神产品与物质产品一道，构成明代社会的基本需求和财富来源。于是，第三种价值体系开始出现:“文化”。不少读书人通过诗文、书画、民歌时曲、说唱词话、通俗小说，不少能工巧匠、名医名卜，以及精通或粗通堪舆、星相、占卜、房中术、黄白术等各种术数的人们，通过他们的技艺，获得了社会地位、政治身份或经济收益。而成化、弘治、正德三朝发生的“传奉官”，弘治、正德、嘉靖年间发生的“山人”，成为显示这一社会价值标准的典型现象。[①]

多重价值标准的依次出现及并存，标志着明代多元化社会的开始形成。然而，明代多元化社会的形成，不仅仅表现在仕途、财富、文化三种价值标准的并存，还表现在至嘉靖、万历时期，已经形成了三大中心的并存：政治中心北京、经济中心苏松江浙及周边地区、文化中心南京—苏州。

明朝迁都北京，以南京为留都，本用以控制江南，这个政治目的确实达到了。但与此同时，却生产出了一个文化“异己”。南京和苏州，本来分别是朱元璋和张士诚两个政治对手的统治中心，朱元璋以军事力量摧毁了张士诚，苏州却以文化力量征服了南京，并和南京一起，成为明代中后期

---

① 参见拙稿:《“传奉官”与明成化时代》《“山人”与晚明政局》，分载《历史研究》2007 年第 1 期、《中国社会科学》2010 年第 1 期。

的文化中心。而其依托，则是以苏松杭嘉湖为核心，以徽州、扬州、常州、镇江、绍兴、宁波为外围，包括南直江南地区及浙江、江西、福建、湖广在内的大经济圈。这个经济圈大致相当于南宋的主要统治区，是当时中国经济的命脉所在。经济中心与文化中心联为一体，一方面支持作为政治中心的北京，另一方面又对北京构成经济上和文化上的压制。北京固然可以凭借国家权力进行政治统治，南京和苏州则可以利用它的文化力量凝聚人气、营造气场，更以大江南的经济实力为基础，在文化层面上俯视北京。而且，经济越是发达，社会财富越是积累，社会越是趋于多元化，文化的影响力也越是压制政治的影响力。

明代多元化社会的形成，是与社会需求的多元化特别是社会财富控制的多元化相伴而来的。景泰以后特别是成化以后，拥有社会财富或者说拥有一定数量可供自由支配财富的，已经不再限于皇室、藩府、富商及各级政府衙门。作为个体的各级各类官员、吏员，包括文职、职官和宦官，以及他们的家属、部属，大大小小的商人、手工业者、农民，僧寺、道观的各层人物，乃至樵夫渔父、贩夫走卒各色人等，虽然程度不一样，却在以各种方式成为社会财富的拥有者，因而同时也可能成为文化产品、精神产品的购买者。明廷此时已经很难通过国家强制的手段而只能通过社会动员或出卖功名的方式来获得社会财富，这也直接导致了物质财富和精神产品对国家权力的挑战乃至干预。

这可以说是明代建立一百年前后所发生的多元化社会进程的基本状况。但是，随着多元化社会的继续演进，问题也随之产生。

三

第一，三重价值标准相继出现的过程，也是三重价值体系相互渗透的过程。国家权力的控制者开始积极寻求社会财富、寻求文化地位，社会财富的控制者也积极寻求国家权力的倾斜和保护，同时寻求获得文化地位，文化产品的创造者同样在谋求政治权力、谋求社会财富。社会的多元化侵蚀着传统道德的底线，腐败痼疾开始持续侵蚀着明代官场并愈演愈烈。王守仁倡导的“问道德者不计功名，问功名者不计利禄”，正是为解决这一问题提出药方。但这一倡导几乎没有得到任何响应，明朝政府也几乎没有任何针对性的防范措施，更没有建立起各种社会角色保持相对独立性的体制。这成为明代多元化社会重复历代所发生的故事、偏离正常轨道的开端。而此时的王门学者包括王守仁本人，以及后来的东林党人，也没有能够承担起道德实践者的责任。不仅如此，竟然闹出大学士误解“拔一毛而利天下”赠语的笑话。①

第二，社会的多元化推动着社会思潮的多元化，国家的舆论引导机制难以建立，政府的影响力日渐消退。明代自成化、弘治以后，也就是随着文化成为社会价值标准，以南京、苏州及江南地区为主要发源地，思想家、文学家、在野“清流”派官员，以及小说、戏曲、歌谣等形形色色的文学作品，逐渐成为社会舆论的主要策动者和表现形式，并推导着社会思潮的多元化。但是，这些社会思潮及其推导者是可以不对后果承担责任的。顾宪成和王锡爵关于“庙堂是非”和“天下是非”的讨论，集中反映了在社会思想多元化过程中“国家认同”或“政府认同”出现的危机。②除了动用暴力，明廷对社会舆论、社会思潮的挑战完全没有应对办法，直接导致了信任危机和思想涣散。这一状况在中国历史上其实反复出现过。由于宗教的世俗化，中国的传统宗教和外来宗教难以起到教化作用，中国的官员一直需要以双重身份对民众施加影响，一是权力的威服，二是道德的示范，而一旦后者发生故障，前者的权威也受到挑战。

第三，明朝以农业为立国之本，受现实和理念的双重制约，经济上实施一元化重农政策，严重忽略渔业、牧业特别是海上贸易、西北边贸，并且对商业集团的形成始终带有警惕和畏惧。东南“禁海”，西北“禁茶”，内地“禁矿”、“禁盐”，成为明朝的基本经济政策。其结果是，经济的多元化发展冲击了单一的农业经济，而政府的政策既阻碍了外贸的发展、隔绝了与海外的联系，也没有能够及时地由几乎单一的农业税转化为真正意义上的多种税收并举，从而切断可能得到的财源，国家财政陷入困境。与此同时，商人和实权派官员、吏员却在这场经济游戏中谋求利益，贫富差距扩大。一方面是社会多元化带来经济社会形势的急剧变化，另一方面，由

① 王应奎《柳南随笔》载：崇祯初，大学士钱龙锡在入阁前曾向名士陈继儒请教国是，陈赠一句：“拔一毛而利天下。”钱不解其意。适袁崇焕请斩毛文龙疏至，方大悟：“此眉公教我者耶？”

② 谷应泰《明史纪事本末》卷66《东林党议》载：万历二十年前后，王锡爵为首辅，顾宪成以吏部郎中为清流代表。锡爵责之曰：“庙堂之是非，天下必欲反之。”宪成答曰：“天下之是非，庙堂必欲反之耳。”

于明朝的皇帝从成化开始大抵不接见大臣、不对重大决策承担责任，拘于传统理念和明太祖的“祖制”,文官们只能在“不争论”中对经济政策进行“微调”。于是，一方面是财源的继续流失，另一方面是传统的农业税难以建立起国家救助体系、国家安全体系。明朝与其说是亡于农民起义、亡于清朝的入主，倒不如说亡于长期无法解决的财政困难。

第四，国家对多元化社会和社会转型的应对态势，决定于政策决定者的立场、观点和对时局的认识，并与其切身利益息息相关。明朝的国家决策主要依靠文官集团，文官皆由科举而进，儒家学说为科举的基本科目。同时，明朝也是继两宋之后又一个以汉族官员为基本构成的朝代。这就造成了来自于传统农业地区的官员、吏员成为执政主体，来自江南经济文化发达地区的官员越来越多地掌握着话语权。虽然内廷宦官多来自北方，但当权者大抵被改造成“文化人”，而且是带有北方传统农业习性的文化人。明朝政策决定者的这种地域构成和民族构成，使得明朝决策层难以制定出保护、发展海外贸易、边境贸易乃至境内工商业发展的国家财政政策，也无法制定出对经济欠发达地区、非农业地区、边疆地区海疆地区、少数民族地区的保护政策。“屁股决定脑袋”乃天下之通理，官员的身份和地域结构、民族结构导致政府的决策多以汉人区、农业区、经济文化发达区为坐标。而在一般的情况下，文化越是生产出社会价值，其带来的阶层之间、地域之间的贫富差距就越大，社会财富也就越向发达地区集中。这样，当经济文化发达区为争得更多的政治、经济份额欢欣鼓舞时，经济文化欠发达地区却在悄然改变国家的最终命运。东北的女真—满族政权,西北的农民起义，夹击着明朝早已缺乏应对大规模战争的军事力量，明朝的灭亡也就不可避免。

第五，思想的涣散、官场的腐败，必然导致军队战斗力的下降。由于特殊的地位，军队一旦腐败，其程度就非外人所知。“养兵千日，用兵一时”,说容易，做实难。表面上是国家养着数十万乃至上百万的军队，但军费严重不足，军官谋求私利，士兵自谋生计，“土木之变”其实揭示了一个真相：明朝的军队可以比较轻松地打击没有组织的民众，可以比较吃力地镇压有组织的农民反抗，甚至可以艰难地抗衡来自外部的有组织的军事势力，但它绝对无法抵御来自外部的强有力的军事集团，甚至也无法对抗已经强大起来的农民武装，更何况内忧外患并生、阶级矛盾民族矛盾交错。随着西方殖民者的东来和传教士的进入内地，带来了新宗教、新理念、新技术，在士大夫中激发起了新的社会思潮，“师夷之长技以御虏”的思想不仅产生，而且付诸抗击女真的战争之中。但是，“外援”从来没有真正解决过中国内部的社会问题，中国的问题最终需要中国人自己解决，明朝也如此。

四

多元化社会的形成在任何一个政权的统治下，都是社会发展的必然趋势，虽然形式不同、表现各异，但都是社会进步的标志，是社会转型的重要表现和推动力量。但是，在这一过程中，作为公共权力的国家，必须因势利导、与时俱进，不断调整执政主体的结构，修正各项经济政策，完善社会救助体系，建立舆论引导机制，成为正确引导和推动社会发展的主导力量。任何理论、任何成法、任何个人和小团体的利益，在社会发展和国家利益、民众利益面前，都应该经受考验、接受改造。也就是说，必须在多元化的同时，又一体化。作为公共权力，政府应该承担起这个一体化的责任。

观察现实和观察历史一样，都需要用历史和现实的双重眼光。从历史的眼光看，改革开放的三十年，可以说是中国有史以来发展最好的三十年：社会开放、政治宽松、经济繁荣、人民富庶。但是，经济的发展可以解决贫困问题、温饱问题，却未必能够解决社会不公、贫富悬殊的问题，未必能够解决政治权力和商人财团的联姻问题，甚至也无法真正解决社会保障问题，因为这些问题恰恰是经济发展引起并激化的。

我们的前人只是为我们提供了历史的教训，也展示了他们为着化解矛盾、推进社会的种种努力，但他们最终没有能够解决他们那个时代发生的问题，所以中国历史上才演绎着一个又一个乐极生悲的故事。西汉的故事特别是明朝的故事，已经给我们提供了当代启示。既然是这样，我们就不能指望借助古人的智慧、指望倡导古人的精神来解决现实的问题。必须用现代的眼光来剖析当代的问题，必须吸收当代人类的全部智慧，制定出真正符合中国国情的方针和政策，不断化解和解决经济发展过程中产生的社会问题和社会矛盾，维护国家的长治久安，保持经济社会的持续发展。（原载《吉林大学社会科学学报》2012 年第 5 期，《中国社会科学》2012 年第 6 期摘要）

附二：王守仁的个性与明代士风

和中外历史上的许多杰出人物一样，王守仁从他闻名于世开始，就一直毁誉参半。同时代人指责他事不师古、言不称师、专以立异为高，却又不能不承认他事功卓著。今人说他承朱学之微而鼓吹心学，以解救明王朝的统治危机，为统治者另谋思想统治的出路，却又不能不承认王学的内在积极因素；抨击他镇压江西的民众运动，推行保甲法，强化明朝统治，又不能不承认他虑事的深远和办事的干练非一般士大夫可比。本文试图从王守仁的政治活动中提取几个片断，来看看这位心学大师的独特个性。

正德元年（1506 年），对王守仁来说是带有决定性的时刻。明武宗朱厚照是位富有浪漫色彩的君主，他继位时刚刚十六岁，聪明机警，生性好动，既不喜欢待在宫廷听翰林官宣讲那些先圣明君的陈词滥调，也讨厌装模作样听大臣们喋喋不休地陈述那些他听不明白的国计民生，却喜欢和御马监勇士们一起舞枪弄棒、斗狠角力，喜欢在小内使的陪伴下溜出皇宫，嬉戏游宴。对此，外廷官员们把攻击矛头集中指向武宗的几个亲信宦官——以刘瑾为首的“八虎”，掀起了一场声势浩大的反宦官其实是抨击皇帝的斗争。斗争结果是外廷文官集团的惨败：内阁三位大学士，除“依违其间”的李东阳外，刘健、谢迁被迫致仕，户部尚书韩文被革职，南北两京上疏声援的科道官戴铣、薄彦徽等人受到杖责。

王守仁这时是兵部主事，他认为上疏言事是科道的职责，朝廷不该因言事而杖责科道官，于是“抗章直言”，却也遭到廷杖四十的责罚，被贬为贵州龙场驿驿丞。

可谁也想不到，这位三十刚出头的龙场驿丞竟在荒蛮之地悟出了一个震撼当世的格物道理，开创了影响中国历史达数百年之久的王守仁心学。

江右王门的著名人物罗洪先对王守仁的“龙场悟道”作了这样的解释：

> 及其摈斥流离于万里绝域、荒烟深箐、狸鼯豺虎之区，形影孑立，

> 期夕惴惴，既无一可骋者，而且疾病之与居、瘴疠之与亲。情迫于中，忘之有不能；势限于外，去之有不可。辗转烦瞀，以需动忍之益。盖吾之一身已非吾有，而又何有于吾身之外？至是而后，如大梦之醒，强者柔，浮者实，凡平日所挟以自快者，不惟不可以常恃，而实足以增吾之机械，盗吾之聪明。(《王文成公全书》卷 35《年谱》四附）

这种分析虽合乎情理，但客观环境还不能代替王守仁的个性。在王守仁疏救的科道官中，有的伤重而亡，有的贬谪后复官，但没见哪一位在逆境中有何创见。只有王守仁把挨杖、贬官抛到脑后，自行去“悟道”。挨了四十杖，就算对得住君父，至于为尧舜还是为桀纣，于我何干！

据钱德洪《阳明先生年谱》和黄宗羲《明儒学案》记载,在王被贬出京师、谪赴贵州的路上，刘瑾曾派人眼踪，准备途中行刺，王守仁却“托投水脱去,得至龙场”。如果属实,那就更可见王守仁的个性非比一般。不管在“投水”之前他有无思想准备,其潜在意识却无疑是对“君要臣死,臣不死不忠”的迂腐观念的蔑视。如果没有这种意识，王守仁也许就到不了龙场驿，更不要说在那荒蛮之域去悟什么格物致知之道。

刘瑾的倒台，给王守仁的仕途带来了转机，一年之内由庐陵知县升授刑部主事、调吏部主事、升吏部文选司员外郎。到正德十四年（1519 年），王守仁已是巡抚南赣汀漳右副都御史。

正德十四年（1519 年）六月，王守仁受命到福建去处置兵变，行至丰城，却从知县顾佖处得知宁王宸濠在南昌起兵叛乱的消息，立即返回吉安，和吉安知府伍文定等发兵征讨。今天我们从《明史》看到这一记载，不会产生任何其他想法，王守仁身为封疆大吏，得知宁府反叛，理应讨伐。但问题并不这么简单。

从洪武三年明太祖惩宋元之孤立而分封诸王以后，大臣中凡是论及削藩及参与皇室权力斗争的，大多没有好结果。首先反对分封的是平遥训导叶伯巨，所上奏疏义正词严，合情合理，却被明太祖认为是“离间”其骨肉，下狱而死。为建文帝出谋划策削藩的齐泰、黄子澄、练子宁在成祖即位后都被灭族。解缙只是议论了汉王高煦夺嫡一事，就身死家破。宣德元年（1426 年），高煦叛乱，大学士杨荣请宣宗亲征，宣宗面有难色。户部尚书夏原吉当即指出：“臣昨见所遣将，命下即色变，临事可知。”（《明史·夏原吉传》）

当时高煦叛乱已为朝廷确认，受命出征的将领尚且畏畏缩缩，可见宗室问题的敏感性。

据嘉靖时历任过都御史、刑部尚书的郑晓回忆："宁藩反时，余时年二十一，应试在杭。见诸路羽书，皆不敢指名宸濠反，或曰江西省城有变，或曰江西省城十分紧急，或曰江西巡抚被害重情，或曰南昌忽聚军马船只，传言有变。惟阳明（王守仁）传报，明言江西宁王谋反，钦奉密旨，会兵征讨。"（《今言》卷4）各路羽书不敢明言宁王谋反，一是情况不明，未敢贸然张皇，徒取奇祸，二是当时朝纲紊乱，宁王谋事已非一日，同党甚多，万一成为燕王第二，岂不断了退路？王守仁敢于明言宁王谋反，已是冒天下之大不韪，何况宣称"钦奉密旨，会兵征讨"，完全不留回旋余地。所以郑晓认为，此举实是"不顾九族祸"，比起那些命下色变的将领，其气势与义无反顾，自不可同日而语。

武宗朱厚照得知宸濠起兵，不仅不感到震惊，反倒异常兴奋，觉得这下英雄有了用武之地，于是自封为威武大将军，率领京军边卫健卒数万人兼程南下，决心效法太祖高皇帝，要与宸濠在鄱阳湖大战一场。但刚到涿州，王守仁在樵舍擒获宸濠的捷报就到了。武宗见报，大为扫兴。他将捷报搁在一边，继续南下，并命安边伯许泰、提督军务太监张忠等领京军直趋南昌。许、张二人为迎合武宗好斗喜胜的脾气，让王守仁将宸濠放了，好让武宗亲自尝尝打仗擒俘的滋味。王守仁却先行将宸濠押往玉山，并说服甚有权势的太监张永，请他劝武宗不要南下江西。后来他又重写了一份告捷文书，说是遵照"威武大将军"早已定下的方略，才一举讨平叛乱，以满足武宗的虚荣心。这种做法，在一般士大夫看来是有失体统的，但在王守仁看来，只有这样才能使江西免遭蹂躏。

世宗即位后，封王守仁为特进光禄大夫、柱国、新建伯。但由于官场中的倾轧和派系斗争，王守仁没有能进入最高决策圈，却被派到两广去镇压土司叛乱及瑶民闹事。经过几番征战、几度安抚，终于事平乱定，却被政敌指责为"征抚交失"，赏格不行。

这时的王守仁，已是重病缠身，他不能忍受这种不公正的待遇，上疏要求辞职，并推荐郧阳巡抚林富自代，这本来已经有点意气用事了，但他仍不解气，不等朝廷批文下来，自行离任而去。不过，他并没有能够回到故乡余姚，才到江西南安，就病逝了。

王守仁死后，大学士桂萼劾其擅离职守。明世宗认为王守仁不待批复自行离任是蔑视朝廷，让廷臣议罪。廷议的结论是：（王）守仁事不师古，言不称师。欲立异以为高，则非朱熹格物致知之论；知众论之不予，则为朱熹晚年定论之书。号召门徒，互相唱和，才高者乐其任意，庸鄙者借其虚声。传习转讹，背谬弥甚。”（《明史·王守仁传》）如果剔除其中的攻击成分，倒是很恰如其分的评价。

王守仁确实是“事不师古，言不称师”，却也事出有因。《明儒学案》说他“始泛滥于词章。继而遍读考亭之书，循序格物。顾物理吾心终判为二，无所得入，于是出入于佛老者久之。及至居夷处困，动心忍性。因念圣人处此更有何道，忽悟格物致知之旨，圣人之道，吾性自足，不假外求。”（卷十《姚江学案》）如果称师，孔孟韩欧程朱佛老皆为师。王守仁不像有些读书人那样只尊一师，死守师门，而是博采众说，皆为我用，以“我”为中心，开创王门心学。有人指责王守仁受陈献章高足湛若水影响却一生不言及陈献章，黄宗羲也认为：“有明之学，至白沙（陈献章）始入精微。其吃紧工夫，全在涵养。喜怒未发而非空，万感交集而不动，至阳明而后大。两先生之学，最为相近，不知阳明后来从不说起，其何故也。”（《明儒学案·白沙学案上》）关于这桩公案，人们已经议论了数百年，不是这篇短文所能解决的，但从中至少可以看出王守仁个性的一个侧面，那就是立意标新，羞为人后。事实上，白沙、姚江二说虽颇相近，但差异也是显而易见的。如果王守仁拜倒在白沙门下，不仅不可能出现风靡数代的王学，连我们今天所知道的王守仁也当大为逊色。正是因为王守仁“事不师古，言不称师”，“以默坐澄心为学的”，提倡独立思考，并且身体力行，才使自己成为雄视千古的思想大师和影响深远的政治家。同时，也使王学中不但出现了王畿那样的极端唯心主义思想家，罗洪先那样不名一师、学贯古今的学问家，还出现了王艮、何心隐、罗汝芳乃至李贽那样的“异端”思想家。

明代学者王世贞对王守仁作了这样的评述：“吾时时见守仁乡人及其行兵地，道守仁智不可测如神云。……其说固未尽合朱氏，然亦洒然可喜，所自得深奥矣。学者又加甚焉，分门植党，以为胜朱氏。然此非守仁罪也。雄爽横放，不凿不蹈，能发所独见，难矣。”（《国榷》卷五四）王世贞的议论从客观主义的角度为王守仁开脱，认为王学后来出现的所谓“流弊”与王守仁本身无关，却没有看到二者之间的关系。其实，不管王学“流弊”

多深，也不管是王门学者中的“才美者”还是“庸鄙者”，我们都可以看到王守仁和王学的特有个性所产生的影响，那就是王世贞所说的“雄爽横放，不凿不蹈，能发所独见”。黄宗羲在《明儒学案》中用了四个字来概括王守仁的个性：“豪迈不羁”。前面已经提到，无论从王守仁的事功，还是从他的学说的内在精神，或者从他与明政府的关系，都可以看到这一个性在起作用。

王守仁的个性，既是他在游学南北、沉浮宦海、澄心默坐中历练而成，也是明代士风熏染的结果。

明太祖惩元代宽纵之弊，用重典治天下，建立了一套极端的君主专制政治制度，也造成了一代严峻的政治形势。有意思的是，明太祖本人却时常意气用事，喜欢和士大夫争个是非曲直，一旦理亏，或欣然认错，或廷杖相加。这种作风我们在明代其他君主如成祖、仁宗、宣宗、宪宗、武宗甚至世宗、神宗身上也可以发现。这样一来，在士大夫中逐渐养成了一种敢说敢为、欲与人主论短长的风气。通观有明一代，为君者任意杀戮、侮辱士大夫在中国历史上是罕见的，但士大夫的气节也是历代罕见的，越是挨了板子，越是觉得风光，名气也就越大。天顺、成化以后，随着商品经济的活跃，明初建立的极端君主专制制度渐趋松懈，市民阶层和市民意识重新抬头，传统的礼教观念也受到强有力的冲击，士大夫中的讲学辩驳之风日盛，人们在受到长时期的思想禁锢之后，感受到了自由轻松的气息。到王守仁时代，出现了一批富有创新精神、追求个性自由的学者和艺术家。杨慎以他的诗、文、散曲，唐寅、祝允明、文征明以他们的书、画，向时人宣告了一个新时代的到来。正是在这种风气之中，形成了王守仁的独特个性，并在哲学领域向程朱理学的教条统治发起冲击，从而对明中后期的思想解放产生重大的影响。

一个时代有一个时代的风尚，只有在明代中后期那样自由奔放的时代，才可能产生王守仁“豪迈不羁”的个性，也只有这种个性，才可能产生具有批判精神的王守仁心学。可以说，没有个性的时代，是产生不了富有个性的思想大师的。（原载《文史知识》1992 年第 11 期）

附三：阳明史事三题

明孝宗弘治十八年（1505年），王阳明（守仁）开始在京师讲学，倡言“先立必为圣人之志”；武宗正德五年（1510年），经历了“龙场悟道”的阳明重返中原，与湛若水、黄绾会于北京大兴隆寺，相与讲学，门人渐多；至正德（1506—1520年）、嘉靖（1522—1566年）间，王学遂为显学。阳明的气节、事功、文章，也被推为有明第一人。[①] 今人研究阳明学说者多，而于阳明生平，却颇为忽视，故不少史事仍似是而非。本文兹列数端：阳明与权奸刘瑾抗争事、阳明与宁王宸濠结交即“通濠”事、阳明“惧内”事，略加分析，或辨明，或存疑，以求其实。

一、关于阳明与权奸刘瑾的抗争

阳明的气节，首先表现在与权奸刘瑾的抗争上。

黄绾《阳明先生行状》云：

> 正德改元，宦官刘瑾窃国柄、作威福，差官校至南京，拿给事中戴铣等下狱。公上疏乞宥之。瑾怒，矫诏廷杖五十，毙而复甦，谪贵州龙场驿驿丞。瑾怒未释。公行至钱塘，度或不免，乃托为投江，潜入武夷山中。决意远遁。……庚午，升庐陵知县。[②]

黄绾既是阳明生前好友，又是阳明入室弟子，他所作《行状》，乃阳明去世后的第一篇权威性传记。[③] 在上面这段文字中，黄绾叙述了阳明与刘瑾抗争的基本情节：一、上疏乞宥言官；二、由此被廷杖五十、毙而复甦，

---

① 清人朱彝尊称：“阳明子功烈、气节、文章，皆居第一，时多讲学一事，为众口所訾。”见上海古籍版（下同）《王阳明全集》卷33所录日本《阳明学报》第157号载蓬景轩编《姚江杂纂》。

② 黄绾：《阳明先生行状》，载《王阳明全集》卷38《世德纪》。

③ 据湛若水所说，这篇《行状》完成于阳明去世后的第五年。

谪龙场驿丞；三、恐刘瑾加害，托为投江；四、庚午即正德五年（1510年）升庐陵知县。

王门高第钱德洪、王畿所编《阳明先生年谱》，是全面记载阳明生平事迹的又一权威性文献。其于阳明与刘瑾抗争事作了如下叙述：

（正德元年二月）是时武宗初政，阉瑾窃柄。南京科道戴铣、薄彦徽等以谏忤旨，逮系诏狱。先生首抗疏救之。……疏入，亦下诏狱。已而廷杖四十，既绝复甦。寻谪贵州龙场驿驿丞。……（二年）先生至钱塘，瑾遣人随侦，先生度不免，乃托言投江以脱之。……先生（五年）三月至庐陵。①

与《行状》相比较，《年谱》加强了阳明疏救言官的情节，将“上疏乞宥”改为“首抗疏救之”，但将廷杖数由五十减为四十；又增加了刘瑾派人跟踪的内容，使阳明托言投江有了前提。

黄宗羲《明儒学案》则记：

逆瑾矫旨逮南京科道官，先生抗疏救之，下诏狱，廷杖四十，谪贵州龙场驿丞。瑾遣人迹而加害，先生托投水脱去，得至龙场。瑾诛，知庐陵县。②

《明儒学案》的这段文字依据《行状》和《年谱》而成，但作了两处重大处理：一、刘瑾不仅派人跟踪，而且准备“加害”，故阳明伪装投水是迫不得已而为之。二、阳明得由龙场驿丞知庐陵县，是因为刘瑾伏诛。

关于这段史事的最后定论是由《明史》作出的：

正德元年冬，刘瑾逮南京给事中、御史戴铣等二十余人。守仁抗章救，瑾怒，廷杖四十，谪贵州龙场驿丞。……瑾诛，量移庐陵知县。③

《明史》的这段记载基本上依据《明儒学案》，但删去了刘瑾派人跟踪

① 钱德洪、王畿：《阳明年谱一》，载《王阳明全集》卷33。
② 黄宗羲：《明儒学案》，卷10《姚江学案·文成王阳明先生守仁传》。
③ 《明史》卷195《王守仁传》。

加害的传闻。此后，有关阳明与刘瑾抗争的史事，大抵均依《明史》。[①]

但这些记载却有不少失实之处。

其一，关于阳明疏救言官戴铣等人及受廷杖。

《明武宗实录》载：

> 正德元年十二月乙丑，降兵部主事王守仁为贵州龙场驿驿丞。时南京科道戴铣等以谏忤旨，方命锦衣卫官校拿解。未至，守仁具奏救之，下镇抚司考讯。狱具，命于午门前杖三十，仍降远方杂职。[②]

《实录》的这段话，明确记载了阳明被贬谪的时间。《年谱》将事情记于正德元年二月，当是板刻时的错误，但各种校勘本均未予以订正。戴铣等人上疏获罪的时间是正德元年（1506年）十一月，阳明不可能在其上疏的九个月前进行营救。《明史》已经注意了这一问题，所以将时间系在正德元年冬。同时，《实录》明载受廷杖三十而非《行状》所说的五十，也不是《年谱》《学案》《明史》所说的四十。阳明的“抗疏”收录在《阳明全集》第九卷，标题是《乞宥言官去权奸以彰圣德疏》。但全文只是乞宥言官，而决不言及戴铣等人上疏的内容，也无一词抨击刘瑾，甚至连“权奸”、“奸回”之类的字眼也未见。故《实录》只说“具疏救之”，黄绾《行状》也只说“上疏乞宥”。可见，疏题中“去权奸”三字是后来加进去的。从这个意义上说，黄绾《行状》是实事求是的，《年谱》《学案》及《明史》所谓“抗章”、“首抗疏救”云云则加重了感情色彩。

其二，关于刘瑾派人跟踪意欲加害、阳明伪为投水避祸。

阳明虽贬谪贵州龙场驿，但离开京师沿运河入长江后，并未西行直接赴龙场，而是向东去了浙江。于是在杭州发生了所谓“投水避祸”一事。

---

① 由于黄宗羲的特殊身份和影响，不仅仅是《明史》，同时或后来的有关阳明及其他明代学者的许多记载，大多都是依据《明儒学案》。编成于康熙十一年（比《明儒学案》早四年）的《罪惟录》对这段史事是这样记载的：“正德初，逆瑾乱政，（阳明）论救言官戴铣、薄彦徽，因大发瑾罪。瑾怒，矫旨杖守仁于门，谪龙场驿丞，复使人前道扼之。守仁佯置衣履江岸，题诗其处，若投江死者，得以免。……瑾诛，擢庐陵知县。”（查继佐《罪惟录·列传》卷之十《王守仁传》）黄宗羲高足邵廷采作《明儒王子阳明先生传》记：“正德元年，刘瑾掌司礼监，放逐大臣……南给事中戴铣、御史薄彦徽合六科十三道公疏请黜奸回、留硕辅，以安社稷，缇骑逮问。先生抗疏……谪贵州龙场驿丞。至钱塘，瑾使人尾之急，惧不免，乃托投江而浮冠水上。……四年，瑾诛，升庐陵知县。”（邵廷采《思复堂文集》卷1）

② 《明武宗实录》卷20，正德元年十二月乙丑。

这件事始见于黄绾的《行状》，继见于钱德洪、王畿的《年谱》，再见于黄宗羲《学案》,并为各种传记、铭刻所袭用。惟《明史》删去不载。而从《行状》至《学案》，记载中发生了阳明投水由主动到被动的变化。《行状》说“(刘)瑾怒未释……(阳明)度或不免”、《年谱》说“瑾遣人随侦，先生度不免”、《学案》说“(刘)瑾遣人迹而加害，先生托投水脱去”。步步升级，阳明投水的原因遂由猜疑刘瑾加害的主观变为刘瑾遣人加害的实际。但真正的原因并非是刘瑾已经派人跟踪加害，而是阳明担心刘瑾不肯罢休，于是假装落水，打算就此隐居避祸。故《行状》说：“公行至钱塘，度或不免，乃托为投江，潜入武夷山中，决意远遁。”《行状》接着记载其至福建后的行踪：

> ……夜至一山庵投宿，不纳。行半里许，见一古庙，遂据香案卧。黎明，道士特往视之，方熟睡。乃推醒曰：“此虎狼穴也，何得无恙？”因诘公出处。公乃吐实。道士曰：“如公所志，将来必有赤族之祸。”公问何以至此。道士曰：“公既有名朝野，若果由此匿迹，将来之徒假名以鼓舞人心，朝廷寻究汝家，岂不致赤族之祸？”公深然其言。……遂由武夷山至广信。

黄绾与阳明为密友，这段记载的基本内容应该是由阳明自己提供的。钱德洪、王畿作《年谱》，在此基础上增加了更为离奇的故事：

> ……(阳明投江后)附商船游舟山，偶遇飓风大作，一日夜至闽界，奔山径数十里，夜扣一寺求宿，僧故不纳。趋野庙，倚香案卧，盖虎穴也。夜半，虎绕廊大吼，不敢入。黎明，僧意必毙于虎，将收其囊。见先生方熟睡，呼始醒，惊曰：“公非常人也。不然，得无恙乎。”邀至寺。寺有异人，尝识于(南昌)铁柱宫，约二十年相见海上。……与论出处，且将远遁。其人曰：“汝有亲在，万一瑾怒逮尔父，诬以北走胡、南走粤，何以应之？”因为蓍，得《明夷》，遂决策返。

据《年谱》所载，阳明“托言投江”的时间是正德二年(1507年)夏，经过游舟山、走武夷、潜入南京，再度回到杭州的时间是当年十二月。其间有大半年的时间，正是阳明隐匿滞留的时间。而促使阳明最终放弃隐匿、毅然前赴龙场,或许是因为《行状》《年谱》所说的“僧人”或“异人”劝说，或许是在南京任吏部尚书的父亲王华的劝说，当然，更为重要的是阳明自己的决心。

刘瑾派人跟踪并欲加害其实是不成立的。被刘瑾列入“奸党”名单、榜示天下的有五十三人，首列前任大学士刘健、谢迁，尚书韩文、杨守随、林瀚，都御史张敷华，郎中李梦阳，阳明排在其后为第八人。对于“罪魁”刘、谢、韩、杨等人，刘瑾也并没有派人加害，毋论“协从”阳明。

湛若水在为阳明作《墓志铭》中专门点破此事：“此佯狂避世也。”并为之作诗：“佯狂欲浮海，说梦痴人前。”[①] 湛若水乃真知阳明者。《墓志铭》又言：“（阳明）初溺于任侠之习，再溺于骑射之习，三溺于辞章之习，四溺于神仙之习，五溺于佛氏之习。正德丙寅（正德元年），始归正于圣贤之学。”阳明热衷于玩弄阴谋，世人皆知，即使成为天下仰慕的大宗师后，仍然时时有恶作剧。阳明杭州投水及武夷山奇遇等等，应是其这方面性格的表现。自己喜欢玩弄阴谋，因此猜测别人也在玩弄阴谋。只要注意到阳明至龙场后仍然担心刘瑾的加害而准备好石棺的事实，就不难理解他在杭州时怀疑刘瑾加害。钱德洪、王畿《年谱》及黄宗羲《明儒学案》或者忽视了阳明的性格，或者有意为尊者讳，才将杭州投水说成是由于刘瑾加害、阳明无奈之举。

其三，关于刘瑾被诛、阳明离龙场为庐陵知县。

《行状》和《年谱》只是说阳明离龙场驿为庐陵知县，《明儒学案》和《明史》则径言阳明得离龙场驿为庐陵知县是因为刘瑾伏诛。这是不符合史实的。

阳明于正德元年（1506年）十二月因上疏下狱、廷杖、贬谪，次年春离京南下，经过一番“投水”的周折，于正德二年（1507年）十二月离余姚赴龙场，到龙场驿的时间是正德三年春夏之交。正德四年（1509年）年底，阳明在得到吏部文书后，离开龙场驿，赴任庐陵。在龙场的时间大约是一年零八九个月。但阳明由龙场驿丞为庐陵知县，与刘瑾伏诛却毫无关系。

从正德元年（1506年）十二月贬谪之令下，到正德四年（1509年）十二月，阳明的贬谪期已过三年。在这三年时间里，朝中大局相对稳定。刘瑾为首的宦官势力除了继续对文官集团中的反对派势力进行打击之外，并没有挑起新的政治事端。相反，为了收买人心、巩固权力和地位，反倒推行了一

① 湛若水《阳明先生墓志铭》，载《王阳明全集》卷38《世德纪》。

些兴利除弊的措施。[1]阳明此时远在贵州，与中原、中央音信隔绝，自然也不会再去恼怒权贵。

刘瑾被杀在正德五年（1510年）八月，而杀刘瑾的契机是正德五年（1510年）四月发生的安化王之乱。此事见《明武宗实录》卷五三、四九，《明史》卷十六《武宗本纪》所载时间与《实录》相同。而据《年谱》，阳明在正德五年（1510年）三月，即刘瑾被杀的前五个月、安化王叛乱的前一个月已抵达庐陵，所以《年谱》并不说阳明任庐陵知县是因为刘瑾的被诛。黄绾撰《行状》、湛若水撰《墓志铭》，也不将阳明知庐陵和刘瑾的被诛连在一起，因为二者之间是没有联系的。黄宗羲《明儒学案》将刘瑾被诛和阳明任庐陵知县挂上钩，是忽略了二者的时间关系而做的主观臆断。黄宗羲以个人之力完成《明儒学案》这样的巨著，发生一些史实上的错误本来也是难免的，遗憾的是成于众多专家之手而又以严谨著称的《明史》，也以讹传讹，却是十分不应该的。影响所及，致使今日的一些学术著作也沿袭这样的错误。[2]

二、关于阳明“通濠”

阳明的事功，平定宁王宸濠之乱为其巅峰。但是，虽然阳明因平宸濠之乱而受爵新建伯，却不断有人猜测并攻击其“通濠”，弟子冀元亨也因此送了性命。有关阳明“通濠”的主要表现，在嘉靖初所修《明武宗实录》的两段文字做了这样的描述：

> 初，守仁奉命勘事福建，以宸濠生日，将届取道南昌贺之，会大风，舟不得前。至丰城，知县顾佖以变告。守仁大骇，遂弃官舟，取小艇

① 参见廖心一《刘瑾“变乱旧制”考略》，载《明史研究论丛》第二辑，江苏古籍出版社1985年5月版。

② 如侯外庐、邱汉生、张岂之诸先生主编的《宋明理学史》说：“刘瑾伏诛，王守仁一年之内连升三级，先是由庐陵知县升授刑部四川清吏司主事（按：应是南京刑部），旋调吏部验封清吏司主事，再晋升为文选清吏司员外郎。”（人民出版社1987年版下卷第一册P203）虽然没有明言刘瑾伏诛与阳明离龙场任庐陵知县的关系，却仍然有这种意思。陈来所著《宋明理学》则直言：“刘瑾死后，知庐陵县。”（辽宁教育出版社1991年版P257）方尔加的博士论文《王阳明心学研究》也说：“正德五年，刘瑾被诛，阳明升江西庐陵知县。”（湖南教育出版社1989年版P8）杨国荣《心学之思——王阳明哲学的阐释》则说：“王阳明在庐陵的时间并不很长。正德五年八月，刘瑾伏诛，王阳明的政治生涯出现了转机。同年十二月，王阳明升任南京刑部主事。翌年调至北京，任吏部主事。”（三联书店1997年版P39）这里不仅弄错了刘瑾“伏诛”的时间，也未明阳明并未去南京赴任就已改调吏部，所以也就不可能“调至北京”。

潜迹还赣。时宸濠与其伪国师刘养正谋使人追之，不及。文定闻守仁还，急以卒三百迓于峡江。至吉安，进曰："此贼暴虐无道，久失人心，其势必无所成。公素望重，且有兵权，愿留镇此城，号召各郡邑义勇，为进取图，贼不难破也。"守仁初不许，既而深然其言。乃下令各郡邑，谕以大义。与文定日夜筹画，军需器械粮草旬日间皆具。[①]

（刘）养正少有词藻，号才子，会试屡不偶，诡谈性理，以要名誉，士夫多为所欺。王守仁尤重之，曰："此吾道学友也。"正德十年，养正赴濠聘，一见许以可为汤武，又语及陈桥之变，意甚相得，然厚自掩饰。……守仁在南赣，尤为濠所慕，馈遗相属于道。尝贻书陆完，谓可任江西巡抚者，惟守仁与梁宸耳。守仁又尝遣其门生湖广举人冀元亨者游说濠，时人莫知其故。是岁，濠生日，守仁假公使，先期约养正往贺，会于吉安舟次，剧谈至夜半。养正先别去，遂从逆。濠自出南浦驿迎入府，拜为军师，日夕望守仁至。遣人于生米观候之。而守仁至丰城闻变即返，濠实不虞守仁之见图也。养正就擒后，犹冀守仁活之。守仁畏口，逼令引决，传首至京。妻子没为奴。比守仁自南昌还，其母丧暴露，使人葬之，且祭以文曰："君臣之义，不得私于其身；朋友之情，尚可伸于其母。"有儒生上书辩论君臣朋友本无二理，守仁为之愧屈。元亨寻为太监张永捕获，械至京，亦死狱中。[②]

从这两段文字中可以看出，当时有关阳明"通濠"的依据是：一、宁王对阳明十分倾慕，馈遗不绝，并推荐其为江西巡抚，阳明则遣弟子回访；二、阳明借公使福建之便，绕道南昌贺宸濠生日，且先期约刘养正会于吉安舟次；三、起兵吉安，非其情愿，乃知府伍文定所迫；四、阳明与宁王谋主刘养正关系密切，并杀其灭口。这些猜测以及由《实录》将其记载，曾引起舆论的不平，谈迁直斥为"怼笔"，阳明弟子们更进行了反复辩驳。

宁王倾慕阳明、馈遗不绝，阳明遣弟子回访，以及阳明与刘养正的交好并厚葬其母，都是不争的事实，阳明的弟子和崇拜者们也并不讳言，甚至津津乐道。

黄绾《行状》记：

---

① 《明武宗实录》卷 175，正德十四年六月庚辰。

② 《明武宗实录》卷 176，正德十四年七月丁巳。

时濠阴谋不轨，亦已有年。一日，命安福举人刘养正往说公云："宁王尊师重道，有汤、武之资。欲从公讲明正学。"公笑曰："殿下能舍去王爵否？"既而令门人冀元亨先往，与濠讲学，以探其诚否。元亨与语矛盾。濠怒，遣还，密使人杀于途，不果。

黄宗羲《明儒学案》记：

宸濠致书问学，阳明使先生（元亨）往答之。濠谈王霸之略，先生昧昧，第与之言学而已。濠拊掌谓人曰："人痴一至是耶？"一日讲《西铭》，先生反复陈君臣之义本于一体，以动濠。濠大诧之，先生从容复理前语。濠曰："此生大有胆气。"遂遣归。[①]

赵善政《宾退录》记：

刘养正者，少有词藻，能谈性理，自幼与阳明交。阳明重之，曰："此吾道学友也。"后赴宁王宸濠聘，许以汤武，濠大喜。阳明在南赣，养正称之，故极相慕重，馈遗不绝。阳明心知之，而欲藉养正以为间也，亦遣其门人冀元亨往报，以探其所为。濠与养正谓阳明厚己，而不虞义兵之遽起，故败。养正既擒，阳明令其自杀。

郑晓《今言》更记阳明与宁王的见面：

王阳明初见宸濠，佯言售意，以窥逆谋。宴时，李士实在坐。宸濠言康陵（按：指明武宗朱厚照）政事缺失，外示愁叹。士实曰："世岂无汤、武耶！"阳明曰："汤、武亦须伊、吕。"宸濠又曰："有汤、武便有伊、吕。"阳明曰："若有伊、吕，何患夷、齐。"自是，阳明始知宸濠谋逆决矣。乃遣其门生举人冀元亨往来濠邸，觇其动静，益得其详。于是始上疏请提督军务，言："臣据江西上流，江西连岁盗起，乞假臣提督军务之权，以便行事。"意在濠也。司马王晋溪（王琼）知阳明意，复奏称王某有本之学、有用之才，今此奏请相应准允，给与旗牌，便宜行事。江西一应大小缓急贼情，悉听王某随机抚剿，以故

① 黄宗羲：《明儒学案》，卷28《楚中王门学案》。

濠反，阳明竟得以此权力起兵擒贼。[①]

这些记载有其真实部分，但也都吸取了一些传闻，更为重要的是它们反映了一个基本事实，在阳明与宁王之间的交往中，阳明倒更具有主动性。但这种主动性，却并不意味着阳明的“通濠”，更应视为试探。早在正德九年，阳明的同乡、江西按察副使胡世宁就曾上疏，极言宁王威福日张、“礼乐刑政渐不自朝廷出”[②]。由于宁王的反诬，胡世宁被谪戍沈阳。正德十二年，宁府典仪阎顺及内官陈宣、刘良逃出南昌赴北京告变，由于有钱宁、臧贤的庇护，宁府并非受到惩治。此后，巡抚江西都御史孙燧七次上疏，密告宁府图谋不轨，但均被宁王死党截获。至正德十二、三年间（1517—1518 年），即阳明受命为南赣巡抚期间，宁府的动态和居心，用《明史》的话说，已是“朝野皆知”[③]。既然是朝野皆知，而宁王又广为搜罗党羽，阳明对此不可能没有认识。因此，趁书信来往之际，遣弟子往宁府回礼并刺探宁府的动静，正符合阳明喜弄阴谋的性格。

当时，不仅是阳明，包括其他一些被认为可以拉拢的在京文武官员和宦官、江西省政长官、各地镇守中官、在乡退休官员、有影响的名士文人，宁王也都是尽可能地进行笼络。其中包括权奸刘瑾、丁忧大学士费宏、兵部尚书陆完、致仕都御史李士实、京军将领钱宁、武宗嬖臣臧贤、著名文人唐寅等，刘、陆、钱、臧成了宁王的保护伞，李士实则成了宁王府的谋主。[④]而在宁王起事时死难的江西巡抚孙燧，就在一个月前，还与镇守太监毕真、巡按御史林潮一道，请求朝廷表彰宁王的“孝行”。[⑤]谈迁对这一举动的解释是：“冀彼盖匿或不遂为逆。即为逆，犹可少缓其发，徐为之图，亦抚按之曲计也。”[⑥]可见，交往密切乃至表面的吹捧并不构成“通濠”。

关于阳明起兵吉安并非其情愿、乃伍文定所逼的说法，并非事实，但也不完全是空穴来风。徐阶从吉安“父老”口中得知的情况当是可信的：“至

---

① 郑晓《今言》卷 4 之 313。

② 《明史》卷 199《胡世宁传》。

③ 《明史》卷 117《诸王传二》。

④ 参见《明史》卷 117《诸王传二》、卷 286《文苑传二》，谷应泰《明史纪事本末》卷 47《宸濠之叛》。

⑤ 《明武宗实录》卷 174 载：“正德十四年五月己酉，宁王宸濠风南昌府县学师生及耆老列其孝行，白于巡抚都御史孙燧、巡按御史林潮，燧与镇守太监毕真各具疏请加褒奖。”

⑥ 谈迁：《国榷》，卷 51。

丰城闻变，将走还幕府为讨贼计，而吉安太守松月伍公议适合，郡又有积谷可养士，因留吉安，征诸郡兵与濠战湖中，败擒之。”[①] 阳明在丰城得知宁王发难，欲返赣州，调兵“讨贼”。至吉安，经知府伍文定陈说府中储备充足、人心可用，才决定在此集结力量，趁宁王兵出长江后，奔袭南昌。

借公使之便绕道南昌为宸濠贺寿，是“通濠”的要害所在，因此也是阳明弟子们所竭力否认的。王门弟子陆澄的解释是：阳明奉敕将往福建，本应取道瑞金、会昌，但这些地方瘴气严重，不敢通行，只得借道丰城。况且宸濠生日在十三日，阳明十五日才到丰城，显然不是去贺寿。[②] 王门再传弟子徐阶曾为江西提学副使，他从吉安、赣州“父老”口中得到的解释是：阳明奉命按事福州，乞就便省亲，所以直下南昌。[③] 惟阳明本人未作任何正面解释，只是在六月十九日的《飞报宁王谋反疏》轻描淡写地说是便道归省：

> 正德十四年六月初五日，节该钦奉敕：“福州三卫军人进贵等胁众谋反，特命尔暂去彼处地方会同查议处置，参奏定夺，钦此。”钦遵。臣于本月初九日，自赣州启行，至本月十五日行至丰城县，地名黄土脑。据该县知县等官顾佖等禀称，本月十四日宁府称乱。……臣以弱劣多病，屡疏乞休。……今兹扶病赴闽，实亦意图便道归省。[④]

这既是阳明的处事方式，即“无辩止谤”，也确实难以解释清楚。六月初五奉敕命往福建，六月初九即启程，十五日至丰城，行旅匆匆。阳明行事，静如处子，动如脱兔。正德十一年（1516 年）九月，奉命为南赣巡抚，十月先去余姚探望祖母，次年正月才从南京启程。但正月初三启程，十六日便到了赣州。当年军情急迫，尚且好整以暇；如今福建三卫军人的谋反已经平息，需要做的事情，不过“查议处置”而已，大可不必如此匆忙。能够促使阳明如此匆忙的只有两件事：往南昌为宁王贺寿，往绍兴看望有病父亲并为祖父改葬。这两件事情是可以一并做成的：先去南昌为宁王祝寿，再往绍兴看望父亲；做完这两件事情之后，再去福建“查议处置”。宁王的寿诞在六月十三日，阳明早在这年正月十四，就已因自己的身体状况及祖

---

① 徐阶：《阳明先生画像记》，载《王阳明全集》卷 40《祭文》。
② 陆澄：《辨忠谗以定国是疏》，载《王阳明全集》卷 39《世德纪 · 附录》。
③ 徐阶：《阳明先生画像记》，载《王阳明全集》卷 40《祭文》。
④ 《王阳明全集》卷 12《别录四 · 奏疏四 · 飞报宁王谋反疏》。

母病重上疏，请求“放归田里”。[1]但急于在奉敕后五天之内启程，这首要的动机就不能不说是为着赶上六月十三日宁王的寿辰。至于阳明弟子们所说的寿辰在六月十三日而阳明十五日才到丰城，这既是因为“奉敕”的时间太晚而来不及做安排，也是因为去南昌的途中阳明心存疑虑；但无这道敕谕，阳明却是不能离开职守千里迢迢前去南昌祝寿的。

当然，阳明弟子们所说的因为瑞金、会昌一带烟瘴生发，阳明只能取道南昌也是事实。阳明在正德十四年（1519 年）正月所上的《乞放归田里疏》就说：“臣比年以来，百病交攻。近因驱驰贼垒，瘴毒侵陵，呕吐潮热，肌骨羸削。或时昏眩，偃几仆地，竟日不惺，手足麻痹，已成废人。”[2]虽然不无夸张，却也离事实不会太远。

在当时疑云四起、政局微妙的形势下，阳明弟子们急于为师门辩解，是完全可以理解的。但即便是去贺寿，也构不成所谓“通濠”。六月十四日即寿诞的“翌旦”宁王发难时，被关在宁王府非死难即“从逆”的江西守土官和中央公差官，全是前一日曾赴寿宴而这一日前去答谢的。仅中央派驻及省级的官员就包括：巡抚孙燧，按察副使许逵（以上二人死难），左参议黄宏（自尽），户部主事马思聪（绝食而亡），镇守太监王宏，御史王金，主事金山，布政使梁宸、胡濂，按察使杨璋，参政王纶、刘棐、程杲，副使唐锦、贺锐，参议杨学礼、许效廉，佥事师夔、潘鹏、赖凤、王畴，都指挥马骥、许清、白昂、王玘、郏文等（以上胁迫“从逆”）。[3]不仅仅是现职官员，后来力劝阳明起兵的致仕都御史王懋中，也遣子王敏往南昌贺寿，同样被胁迫“从逆”。[4]

可见，为宁王贺寿，乃是江西现任及致仕官员对宗室所表示的尊重，也是常规性礼节，阳明也不例外。但阳明为贺寿而行色匆匆，也难怪政敌进行抨击。至于其先期约刘养正会于吉安舟次，未见阳明弟子进行辩驳，当属事实。但疑问也由此而生。既然阳明为给宁王贺寿而匆匆离开赣州，又约上刘养正，为何又不与养正同行？从吉安至南昌，放船而下不过两天，

① 《王阳明全集》卷 11《别录三 · 奏疏三 · 乞放归田里疏》。

② 《王阳明全集》卷 11《别录三 · 奏疏三 · 乞放归田里疏》。

③ 《明武宗实录》卷 175，正德十四年六月丙子条。

④ 《明武宗实录》卷 175，正德十四年六月庚辰条载，阳明至吉安，乡居致仕都御史王懋中前亦遣子王敏贺濠生日，胁迫留任军职。懋中力赞王阳明起兵，且曰：“吾已弃不才子，惟知杀贼效忠尔。”

养正能赶上宁王的生日，阳明为何晚了两天才到丰城？只有两种可能：其一，舟次遇风，阳明身体虚弱，不敢顶风而前，刘养正则冒险先行。其二，见面时，刘养正对阳明进行拉拢，阳明疑惑，故缓行待变。其实，宁王在生辰的次日发难，也是事出突然，远在安福的刘养正也未必知道。说阳明与养正另有默契、非杀之以灭口是缺乏根据的。

高岱之说倒富有讽刺性：

> 使守仁先期至，获于宴，则不死即囚耳。江西大小诸臣，无一人得免者，独守仁以硕果不食，奏此肤功，非谓天意可乎！[①]

阳明初为左佥都御史巡抚南赣，不久即提督军务、升左副都御史，仕途正顺；而且，其学说虽然与朱学相悖，却一直以“圣学”正宗自居，完全没有随宸濠“靖难”的思想基础。武宗虽然荒唐，政局虽然紊乱，但朝廷根基并没有动摇，而且也没有形成任何能够对朝廷构成威胁的军事力量。在这种情况下，阳明完全不可能冒着祸灭九族的风险，去干帮助宸濠推翻北京政府的近于荒唐的事情。倒是通告宁王谋反、起兵讨伐宸濠，才是冒灭九族之祸。

郑晓《今言》说：

> 宸濠之役，王阳明不顾九族之祸，贼擒奏凯。……宁藩反时，余时年二十一，应试在杭，见诸路羽书，皆不敢指名宸濠反。或曰江西省城有变，或曰江西省城十分紧急，或曰江西巡抚被害重情，或曰南昌忽聚军马船只，传言有变。惟阳明传报，明言江西宁王谋反，钦奉密旨，会兵征讨。[②]

徐阶《阳明先生画像记》则说：

> 武皇帝之在御也，政由嬖幸，濠悉与结纳，至或许为内应。方其蹶起，天下皆不敢意其遽亡。先生引兵而西，留其家吉安之公署，聚薪环之，戒守者曰：“兵败即纵火，毋为贼辱。”呜呼！此其功岂可谓幸成、而

① 谈迁：《国榷》，卷51。
② 郑晓：《今言》，卷4之304、309。

其心事岂不浩然如日月哉！

虽然如此，阳明仍然免不了遭受猜忌。其中固然有政界和学界对手的刻意攻击，也与阳明处事的不避嫌疑有关。阳明处事的风格就是处处出人意表，所以也时时给自己引出麻烦。

三、关于阳明的“惧内”

沈德符《万历野获编》说：“吾浙王文成之立功仗节，九死不回，而得严事夫人，唯诺恐后。”[①] 阳明为天下景仰的真男子、大丈夫，竟然“惧内”，确实令沈德符感到纳闷。但阳明的“惧内”却是事实，并有其难言之隐。

弘治元年（1488年），阳明十七岁（其实尚未满十六周岁），奉父命往南昌完婚。夫人诸氏，是江西布政司参议诸养和的女儿。各种迹象表明，阳明与妻子的关系十分微妙，甚至可以说很不和谐。兹举数例。

其一，新婚之夜，阳明彻夜未归。《年谱》记：

（弘治元年）七月，亲迎夫人诸氏于洪都。外舅诸公养和为江西布政司参议，先生就官署委禽。合卺之日，偶闲行入铁柱宫，遇道士趺坐一榻，即而叩之，因闻养生之说，遂相与对坐忘归。诸公遣人追之，次早始还。

其二，在为岳父所作的祭文中，阳明公然表示愧意：

我实负公，生有余愧；天长地久，其恨曷既。[②]

其三，嘉靖四年（1525年）正月，诸氏去世，没有留下子女。阳明的诗文，没有一篇是为诸氏而作；在阳明所作的祭文中，有祭奠岳父和岳母的，但没有祭奠妻子的。《年谱》说到诸氏去世，只用了两句话：

嘉靖四年正月，夫人诸氏卒；四月，附葬于徐山。

其四，嘉靖五年（1526年）十一月，继室张氏生子。取名“正聪”（七

① 沈德符：《万历野获编》卷5《勋戚·惧内》。

② 《王阳明全集》卷32《补录·祭外舅》。

年后改名“正亿”)。《年谱》记：

(嘉靖五年)十一月庚申，子正亿生。继室张氏出。……初名正聪，后七年壬辰，外舅黄绾因时相避讳，更今名(正億)。

《行状》更将张氏生子和诸氏不育并记：

配诸氏，参议养和公讳某女，不育。抚养族子曰正宪。诸氏卒，继张氏，举一子正亿。

从上述材料可以得出这样一些结论：一、阳明对诸氏几乎从来没有感过兴趣。二、阳明对诸家有愧意。三、诸氏没有生育能力。

阳明对诸氏的不感兴趣，可以说没有任何疑问。这可以从新婚之夜的回避——不管是有意的还是无意的，以及在诗文中从不提及诸氏得出结论。夫妻感情不好，这并不奇怪。奇怪的是阳明似乎也从来没有对任何女性感兴趣，这就十分不正常了。从常情来说，男人对女人的不感兴趣，只有一种可能：性功能低下并由此产生的自卑。

阳明是否性功能低下，没有也不可能有任何明确的记载，但阳明自幼身体虚弱，却是事实。关于这一点，阳明自己从不讳言。正是因为身体虚弱，所以一直讲求养生之道，《年谱》于此屡屡予以记载，略举数条：

(成化八年)九月丁亥，先生生，是为九月三十日，太夫人郑娠十四月。

(成化十二年)先生五岁不言。

(弘治元年，十七岁)合卺之日，偶闲行入铁柱宫，遇道士趺坐一榻，即而叩之，因闻养生之说，遂相与对坐忘归。

(弘治五年，二十一岁)举浙江乡试……侍(父)龙山公(王华)于京师……为宋儒格物之学……官署中多竹，即取竹格之。沉思其理不得，遂遇疾。先生自委圣贤有分，乃随世就辞章之学。

(弘治十一年，二十七岁)读晦翁(朱熹)上宋光宗疏……悔前日探讨虽博，而未尝循序以致精，宜无所得。又循其序，思得渐渍洽浃，然物理吾心终若判而为二也。沉郁既久，旧疾复作，益委圣贤有分。偶闻道士谈养生，遂有遗世入山之意。

（弘治十五年，三十一岁）告病归越，筑室阳明洞中，行导引术。

从上述记载可以看出，阳明身体的虚弱既有先天的不足，也有后天的失调，所以不到三十岁便因体弱多病而产生“遗世入山”之意。新婚之夜在铁柱宫与道士论养生彻夜不归，看似偶然，却不能排除是对夫妻生活的缺乏信心所致。联系到阳明弘治八年给岳父的祭文中说“我实负公，生有余愧”，上述推测可以说是成立的。

弘治十五年（1502年）的《乞养病疏》是阳明入仕之后的第一个病假报告，内称：

臣自去岁三月，忽患虚弱咳嗽之疾，剂灸交攻，入秋稍愈。遽欲谢去药石，医师不可，以为病根既植，当复萌芽。勉强服饮，颇亦臻效。及奉命南行，渐益平复。遂以为无复他虑，竟废医言，捐弃药饵，冲冒风寒，恬无顾忌。内耗外侵，旧患仍作。及事竣北上，行至扬州，转增烦热。……追诵医言，则既晚矣。[①]

从春末到入秋，一直咳嗽不止，很可能是染上肺病。这对本来就虚弱的身体来说，无疑是雪上加霜。此时阳明年仅三十一岁。随后便是四年之后所受的廷杖及贬谪龙场。正德三年，阳明在龙场，有人请教神仙术，阳明说了自己的身体状况：

仆诚生八岁而即好其说，今已余（逾）三十年矣，齿渐摇动，发已有一二茎变化成白，目光仅盈尺，声闻函丈之外，又常经月卧病不出，药量骤进，此殆其效也。[②]

这时阳明才三十八岁，本应是年富力强，却已是视力下降、听力衰退、齿松发白、疾病缠身。虽然从龙场回到内地以后的二十年里，阳明的学说席卷华夏，阳明的事功震惊朝野，但阳明的身体却是每况愈下，阳明每一份请求休假的奏疏，无一例外要说到自己的身体状况。

最能说明问题的是，正德十年，四十四岁的阳明立堂弟守信之子正宪

① 《王阳明全集》卷9《奏书一·乞养病疏》。
② 《王阳明全集》卷21《外集三·答人问神仙》。

为后。据《年谱》说，这是阳明之父王华的主意：

> 立再从子正宪为后。正宪字仲肃，季叔易直先生兖之孙，西林守信之第五子也。先生年四十四，与诸弟守俭、守文、守章俱未举子，故龙山公（王华）为先生择守信子正宪立之，时年八龄。

王华一共有四个儿子一个女儿：长子阳明，为元配妻子郑氏所生；次子守俭、四子守章，为侧室杨氏所生；三子守文，为继室赵氏所生。女儿也是继室赵氏所生，嫁给了阳明首徒徐爱。令王华迷惑的是，若说阳明没有子女是因为长年在外奔波，或因身体不好，或因诸氏没有生育能力，而另外三个儿子都长住余姚、绍兴，竟然也都没有子女。

不但父亲迷惑，阳明也感到没有信心，所以才立堂兄弟守信的第五个儿子正宪为后。

在宗族制度盛行的时代，个人属于家庭，家庭又属于家族。一个家庭出了大人物，这个人物应属于整个家族。按明朝的荫子制，三品以上大臣可荫一子入国子监读书；而内阁大学士及与其地位相当的官员的儿子或孙子，还可以因朝廷大典或本人的业绩荫子或孙为锦衣卫的带俸百户或千户。如果这个官员没有后代，便享受不了这份“皇恩”。如果自己没有儿子，又不立同宗子弟为继子，那便是自外于家族，将受到整个家族的唾弃。

但立他人之子为后，不管这“他人”是谁，都是令人非常尴尬的事情。在当时的社会,夫妻没有生育,一般认为是妻子的过错。不孝有三,无后为大。在古代妇女的“七出”之条中，不育便是其中的一条，妻子没有生育能力，丈夫可以休妻。从这个意义上说，纳妾倒是对不育妇女的人道。妻子不育，丈夫纳妾也成了天经地义之事。如果纳妾乃至纳数妾之后仍然没有生育，这责任才会被认为在丈夫身上。

阳明的父亲王华在妻子郑氏生育之后尚纳杨氏为妾，又在妻子去世后娶了继室赵氏。何况阳明无子，纳妾也是应该的。但阳明并未纳妾，而是收养子为后，这等于是承认自己没有生育能力，而不是妻子没有生育能力。否则，为何不纳妾？要说新婚之夜欠了妻子的情，但这件事情比起绝后这件事来说，简直不值一提。可以认定，阳明新婚之夜到铁柱宫与道士谈论养生，并非是忘了婚期，而是有意逃避可能发生的性生活的不和谐。而阳明的不纳妾而收养子为后，也并不是因为“严事夫人”，而是因为没有勇气纳妾，没有信心生儿育女。

在中国历史上，“惧内”的名人倒是不少，而名人中的妻子为“悍妇”者也不少。如明代的另一位伟男子、令倭寇闻风丧胆的戚继光，以及景泰朝的大学士高谷，也都以“惧内”著名，其妻也都是“悍妇”。但所有的“悍妇”都有其“悍”的理由，即都会生儿子，都有育。另外几位更著名的“悍妇”，汉高祖刘邦之妻吕氏、唐高宗李治之妻武则天、清文宗奕诠之妻叶赫拉那氏（慈禧），也都曾生儿育女。但诸氏却没有生育，又并不是“悍妇”，其家族也微弱，没有任何使阳明“惧”的理由。要说“惧”，阳明只是惧自己，惧自己没有生育能力。

《行状》公然写上诸氏“不育”，唯一的理由是阳明的继室张氏生了儿子。但并没有也不可能解释阳明为何不纳妾、为何在四十四岁时收养他人之子为后。看来，阳明去世前二年继室张氏所生之子正聪，或许是个疑问，除非是弟子们为阳明寻找到了解决生育问题的药方。（原载《江西师范大学学报》2003 年第 4 期，《新华文摘》2003 年第 12 期摘要）

附四："知行合一"与王阳明的"三不朽"

一、知行合一、心物一体

王阳明被称为有明一代气节、文章、功业第一人，被认为是真"三不朽"。但是，和中外许多伟大人物一样，王阳明从闻名于世开始，就一直毁誉参半。时人斥其"事不师古，言不称师，欲立异以为高"，但不能不承认其事功的卓著；后人言其承朱学之微鼓吹心学，为统治者另谋思想统治出路，却不能不承认王学的积极因素。虽然万历十二年（1584 年）入祀孔庙，但在同时入祀孔庙的三人中（另外二人为胡居仁、陈献章），王阳明虽然影响最大、居功至伟，却争议最大。而在整个清朝，王阳明及其学说更受到全面的压制。从 20 世纪开始，我们也曾经给王阳明及其学说贴着一个标签："主观唯心"。

当我们习惯性地根据前人在特定历史条件下发表的某些带有"鲜明特色"的文字或言论，便将其划分为"主观"或"客观"、"唯心"或"唯物"的时候，我们本身就在犯"主观"的错误。从这一点来说，我们和被我们称为"主观唯心"的王阳明，思想境界已在天壤之间。

有一个被人们"选择性"说明王阳明"主观唯心"的著名例证。王阳明在浙江绍兴期间，与学生游南镇，大概是刚刚讨论过"吾心"与"万物"的关系，有学生指着破岩而出、鲜花盛开的树丛问道："（先生）说天下无心外之物，如此花树，在深山中自开自落，于我心亦何相关？"王阳明解释道："你未看此花时，此花与汝心同归于寂。你来看此花时，则此花颜色一时明白起来。便知此花不在你的心外。"（《王阳明全集·传习录下》）如果只是以此为例，又不明其"机锋"所指，自然可以视为不顾客观事实的"唯心"。但是，如果我们"选择性"地推出另外一个例证，认识或许发生变化。仍然是一个说花的故事，事情发生在江西赣州或南昌。王阳明和弟子薛侃等人在花圃除草，薛侃感慨道："天地间为何善难培、恶难去？"王阳明不假思索回答："未培未去耳。"这是就物说物，但随即借物说事："此等看善恶，皆从躯壳起念，便会错。”薛侃不理解。王阳明继续解释：“天地生意，花草一般，何曾有善恶之分？子欲观花，则以花为善，以草为恶；如欲用草时，复以草为善矣。此等善恶，皆由汝心好恶所生，故知是错。”（《王阳明全集·传习录上》）王阳明的意思十分清楚：天生万物，本无善恶之分。若以自己心中的“好恶”作为判断事物“善恶”的标准，那就大错而特错了。如果以此为例，我们怎么也不忍心把“主观”与“唯心”的帽子戴在王阳明头上。

王阳明的上述言论，都发生在“龙场悟道”并提出“知行合一”之后，可以看出他在“主观”与“客观”之间已经有了新的认识，“知”与“行”、“心”与“物”，越来越融为一体，这才是“知行合一”新境界。学生徐爱等人曾经就“知行合一”向王阳明提问：既然是“知行合一”，先生为何有时只说“知”，有时又只说“行”？为何有时只说“心”，有时又只说“物”？王阳明回答道：“只为世间有一种人，懵懵懂懂的任意去做，全不解思维省察，也只是个冥行妄作，所以必说个‘知’，方才‘行’得是。又有一种人，茫茫荡荡悬空去思索，全不肯着实躬行，也只是个揣摸影响，所以必说一个‘行’，方才‘知’得真。”王阳明继续解释：“此是古人不得已补偏救弊的说话。”（《王阳明全集·传习录上》）

这种“补偏救弊”的方法，恰恰是中国古代思想家的共同特点，所有的言论和文字，都是针对具体的事情展开。这种方法的好处是直截了当、简洁易懂，问题是容易被断章取义，被各取所需。虽然王阳明有时因“物”说“心”，因“行”说“知”，有时又因“心”说“物”，因“知”说“行”，但在他那里，心与物、知与行是一个相辅相成、密不可分的整体。所以，我们研究他们的思想，也就不能用“举例子”的方法，而需要对他们的思想脉络、表述特征特别是“语境”有真正认识。

二、入道、揭道、传道

王阳明对“知行合一”的体悟和阐释，有一个认识上的演进过程，这个过程与他自己所说的“学为圣贤”或“求圣”的过程是同步的。

王阳明《朱子晚年定论·序》说，自己的学术经过“三变”：一、“早岁业举，溺志词章”，后来感觉是在浪费青春；于是“稍知从事正学”，研读以朱熹为代表的儒学著作，却感到众说纷纭、“茫无可入”。二、不得已转而"求诸老释"，顿觉惊喜，"以为圣人之学在此"，但将其与孔孟之说、日用之道相印证，又产生抵牾。三、迷茫之中，贬官龙场，反倒清静，反复思考，体悟日深："居夷处困，动心忍性之余，恍若有误。体验探求，再更寒暑。证诸五经四子，沛然若决江河而放诸海也。然后叹圣人之道，坦如大路。"所谓的"龙场悟道"，就此发生："圣人之道，吾性自足。"

当事人王阳明的这段回顾，使得人们认为经过"三变"之后的"龙场悟道"，王阳明已经悟出了"圣人之道"。但是，令王阳明惊喜的并不是悟出了"圣人之道"的结果，而是悟出了通向"圣人之道"的"大路"，是找到了打开通向"圣人之道"大门的钥匙。所以黄宗羲认为，"龙场悟道"对于王阳明的"求圣"来说，是"始得其门"。

黄宗羲可谓真知阳明者，他认为王阳明的学术经历，不只是王阳明自己所说的一个"三变"，而是有两个"三变"，"龙场悟道"则是两个"三变"之间的关节点（《明儒学案·姚江学案》）。只有把这两个"三变"一并考察，才能理清王阳明"求圣"的全过程。

黄宗羲说的第一个"三变"，如王阳明之所述，这是一个"悟"得其"门"的过程。王阳明从朦朦胧胧地向往着"学为圣贤"，到"得其门"、"入其道"，其间经历了整整二十年。

黄宗羲认为，王阳明的学术的第二个"三变"是：一、在"龙场悟道"而"得其门"后，"尽去枝叶、一意本原"。也就是说，开始专注从"吾性""吾心"中追求"圣人之道"，而不是向"心外"去追求，于是有了"知行合一"的感悟，认为知即是行、行即是知。二、奉命为南赣巡抚而到"江右"之后，悟出"圣人之道"原本就是早为先贤揭示却被后人泯灭的"良知"二字。这样，就为"知行合一"注入了灵魂。三、提出"良知"特别是"居越"之后，宣称人人心中有良知，人们只要把各自的良知发掘出来并且落实在行为上，即"致良知"，这才是真正的"知行合一"。从"龙场悟道"，到病逝于江西大庾，这第二个"三变"，也经历了整整二十年。

前后两个"三变"，构成了王阳明"求圣"的三部曲：第一，从立志"学为圣贤"，到体悟"圣人之道，吾性自足"，寻求到了"入圣"的门径。但何为圣人之"道"，却只是有所悟，而无法用文字、语言准确地概括出来。第二，从"龙场悟道"，到在江西揭"良知"，揭示出"圣人之道"的精义，这也是王阳明学术即"心学"的核心和真谛。第三，从揭"良知"开始，到在江西南昌、赣州、吉安等地，在绍兴等处，倡导“致良知”，倡导“与民不亲而亲”，倡导与“愚夫愚妇”同好恶，心中有良知、满街皆圣人。这个“三部曲”，既是王阳明通向“道”、揭示“道”、传播“道”，即入道、揭道、传道的过程，也是“知行合一”从提出到注入“良知”、到“致良知”的过程。

伟大的思想只有灌输到大众之中，成为大众的自觉行为，才是它真正价值的所在。在中国历史上，几乎所有的思想家，从孔子到孟子，从“二程”到朱熹，从陆九渊到王阳明，首先都是社会活动家，他们的学术，他们的言论和主张，都是为着解决社会问题，都是为医治时代弊病开具药方。

三、心中有良知、行为有担当

尽管王阳明被认为是气节、文章、功业即立德、立言、立功“三不朽”，但黄宗羲和后来的“王学”研究者又有意无意忽略了王阳明学术过程中功业和气节的作用，这可以说是当时和当代王阳明研究的最大误区。或许在研究者看来，王阳明的功业谁也否认不了，王阳明的气节有目共睹，但王阳明的学术却曾经被视为“异端”、“邪说”。更重要的原因是，研究者多为“文人”。所以，尽管中国古代“圣贤”的标准，是立德、立功、立言三位一体，但在王阳明的“文人”研究中，主要关注的只是学术、是“立言”，看重的是他的从祀孔庙，以为这才是入“圣域”。虽然无人否认王阳明的气节和功业，但在研究中却并未将其与学术融为一体，对于王阳明的定位，也就仅仅成了“思想家”。

这种导向的结果，是后人更多地关注王阳明的“心”而忽略“物”，关注王阳明的“知”而忽略“行”，并进而视其为“唯心”且“主观”。但是，王阳明的学术从来就是和功业相互激发的；而学术和功业的终极动力，却是气节，是对国家、对社会的担当，三者相辅相成，不可或缺。在王阳明的身上，他的学术即“心学”，是为立言；他的功业即实践，是为立功；他的气节即担当，恰恰是立德。这才是王阳明的“真三不朽”。

当王阳明“懵懵懂懂”向往“学为圣贤”的时候，根本不知道“圣贤”为何物，但少年时代埋下的种子、少年时代萌发的志向，其实是一种为国家、为社会效力的担当精神，被当时的人们称为“气节”。所以，在 15 岁时就有出居庸关考察“虏情”的行为，有向皇帝上书陈述自己对于边关防务意见的动机；在刑部主事的任上，敢于革除监狱积弊，敢于处死背景深厚的罪犯；在兵部主事的任上，敢于直斥时弊，虽然因此得罪权贵，受廷杖、下诏狱，贬谪龙场，但初心不改。虽然此时王阳明尚未提出"知行合一"，但事事都在"知行合一"。

为南赣巡抚，一年之内平息数十年之"积寇"，王阳明的功业开始走向鼎盛；接着，在四十天内平定蓄谋已久并公开起兵的"叛藩"，成为明朝第三位以军功封伯爵的文臣，王阳明一生功业达到鼎盛。正是这个时候，王阳明的学术渐入化境，影响走向鼎盛。试想，如果王阳明和他之前的历任巡抚一样，对在江西、广东、福建三省边境聚众闹事的流民束手无措，如果王阳明不但无法平定宁王之乱反倒为朱宸濠所俘，王阳明还能理直气壮说"良知"，还能心安理得说"知行合一"吗？又有谁相信你的学术是有用的学术？没有功业，不影响薛瑄、胡居仁、陈献章入孔庙，但没有功业，就不可能"倒逼"庙堂承认王阳明的学术。在王阳明那里，没有不落在功业上的学术，也没有离开学术的功业，他是"知行合一"的。

在南赣平息"积寇"的过程中，王阳明提出"山中贼"、"心中贼"的概念，"良知"二字呼之欲出。平定宁王叛乱之后，应对由皇帝朱厚照亲自带领的亲信太监及边军、京军，应对来自方方面面的流言蜚语，应对当权者的各种刁难和猜疑，是王阳明一生之中所遭遇的最大难题。直到此时，"良知"二字终于被揭示出来，所以王阳明特别强调："某于良知之说，从百死千难中得来，非是容易见得到此。"(《王阳明全集·传习录拾遗》）在王阳明看来，"良知"二字乃是自己一生学术的精义和真谛，这才是真正的"圣人之道"，它既在每个人的心中，"不待学而有、不待虑而得"，更是在"百死千难"的磨砺中才得以悟出。

王阳明在"百死千难"中悟出内心深藏的"良知"，是学术和功业的相互激发，终极动力，则来自"气节"，来自对国家、对社会的担当。这种担当关系到个人安危、家族存亡。当宁王在南昌起兵时，众多官员在观望，所有情报都含糊，唯独王阳明公开宣称"宁王谋反"，并且在尚未得到朝廷批文的情况下"擅自"起兵平叛。所以人们认为，王阳明这是"不顾九族之祸"(郑晓《今言》)。如果没有担当，怎么可能在关键时刻每每挺身而出？怎么可能百折不挠地追求学术和功业？人们又怎么可能崇拜一个空谈"良知"却明哲保身的教授？

古人“三不朽”,首列“立德”。何谓“立德”？孟子说“舍生而取义”,文天祥说“人生自古谁无死，留取丹心照汗青”，林则徐说“苟利国家生死以,岂因祸福避趋之”。王阳明用自己的行为给世人做出了垂范:心中有良知,行为有担当。这才是王阳明对“知行合一”的最好诠释。在王阳明那里,“知行合一”的“知”,既是对事物的认识,更是“良知”。是非之心加担当精神,是为“良知”。以“良知”为灵魂的“知行合一”，才是王阳明所倡导的真正的“知行合一”。(原载《光明日报》2017年4月10日第14版)

附五：知行合一：王阳明的事功和学术

演讲嘉宾：方志远

时　　间：2016 年 12 月 3 日

地　　点：宁波市图书馆报告厅

嘉宾简介：方志远，江西师范大学教授、校学术委员会主任，中国明史学会副会长，国家社科基金学科评审组专家，第十一届全国人大代表。主要著作有：《明代国家权力结构及运行机制》《明清湘鄂赣地区的人口流动与城乡商品经济》《明代城市与市民文学》《明清江右商帮》等，在《中国社会科学》《历史研究》《中国史研究》《文史》等刊物发表学术论文 70 余篇，著有人物传记：《（明）成化皇帝大传》《千古一人——苏东坡传》《旷世大儒——王阳明传》等。在央视《百家讲坛》讲述《大明嘉靖往事》《万历兴亡录》《国史通鉴》。

一、久违了，阳明先生

方志远：非常高兴到“天一讲堂”和大家交流，也非常感谢诸位放弃休息时间和我一起交流。现在的信息已经多元化，我们得到信息的途径也非常多。我们可以在这个场合下获取一些信息，也可以在其他场合下获取另外一些信息。所以，未必说是一定要听某一个老师的讲课，乃至未必一定要读哪一本书，当然也许是憾事，但是未必会受到很大损失。我有时候跟朋友讲《传习录》，有朋友就问我，是不是我们一定要读《传习录》，不读《传习录》就不行？我说未必，你不读《传习录》也可以读《道德经》。然后说《道德经》是不是一定要读？我说也未必，你可以读《论语》。当然我们读的书越多，我们心中装的“武器”、“粮食”就越多，这就更好。但是未必一定要读哪一本书，未必一定要听某个老师上课，否则就怎么怎么样，不会怎么样。王阳明有一个著名的弟子，明朝泰州学派的开创人王艮，他告诉别人只读一本书，这本书叫《孝经》。很多人觉得奇怪，说他读一本书就能悟得这么透？我们江西一名学者叫邹元标，说正是因为他读书读得少，所以他悟得透。对于有些人来说，读书读太多了还不行，读得太多也许会污染脑子，把自己弄糊涂。

我碰到过一个很好玩儿的事。日本侵华期间侵犯过我们浙江，也荼毒过我们江西。我的一些朋友就做了一个事，进行一个口述史的工作。日本侵华期间给我们江西带来了哪些灾难？他们用了严格的人类学的方法做口述史。我去审稿，一审稿发现糟糕，越是读书读得少的口述史越准确，读书读得多的反而不准确。譬如说，我看到有一位党史办朋友的口述，他说"某年某月某日，日酋某某率领日军多少万，由浙江沿着浙赣线向江西进发"。这完全是书上看到的。但是一个妇女没有什么文化，说那一年那一天天气好热，哪天也不记得了，我正在喂我家老三吃奶，结果突然有人叫起火了。她说我就出去一看，果然是书街那边起火了，天上还有飞机。这是真的口述史，没有经过加工。所以有的时候我也很矛盾，到底怎么办。

能够到宁波和绍兴来是非常高兴的事，因为这个地方是我一直非常向往的地方，一直向往宁波，因为它是创造世界文明和中国文化的地方。河姆渡文化早已闻名于世，天一阁藏书楼至今造福后人，宁波商人对上海的打造，对中外文明交流的贡献也应该为世人知晓。宁波帮也是非常了不起的商帮，过去我们研究中国十大商帮，我是研究江西的商人，叫江右商。我们浙江社科院的林树建老师研究宁绍商，很厉害。21 世纪初因为我自己的原因，没有加盟宁波大学历史系，到现在也还有一些遗憾。当然，宁波更令我向往的，是 500 多年前余姚出了一位圣人，他的名字叫王阳明。

很多朋友跟我说，你知不知道中国有两个半圣人，我说我还真不知道有两个半圣人。所以现在民间高手很多，包括说解放战争时期中国有两个半军事家，我也搞不清楚到底是哪两个半。而说两个半圣人，一个是孔子孔圣人，一个是王阳明王圣人，还有半个是曾国藩曾圣人。我不知道是怎么弄出来的，标准是什么。最近有本书叫《明朝一哥王阳明》，据说卖得很好。但是从我们做明史的来说，"明朝一哥"怎么说也应该是明太祖高皇帝，人家才是明朝的"一哥"。同样，要说谁是我们人民共和国的"一哥"，毫无疑问是毛泽东嘛。当然，王阳明这样一种人物，可以说不世出的，不是每一个时代都可能出来的，他恰恰是风云际会的明朝出现，在清朝是不可能出现的，在宋朝也很难出现。也就是说，王阳明的出现必须要有他出现的社会环境。

2004 年我到过一趟余姚，曾经问一位的士司机，问王阳明的故居及阳明洞。他问，你说谁？我说王阳明。他说没听过。当然，这位司机可能是外地人。我建议宁波市政府，余姚市政府，对所有的民众包括长住的外来人口，都要宣传王阳明的事迹。有外地人到宁波、到余姚，我们就可以跟他说王阳明。我上午在主会堂说到一个真实的笑话，我的好朋友，也是我的兄长商传教授给湖北一个班说王阳明。说完以后，一位干部感叹地对他说，商教授，“王明阳”真是了不起。他不知道有“王阳明”，听了两小时知道有“王明阳”。

二、阳明获“新生”

最近这些年，由于我们习总书记不断地倡导弘扬中华民族优秀文化，提出要学习王阳明的“知行合一”，指出王阳明的心学，也是中国传统文化的宝贵精神财富。所以王阳明的知名度越来越高。我们浙江一贯以来就有研究王阳明的传统，贵州做了很大的孔学堂，实际上就是以研究王阳明为主。本来，我们江西十分应该研究王阳明，尽管王阳明不是江西出生，但是无论王阳明的事功还是学术，都是在江西的时候得到极度发展的。我到过的地方，好像没有哪一个省有江西这么多的阳明路，我出生的地方吉安有一条阳明路，我现在居住的南昌有一条阳明路，王阳明曾经做过巡抚的赣州也有阳明路。王阳明到过的信丰、于都都有阳明路。另外一个王阳明设的崇义县，我想也应该有阳明路。但是，江西的王阳明研究开展得并不理想。什么原因？各种原因，其中包括我自己的原因，我在 1997 年写完《王阳明传》以后，只写了两到三篇文章，其他没写。最近准备把手上的事做完了以后对《王阳明传》进行修订。

为什么习总书记最近不断肯定王阳明的心学，不断倡导我们要践行王阳明的“知行合一”？我的认识是，习总书记对王阳明心学的肯定，对“知行合一”的倡导，具有重要的意义：第一，意味着党中央将以更加包容和开放的态度，看待中国传统文化，从某种意义上说，也是为王阳明心学“平反”。第二，意味着党中央将以更加自信和积极的态度，看待中国多元化社会的到来，并且以更加自信和积极的态度予以应对，可以说是执政理念、治国方略的升华。

因为过去我们一说到王阳明，就有两个标签。

第一个标签，“镇压人民的刽子手”。尤其是在我们江西，几十年的“积寇”被他一年之内拿掉，太了不起了，当然是站在统治者立场上。站在农民立场上就觉得太可恶了，一年打掉我们，而且是用民兵打掉的。

第二个标签，“主观唯心主义者”。我们中学和大学的历史教材都有一个关于王阳明的片段，说王阳明和学生从山洞里头讲学出来，学生一看，对面山头桃花开了，于是说先生，对面山上桃花开了。王阳明竟然打击别人的积极性：不是对面山头的桃花开了，是你心中的桃花开了，你心中的桃花开才可以看到对面的桃花，你心中的桃花不开，你连对面山上的桃花也看不见。我们于是批判说，你看，主观唯心主义者就是这样不管客观事实。实际上人家跟我们讨论的不是一个问题。如果王阳明有知，他会觉得跟我们一帮人讨论问题，实在是降低了自己的水平，人家懒得跟我们讨论。他谈的是心和性的问题，不是你理解的到底有还是没有的问题。所以，我们对待古人、对待老外，批评古人、批评老外，很多时候和别人讨论的不是一个问题。

最近不断有朋友问我：王阳明是主观唯心主义者吗？我说我过去也犯错，现在发现我们开口就错。我们把一个学者、一个思想家人为地划分为唯物主义、唯心主义，主观唯心主义、客观唯心主义，实际上我们自己就在犯唯心主义的错误。一个学者的思想是一个体系，当强调这个方面的时候，这方面的阐述就多一些，深入一些。他在强调那个方面的时候，那方面的话他就多说一些。王阳明有两个弟子展开关于朱熹和陆九渊的讨论。一个就说朱熹了不得是“道问学”，陆九渊学问不如朱熹；一个就说陆九渊了不得是“尊德性”，朱熹在这方面远远不如。王阳明说，你们干吗这么偏激？难道朱熹就不“尊德性”吗？难道陆九渊就不“道问学”吗？只是他们有所侧重而已。王阳明也一样。他讲学有一个特点，都是用具体的事来跟学生讨论。在他那里，从来就没有不落在实处的学问。他的学问都就事说事，但是你要仔细领悟它。一次他和学生一起护花除草，烈日当空，一个学生发牢骚说：先生，为什么善的东西这么难培育、恶的东西这么难除掉？王阳明说了一句话："未培未除耳。"好的东西你没有尽心去培植它，坏的东西没有认真去铲除它。想了想，王阳明又加了一句：你这样看善恶就不对了，天生万物皆有用，哪里分什么善恶呢？所谓的善恶只是你内心的感觉和需求而已。当你需要花而不需要草的时候，你说花善草恶，当你需要草的时候，草还是恶的吗？所以后来他著名的"四句教"就谈："无善无恶是心之体，有善有恶是意之动。"如果我们把这件事情单独写进教材，你说他是唯物的还是唯心的？你还说他是"主观唯心主义"吗？

回到刚才的话题。所以我说，习总书记倡导践行"知行合一"，肯定王阳明的心学是中国传统文化中的精神财富，第一意味着党中央以更加包容和开放的态度看待中国传统文化。从某种意义上来说，也是为王阳明心学"平反"。

第二，意味着党中央将以更加自信和积极的态度来看待中国多元化社会的到来，并且以更加自信和积极的态度进行应对，这可以说是执政理念和治国方略的一种升华。不再是一套武功打天下，我们要应对不同场面和情况，要有多种武器。

对于王阳明，我有几个基本的看法和大家交流。我心中、我眼中的王阳明是什么人？首先，王阳明是中国历史上唯一一位从小宣称要为"圣人"，而真正成为"圣人"的人，这个可能没有争议。其次，王阳明是唯一一位混迹于"三教九流"而最终从祀孔庙的人。这个就有争议了。有的学者认为我是破坏王阳明的形象，怎么叫混迹于"三教九流"？实际上是王阳明自己说的，等一下我们看他自己怎么说自己。第三，又是一个有争议的定义："和中外历史上的许多杰出人物一样，王阳明从他闻名于世开始就一直是毁誉参半，他是由'异端'修成'正果'的人。"有很多学者不苟同我的观点。最近宁波电视台到南昌找我，他们有一个宣传王阳明的节目，把提纲给我看。我看到第一句话："王阳明是中国历史上唯一的一位没有任何争议的立德、立功、立言三不朽的人物。"我说这是谁跟你说的？哪个学者说的？谁说王阳明没有争议？从来都有争议，而且这个争议至少一直到习总书记发表讲话以前还存在。

我今天上午在"天一阁论坛"说了一个真实的事情：南昌有一条阳明路，阳明路上有一个阳明公园，阳明公园里有七座王阳明的雕塑，反映王阳明在江西生活和工作的七个片段。开始论证的时候，我因为在学校上课去晚了，到的时候讨论已经结束，准备雕七个江西名人雕塑，陶渊明、欧阳修、王安石、曾巩、文天祥、汤显祖、八大山人。我说不苟同，阳明路的阳明公园，应该雕王阳明，大家说王阳明只有一个人，现在需要雕七个。我说用王阳明在江西的七个片段，最后采纳了我的方案。

一年之后，应该是在2005年，也就是11年前。一次开会，我的一位老师，做江西省委宣传部副部长、社联主席、社科院院长，就进行了批评，说王阳明是什么人？是镇压江西人民的刽子手。我们南昌不但有一条阳明路，还有阳明公园，还雕了那么多王阳明像，什么名堂？因为开会的人有几十个，我不好吭声。中途休息的时候我跟着他，我说，老师，那是我的主意。他说什么东西是你的主意？我说那个雕王阳明的像是我的主意。他说你的主意，那我就不说这个事了。结果休息完了重新开会，他说我刚才说了一个事，说王阳明那个事方某某说是他的主意，因为他是我的学生，我就不说这个事了。哈哈，散会我跟他说，我说老师，你说话怎么不算数？你开始跟我说不再说这个事，结果会上又说这个事，我说你明天到其他场合再说这个事。他自己也在笑。当然这也是师生之间的一段趣事，但至少说明，直到2005年，对王阳明的看法还有争论，谁说没争论？等下我们还要说，现在还有争论。

三、时代呼唤王阳明

再说我的一个看法：不是什么时候都可以出现王阳明，也不是什么人都可以成为王阳明的。王阳明不是任何时代都可以出现，明朝前期不可以出现，晚明也不能出现，就产生在明朝建立以后一百年到一百六十年之间这个阶段。到晚明的时候出谁？出李贽、黄宗羲、朱舜水，不是出王阳明。因为时代不一样了。

我在许多场合指出："王阳明及其学说的出现，是明代多元化社会的产物，同时他又推动明代社会的多元化进程。"这里就要跟大家说一说王阳明产生的背景了。

在明朝的前五十年到八十年，也就是明太祖洪武到明英宗正统时期，明朝大体上可以说是处于严峻冷酷时期。明太祖由于他的出身，由于他是由一个军事统帅转化为国家领袖，这样的政权，他希望把政府的管理深入到社会的每一个环节，打击四种人：

第一种，富人。在他的概念里面为富就不仁。

第二种，贪官污吏。因为他破坏朝廷，为朝廷招怨。

第三种，不安定因素的功臣。那些功臣跟着他起家，但是绝大部分是流氓无产者的出身。年纪稍微大一点的朋友可能都读过《毛选》五卷第一卷的第一篇，就叫《中国社会各阶级的分析》，最具有革命精神的是什么人？流氓无产者。但是他们的破坏性最大，不适合生活在一个稳定社会。所以明太祖那些功臣等明太祖建立政权以后还是一种不稳定因素，要铲除。

第四种，不和政府合作乃至传播对政府不满的文化人。像我们江西上饶县有一个叔叔一个侄子，当地政府让他们到政府里头去做文书官，抄抄写写，做吏。他们觉得埋没他们的身份，不去。不去怎么办？叔侄两个统统把自己的大拇指齐根剁掉，剁掉以后没办法拿笔，说我没办法做事。明太祖闻报大怒，叔侄二人腰斩，全家充军，并且发布一条"大诰"："寰中士夫不为君用。"什么意思？只要我大明统治的地方，要你出来干活你就要出来干活，不出来干活就是自外于朝廷，就得杀。

这样一来整个时代政治气氛是非常严峻，但是朝廷保护一种人，保护什么人？保护安分守己的人。安分守己种田、安分守己做工、安分守己务商、安分守己考科举、安分守己做官的人。

明太祖曾经多次让户部在苏松江浙也就是现在的苏州、上海、江西、浙江发布"榜文"，号召这里的民众向中原人民学习，学习他们有人服役、有田纳租。为何向苏、松、江、浙发榜文，因为这里是当时经济文化的发达地区，逃役避税是常事。

大家说，"江"不是江苏吗？当时不是，江苏省是在康熙五年或六年才有的，原来和安徽省一起叫"江南"省，康熙时把江南省从南到北劈一刀，东边是江苏省，西边是安徽省，所以有了江苏和安徽。清朝有一个总督衙门，叫"两江总督"，曾国藩曾经做过两江总督。有朋友问我，这个两江总督怎么管三个省？江苏、江西和安徽，因为江苏和安徽原来叫江南省，江南省和江西省是两个省，所以叫"两江总督"。

在这个过程中，当时的社会只有一个价值标准，什么价值标准？有志青年报效国家、考科举，既可以光宗耀祖，又可以体面脱贫。这是当时被民众所公认、被国家倡导的最基本的价值标准，即"仕途本位"，或者说"官本位"。有志青年都得去做官，都得做公务员，否则就没本事。大家说我讲学去、我经商去。没门。当时不允许私人讲学，经商、务农发了财，国家就剥夺你的财产。所以，在这样的形势下是不可能出现以讲堂传播自己思想的王阳明的，出现一个惩治一个。

当然，这样的形势不可能永久持续。从英宗正统到宪宗成化年间，即明朝建立七十年到一百二十年间，经济持续发展，社会财富在积累，政治气氛在宽松。所以我这里也跟大家提出一个理念，所谓的集权和专制一般是暂时的，开放和自由才是绝对的。随着政治气氛开始宽松，随着社会财富的逐渐积累，国家权力和社会财富之间的态势发生变化，社会财富开始和国家权力讨价还价，国家权力再也不能够无偿剥夺社会财富。用我们现在的话来说，叫“承认个人财产的合法性”，当然这种个人财产必须合法所得才能承认你的合法性。你如果是不合法所得，就不能承认你财富的合法性。

还有一个事实，经过大半个世纪的演变，明朝的统治者也大抵成为“有产者”。怎么成为有产者？可以是文官地主，也可以是军功地主。所以我在这里再给大家阐述一个观点：当社会财富不被剥夺，当个人财产神圣不可侵犯的时候，应该进入一个什么阶段？应该是政府政策的制定者和执行者也是有产者。这个时候才不可能对个人财富进行无偿剥夺，要不然不是剥夺自己吗？这样一来，它的态势发生了变化，有志青年未必做官，可以做工、务农、经商。只要你能够做得好，你也有价值。所以我看到清朝的时候，我们浙江、江西都有类似什么家训？说“俊秀子弟”必须习举业。什么是“举”？就是考科举。但是，习举业的同时必须学一门手艺，这门手艺还要做到方圆百里第一。什么意思？养家糊口才是第一位。你一天到晚读书，父母养你，老婆养你，岳父养你，那你不是“啃老族”“啃妻族”吗？你先要养活自己，然后承担家庭的责任。所以这样一来，社会财富便成为一个基本价值，这个意义极其重大。有财富，国家也承认，还可以跟国家权力讨价还价。一段时间明朝遭灾的地方比较多，因为从15世纪初开始，那就是1400年以后，中国和地处北半球的其他国家、地区一样，共同进入到一个时代，这个时代在地质学上和天文学上叫作“小冰河期”。这个“小冰河期”平均气温下降2—3度，太湖结冰、汉水结冰。所以这样一来，天气就反常。这个时候的明朝还是一个负责任的政府，明太祖高皇帝曾经有过爱民政策。什么叫作爱民政策？凡是发生自然灾害地方官必须做三件事。（一）立即停止收粮。粮食不能再收了，因为最容易引起民变。明末农民大起义的导火线就是自然灾害严重时有些地方官还在收税。（二）勘察灾情。根据灾情减免一定比例的税粮。（三）如果自然灾害严重立即开仓赈民。打开仓库，发粮食分给民众。

所以明朝政府应该说在建立八十年左右依然是个责任政府。灾民一多，他们把粮仓打开。不够，劝富人捐赠。但富人开始的时候不敢捐，包括浙江不敢捐，苏南的不敢捐。什么原因？怕露富，一富还不剥夺你的财产吗？结果捐得最多、最及时、最踊跃的是河南和山西的民众，江西人民也跟上。于是政府给捐粮的富人赐给“义民”称号。大家劲头大了。开始的时候，“义民”还被送到北京受嘉奖，把皇帝的诏令奉在家中，供在厅堂上。来往的官员一听说这里有皇榜都要来拜一拜，这个面子很大，无形资产太厉害了。后来变成国家动员，大家都来交粮，成为“义民”。

明朝政府这个时候开始有点无耻了，发现民间竟然还有财富，就把这个应急的措施变成常规手段，那就是无赖。有事没事让你交钱，结果富人不交了。国家就降低荣誉称号的门槛，本来一千石一个义民，现在降到八百石没人交，六百石没人交，两百石还交不上来，推行新的政策，给你冠带，九品冠带、八品冠带、七品冠带、六品冠带，如果弄到一个七品冠带，那跟知县就是一样的冠带了，结果富人又积极了一阵子，之后又不交，政府又动员。后来有人脑筋一动，我这个义民也好，冠带也好，没有太多实惠，人一多就没什么好玩儿了。怎么办？给我个国子监读书的名额。为什么要这个，在当时，入了国子监就算有了功名了。但这样一来，就等于是出卖指标了，国家得丢面子，所以管国子监的礼部坚决不同意。但礼部的面子抵不住户部要银子，所以政府向富人妥协了。这就意味着国家权力和社会财富之间的博弈态势发生了变化。

这样，明朝社会就进入一个仕途本位和财富本位“双本位”的阶段，对明朝商品经济的发展具有重大意义。什么徽商、晋商、江右商、闽商、粤商，等等，应运而生。中国又有一句话，叫“衣食足，思淫逸”。我们温饱的问题解决了，吃饭就不是问题，于是觉得好日子才开始，我们的梦才刚刚开始。所以明朝在建国一百年左右，也就是明宪宗成化年间，出现了新气象。什么新气象？印刷业开始跑火了，他们印的第一批书是《育儿必备》《家庭必备》等等，都是生活类的书。然后印什么书？各种各样的词话，各种各样的山歌时调，把唐诗宋词也开始印了，买的人也有了。同时北京出现了“前七子”，南方出现了“南四子”。所谓“南四子”像唐伯虎、祝枝山、文征明、徐祯卿等等玩起来了。结果大家一看，这个玩儿也是好玩儿的，讲学之文也兴起来了。比较早的是江西的吴与弼、胡居仁，接着有广东的陈献章等等。原来都是官学，没有私学，现在开始私人讲学了。这是王阳明及其学说能够出现的丰厚土壤。

这样一来，文化成为第三个价值标准。也就是说，有本事的可以做官，有本事的可以赚钱，有本事的还可以玩文化，什么叫作三百六十行，行行出状元，这就叫多元化社会的到来。

第三个价值递生及并存，标志着明代多元化社会的到来，王阳明及“阳明心学”，正是明代多元化社会的产物，又推进着明朝多元化的进程。

但是，多元化社会的到来也带来一系列问题。最主要的问题是人的私欲的膨胀，用王阳明的话来说，就是“心中贼”越来越厉害。“阳明心学”为此而生，正是要提出解决这个问题的方案。我今天上午在天一阁论坛说到一个观点，中国历史上的思想家，和我们看到的德国古典哲学家，英国古典的经济学家他们不一样，他们是一部书一部书地写，像黑格尔、康德、亚当·斯密等等，他们是写书。但是中国古代的思想家，你们看看，他只有集子，《王阳明全集》《朱文公全书》等等，没有哪一个像西方的学者用一本厚厚的书来专门讨论一个问题，他们都是提出命题。为什么提出命题？因为是解决社会问题。

王阳明也一样，王阳明“心学”的出现是用来解决社会问题。一方面是多元化社会的产物，同时又推动多元化进程，因为王阳明“心学”一出来，社会的思潮整个活跃起来了，各种各样的学派，如果用我们小学生的形容词，真可以叫“雨后春笋一般”。但同时他说什么？为什么他这个学说能够得到大家的接受？因为，他是解放人性，因为他是解决社会问题的，所以阳明“心学”是这样产生的。

四、阳明“事功”

王阳明从小宣称要为“圣人”，但是什么是“圣人”，如何成为“圣人”，他不明白。但是，不与时俗较短长，心中有良知、行为有担当，却是王阳明留给我的永恒形象。他任何时候只要有一份工作，他一定把这份工作做到极致。人可以有困惑，但初心不能改。

我上午也说了同一个观点，王阳明成为圣人，他有一个舆论“倒逼”庙堂的过程。我这个观点的提出是有依据的。为什么说是舆论“倒逼”庙堂？因为王阳明的学说首先是被大众所接受，然后才被庙堂所认同。什么原因？因为王阳明的事功和学术不可分裂，学术可以争议，事功不可抹杀。如果王阳明没有事功，在江西打流民，一打一个输，如果在南昌平叛，被宁王宸濠所俘虏，那你这个学术也完蛋了，人家就觉得你就这两下子。王阳明正是他的学术和事功相互激发、相得益彰，所以他的学术最后被人们所接受。

说到王阳明的事功，他的一个学生也是我们浙江台州人，叫黄绾，有一个概述。黄绾说王阳明有四大功。

第一，“宸濠不轨，谋非一日，内而内臣如魏彬等，嬖幸如钱宁、江彬等，文臣如陆完等，为之内应，外而镇守如毕真、刘朗等，为之外应。故当时中外诸臣，多怀观望。若非守仁忠义自许，身任讨贼之事，不顾赤族之祸，倡义以勤王，运筹以伐谋，则天下安危未可知。”这是王阳明的第一大功劳，就是在南昌平叛，我们浙江有位学者兼官员，名叫郑晓，嘉靖年间曾经做到过刑部尚书，在他的《今言》中回忆：王阳明平叛的时候，郑晓正在杭州参加乡试，就是三年一次的举人考试。当时所有的人都只敢说“南昌有变”，唯独王阳明在“南昌有变”后面还要加上四个字“宁王谋反”。郑晓认为王阳明这是不顾灭九族之祸，为什么？第一，如果人家不是谋反，那你就是挑拨人家朱氏家族的血肉之情。如果他是谋反而又成功了，王阳明也得灭九族。所以郑晓当时就说，王阳明不顾灭九族之祸，挺身而出，不顾弑族之祸，倡议勤王，运筹伐谋。如果不是这样，天下安危未可知。这是第一个事功。

第二，“大帽、茶寮、浰头、桶冈诸贼寨势连四省（江西、福建、广东、湖南四个省），兵连累岁。若非蚤平，南方自此多事。守仁临镇，次第底定。”这里的流民从成化年间，也就是王阳明出生那个时候开始，就由江西的吉泰盆地及广东、福建等处迁居到江西南部山区。迁到哪里干什么？逃避赋税，在这里开荒种地、砍树烧炭，也就是谋取新的生存空间。但是这样一来，就和当地的土著发生了矛盾，官府一般是站在土著一边，对流民进行打击。这就有点官逼民反了。流民闹事反抗，越闹越大，主要活动在福建西南部，这就是所谓的大帽；在江西西南部，这就是桶冈；在广东北边，叫浰头。

几十年，官兵来了，流民上山，官兵一走，流民下山，总搞不定。而老百姓逐渐地宁愿希望“贼”来也不要兵来，说贼来了像梳子一样，把财产梳一遍，兵来了像篦子一样把财产篦一遍。所以老百姓说“贼如梳，兵如篦”。结果王阳明去了以后多长时间？正德十二年正月十六日到江西赣州，正德十三年正月初二统统扫平。扫平了福建西南的流民，那里设立了一个平和县；扫平了江西西南部的流民，在那里设立了一个崇义县；扫平广东北部的流民，在那里设了一个和平县。这些县都是王阳明当时设置来进行管理的，他有一套综合管理措施。

第三，第四大功，是他的晚年到广西平定苗民、瑶民闹事。在王阳明自己看来，这两个事情是很简单的事情，他的事功主要是在江西。王阳明封新建伯，新建就是南昌西北部的一个新建县。王阳明在那里打败了宁王朱宸濠,所以封了“新建伯”、做南京兵部尚书。都是因为这个军功而造成的。

实际上王阳明重视事功处处可见，事功和学术，在他那里从来就是“合一”的，而表现出来的则是不顾生死、敢于担当。在王阳明身上，没有不落在实处的学术，也没有违背良知的事功。我认为他有一个理念，是值得我们当代各级领导干部思考的，叫“事功即学术”，做事即学术。因为我总是会想到，前些时间我们很多领导总是要弄一个硕士学位，弄一个博士学位，你有那么多时间读博士吗？我不知道其他的学科怎么样，就像我们历史学科，你没有三年实打实的时间去读书，弄得出博士论文吗？郑杰西小友他好像是在日本拿博士，五年拿到博士学位。我在台湾讲学的时候，一批台湾的博士要读六年、八年拿到博士学位，要发表多少篇论文才算是博士论文？

但是在王阳明眼里“事功即学术”。你在某个岗位上，你把这个事情做到极致，给国家排忧解难，为民众谋生存和利益，这就是你的学术。哪里需要这个学位、那个学位！不需要的。我这里列了几个他做事的片段。28岁第三次会试的时候，名列第二，殿试的时候名列第十，为二甲进士第七名。按照明朝那个时候的常规，他应该是进入翰林院做庶吉士的。三年后散馆，或者留在翰林院，但是王阳明没有进翰林院，而是被分在六部里头最低的一个工部做“观政进士”，后来做刑部主事。但是他在做官时，给冤假错案平反，打击土豪劣绅，而且他不问你家里有什么背景。在他那里，一再强调不顾生死、敢于担当，只要是为朝廷办事，不管你后面的背景有多大，他就干过去了。实际上，很多说是有背景的，其实是拿不到桌面上来，你敢上桌面吗？所以我们现在很多人说，这个事不好干，护身符太多，水太深。有什么太深？你闯过去可能水就不深，他那些后台都不敢露头，因为都见不了阳光。王阳明恐怕也是看到这一点，他就往前闯，到了后来，闯到刘瑾这个关，被廷杖三十，贬到龙场。但是也正是这些事看出这个人是有担当的。所以我这里要说一个观点，一个学者如果没有担当，你就提不出开放性的学术理念；一个官员，你如果没有担当，做官做得再大，也就一个政客而成不了政治家。

到了正德十一年九月四十五岁的时候，为南赣汀漳巡抚，这就是封疆大吏了。而此之前，他唯一的一个在地方做工作的经验，就是在庐陵县做了半年的知县，同样是兴利除弊。在南赣汀漳巡抚的任上，是他一生之中，事功达到的顶峰。

我这里要跟大家多加两句，王阳明到正德十一年（1516 年）的时候，这时候他四十五岁，有两个位置在等着他，哪两个位置？北京国子监的祭酒，就是北京国子监校长。另外一个，南赣汀漳巡抚。王阳明是在两股力量的推动下来到南赣汀漳做巡抚的。哪两种力量？第一，不待见他的力量，跟他学术不合的那股力量。觉得好不容易把这个人从北京弄到南京去了，如果又把他弄回到北京，就在我们眼皮底下讲学，讲“心即理”等等，那不是给他一个平台吗？不能让他回来。那么让他到哪里去？南赣汀漳正好有位置，你到那里吃苦。那是蛮荒之地，你不是说你厉害吗？不是说你要做圣人吗？我们就让你做，看你做出什么事来。所以我刚才也跟大家说，如果他跑到南赣汀漳做不出事来，那人家说你算什么？这是反对他的力量。支持他的力量是当时的一位兵部尚书叫王琼，认为只有王阳明去才能收拾得了残局。所以我说，王阳明在两股力量，支持他的力量和反对他的力量的合力之下来到南赣汀漳做巡抚。一年的时间破“山中贼”。又在南赣讲学，推行南赣乡约，进行社会的综合治理，以破“心中贼”。

这就叫作“实践是检验真理的唯一标准”，办事得看效率。一年之内搞定别人几十年没搞定的事情。他带着一群民兵，提着一支弱旅，把这些事情统统搞定。所以很多朋友跟我说，王阳明很会用兵。我说就我看，王阳明在南赣汀漳平定“山贼”的用兵，都是雕虫小技。无非就是声东击西，声西击东。最厉害的是他从来不把战争看成单一的军事行为，这是王阳明伟大的地方。别人的兵为什么“兵如篦”？没钱,没军饷啊！他的兵有军饷?军饷哪里来？干了再说。

当时的赣州，有一个钞关，南来北往的货物都在那里收税，当时的南安和赣州还有盐关，从广东到江西的盐都在那里收税。王阳明先把税留下来，向朝廷领导报告，这个我要用做军费。如果你等朝廷批下来再拿，不知道等到哪个猴年马月。原则上是不能拿的，但是原则上不能做的事，在中国君主体制下都可以做的。他就先弄下来。但是，你扣下了钱粮，你要打胜仗给朝廷看。弄了一批钱粮，练了民兵，给了军饷，把福建西南部的流寇打掉，朝廷觉得你还能办事。于是就允许他留了，他继续留，又打江西西南的流寇。如此等等。我想到我们江西原来的一位领导跟我们开玩笑，说你们学者老问我们要钱，你们先要做出一点事来。你做一点事我就给你一点钱，然后你做更大的事我给你更多的钱。王阳明就是这样，把盐税和商税截留作为军饷，但是他干出了事情，什么叫敢于担当？这就是担当。

同时，推行“十家牌法”，过去为什么王阳明这么不受待见？国民党在我们红军那块地方“什伍连坐”，就是学王阳明的“连坐法”。王阳明在南赣就搞这一套，如果有哪一个山贼犯错误就要治理，所以把流民的眼线全部弄掉。所以我说他最厉害的不在于用兵，而在于从来不把战争作为单纯的军事行动，都是整体行为。什么叫作宏大的眼光、战略家？我看到微信上传的，黄永胜的儿子在黄永胜晚年问他父亲，说林彪打仗怎么样？刘伯承打仗怎么样？然后又问在中国共产党里谁最能打仗？黄永胜说了一句话：要说共产党最能打仗的，那就是毛泽东啊！除了他还有谁？林彪比得了毛泽东吗？刘伯承比得了毛泽东？最厉害的是毛泽东。所以，明朝王阳明最厉害的是,既知道如何具体地用兵,又有战略眼光。特别是,提出“心中贼”“山中贼”一道破。

五、阳明学术

黄绾又说到王阳明的学术,说是“为学三大要”。哪三大要？第一,“致良知”；第二,“亲民”；第三,“知行合一”。

什么叫作王阳明基本的学术理念？王阳明学术的核心是什么？他的学生给他归纳三个:“致良知”是第一,实际上就是“良知”二字。第二是“亲民”，什么是亲民？即百姓不亲之亲，什么叫百姓不亲之亲？对全体人民都是一样的，没有说亲这个不亲这个，所以我有的时候开玩笑，说是领导拿200 块钱去慰问这个“群众”，其他的群众怎么办？这不就是一种不公平吗？我曾经批评“保障性住房”还是福利分房，有人得到了这个保障性住房立即就想到五年之内可以上市卖掉，我就觉得奇怪，为什么要给他？当地地方官员告诉我，我为什么不可以通过这种方式先让一部分穷苦人民先富起来。我说你这个有道理吗？你为什么让他富，不让我富？你月收入 1000 元，我年收入 1001 元，你就让他先富起来，一下跳到 5000、10000 元。你不是对其他人不公平吗？什么叫作亲民，什么叫作不亲之亲？就是要普惠全体民众，要与民同好恶。再就是“知行合一”。这是他三大要，等一下我们要做解释。

我为什么说王阳明是舆论“倒逼”庙堂成为圣人的？王阳明是在嘉靖七年（1528 年）农历十一月二十九日去世的。在广西平定少数民族闹事时，王阳明的身体已经相当不好了，不断打报告要求养病，朝廷不批复。王阳明是有个性的人，你不批复我自己走。实际上他还没有走到绍兴，乃至刚刚进入江西的境内，就去世了。但是，他不遗憾的是，他从西江到广东以后，没有直接进江西去浙江绍兴，他是到了广州以东的一个县增城，祭拜了五世祖的墓，他的五世祖曾在广东做一个知县，死于此，葬于此。王阳明到那里祭祖坟后，折返到江西，在江西南安府的所在地去世了。

临死前，在身边的学生问，先生有什么说？他说“此心光明，亦复何言”。我们很多学者认为这是他光明坦荡的一生，不错，但更主要是充满着愤懑。王阳明是敢发泄不满情绪的。因为关于他的待遇问题，关于他遭受的诽谤问题，朝廷一直没有给一个交代。可以说一直到他死，朝廷都没有说清楚他被诬陷、被诽谤的事情。包括说他和宁王宸濠是有关系的，说只是怕事情透露、怕谋反不成，才反戈一击平定宁王的，等等。

王阳明死后，朝廷“盖棺定论”，给他下了一个结论，这个结论争议大得很。我们看看怎么说：“守仁事不师古，言不称师。欲立异以为高，则非朱熹格物致知之论；知众论之不予，则为朱熹晚年定论之书。号召门徒，互相唱和。才美者乐其任意，庸鄙者借其虚声，传习转讹，背谬弥甚。”这是对他的学术，对他的讲学进行全盘否定。但是，对他的事功没有办法否认：“但讨捕畲贼（江西、福建、广东交界地方流民），擒获叛藩（南昌宁王朱宸濠），功有足录。宜免追夺伯爵以彰大信，禁邪说以正人心。”

对王阳明学说贴了一个标签“邪说”。嘉靖皇帝下诏，所有的待遇，包括爵位、追悼会、祭祀礼仪等等，统统取消。一直等到嘉靖皇帝去世，才给予部分平反,赠新建侯,这才是按惯例的。他在生的时候封了一个新建伯，死后要加一级，所以叫“赠”。还给了一个谥号“文成”。所以我们浙江在明朝至少有两个“文成”，一个是刘基刘伯温，一个是王阳明。这个时候在明朝为首辅的是华亭也就是现在的上海人徐阶，王阳明的再传弟子、王学的推崇者。

但是，有人建议让王守仁、薛瑄和陈献章共同从祀于孔庙，没有办成。这个时候内阁首辅换成了高拱、张居正。一直到张居正死了两年，王阳明入祀孔庙。主张王阳明入祀孔庙的人们提出,王阳明的“良知”出于孟子,“知行合一”也出自前贤，特别是气节、文章、功业，有明一代有比得上王守仁的吗？讨论的结果，王阳明入祀孔庙。在有明一代，四人入祀孔庙:薛瑄、胡居仁、陈献章、王阳明。

我上午跟大家交流也谈到一个事，大明朝皇帝在位的时候，把王阳明送去孔庙，我们东边的邻居朝鲜是明朝的属国。其他三个都在朝鲜也入祀孔庙，因为他是学着中国来的。但是王阳明坚决不能入孔庙，什么原因？扛不住。因为王阳明的学说是需要时代的，需要环境的。王阳明的学说是倡导自由的，是倡导独立思考的，朝鲜不允许。如果一弄他怕搞乱，东边一个日本，西边一个中国，它一个半岛不能搞乱。所以凡是没有自信的这种政权，凡是希望压制言论、压制舆论的政权，一般是要压制王阳明的。所以我为什么说，我们习总书记现在提出要研究王阳明、了解王阳明，说明我们党中央有一种自信，以积极的态度来做这个事情。

六、“为圣”三部曲

接下来和大家交流的一个认识是：王阳明的一生就是“求为圣人”的一生，从十二三岁开始，就说要为圣人，从此，积极上进，立志为圣，当然，就是我们刚刚说到的那样，那个时候的王阳明，并不知道“圣人”为何物。

今天这里来了一些年轻的朋友，我想跟你们交流一个想法，少年时候的立志是极其重要的，至于说立志干什么，我也不知道你立志干什么，但是你要立志，要学习，要学本事。我跟我们江西师大的有些学生说，他说老师我也搞不清楚以后出去做什么，所以不知道该学什么。我说很好，你读外语会读吧？你把读外语读到极致，这就是本事了。你学历史的，读中文的，你把古文读到极致，这也是你的本事。你先不要考虑，不用考虑一定会干什么，你把手上的事情做好就会有出息。每一个工作，每一个历程对你来说就是一种阅历，就是一份财富。越是困难你越做，闯过去就行了。包括我自己在内，有一次一个报纸采访我，说请问方教授——那个时候还是大概十年前的事，你在做学术的过程中有什么困惑？我说这个奇怪了，我说我时时刻刻有困惑。困惑什么？自己正在做的这个事情需不需要做，值不值得做？自己做这个事的方法对不对，应不应该改变方法？所以我说时时都在困惑，几乎写每一篇论文都想放弃，但是咬咬牙过去就出来了，放弃就不行了。

我们有些教育学家讲究素质教育，但不少是误人子弟。快乐教育，哪有这么多快乐？快乐要有，痛苦也要有的，不能一天到晚快乐，你不经过痛苦就没有新的快乐。每一件事必须进去，你不进去哪里感受得到快乐？包括林丹，那么好的身体状况天生就是打羽毛球的，不经过训练行吗？C罗那种身体素质，就是天生踢足球的，但不训练行吗？训练不吃苦吗？读书能不吃苦吗？干什么事情可以不吃苦？都必须要吃苦的，哪里有一天到晚快乐的事情？就拿孔子那句话来说，“知之（者）不如好之（者），好之（者）不如乐之（者）”，哪里这么多乐？但是一旦进入到一个事，你真是以它为快乐，这就需要一个过程，你要有一种境界。我们很多人是把老子的学说、孔子的学说、王阳明的学说截取最后的结论，中间的过程省略掉。实际上孔子就经历过一个知之学之、好之乐之的过程，一开始可能是乐，但马上会痛苦，哪里有一直就乐的道理？为什么说“苦为乐”，就是习惯了，已经成为生活方式了，已经无所谓苦而唯有乐了，别人认为是苦而我认为是乐了，没有一个漫长的过程，可能吗？

所以说王阳明从小就想做圣人，但如何为圣，有三个阶段。

第一，“龙场悟道”，由想做圣人到龙场悟道，这是第一个阶段。“圣人之道，吾性自足”，这是悟出了通向“圣人之道”的途径和道路，而不是说悟到了“圣人之道”的终极之“道”。但同时必须要指出，王阳明能够悟出所谓的“圣人之道，吾性自足”，从内心来求圣人之道，是他已经外求过。

怎么外求？泛滥于词章、出入于佛老、遍读考亭之书，录囚江北、受到廷杖，在龙场处 1 年 10 个月，经过种种磨难，他才“悟”出了这个从内心求道的“道”。我们很多朋友觉得，直接就从内心求道，不行的，你没有这个过程。我最近这几年不断在倡导过程的重要性。你要经历过这个过程才能悟出其中的三昧，否则只是“学”到而不是“悟”到。

第二，江西揭“良知”，提出“致良知”。王阳明通过在江西打流民，在江西平叛，尤其平定宁王之乱后遇到的一件最难办的事情。什么事情？从我读王阳明的书，根据对王阳明处境的分析，王阳明当时真正最难办的，不是打山中的流民，也不是打叛乱的宁王，而是应对北京来的那一伙爷们。

他侍候的那个皇帝叫明武宗，明朝的正德皇帝，这小子 15 岁做皇帝，多才多艺，本身就不是一个做皇帝的料，但是由于他生在皇家而且是弘治皇帝的独子，所以注定就是要他做皇帝的。他最讨厌的是我这种人，一天到晚逼着他读书，他就不愿意读书。他最喜欢什么人？最喜欢陪他打架的人，打遍宫中无对手，打遍京城无对手，当然别人是让着他的。然后又去跟蒙古人打仗，其中有一仗打得很惨烈。也不叫惨烈，应该说打得很欢快，怎么欢快？明朝大军由皇帝亲自率领，打死了 7 个蒙古人，但是，受到奖赏的多少？ 9000 多人。你说这是打仗吗？这不是胡闹吗？但是他尝到了打蒙古人不是好打的滋味。好不容易南昌宁王叛乱，他很高兴，终于可以打一仗了。打蒙古人不好打，平叛王是好平的，肯定是马到成功。他一直想到江南来。为什么想到江南来？在人们的描绘之中，南方太好了，北京没什么好的。南京叫仙都，六朝粉黛之地。扬州叫花都，二十四桥明月夜，十年一觉扬州梦，赢得青楼薄幸名。苏杭更是人间天堂。其实还有一个原因，明武宗酷爱音乐、戏曲，这些东西，南京、苏州、杭州、绍兴才厉害，但他从小生长在北方，所以又多了一层对南方的向往。

明武宗一直就想到天堂来，但是大学士挡住他不让来，因为怕他把南方搞乱，北方由你折腾去，怕他搞乱了南方的财赋中心。结果宁王宸濠一谋反，他自己给自己下一道命令。命令“威武大将军镇国公总兵官朱寿”，他的名字叫朱厚照，但是他给自己取的名字叫朱寿，带领六军挺进江西要灭宁王宸濠，大学士没法堵了。因为明太祖、明太宗、明宣宗、明英宗都曾经带过兵去出征，这个皇帝要出去也没办法堵。但是，出京的第二天，大军才到涿州，王阳明平定宁王的报捷文书就到了北京，大学士高兴得不得了，赶快派人带着这份捷报去见皇帝，要把皇帝接回来。结果皇帝气得要命，你不是多管闲事吗？这是我们朱家的事，要你王某人管什么？皇帝不管他，继续前进。

最难过的是皇帝身边带的那些人，边军、京军的将领，还有一直生活在北方的宦官，人家好不容易摩拳擦掌，到江南来第一旅游，第二发财。你们把人家的财路给挡了，结果有人暗示，说王阳明你赶快把朱宸濠放掉。同时散布流言蜚语，当然这种流言蜚语未必是他们这批人散布的，有人就已经在散布了。认为王阳明怎么这么巧？宁王朱宸濠是六月十三日生日，在南昌的官员六月十三日都给宁王拜寿，六月十四日宁王回请在南昌全体江西有头有脑的官员，就在那一天一锅煮。有两个官员坚决反对背叛朝廷，都是浙江人，一个巡抚、一个兵备道。宁王朱宸濠把这两个杀了，其他人不敢动了。王阳明在六月十五日到了离南昌八十里路的丰城,听说南昌有变，调转船头到吉安，然后起兵平叛。别人也会算时间的，你王阳明六月初七就离开了赣州。六月十二、十三日无论如何都可以到南昌的，你也是去祝寿的，你路上怎么就耽误两天？而且还有一个宁王朱宸濠的谋主，叫作刘养正的，就在吉安等着王阳明，结果没等到先走了。就这两天。如果这两天王阳明是 6 月 13 日或者 6 月 14 号到南昌,两条出路,第一被杀,第二从逆。所以很多人就怀疑，民间高手也多，朝廷猜测也多。觉得他最后担心成不了事，才反戈一击，故意待两天，说路上堵了风，但是那两天根本没有台风，你就是故意等两天的。还有他那个学生老在宁王府走来走去,就是有瓜葛的。还有第三，宁王府据说积累了十多年的财富，宁王到江西来是几十年、上百年，那么多的财富，王阳明的军队打下了南昌以后，一把火把宁王府烧了，为什么烧宁王府？肯定是你王阳明的军队把财产全部洗劫了，放把火堵人之口。所以没有发到财的、嫉妒他立了功的，所有的人都对他不满。所以什么叫好事不是人做的？王阳明不管这么多，只要有利于国家稳定，他不顾灭九族之祸先做。

被他俘虏的宁王宸濠也说，王先生你这么呕心沥血干什么？这是我们朱家自己的事。还有本来是帮他忙的，明武宗正德皇帝也觉得他多管闲事。这个时候是王阳明最难办的时候，所有从北京来的将领，北京来的宦官都想立功，都让王阳明把朱宸濠送在自己手上。送在他们手上干什么？可能就放掉，重新打一架。王阳明反复选择，选择了一个叫作张永的宦官。他也随着皇帝到了江南，来到我们杭州。皇帝要让王阳明在南昌待命，王阳明却亲自把朱宸濠送到杭州来交给张永。幸亏找对了人，这不是碰运气，是通过分析观察的。所以《明史・王守仁传》，还有其他的著作说，王阳明越是在混乱之中，越是在政治非常微妙的时候，脑子越清楚，他知道谁靠谁，谁不能靠谁。然后，又找到了另外一个官员，叫杨一清，退休在家，这两个人一里一外帮助王阳明，结果渡过了这个难关。等到王阳明回到南昌以后，安抚京军，也要给他们各种各样的报酬，什么布匹，什么银子不能少的，人家白来一趟吗？千里迢迢，能让人家空手而去吗？但要让他们满载而归，就免不了要南昌的老百姓交钱，要拿银子出来，所以他最难的是在这里。也正是因为通过种种的难，所以悟出了"良知"二字，这才是"圣人之道"的"道"。

第三个阶段，晚年退休赋闲的时候是在绍兴度过的，一家搬到绍兴，开始讲学。强调凡夫俗子的学术，教化大众，心中有良知，满街皆圣人。我认为这恰恰正是阳明寻求"圣人之道"的"初心"，也是中国历代"圣贤"的宗旨，一切学术、一切事功都是为了济世安民，没有其他的。所以王阳明悟出了"良知"二字，是需要上上下下所有的人都致良知，这样一来，我们回到王阳明的第三个学术："知行合一"，就好办了。

七、"知行合一"与"良知"

王阳明学术之中非常引人关注的一条就是"知行合一"。王阳明自己这样说的："知之真切笃实处，即是行；行之明觉精察处，即是知。知行工夫本不可离。只为后世学者分作两截用功，失却知行本体，故有合一并进之说。"

但是，我们如果只是看这一段文字，我们体悟不出"知行合一"怎么回事。你说"知之真切笃实处，即是行"，"知"到什么程度是真切笃实？你说"明觉精察处"，什么才叫明觉精察，没有界限，无法量化。然后他说"真知即所以为行"，你行了，你才是知，你不行就不是知。如果真是到这里为止，我们还是那句话，就叫作"言行一致"，叫作"理论联系实际"、"理论与实践相结合"，或者叫作"行在知先"。所以一位伟大的教育家陶行知先生，他就是用"知行合一"来为自己取名字，但是他不叫陶知行，而叫陶行知，他认为"行"更艰难，"知"很简单。正如王阳明所说，你"行"了，才说明你“知”了，你没有去行动，你就没有知。

所以我这里说，所谓的“知行合一”，可以理解为言行一致、崇尚实践，可以认为理论联系实际相结合，但是这远远不够。知行合一的“知”我认为应该是有两个层面，哪两个层面？第一个层面，是对事物的认知，用我们现在的话来说，是我们认知到的事情发展的规律，我们认知到做一件事的技巧，它的程序和方案，这都可以叫知。但是，我认为知还有另外一个更重要的层面，第二个层面，那就是“良知”。良知才是“知行合一”的真谛，如果丧失良知、丧失道德，“知行合一”就失去了它的灵魂，也就不是王阳明所倡导的“知行合一”了。所以，我这几年谈到“知行合一”，一直在强调这一点。

那么什么叫作“良知”？王阳明说得很清楚。他告诉别人“夫良知者，即所谓‘是非之心，人皆有之’”。什么叫作良知？良知就是“是非之心”。这个良知：“不待学而有，不待虑而得者也。人孰无是良知乎？独有不能致之耳。”谁都有这个良知，但关键是你能不能致良知。要把良知发觉出来，要把良知贯彻到我们的行为中去，这才是真正的良知，也才是真正的“知行合一”。如果我们做点延伸，那什么叫“良知”？就是人要有是非之心，人要有廉耻之心，人需要有改过之心，人需要有感恩之心。否则，就没有良知了。

从王阳明这里来说，关键在于“是非”二字，你是非分不清楚吗？这个事情实际上很简单，我们什么该做，什么不该做，我们心里清清楚楚的。但是我们为了自己的面子，为了自己的利益，为了赌着一股气，我们可能就不顾是非了。为什么现在网络上、微信上那么多一眼看去就是胡闹的事情，为什么我们在报纸、电视上看到那么多明显地不合理却仍然在做的事情？其实很简单，为了意气，为了利益，不顾“良知”，不要“良知”。

如果没有良知，为人、处事、行事，都会出现诸多问题。清代我们浙东史学的一个著名人物叫章学诚，他写了一本书叫作《文史通义》，谈到“史所贵者义也，而所具者事也，所凭者文也”，然后继续说：“非识无以断其义，非才无以善其文，非学无以练其事，三者固各有所近也，其中固有似之而非者也。记诵以为学也，辞采以为才也，击断以为识也，非良史之才、学、识也……能具史识者，必知史德。何为史德？谓著书者之心术也。”“心术”在哪里？什么叫作心术？心术就是道德底线，心术就是良知。违背道德底线的事情不干，违背良知的事情不干，这就是心术。

很多学者在各个场合下都会解释这个过程，关键是我们明明知道，但是我们未必能够做到。所以为什么习总书记强调一定要践行“知行合一”，王阳明为什么说“真知在于行,不行不是真知”？这个“真知”就是“良知”。

王阳明总结了自己的学术，说我这辈子最后就是“良知”二字。你看看王阳明怎么说自己“良知”的？“吾‘良知’二字，自龙场以后，便已不出此意。只是点此二字不出。”就是不断地去说，不断地去讲，说“知行合一”也好,说“亲民”也好。老点“良知”二字不出,最后终于点出来了：“今幸见出此意。一语之下，洞见全体，真是痛快，不觉手舞足蹈。”他快活得手舞足蹈了，原来就是“良知”这两个字。而且说：“学者闻之，亦省却多少寻讨功夫。”这个我要说回来，王阳明的问题，王阳明的学说后来之所以出现了“空疏之学”跟王阳明这个也有关系,他自己是怎么看良知的？“良知之说,从百死千难中得来,非是容易见得到此。此本是学者究竟话头”，本来是最终截至，但是这个理已经埋没已久，“学者苦于闻见障蔽，无入头处，不得已与人一口说尽。但恐学者得之容易，只把作一种光景玩弄，孤负此知耳。”后来的王门学者走向他反面的时候，恰恰是王阳明所担心的这个，人人说良知，人人口里不一，王阳明解决的就是社会问题，解决的就是人的私欲问题，解决的是既满足了人们部分私欲，但是又要对私欲有所克制，但是我们总是克制不了这个私欲。

有一个很著名的故事也发生在钱塘江对面，发生在当年的松江府。明朝到了崇祯年间，已经千疮百孔，崇祯皇帝起用了一个松江即现在上海的官员，叫钱龙锡，起用他干什么？到朝廷做大学士。钱龙锡觉得这个官不好做，该怎么办？问老师，他老师是个很著名的人，也是个“山人”，叫作陈继儒，号“眉公”，这个陈眉公先生曾经到过我们绍兴。有一个姓张的家族让一个小孩去接待他，在座的朋友有绍兴、杭州那一带的吗？那个家族姓张，这个小孩叫张岱，八岁的张岱代表家族接待八十岁的陈继儒。这个陈继儒为人也是很张扬的，否则也不叫“山人”了。来到杭州，弄来一匹白鹿，一个八十岁的老头，比我大十多岁，骑在白鹿上面，在杭州城里招摇过市，一个八岁的小孩做导游。八十岁的老爷子要考量八岁的小孩了，说我出个上联，你对下联。说罢来了一句：“太白跨鲸，采石江边捞明月。”这是一个典故，说李白喝醉了酒到采石江边，看到天上有个月亮，水上一个月亮，朦朦胧胧觉得有一头白鲸游过来，他跨上去想捞这个月，结果掉在水里了，所以成为一个典故，叫“采石江边捞明月”。我们浙江这位八岁的小孩张岱应声对下联：“眉公骑鹿，钱塘城里打秋丰。”杭州又叫钱塘，因为杭州当时两个县，一个钱塘县，还有一个叫仁和县。绍兴也是两个县，一个山阴县，一个余姚县。张岱以“眉公”对“太白”，陈继儒自然高兴。所谓“打秋丰”，就是“打秋风”，这是开玩笑，说是到我们杭州蹭饭吃。陈继儒没有想到小孩反应这么快，高兴得从白鹿背上跳下来，连声称“小友”。从这个故事我们可以看出陈继儒的性格。

准备做大学士的钱龙锡向老师陈继儒求教，说老师该怎么办？陈继儒说了一句话：“拔一毛而利天下。”这句话是我们浙江张岱记下来的。什么叫作“拔一毛而利天下”？既得利益者，放弃一些利益，这个天下就有救了。用王阳明的话来说就是“致良知”。钱龙锡先生从松江到北京，沿途可能一直在琢磨，什么叫“拔一毛而利天下”？钱龙锡在内阁上班后，得到袁崇焕的一个奏疏，说是要杀毛文龙。钱龙锡恍然大悟，说眉公真神人也，他怎么知道袁崇焕要杀毛文龙？这不是拔掉一毛吗？拔这一毛而利天下。结果内阁票拟、内监批红，毛文龙被杀。毛文龙一死，女真没有后顾之忧，毛文龙手下一支最强悍的明代火器部队在登州投降后金，从此以后，明军不但是野战，就是火器也不如清军了。

这个故事说明什么？说明到了明朝中后期虽然有王阳明的“致良知”，但是从上到下都在计较利益，都不肯放弃自己的利益，这个国家就难办了。那么如何去办？王阳明也不知道。

最后，我照例要聊聊这个问题，我们今天学习王阳明意义何在？毫无疑问，要学他的“致良知”，要学他的“知行合一”，要学他的真知是为行、不行不为知。但是他还有更大的期望，这是在绍兴讲学过程中在船上和学生的一段对话。他的学生叫张元冲就在船上问：“二氏与圣人之学所差毫厘，谓其皆有得于性命也。不知亦须兼取否？”所谓的“二氏”就是佛氏和老氏，佛教和道教。先生曰：“说兼取，便不是，圣人尽性至命，何物不具，何待兼取？但后世儒者不见圣学之全，故与二氏成二见耳。”明朝的时候很多人说王阳明“入禅”，也有很多人说王阳明的学说和禅宗的“立地成佛”有相通之处。但是我这里要说，佛教自从进入中国以后，经过南北朝，经过隋唐，到了宋朝，这个佛教已经基本上中国化得差不多了。这个佛教所吸取的很多东西都是儒家学说，是中国本土的学说。所以“儒、佛、道”三家已经相互渗透，虽然也各有特点，但“核心”思想已经没有太大的区别了。如果还把王阳明这个作为禅，实际上是对中国“儒、佛、道”三家相互渗透的不理解。王阳明说，后世儒者不见圣学之全，故与二氏成二见，就是有成见了：“譬如厅堂三间共为一厅，儒者不知皆吾所用，见佛氏，则割左边一间与之，见老氏，则割右边一间与之，自己只在中间一间。”这个格局不是太小了吗？所以王阳明认为，“此皆举一而废百也！圣人与天地民物同体，儒、佛、老、庄，皆吾之用，是之谓大道。”这个时候基督教还没来，如果基督教来了，我想王阳明还要加一句“儒、佛、老、庄，基督、天主，皆为我用，是谓之大道。”我们现在学王阳明，还得学习王阳明这种大气的包容精神。

所以我说，如果我们倡导王阳明及其心学，便以为王学就可以包打天下，那也是小道。我们今天学习王阳明，应该是传统文化、中西文化皆为我用，是谓之大道。谢谢！

互动环节

天一讲堂：习主席提到王阳明心学是中国传统文化的精华，可以成为中国人重新建立文化自信的切入点。您如何看待“阳明心学”和“文化自信”这两者之间的关系？我们可以怎样去理解？

方志远：感谢这位提问题的朋友，我是这样想的：习主席谈到学习王阳明心学，说王阳明心学是中华传统文化的精华，但是并不意味着排斥朱熹的学说、孔子学说，他们的学说同样也是精华。习主席谈到这个问题的时候，我认为并不单指王阳明心学，而是指我们如果很好地发掘中国传统文化，很好地善待中国传统文化，我们就能建立起我们的文化自信。我也跟很多学者曾经交流过，也曾经谈到过一些文化问题。我认为从文化的根本上来说，是需要建立一种认同，什么认同？第一，本土认同；第二，事业认同；第三，中国认同。如果没有本土认同，没有中国认同，不管你的学术做得多好，不管你钱挣得多少，不管有多少美国人、日本人忽悠，你都是“无根之徒”。

说到这里，我跟大家交流一个好玩的事。我在 1966 年也就是初中毕业的那一年，不知道从哪里找到一本卢梭的《社会契约论》，因为从小比较喜欢读这些书。在座的年轻朋友可能觉得，你从小读这些书，怪不得读文科。但是我跟你们说，我小的时候最好的成绩不是语文，是数学，这个今天不吹了。一读《社会契约论》，我觉得这个卢梭说得太了不起了，他怎么说？说一个国家不能太大，太大了统治层级就特别多，比如中央一级、省一级、市一级、县一级、乡一级，等等，人民的负担就太重了。但是国家也不能太小，太小了不容易抵御侵略。我那时候16岁，觉得这个卢梭真了不起，国家确实不能太大，国家也确实不能太小。这个事情放在心里，但没有去多追究。13年以后读研究生，1979年，那个时候再读，陡然发现，人家卢梭就是一个伟大爱国主义者。在18世纪的世界，哪个国家不是太大、也不是太小？当然是卢梭的祖国法兰西嘛！

有朋友问我，说有一种说法："崖山之后无华夏，明亡之后无汉族。"怎么看？我说这种说法要看时间，当元朝的铁骑席卷整个欧洲，并且席卷整个华夏，南宋的军队一败涂地，文天祥被俘虏，陆秀夫投海自杀，数万宋朝居民在珠江口的崖山沉海，在这个时候，汉人特别是汉族的读书人的亡国之痛是切实的。宋朝的爱国之士提出"崖山之后无华夏"，毫无疑问他们是对的。还有明朝灭亡，我们的黄宗羲、顾炎武那一批秀才去反清复明。顾炎武提出"亡国"与"亡天下"。朝代的更替是亡国，清朝取代明朝是亡天下。什么原因？他要我们留头不留发，留发不留头。整个服饰都要和满人一样，所以那批爱国之士他们觉得清朝入主中原，汉人的文化也不复存在了，提出"明亡之后无汉族"，我们汉族难道是这种服饰吗？我们汉族拖着个辫子吗？我们汉族这里前额的头发全削去吗？我们汉族不是这样。

但是，中华民族发展到了今天，中国作为一个统一的多民族国家，有56个民族，灭南宋而留在中原、留在中国的蒙古族，灭明朝而进入中原、成为中国一部分的满族，早已是中华民族大家庭中的成员。同样是中华民族大家庭中一员的汉族，从来就是不断融合、发展而来的，在中国，从来就没有"纯而又纯"的汉族。我和在座的诸位一样，我们身上有多少汉族的血统？拿唐太宗李世民来说，李世民的皇后长孙氏是鲜卑族，母亲窦氏鲜卑族，祖母独孤氏还是鲜卑族，你说他身上又有多少汉族血统？不但是中国，日本大和民族那么纯吗？大不列颠的英国民族是那么纯吗？至于美国，本身就是"合众国"。

所以我说，不能被老外一忽悠就忘记自己的文化、自己的祖国，就丧失了民族的文化自信。王阳明的“儒佛老庄皆我所用”，这是一种真正的文化自信、民族自信。

天一讲堂：王阳明学说一度知名度不高，但是在日本有深远的影响。那么，为什么在日本不但没有失传，而且影响非常深远呢？这些影响体现在哪些方面呢？

方志远：非常抱歉，我不是这样认为，恰恰相反还在怀疑，难道王阳明真的在日本有这么大的影响吗？确实产生了一些影响，包括对明治维新，还有我们余姚另外一位伟大的人物，叫朱舜水。他在日本，对日本的一个学说产生了很大的影响，日本那个时候的文化，特别是汉文化是远低于我们的。所以我们中国去了一个，他们觉得太了不起了，这么伟大的人物和学说。郑杰西小友也在这里,他在日本读博士很多年,对这些方面比较熟悉。

有一个传说,说日本的一位海军司令叫东乡平八郎,腰间拴着一块铁牌，也有人说是拴着一块铜牌，还有人说是拴着一块木牌，不管什么牌，牌上刻了一行字，说是“此生俯首拜阳明”等等。但是，至少我到现在也没有看到原件和照片。以日本人对文物的珍惜，如果有，这个东西应该存在的，如果没有，就是杜撰。我们这个民族有的时候会犯一种毛病，什么毛病？我们容易把我们的自豪感扩大，其实是掩盖我们的自卑。比如日本人说了一下王阳明有什么影响，有的时候人家是客气，我们就觉得这个影响大得不得了。还有些人甚至认为没有王阳明的学说，日本的明治维新就弄不成。没这个事。没有王阳明的学说，日本的明治维新照样进行。当然也并不是说王阳明的学说对日本一点影响也没有，至少是一股推力，至少对其中的一些人产生了影响，但绝不像我们有人吹嘘得那么大。今天上午钱明教授说得很好，说当时的日本正在发展之中，它正在向外扩张，王阳明学说正好给了一些启示、注入了一些推力。我想，这样看可能客观一点。

再说一个笑话。《百家讲坛》让我录第二个节目的时候，我说我就不录历史了，我录文学。他说录什么？我说：《方志远说金庸之韦小宝》。结果被否认了，说要维护我历史学家的正面形象，好像我一说韦小宝我就变成反面形象了一样。那也未必。金庸先生说到韦小宝撒谎，说到韦小宝的一种技巧，实际上是金庸先生对人生的感悟。说什么呢？说韦小宝撒谎是怎么撒的？他说的所有细节全是真实，没一个是假的。但是，把他提供的这些细节融在一起，就是一个大大的骗局。所以对外国人说我们中国的事，千万不要太当一回事，人家表扬你这是客气。我们做得好还是坏，心里有本账，特别是老百姓心中有本账，这就叫作“公道在人心”。

天一讲堂：您早年提出“山人”文化的概念，请您谈谈山人文化与王阳明学说之间的联系？

方志远：非常感谢这位朋友，说明读了我那个文章《“山人”与晚明政局》。这篇文章大概发表出来版面有36000字，在《中国社会科学》2010年的第一期。这篇文章写得比较艰苦，写了两年，但是发表比较快，我2009年9月30号通过电子邮件把稿子发出去，2010年1月第一期就发表出来，而且是那一期最长的一篇稿子，也是我写得比较得意的一篇稿子。“山人”是很好玩儿的阶层，是在明朝文化价值体系出来之后，有一批家里面有几亩土地，生活有一些着落的文化人，他们不屑于官场上厮混，裂秀才冠，自称“山人”，以游学、讲学、唱和、吟诗作画等作为自己的生活方式，我把这一批人叫作“娱乐型”山人。王阳明在30岁前后自称为“阳明子”，又称“阳明山人”，后来功成名就，对“山人”阶层的形成产生了很大的影响。当时有很多文化人自称为“山人”，比如说“弇州山人”，是苏州王世贞。那时候自号山人是一种比较高贵的称呼，觉得有才，觉得不流世俗。但是随着嘉靖年代的到来，明朝进入多事之秋，“南倭北虏”为患，我们宁波就是“倭患”的发生地。这样一来，出现了一批“帅府山人”。他们投身到胡宗宪、俞大猷、戚继光等人的府中，后来又投身到李如松等人的门下，以布衣的身份出谋划策。包括我们宁波的沈明臣，当时与绍兴徐渭齐名，同以“山人”身份在胡宗宪的帅府中为幕僚，胡宗宪被杀以后，沈明臣为他收尸、为他鸣冤，是个既有担当又有智慧的人。后来还有“相府山人”，还有“内府山人”，张居正、冯保门下都有山人，开了明、清两代幕府的先河。

到了万历年间，社会气氛比较宽松以后，玩儿的事情更多了，于是又出现了一批“游食山人”，到处吃喝玩乐，当然都是“公费”。其中，最著名的将领戚继光的蓟镇就是他们常去之处。也有个很好玩的故事。说戚继光打了倭寇以后，本来是福建总兵，福建总兵卸任要到蓟镇去做总兵。当时福建的巡抚叫作汪道昆，是个著名的文化人，说我正好没事，陪你北上去看我两个朋友。于是汪道昆就陪着戚继光一道到苏州的太仓去到王世贞的别墅，结果三个顶级文化人，王世贞、王世懋、汪道昆，陪着最著名的军事将领戚继光喝了三天酒，听了三天戏，戚继光发现，自己原来是土包子，原来文化人是这样的，是这样玩儿的，于是，开始向文化人转移。到蓟镇以后，很多的山人跑到戚继光那里去吃喝玩乐，要科研经费，戚继光把朝廷给他的军费也大量地提供在这里，所以北京到蓟镇之间，“山人”“相望于道”。张居正死了，戚继光没靠山了，有一个御史就上了一个奏疏，说戚继光在南边打仗厉害，北边没什么功劳，耗费军饷，看样子他只适合南边，不适合北边。结果就把戚继光调到广东做总兵，戚继光很郁闷。结果又南下到我们杭州，杭州聚集了一批文化人，王世贞、王世懋，还有胡应麟等七八个文化人在西湖的湖心亭为戚继光接风。文人相轻，胡应麟和另外一个文化人吵起架来，你不服我我不服你。戚继光出来劝解，说看在我的面子上，大家就别吵了。结果胡应麟一下就对准他了，说你算什么文化人？你以为你真有文化？把我们戚继光戚大将军骂得避席而去。当时的明朝人演戏都演当代戏，正德皇帝在北边弄了一个寡妇，南京就在演戏，叫作《游龙戏凤》。戚继光在西湖湖心亭被胡应麟一骂，骂得拂袖而去，经万松林离开杭州。杭州人民也编了戏，叫作《胡学士大闹湖心亭，戚总兵败走万松林》。

但是我更要说的是，这批山人以及向往山人生活的，以及官场的这一批人就形成了一股山人的气场，形成山人气场的影响是什么？人人都可以对社会发表意见，但是人人都对自己的行为不负责任。所以我在那篇文章里面写了一句话：“庙堂已无是非，以江湖之是非左右之；而江湖之是非实为意气。朝廷已无主张，以舆论之主张左右之；而舆论之主张实为游戏。”所以我说政治家不能跟着舆论走，舆论可以挑动民众，但是舆论从来不对后果负责任。真正明智的政治家要善于引导舆论。谢谢！

天一讲堂：请您谈谈王阳明学说对黄宗羲学说的影响。

方志远：非常感谢这位朋友，学术界有一个规矩，譬如说在座的诸位问我是做什么的，我说做历史的，因为教历史，研究历史，那是对不是我们这一行的人这样说，比如对章笑笑可以这样说。但是如果对我们圈里头的，比如说同是做历史的，那我要说我是做明史的，告诉别人我在做什么。如果同是做明史的，比如说钱明教授他做日本的王阳明研究，是做明史，我也是做明史，但我不专门做王阳明，那我要告诉别人我做什么？第一个阶段是做明代的制度史，内阁、巡抚、御马监、司礼监等等，做制度的，写了《中国政治制度通史·明代卷》《明代国家权力结构及运行机制》等，这是做制度史的。第二个阶段开始做移民史和商业史，主要是明清时代的“江右商帮”，所以写《明清湘鄂赣地区的人口流动与城乡商品经济》《明清江右商帮》等。第三个阶段做什么？做明代市民文学研究与社会思潮，于是写《明代城市与市民文学》，包括《王阳明传》。这几个阶段以后，到现在，正在研究明代的社会进程。

所以，并不是说什么事情都可以发表意见的。但有朋友提出这个问题，我只能就我所知做些说明，请批评。王阳明对黄宗羲来说，应该有渊源关系。黄宗羲的父亲黄尊素，黄宗羲的老师刘宗周都是王阳明的再传再传弟子，黄宗羲我看是王阳明的铁杆粉丝。但是，他们已经对王学末流有了不满，认为王阳明的一些弟子背离了王阳明的学说。哪些弟子？一个是王艮，开创了泰州学派；一个是王畿，为浙东王门的开创人。黄宗羲认为他们把王学传遍天下，但是，又把王阳明的学说推向极端。任何一个东西推向极端就不对了，譬如说王阳明讲究人性，要关注“人欲”，但是你如果把人欲推向极致，认为人欲是天经地义的，这就过了，这个社会就没办法收拾了，“良知”在哪里？

所以黄宗羲认为，能够守住王阳明学说的，持之以正的只有江右学派，说阳明一生精神俱在江右。并且举了江右王门的四个代表人物：邹守益、聂豹、罗洪先、刘文敏。黄宗羲认为，他们才是传递王阳明学派的主流学者。但是坦率地说，如果只是靠江右王门传播，王阳明的学说不可能这么大的影响力，他走向大众主要是靠着泰州学派，浙东学派主要是泰州学派的。

谢谢！

（原载《天一讲堂（2016）》，宁波出版社，2017年）

后 记[1]

我出生在江西省吉安市，并在那里度过了童年和少年时代。当时知道吉安有四条以人名命名的街道：中山路、永叔路、文山路、阳明路。

“熟视无睹”是人性中惰性的集中表现。中山路我知道是纪念中国民主革命的先行者孙中山先生，永叔路和文山路我也知道是纪念我们吉安的先贤欧阳修和文天祥，但那条最宽敞的阳明路所纪念的王阳明是何许人却不知道。尽管天天走在“阳明路”上，而且还听说吉安曾有一所“阳明中学”，但从来没有想过要去问问王阳明的情况。

在当时的同龄人中，我的知识面特别是有关历史、地理方面的知识，自我感觉还是比较不错的，但竟然不知王阳明。现在回想起来自己也觉得有些不可理解。这或许是两个方面的原因造成的。

一是我读小学和中学的五十年代末、六十年代初是不宣传王阳明的。因为他不但为封建统治者提供了愚弄人民的学说，而且亲手镇压了江西及广西的人民起义。另外，历代的反动派如曾国藩，以及蒋介石、蒋经国父子都是推崇王阳明的。凡是敌人拥护的我们就要反对，所以“文化大革命”一开始，“阳明路”就被改名为“红旗大道”。

二是家庭成员中有文化的都长年在外，留在家中的数我文化程度最高。我读小学，家中就是小学文化；我读初中，家中就是初中文化。对于中国古代的传统文化，我不知道的，家中便没有其他人知道。而且家住文盲区，小学二年级时遵母命写标语，将“防止贼盗”写成我自己也不知其意的“房子达到”，贴了好几个星期，一大栋房子好几户人家，竟然没有人发现错误。在这种环境中不知道王阳明是很正常的。

后来看的书多了些，才知道王阳明的本名叫王守仁，是浙江人。但一位浙江人为何在江西受到如此厚遇，不但吉安有阳明路，南昌、赣州也有

---

① 此文为河北人民出版社 1997 年版《旷世大儒王阳明》后记。

阳明路。带着这个问题试图找几本有关的书看看，但竟然找不到。恢复高考后读大学，接着又读研究生，从先师欧阳琛教授学习明清史。记得我入师门后提出的第一个问题便是关于王阳明的，当时先师并没有正面作答，而是给我看新中国成立初期他在《新中华半月刊》上发表的《王守仁与大礼议》一文。如果说缘分，这恐怕就是缘分。想了解王阳明，没想到竟投到研究王阳明的专家门下。

在先师的指点下，我接触了一些有关王阳明的资料，对王阳明开始有了真正的认识，也逐渐产生这样一种看法：中国历史上，还没有第二人像王阳明那样，在学问和事功两个方面都做得如此漂亮，都产生如此大的影响。但由于硕士论文写的是明代内阁制度，研究视野投向了明代的中央决策圈，所以暂时将王阳明搁置起来。后来研究明代地方政治及制度，王阳明才又重新回到研究视野之中。

要写传记，特别是写王阳明这类影响极大的人物的传记，首先必须定位，即必须将传主定在一个恰当的位置上。已有的关于王阳明的研究成果，几乎毫无例外都是从他的哲学思想切入，研究他的“心即理”说、“知行合一”说、“致良知”说，等等。即将他定在一个思想家或哲学家的位置上。但我认为，包括王阳明在内的所有真正有重大影响的思想家或哲学家，首先都是实践家。他们的思想方法和形成的思想体系，均来自于他们的生活经历、社会实践，以及在特定条件下形成的独特个性。王阳明自幼形成的豪迈不羁、雄爽横放的个性，以及对程朱理学嬉笑怒骂的批判和讥讽、对社会实践即所谓“事功”毫不掩饰的追求和重视，构成了他与其他任何思想家不同的风格。我想，王学所以在明中叶风靡全国，很大程度上是因为它的直面社会、贴近大众，是“凡夫俗子”的学说，如果我们今日用学究式的方法来研究王阳明及王学，以一般群众看不懂或不愿看来标榜自己学问的高深，那倒是对王阳明及王学的莫大讽刺。

因此，我写《王阳明传》，首先将他定格为实践家即社会活动家或政治家，然后才是思想家；首先是记叙他的生活经历和社会实践，分析他所处的时代以及这一时代对他的影响，然后才是分析他的思想。我想，当我们充分了解一位思想家的生活经历和社会实践之后，分析他的思想就是水到渠成并且轻松愉快的事情了，而对于读者来说，也可免受嚼蜡之苦。

正德十三年（1518 年），王阳明在江西南安、赣州二府推行《南赣乡约》；

从正德十六年（1521年）开始，王阳明反反复复说的是“致良知”（王艮认为晚年专说“良知”）。只要对明代成化、弘治、正德朝的社会状况有一定的了解，就不难认识，《南赣乡约》的推行和“致良知”的提出，都是在政治日趋腐败、风气日趋奢靡形势下进行社会改革的需要。

正德、嘉靖之际，在明朝官僚集团内部，中央先以杨廷和、后以张璁为首，地方以王阳明为代表，形成了几股松散的改革派势力，他们根据各自对社会的认识，采取自己认为可行的办法，在中央，在地方，在自己权力和影响可及的范围内，进行社会改革。杨廷和、张璁利用主持朝政的地位，裁削宦官势力，革除政治积弊，重建统治秩序，在上层社会中进行改革。王阳明则利用平定闽粤赣边境民变及宁王叛乱而建立起来的崇高威望，在基层社会进行改革。《南赣乡约》实际上是地方自治和民众自治的条例和措施；而“致良知”，则是进行思想教育的方法。

明人何良俊对“良知”更有他的一番见识：

> 阳明先生拈出“良知”以示人，真可谓扩前圣所未发。盖此良知，即孔子所谓愚夫愚妇皆可与知者，即孟子所谓赤子之心，即佛氏所谓本来面目，即中庸所谓性，即佛氏所谓见性成佛，乃得于禀受之初，从胞胎中带来，一毫不假于外，故其功夫最为切近。（《四友斋丛说》卷四，经四）

就在撰写后记的时候，1997年6月12日晚上7点，从中央人民广播电台《新闻纵横》节目听到一则消息，江西赣南地区的一个小山村，一位老人去世后一年多，子女却不行安葬，实在是不孝。但也有社会经济上的原因。按当地习俗，办理丧事花费在三千元以上，而这里农民全年人均收入才几百元。这种不顾实际大肆操办丧事的陋习，正是当年王阳明在《南赣乡约》中所禁止的。时间过了五六百年，陋习却依然如故，或死灰复燃，可见社会改革的艰巨。

我认为，一个时代有一个时代的风尚，只有在明代中后期那样自由奔放的时代，才可能产生王阳明“豪迈不羁”的个性。也只有这种个性，才可能产生富有批判精神的王阳明学说。王阳明既不是闭门造车的空想家，也不是板着面孔的传教士，更不是被脸谱化了的伪道学，而是一位注重实践的社会活动家、机变万端的政治家、因势利导的教育家，特别是一个有七情六欲、即使成了大宗师仍然时时喜欢恶作剧的活生生的人。我以为，这才是真实的王阳明。

当然，王学能够在明代中后期风行全国，成为压倒朱学的显学，原因是多方面的。这里有人们对朱学教条的厌恶，有对王阳明事功的向往，有王阳明学术与人格的激励和感召，当然也不乏趋炎附势的政治投机和避繁就简的学术投机。但真正入了王门而又能够得以成就的，只有两种人，一是天赋较高而敢于创新者，如王艮、王畿等；二是学有根柢而勤于思考者，如邹守益、欧阳德、罗洪先等。

在教育方法上，王阳明是善于启发学生的，但真正受益的也只有上面两种人。资质较次的领悟不到他学说的真谛，学无根柢的只知道夸夸其谈。而王阳明根据自己的体会，认为朱子之学过于烦琐，教人以“简易”，却不知自己是经历过“烦琐”才达到“简易”的。第一步便教人以“简易”，这样固然可以吸引大批求学者，启发一批悟性较高者，却也必然助长避难就易、避繁就简的不良学风。明代后期王学趋于空疏，黄宗羲说是由于龙溪（王畿）、心斋（王艮）造成的，但王阳明自身的教育思想却是造成这种空疏之学的基本原因。

本书的写作过程，也是我对王阳明及王学的认识过程。虽然任何认识都是有局限性的，但仍然希望我的认识不会与事实相差太远。任何一项研究都是在已有成果的基础上进行的，我在写作《王阳明传》时，也参考了现有条件下见得到的著作和论文，所受启发良多。

虽然本书在行文上力求流畅，以适应一般读者的需要，但由于长期形成的专业习惯，仍然是恪守言必有据的原则。所依据的资料或在文中夹注，或在每一章之后加注，也有没有注明出处的，书后附了一个“征引及参考书目”，作为弥补。所引用的王阳明诗文、书信、语录、奏疏等，均依《四部备要》本《阳明全书》，并参照上海古籍出版社的《王阳明全集》，此书虽然校订偶有讹误、标点不尽合理，但它仍是目前见到的最好本子。

方志远 1997 年 6 月 12 日

于江西师大东区寓所

再版附记[①]

写王阳明的念头是在写完苏东坡后产生的，打算也叫“千古一人”，争取成个系列。由于明史是“当行”，阳明的“事功”及学术影响又远非东坡可比，所以开始准备写成 80 万字左右，但最终因“学术”的原因，一是博士论文得完成（后来成《明代城市与市民文学》一书），二是国家社会基金对我的一个课题进行了支持（后来成《明清湘鄂赣地区的人口流动与城乡商品经济》），所以在 1997 年匆匆忙忙将王阳明“处理”完毕，心里一直觉得内疚。

1997 年暑假在长春召开的明史会上结识了河北人民出版社李大星先生，他对王阳明特别有感情，得知我写了个王阳明，便提议由他组织出版。这一组织便成了后来的“旷世大儒”系列。

这本书出版后，得到一些朋友的赞许，觉得写出了阳明的个性；也受到一些朋友的批评，认为收得太快，没有充分展开阳明的事功和学术影响。另外在网上见到一个批评的帖子，指出这本书在挖掘或揭示王阳明的哲学思想方面没有下大力气，没有新的突破。这个批评十分中肯，因为我一开始就是“友情客串”，是“戏笔”，并没有打算在这方面进行突破。如果说有突破，那也是“顿悟”出来的而非“研究”出来的，即一开始就将阳明学说定位在“凡夫俗子”的学说上，将其从高深拉回到浅显。我认为，这恰恰是过去研究阳明学说的学者们所没有重视的。下面一个观点可能更会引起批评：后世学者所揭示的阳明思想，许多并非阳明本人的思想，而是他的弟子们对其进行延伸的思想，以及后世学者见仁见智而发展了的阳明思想。

十年过去，牟洁小友希望修订出版，但我当前的工作重心并不在此，故主要是对文字进行了一些疏通，同时核对了引文，仍为原貌。

十分遗憾的是，《王阳明》出版后，有一位绍兴的朋友来信，指出书中

① 此文为中国社会出版社 2010 年版《王阳明评传》再版附记。

的几个错误，十分感动。但一时却找不到那封信（这也是我的老毛病，要什么找不到什么，下次找别的东西时可能又看到了），只能凭印象进行处理。

同时需要说明的是，每个作者写传记，都会注入自己的喜好，陈说自己的认识，或者让传主作为自己的“代言人”。我所写的几个传记，包括《（明）成化皇帝大传》《千古一人——苏东坡》，以及这个《旷世大儒——王阳明》，也是这样。所以同一个人物有无数个传记是可以理解的。

方志远 2008 年 6 月 26 日

于江西师大北区寓所

三版附记[1]

感谢江西人民出版社总编辑游道勤先生，在他的一再催促下，我在撰写、录制《国史通鉴》的空隙，对二十年前写的这本王阳明的传记做了一次全面的修订。

这本书写作于二十年前，初版也已经十八个年头。二十年来，我自己的学术有了一些进步，阅历也更加丰富，对王阳明的“体悟”自然也感觉有了不少新的认识。所以，当道勤建议我对此书再次做出修订的时候，自以为会有许多的内容加入。但是，动手后立即发现，“嵌入式”的修改可能是事半而功倍，而且会破坏原书的风格。所以决定改弦易辙，只是在二十年前原书的基础上，做了以下工作：

一、对原书的文字做了一次全面的梳理，行文应该比原来更为流畅也更加精练。

二、对原书中的一些不准确、不清晰的表述做了修改，注入了近期的一些认识，使其符合“今日之我”的认识水平。

三、对王阳明的核心思想，“良知”与“致良知”的关系，以及“知行合一”等，进行了梳理。

为了和朋友们交流这些年来我对王阳明及其学说的认识，附了四篇文章和一个演讲报告。

一、《明朝百年启示录》，这篇文章本身的篇幅不大，却有几篇长篇论文为基础：《明代苏松江浙人“毋得任户部”考》（《历史研究》2004 年第 6 期），《“冠带荣身”与明代国家动员》（《中国社会科学》2013 年第 12 期），《“传奉官”与明成化时代》（《历史研究》2007 年第 1 期），《“山人”与晚明政局》（《中国社会科学》2010 年第 1 期），分别讨论明代初期、前期、中期、中后期的社会面貌，代表着我对明代社会进程的整体认识，感兴趣的朋友

---

① 此文为江西人民出版社 2017 年版《千古一人王阳明》三版附记。

可以读一读，相信对于王阳明及其学说在明朝中期的产生和在中后期所受到的“待遇”，会有新的认识。

二、《王守仁的个性与明代士风》，这是我发表的第一篇关于王阳明的文章，主要讨论的是王阳明在明代中期产生的“必然性”。这可能也是历史研究者和哲学史、思想史研究者对王阳明、对历代学术研究的不同“路数”，总是希望把特定的人物置入特定的历史环境、特定的社会思潮中讨论。

三、《阳明史事三题》，分别就王阳明政治生涯和个人生活的三个敏感问题进行讨论：1. 王阳明与刘瑾的抗争问题；2. 王阳明的“通濠”即与宁王朱宸濠的关系问题；3. 王阳明的“惧内”与生育能力问题。指出：1. 所谓刘瑾派刺客跟踪王阳明以及王阳明夜奔鼓山遇虎等等，纯属虚构；2. 所谓刘瑾被杀后王阳明才出任庐陵知县，并非事实；3. 王阳明与宁王宸濠之间确实有往来，但属于藩王与地方长吏之间正常的关系，王阳明与宸濠叛乱的谋主之一刘养正确实有过交情，后人在研究中，没有必要试图把这些关系为王阳明撇清；4. 根据我的考证，王阳明可能并无生育能力，但我无法证明继室张氏为何给王阳明生了儿子。这三“题”，第一题完全可以为定论，第二题至少是一家之言，第三题的结论未必正确但推论符合逻辑。

四、《“知行合一”与王阳明的“三不朽”》，这是我对王阳明及其学说的最新研究成果，指出：1. 当我们人为地将古代的思想家划分为唯物与唯心、客观唯心与主观唯心的时候，我们自己就在犯唯心与主观的错误；2. 中国的思想家从来就是社会活动家，他们的学说都是带有针对性的，决不能以“章句”的方式来裁量他们的学术观点和政治观点；3. 王阳明的学术与事功相互激发，在他那里，没有不落实处的学术，也没有脱离学术的事功，正是王阳明的“事功”，倒逼庙堂承认他的“学术”；4. 所谓的“龙场悟道”，是在经过二十年的社会实践、上下求索之后的学术“入门”或“入道”，其学说经历过“入道”“揭道”“传道”三部曲；5. 王阳明的立德、立功、立言“三不朽”，立德是激发王阳明不断立功、不断立言的终极动力，所谓的“立德”即“气节”，是在任何时候都可以置生死于不顾、置灭九族之祸于不顾，拍案而起、挺身而出的担当精神；6. 在王阳明那里，“知行合一”的“知”，既是对事物的认识，更是“良知”，“良知”是“知行合一”的真正灵魂，“心中有良知、行为有担当”，是王阳明所倡导的真正的“知行合一”。

五、《知行合一：王阳明的事功和学术》，这个演讲记录稿加上互动环节，大概有三万字，分七个标题：1. 久违了，阳明先生；2. 阳明获“新生”；3. 时代呼唤王阳明；4. 阳明事功；5. 阳明学术；6. “为圣”三部曲；7. “知行合一”与“良知”。如果想快速而轻松了解我对王阳明及其学说的认识的朋友，可以先读这篇演讲记录，我想对不同学历、经历、背景的朋友都会有某些启示。

《千古一人王阳明》是我为这本书取的“本名”。20 世纪 90 年代中期，我曾经应台北一家书商的邀请，写作并出版了《千古一人苏东坡》，第二次受到邀请的时候，准备写一个“千古一人”的系列，第二本就是《千古一人王阳明》。1997 年书稿完成的时候，约稿的台北书商倒闭了，感谢河北人民出版社李大星兄闻风而动，决定出版此书。但为了形成“套书”，产生影响，大星邀请了多位学者，从孔子一直到顾炎武、黄宗羲、王夫之，一共写了 10 个伟大的思想家，可以说，是因为有了这本书，才有了一个由 10 本书组成的《旷世大儒》系列，这本书也被命名为“旷世大儒王阳明”。后来，中国社会出版社出版《传世大儒》系列，又把这本书收入，改名为《王阳明评传》。

感谢江西人民出版社，这次修订三版，改回到它的初名。至于我的“千古一人”的下一人是谁？暂时还没有对象。

方志远 2017 年 9 月 3 日

于江西师大北区寓所